建築の構造力学

前田潤滋
山口謙太郎
中原浩之
〔著〕

朝倉書店

まえがき

本書は，建築学を学ぼうとする大学学部生や高専学生の初学者向けに，線材で構成される骨組の中から，トラス構造とラーメン構造を中心に骨組の力学の基礎から応用までを解説した教科書である．さらに，材料力学に分類される，応力やひずみの定義，応力―ひずみ関係，弾性力学の基本的な理論とともに，応力や変形を求めるための方程式を機械的に導くための直接剛性法（マトリックス変位法）の解説を加えたので，一級建築士を目指す建築技術者の独習書としても利用できるであろう．

構造力学の学習は基礎理論の積み重ねであると言われる．構造物を構成する骨組の成り立ち，建物の自重や地震，風，雪などの作用荷重の分類から始まり，部材に生じる力の流れや変形状態の理解を深めるためのいくつかの理論が紹介されているが，各章がテーマとする個々の基礎理論が他の章のテーマとどのように有機的につながって全体を構成しているかを意識しながら学習を進めると理解しやすいであろう．随所に挿入した例題は基礎理論の構成とその応用法の理解を深めるのに役立ち，さらに章末の問題を解いて自分の理解度を確認していけば，構造力学全体の基礎理論を習得できるであろう．

本書は九州大学工学部建築学科で学部学生を対象に開講している一連の構造力学の講義内容を教科書として編集したものであるが，1998 年に刊行された「建築構造力学」（松井千秋編）を再構成した．新たに 14 章で再構成した本書の各章の内容と執筆者の分担は，次のようである．

1 章（担当　前田潤滋）では，建築構造物を構成する骨組の形態や作用する荷重の種類と特徴を述べている．2 章～5 章（担当　山口謙太郎）は，力や応力の定義から材料力学の基礎を解説し，続く各章の理解の出発点となる．読者は 6 章～9 章（担当　中原浩之）で，骨組を解き明かしていく構造力学のおもしろさに触れ始めるが，続く 10 章～11 章（担当　中原浩之）では，構造力学理論がどのように実用的に利用されているかを知ることになる．さらに，12 章～14 章（担当　前田潤滋）では，単純な構造物でも複雑な構造物でも，力と変形の関係が同じように扱える明快な理論があることを知るであろう．

読者らが将来，構造技術者・設計者として活躍されるときには，コンピュータの利用を前提にした最先端の知識や技術を駆使して構造物の設計に携わることであろうが，本書がそれらの先端理論を習得される一助になれば幸いである．

2010 年 9 月

著者一同

目　　次

1. 建築の構造と安全性

2. 力の定義と力のつり合い

3. 構造解析のモデル

4. 応力とひずみ

5. 断面力と断面の性質

6. 平面骨組の断面力

7. 部材の変形

8. 仮想仕事の原理

9. ひずみエネルギーの諸定理

10. 仮想仕事法による加構の解析

11. 固定法による骨組の解法

12. マトリックス構造解析法の基礎

13. 直接剛性法による平面トラスの解法

14. 直接剛性法による平面ラーメンの解法

1. 建築の構造と安全性

1.1 構造力学の役割

構造力学（structural mechanics）は，17 世紀前半のガリレオ（Galileo）に始まり，19 世紀前半にほぼ体系化された**静力学**（statics）の一般原理を応用して，種々の作用外力を受ける構造物の内部にどのような力が働くか，あるいはどのように変形するかを調べる学問である．たとえば，オフィスビルや住宅，工場や倉庫，橋やダムなどを，その使用目的に応じて安全にかつ経済的に設計するためには，それらの構造物の特徴に合わせて，**材料力学**，**振動学**，**土質力学**，**流体力学**など他の力学系や経済学などの知識が必要になるが，とりわけ構造力学が最も基本的な知識として重要である．

地震や台風に襲われることが多い日本では，時間的に変動する外力が構造物の設計に大きな影響を与えることは早くから知られていたが，最近まで設計で利用される構造力学は静力学が主流であった．近年のコンピュータの進歩とともに，地震動や強風を直接外力として作用させた状況を模擬することが可能になったが，最終的に材料や部材の大きさを決定するときには，力のつり合いと変形の連続を考慮する静力学が基本になっている．**静的構造力学**の理解なくして，安全で経済的な構造物は設計できないのである．

1.2 構造物の形態と材料

構造物は，その構成要素（**構造部材**）の配置によって線構造と面構造に分けることができる．**線構造物**は，外力に抵抗できるように棒材を組み合わせて構成するもので，**トラス**（truss），**梁**（はり）（beam），**ラーメン**（rigid frame, Rahmen）などがこれに分類できる．“線”といっても，棒材は実際には太さ（断面積）をもつが，その長さに比べて断面積が小さいときには，断面内の力や変形の分布を簡略化して，“線”とみなして取り扱うことで，外力を受ける構造物内部の力や変形をより簡単に求めることができる．棒材の断面積が大きくなってくると，より精密な方法が必要になってくる．**面構造物**には，**シェル**（shell）や**平板**（flat-plate structure）があり，作用する力に対して面内に生じる力で抵抗する構造をもつ．ほかに，組積造，壁式構造，幕構造，ドーム，張力（ケーブル）構造などがある．

また，構造物は**平面構造物**（plane structure）

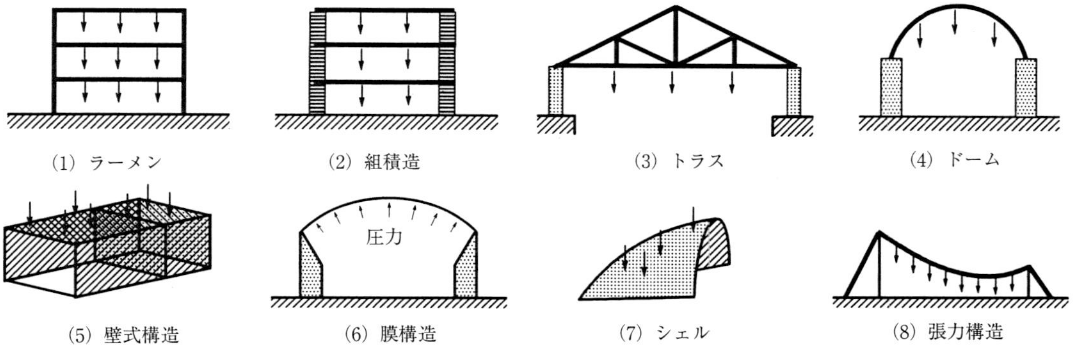

図 1.1 主な構造様式

と**立体構造物**（solid structure）に分けることもできる．平面構造物は各部材と作用する外力がすべて同一平面内にあるもので，平面構造物以外を立体構造物という．実際の線構造物はその大部分が立体構造物であるが，これを立体的（3次元的）に精密に解析するのは可能であっても，手間をかけるわりには設計に必要な精度以上の結果を得ることになるので，力の伝達経路に応じて，立体構造物を平面構造物に分解して取り扱うことがよく利用される．

構造物を構成する材料には，鋼，コンクリート，石材，木材，レンガなどがある．これらの材料は，外力が作用すると原材料の寸法に比べて微少な変形を生じるが，それぞれに特有な性質をもつ．構造物の構成要素（構造部材）を外力に対して安全なように設計するためには，構造部材に生じる力が材料の性質に応じて決められた，ある一定の大きさを超えないように，構造部材の寸法を決定しなければならない．このときの基本になるのが，外力とそれによって生じる変形が正比例する，いわゆる“**フックの法則**”である．

構造物が外力とつり合ったときには，構造物は変形した状態にあるが，外力を作用させる前には外力とつり合い状態になる構造物の変形は不明である．しかしながら，その変形の程度は構造物全体の寸法に比べて非常に小さい**微少変形**であると仮定して，外力とのつり合いを考える場合には，外力が作用する前の建物の寸法をそのまま使用するのが一般的である．また，作用する外力の大きさと構造物の変形が正比例すると仮定することが多い．このような構造物を**線形構造物**という．

一方で，構造物を構成する部材に生じる力と部材の変形との関係がフックの法則に従っても，外力を受けて生じる構造物全体の変形は比例関係にならない場合もある．また，構造物のもとの寸法に比べて無視できない大きさの変形を生じる場合には，微少変形を前提にした外力とのつり合い関係を用いることができなくなり，大きな変形（**有限変形**）を考慮した力学理論の知識が必要になる．このような場合には，その解析は非常に複雑になることもある．しかしながら，一般の構造物の使用上の安全性の観点からは，線形で微少変位の仮定のもとでの構造力学の知識で取り扱うのが普通である．この場合には，外力や変位に関して，“**重合わせの原理**（principle of superposition）”が成立し，いくつもの構造解析理論の発展をうながしてきた．

1.3　構造物への作用外力

構造物に作用する**外力**（external force）は，**荷重**（load）と呼ばれることも多い．構造物が常時受ける荷重が**静的な荷重**（static load）であっても，ときとして地震や強風などのように大きさや向きが時間的に変動する**動的な荷重**（dynamic load）が作用する．地震や台風に襲われるわが国では，構造物はこのような自然の驚異に対する人間社会のシェルターとしての役割を果たさなければならない．動的な荷重が作用する構造物には**振動現象**が現れるので，このような場合には静力学を基本にした構造力学だけでは不十分であり，Newton の運動則をもとにした**振動学**によって得られる動的影響を加味した，静力学的な外力に置き換えた構造設計を行って，安全性を検討することが一般に行われている．

構造物の設計で扱われる荷重には，以下のような種類があげられる．

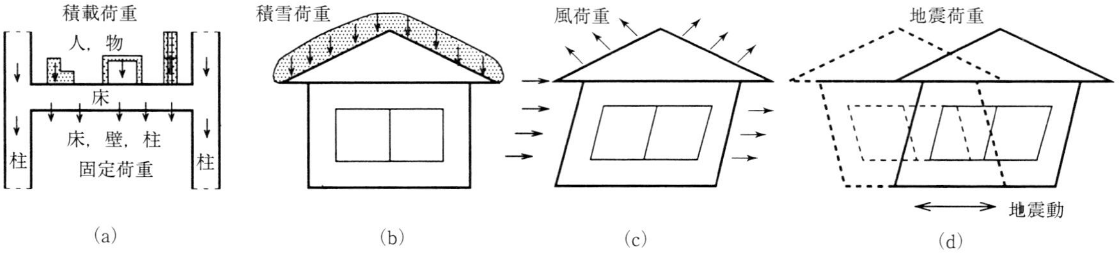

図1.2　主な荷重の種類

①**固定荷重**（dead load）：建物自体の質量
②**積載荷重**（live load）：人や積載物などの重量
③**積雪荷重**（snow load）：主に屋根に降り積もった雪の質量
④**風荷重**（wind load）：台風や季節風などの強風による風圧力
⑤**地震荷重**（earthquake load）：地震動の作用によって生じる荷重
⑥構造物の状況によっては，**土圧荷重**や**水圧荷重**，あるいは**衝撃による荷重**を考慮する．

前述の**静的な荷重**（static load）と**動的な荷重**（dynamic load）も荷重の分類の1つである．また，以下のような呼び方の外力あるいは荷重がある．

(1)　集中荷重（concentric load）と**分布荷重**（distributed load）：外力が1点に作用するか，ある長さあるいは面積にわたって作用するかで区別する．

(2)　鉛直荷重（vertical load）と**水平荷重**（horizontal load）：外力の作用方向が鉛直か水平かで区別する．

1.4　本書での取扱い範囲

以上，構造物の設計に最も必要な基本的知識としての構造力学を学ぶうえで，考慮すべき基本事項を述べた．次章以降では，初学者向けに構造力学の基礎とその応用を解説することを目的に構成されているが，特に断らない限り以下の事項を仮定している．

(1)　構造物は平面かつ線構造物とする．

(2)　外力は静的に作用する．すなわち，外力はその大きさが0から始まりその最終値まで漸増して，静的つり合いの状態になり，途中で振動や衝撃を伴わない．

(3)　構造材料は等方等質であって，フックの法則に従う．

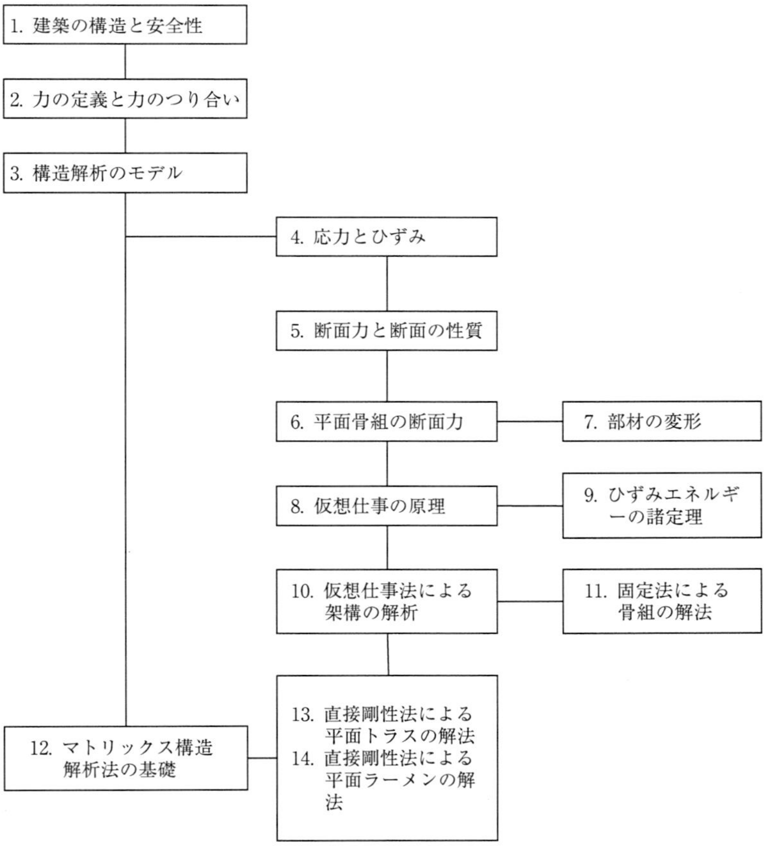

図1.3　本書各章の関連性

(4) 構造物の変位（あるいは変形）はその寸法に比べて微少であり，特に断らない限り，微少変位の仮定のもとでいくつかの理論を展開する．

1.5 構造力学の大系と各章の関係

構造力学を学ぶうえで，テキストの章順に読み進めながら理解習得することが一般的だと思われる．事実，本書前半の静定構造物に関する理解なくして，後半の不静定構造物に関する知識の習得は進まないであろう．しかしながら，筆者の経験では，いくつかの基本的事項に関する理解が相互に関連しあって初めて，構造力学全体の理解が進むものである．

図 1.3 は，本書の各章の内容の相互の関連性を図で示したものである．他の章との結び付きを踏まえながら読み進めていくことは，構造力学全体の理解の一助になるであろう．

構造力学は，工学系応用力学の一分野である．本書は構造物の設計に必要な基本的知識を解説するものであるが，上述のように主に線構造物に静的荷重が作用する場合を取り扱っており，面構造物や動的荷重を受ける場合，さらに現代の構造設計で多用される**有限要素法**については触れていないが，その入門的な解説としてマトリックス構造解析法を紹介している．構造力学と密接に関係がある応用力学の他の分野の例を**図 1.4** に示す．

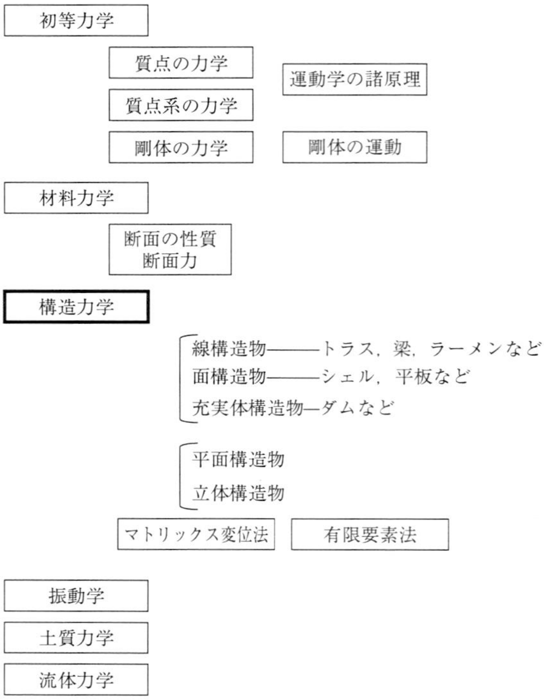

図 1.4　構造力学と関連する他の応用力学分野

2. 力の定義と力のつり合い

2.1 力の定義

力（force）は物体を変形させたり，物体の運動の状態を変化させたりするものである．物理学ではより厳密に，力は**運動量の時間的変化率**として定義される．

力が学問として確立されたのはガリレオ（Galileo Galilei, 1564～1642）が**慣性の法則**を発見したことに始まる．その後，ニュートン（Isaac Newton, 1643～1727）が運動の法則をはじめとするニュートン力学を創始した．現代物理学では，相対性理論のほうがより汎用性があるが，建築の対象とする範囲ではニュートン力学で十分である．

2.2 ニュートンの運動の法則

ニュートンの運動の法則は次の3つの法則からなっている．

第1法則（first law）は，ガリレオの**慣性の法則**（the law of inertia）を述べたものである．慣性の法則は，「1つの質点が孤立していて外から撹乱を受けていなければ，初め動いていた質点は等速直線運動を続け，初め静止していた質点は静止し続ける」ということを述べたものである．

第2法則（second law）は，**運動方程式**（the equation of motion）と呼ばれ，質点の質量と速度の積で定義される**運動量**（momentum）の時間的変化率が，その質点に作用した力に等しいことを述べたものである．**力**を F，**質量**（mass）を m，**時間**を t，**速度**（velocity）を v，**加速度**（acceleration）を a とすると，(2.1)式となる．

$$F=\frac{d}{dt}(mv)=m\frac{dv}{dt}=ma \qquad (2.1)$$

ここで，$a=\dfrac{dv}{dt}$

なお，(2.1)式は大きさだけでなく，向きの変化に関する情報も含んでいる．すなわち，加速度の向きと力の向きは同じであることを示している．

第3法則（third law）は，**作用反作用の法則**（the law of action and reaction）と呼ばれている．2つの質点 I，J があり，質点 I が質点 J に力 F_{JI} を及ぼすとき，質点 J は質点 I に大きさが同じで向きが反対の力 F_{IJ} を及ぼすことを述べたものである．これを式で表すと，次のようになる．

$$F_{JI}=-F_{IJ} \qquad (2.2)$$

2.3 力の表示とベクトル

一般に，力を表すためには，力の3要素と呼ばれる①**大きさ**（magnitude），②**方向**（direction），③**作用点**（point of application）の3つを規定しなければならない．**方向**は，**作用線**（line of action）と**向き**（sense）からなる．力は，**図2.1**のように矢印を伴った線分で表すと3要素を同時に表現できて便利である．AB間の長さが力の大きさを表し，矢印の方向が力の方向を表し，A点が力の作用点を表す．

解析で力を表すには，大きさと方向をもつ量である**ベクトル**（vector）を用いる．図2.1の力を表すには，$\overrightarrow{AB}$ または記号で $\vec{F}$ と表す．この表現はわかりやすいが書くのは面倒なので，活字や

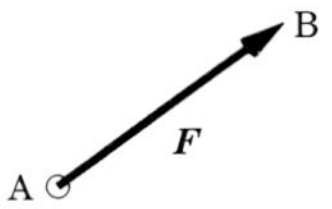

図2.1　力の表示

手書きではゴチック（太字）で $\boldsymbol{F}$ と表すことが多い．以後，本書では後者を用いる．力 $\boldsymbol{F}$ と大きさが同じで方向が逆の力は $-\boldsymbol{F}$ である．$\boldsymbol{F}$ の大きさは絶対値 $|\boldsymbol{F}|$ で表す．

運動方程式を考えるには，**座標系**（coordinate）を明確にする必要がある．本書で対象とする建築構造力学では，平面や直方体の問題を解くことが多いので，**図 2.2** に示す**右手系**の**カーテシアン座標系**（Cartesian coordinate system）すなわち**直交座標系**を用いる．右手系とは右手を用いて x 軸を親指，y 軸を人差し指，z 軸を中指の方向に合わせた座標系で，直交座標は 3 軸が直交する座標である．

ベクトル解析では，大きさが 1 のベクトルすなわち**単位ベクトル**を定義すると便利である．図 2.2 に示すように x，y，z 座標の単位ベクトルをそれぞれ $\boldsymbol{i}$，$\boldsymbol{j}$，$\boldsymbol{k}$ で表す．このとき，

$$|\boldsymbol{i}|=1,\ |\boldsymbol{j}|=1,\ |\boldsymbol{k}|=1 \qquad (2.3)$$

となる．**図 2.3** の A 点の位置，速度，加速度，力はベクトルでは次のように表せる．

位置のベクトルは，

$$\boldsymbol{r}=x\boldsymbol{i}+y\boldsymbol{j}+z\boldsymbol{k} \qquad (2.4)$$

x，y，z 座標の各成分は，x，y，z である．

速度のベクトルは，

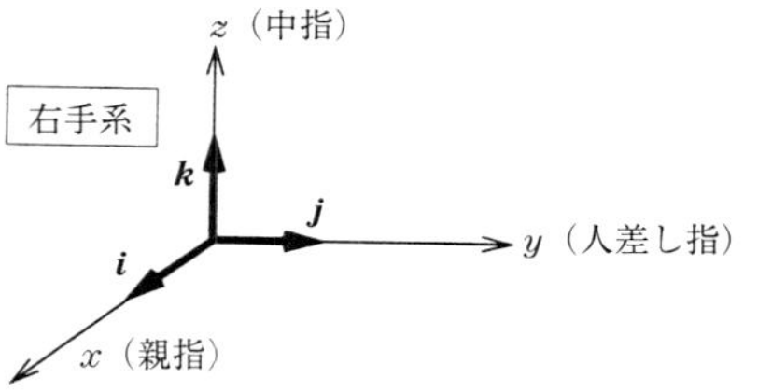

図 2.2　右手系の直交座標系

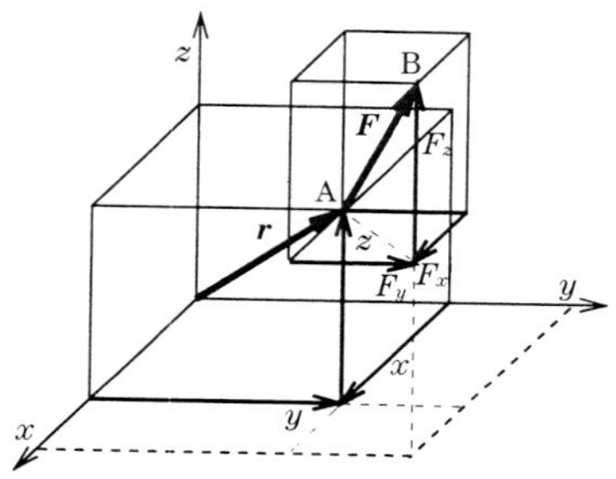

図 2.3　位置と力のベクトル

$$\boldsymbol{v}=\frac{d\boldsymbol{r}}{dt}=\frac{dx}{dt}\boldsymbol{i}+\frac{dy}{dt}\boldsymbol{j}+\frac{dz}{dt}\boldsymbol{k}$$
$$=v_x\boldsymbol{i}+v_y\boldsymbol{j}+v_z\boldsymbol{k} \qquad (2.5)$$

x，y，z 座標の各成分は，

$v_x=\dfrac{dx}{dt}$，　$v_y=\dfrac{dy}{dt}$，　$v_z=\dfrac{dz}{dt}$ である．

加速度のベクトルは，

$$\boldsymbol{a}=\frac{d\boldsymbol{v}}{dt}=\frac{d^2\boldsymbol{r}}{dt^2}=\frac{d^2x}{dt^2}\boldsymbol{i}+\frac{d^2y}{dt^2}\boldsymbol{j}+\frac{d^2z}{dt^2}\boldsymbol{k}$$
$$=a_x\boldsymbol{i}+a_y\boldsymbol{j}+a_z\boldsymbol{k} \qquad (2.6)$$

x，y，z 座標の各成分は，

$a_x=\dfrac{d^2x}{dt^2}$，　$a_y=\dfrac{d^2y}{dt^2}$，　$a_z=\dfrac{d^2z}{dt^2}$ である．

力のベクトルは，

$$\boldsymbol{F}=F_x\boldsymbol{i}+F_y\boldsymbol{j}+F_z\boldsymbol{k} \qquad (2.7)$$

x，y，z 座標の各成分は，F_x，F_y，F_z である．

ベクトルを用いると，ニュートンの第 2 法則の (2.1) 式は次のように表される．

$$\boldsymbol{F}=\frac{d}{dt}(m\boldsymbol{v})=m\frac{d\boldsymbol{v}}{dt}=m\boldsymbol{a} \qquad (2.8)$$

ベクトルを用いずに，x，y，z 座標の成分ごとに表せば，次のようになる．

$$F_x=ma_x \quad \text{(a)},\quad F_y=ma_y \quad \text{(b)},$$
$$F_z=ma_z \quad \text{(c)} \qquad (2.9)$$

また，ニュートンの第 3 法則の (2.2) 式をベクトルで表すと，

$$\boldsymbol{F}_{JI}=-\boldsymbol{F}_{IJ} \qquad (2.10)$$

ここに，$\boldsymbol{F}_{JI}$ は質点 I が質点 J に及ぼす力で，$\boldsymbol{F}_{IJ}$ は質点 J が質点 I に及ぼす力である．

このように，3 次元の問題を考える場合には，ベクトルで表すと式が簡単になって解析が容易になるので，ベクトルを用いることが多い．しかし，建築構造力学では 2 次元の問題が多いので，本書では原則としてベクトルを用いないことにする．ただし，ベクトルを用いたほうが理解しやすい場合には，ベクトルを用いることにする．

力 $\boldsymbol{F}$ の大きさ $F=|\boldsymbol{F}|$ は，ベクトル解析によれば次式で求められる．

$$F=|\boldsymbol{F}|=\sqrt{\boldsymbol{F}\cdot\boldsymbol{F}}$$
$$=\sqrt{(F_x\boldsymbol{i}+F_y\boldsymbol{j}+F_z\boldsymbol{k})\cdot(F_x\boldsymbol{i}+F_y\boldsymbol{j}+F_z\boldsymbol{k})}$$
$$=\sqrt{F_x{}^2+F_y{}^2+F_z{}^2} \qquad (2.11)$$

ここで，・（dot）は**スカラー積**（scalar prod-

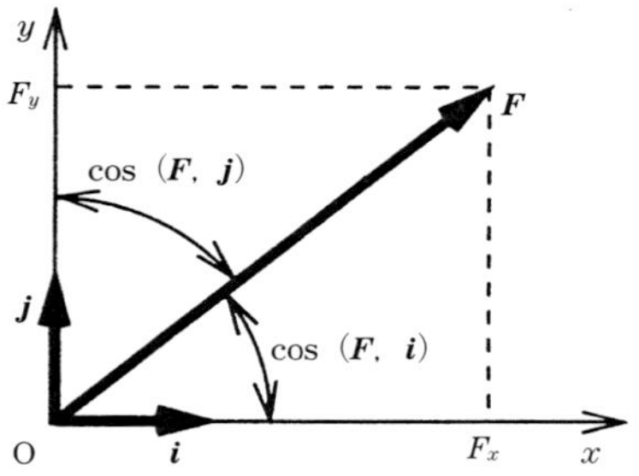

図 2.4　2 次元の力の成分

uct）または**内積**（dot product）と呼ばれる．同じ単位ベクトルのスカラー積は 1 で，異なる単位ベクトルのスカラー積は 0 である．

また，x，y，z 座標の各成分の大きさは，力と単位ベクトルとのスカラー積で求められる．

$$F_x = \boldsymbol{F}\cdot\boldsymbol{i} = F\cos(\boldsymbol{F},\boldsymbol{i}) \tag{2.12a}$$

$$F_y = \boldsymbol{F}\cdot\boldsymbol{j} = F\cos(\boldsymbol{F},\boldsymbol{j}) \tag{2.12b}$$

$$F_z = \boldsymbol{F}\cdot\boldsymbol{k} = F\cos(\boldsymbol{F},\boldsymbol{k}) \tag{2.12c}$$

ここで，$(\boldsymbol{F},\boldsymbol{i})$，$(\boldsymbol{F},\boldsymbol{j})$，$(\boldsymbol{F},\boldsymbol{k})$ は力 $\boldsymbol{F}$ と x，y，z 軸とのなす角度を表すものとする．**図 2.4** に 2 次元の場合を示す．

2.4　力の合成と分解

2 つ以上の力が作用するときは，これらを**合成**して同じ効果をもつ 1 つの力で表すことができる．このように合成された力を**合力**（resultant）という．また逆に，1 つの力をそれと同じ効果をもつ 2 つ以上の力に**分解**することもできる．分解で得られた 2 つ以上の力を**分力**（component of force）という．これらの合成や分解の方法には図式解法と数式解法とがある．図式解法は原理を理解するには便利であり，数式解法は正確な値を計算するのに適している．なお，これらの解法はいずれも，求めたい合力や分力の 3 要素を知るための手段であり，作図や計算そのものが目的ではない．

図 2.5 は 2 次元で 1 点に会する力の合成の例である．(a)図と(b)図は，最も基本的な 2 つの力 $\boldsymbol{F}_1$，$\boldsymbol{F}_2$ の合力 $\boldsymbol{F}$ を求めるもので，(c)図と(d)図は 4 つの力 $\boldsymbol{F}_1$，$\boldsymbol{F}_2$，$\boldsymbol{F}_3$，$\boldsymbol{F}_4$ の合力 $\boldsymbol{F}$ を求めるものである．どちらの合力も，(a)図や(c)図のもとの各力が通る O 点を通る．

（1）　図式解法

(a)図に示すように，2 つの力を 2 辺とする平行四辺形を描くとその対角線が合力となる．これは実験から導かれた法則であり，**平行四辺形の法則**（parallelogram law）と呼ばれている．また，(b)図に示すように，$\boldsymbol{F}_1$ の終点に $\boldsymbol{F}_2$ の始点を移動して，$\boldsymbol{F}_1$ の始点から $\boldsymbol{F}_2$ の終点を結べば合力 $\boldsymbol{F}$ が得られる．この図は**示力図**（force polygon）と呼ばれている．これは**三角形の規則**（triangle rule）ともいう．

示力図を連続して用いることにより，3 つ以上の力の合力も簡単に求められる．(c)図の 4 つの力 $\boldsymbol{F}_1$，$\boldsymbol{F}_2$，$\boldsymbol{F}_3$，$\boldsymbol{F}_4$ の合力 $\boldsymbol{F}$ は，示力図を次々に用いて(d)図のように求められる．

（2）　数式解法

力をベクトルで表せば，合力はそれらのベクトル和として計算することができる．合力の各成分は，もとの各力の同じ成分の和で求められる．

(a)図の場合は，

$$\boldsymbol{F} = \boldsymbol{F}_1 + \boldsymbol{F}_2, \quad F_x = F_{1x} + F_{2x}, \quad F_y = F_{1y} + F_{2y} \tag{2.13a}$$

(c)図の場合は，

$$\boldsymbol{F} = \sum_{n=1}^{4} \boldsymbol{F}_n, \quad F_x = \sum_{n=1}^{4} F_{nx}, \quad F_y = \sum_{n=1}^{4} F_{ny} \tag{2.13b}$$

【例題 2.1　2 次元の力の合成】 **図 2.6**(a)に示す

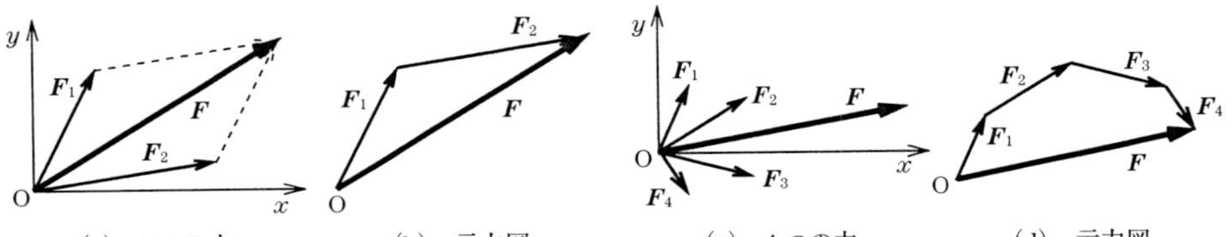

(a)　2 つの力　　(b)　示力図　　(c)　4 つの力　　(d)　示力図

図 2.5　力の合成と示力図（1 点に会する場合）

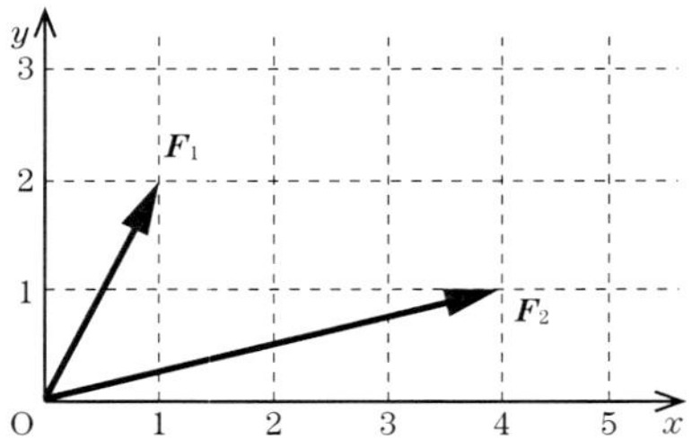

(a)　2つの力

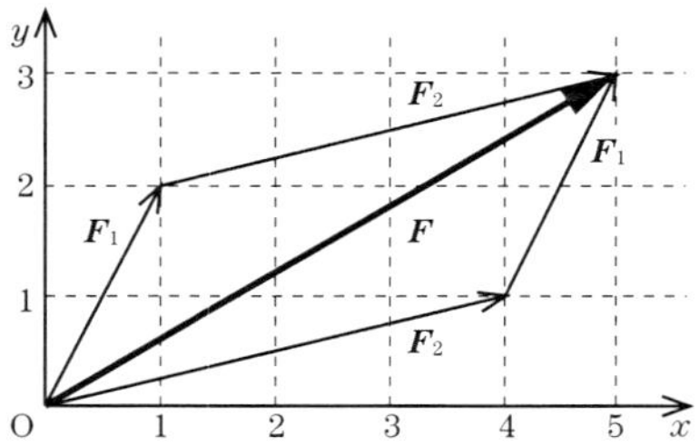

(b)　示力図

図 2.6

2つの力，$\boldsymbol{F}_1=\boldsymbol{i}+2\boldsymbol{j}$，$\boldsymbol{F}_2=4\boldsymbol{i}+\boldsymbol{j}$ の合力 $\boldsymbol{F}$ とその大きさを求めよ．

[解答]

①図式解法：示力図による結果を(b)図に示す．

$\boldsymbol{F}_1+\boldsymbol{F}_2$ でも $\boldsymbol{F}_2+\boldsymbol{F}_1$ でも同じである．

②数式解法：合力をベクトル和で計算すると，次のようになる．

$$\boldsymbol{F}=\boldsymbol{F}_1+\boldsymbol{F}_2=(1+4)\,\boldsymbol{i}+(2+1)\,\boldsymbol{j}=5\boldsymbol{i}+3\boldsymbol{j}$$

大きさは，$F=|\boldsymbol{F}|=\sqrt{5^2+3^2}=\sqrt{34}$　■

力を受けても変形しないと理想化した物体である**剛体**（rigid body）は，力を剛体の作用線上のどこに加えてもその効果は変わらないので，力の作用点は重要でなく，力の大きさと方向（作用線と向き）が決まれば力を規定できる．このようなベクトルは，**移動ベクトル**（sliding vector）という．

通常の構造物は力を受けると変形する．このような物体は**変形体**（deformable body）という．この場合は，力を受けた点に近いほど大きく変形するので力の作用点が問題となる．このようなベクトルは**束縛ベクトル**（bound vector）という．

図 2.7(a)は剛体にかかる力を示している．この図のように，2つの力 $\boldsymbol{F}_1$，$\boldsymbol{F}_2$ の作用線が1点（P点）に会する場合には，(b)図の示力図で得ら

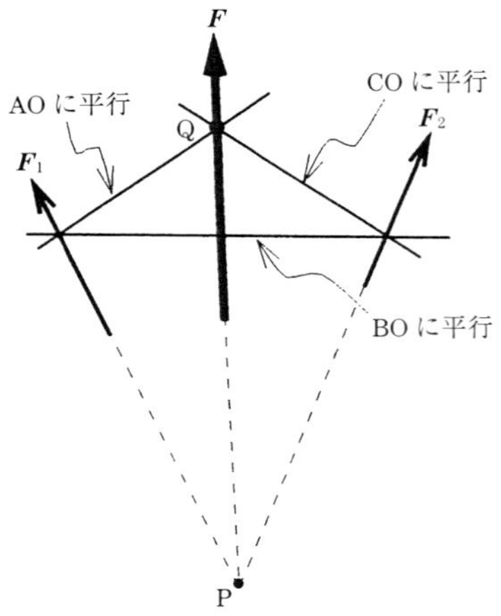

(a)　連力図

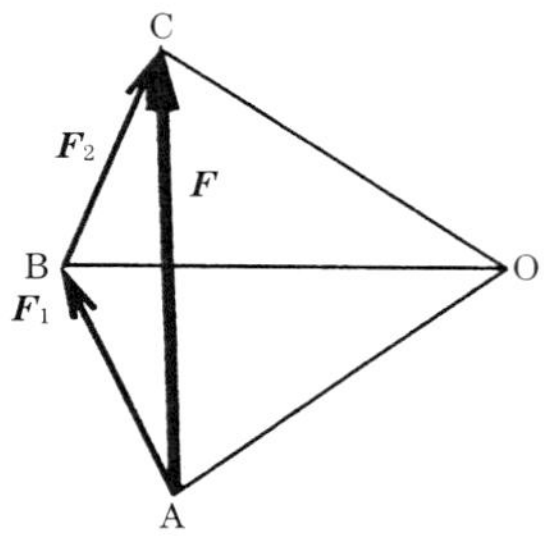

(b)　示力図

図 2.7　力の合成と連力図（力が1点に会さない場合にも解ける）

れた合力 $\boldsymbol{F}$ の作用線はその交点Pを通る．しかし，2つの力が平行か，平行に近く交点Pが得られない場合には，示力図で合力の大きさと向きは求められるが作用線が決まらない．このような場合には，(a)図のような**連力図**（funicular polygon）を作成すると合力の作用線が通るQ点を求めることができる．連力図の作成方法は付録で解説する．

同様の1点に会さない力の合成を数式解法で行う場合，合力の大きさと向きは(2.13a)式や(2.13b)式で求められる．合力の作用する位置（作用線）は，2.7.3項のバリニオンの定理を用いると求められる．

一方，力の分解は力の合成の逆なので，分解したい方向が与えられれば，上記の関係を逆に適用して1つの力を2つ以上の力に分解できる．

2.5　力による仕事

物理学でいう**仕事**（work）は，**力と力の方向に移動した距離の積**で定義される．この定義より，**図 2.8** の 2 次元の座標で，力 $\boldsymbol{F}$ が A 点から B 点に $\boldsymbol{d}$ だけ移動したときの仕事 W は，

$$W=|\boldsymbol{F}||\boldsymbol{d}|\cos\theta \qquad (2.14)$$

これはベクトルで表すとスカラー積で表される．仕事は大きさだけをもつ**スカラー**（scalar）である．

$$W=\boldsymbol{F}\cdot\boldsymbol{d}=|\boldsymbol{F}||\boldsymbol{d}|\cos\theta \qquad (2.15)$$

3 次元に拡張して，力を $\boldsymbol{F}=F_x\boldsymbol{i}+F_y\boldsymbol{j}+F_z\boldsymbol{k}$，移動前の A 点の位置を $\boldsymbol{r}_1=x_1\boldsymbol{i}+y_1\boldsymbol{j}+z_1\boldsymbol{k}$，移動後の B 点の位置を $\boldsymbol{r}_2=x_2\boldsymbol{i}+y_2\boldsymbol{j}+z_2\boldsymbol{k}$ としたときの仕事 W は，

$$W=\boldsymbol{F}\cdot\boldsymbol{d}=F_x(x_2-x_1)+F_y(y_2-y_1)+F_z(z_2-z_1) \qquad (2.16)$$

【例題 2.2　2 次元の力の仕事】 **図 2.9** で力 $\boldsymbol{P}=2\boldsymbol{i}+4\boldsymbol{j}$ が点 A から点 B に移動したとき，$\boldsymbol{P}$ のなした仕事 W を求めよ．ここに，A の座標は (4,−2)，B の座標は（−2,2）である（この例題では単位は考えないものとする）．

［解答］　AB のベクトル $\boldsymbol{d}$ は，

$$\boldsymbol{d}=(-2-4)\boldsymbol{i}+(2-(-2))\boldsymbol{j}=-6\boldsymbol{i}+4\boldsymbol{j}$$

仕事はスカラー積で計算すると，

$$W=\boldsymbol{P}\cdot\boldsymbol{d}=2\times(-6)+4\times4=4$$ ■

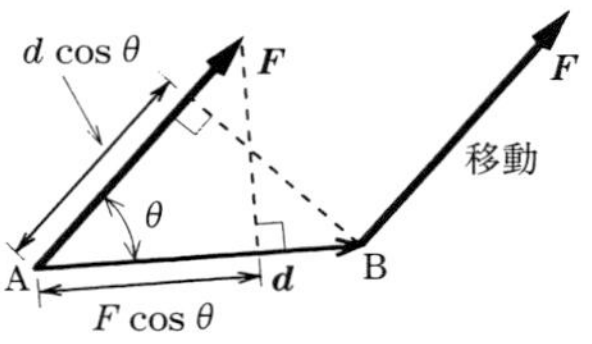

図 2.8　力による仕事

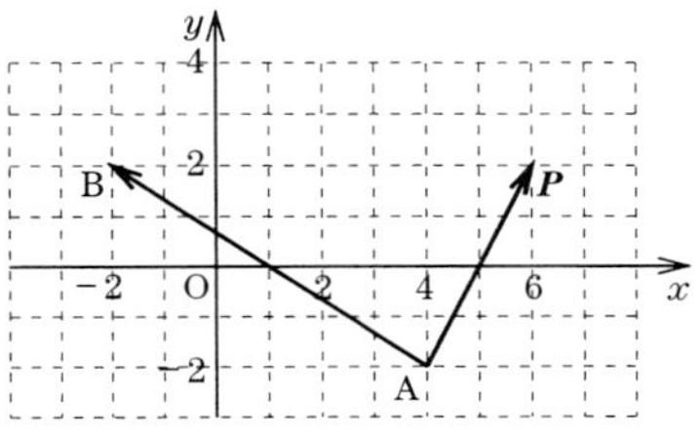

図 2.9

2.6　力のモーメントの定義

机の上に置いてある物体に力を加えると，物体は移動する．しかし，自転車のハンドルやシーソーのように支点のあるものに力を加えると，物体は支点を中心として回転する．

力のモーメントとは，**物体を回転させようとする作用**のことである．力学ではこれを簡単に**モーメント**（moment）ということが多い．

力のモーメントは，その仕事が力による仕事と同じになるように定義する．すなわち，**物体に力が働いて回転するときになす仕事は力のモーメントと回転した角度の積**で表される．

2.6.1　2 次元で支点からの垂線に直交して力が作用する場合

図 2.10 は，ハンドルのように回転中心 O から $d=|\boldsymbol{d}|$ 離れた位置で直交方向に力 $F=|\boldsymbol{F}|$ が作用する場合である．

この場合の仕事 W は，

$$W=Fd\varDelta\theta=(Fd)\varDelta\theta \qquad (2.17)$$

定義より，モーメントの大きさ M は，

$$M=dF \text{ または } M=Fd \qquad (2.18)$$

M は，腕の長さ d に力の大きさ F を掛けたものに等しい．なお，(a)図と(b)図の場合の仕事は同じであるが，(a)図は左回りの回転，(b)図は右回りの回転で，その作用は反対である．

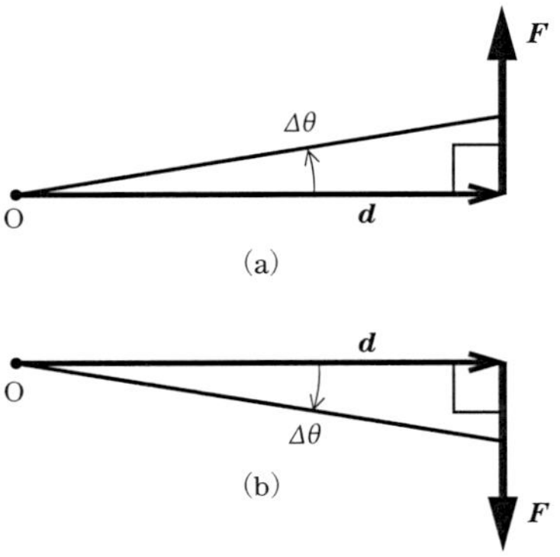

図 2.10　モーメントの定義 (1)

2.6.2　2 次元の一般的な場合

図 2.11 に示すように，位置ベクトル $\boldsymbol{r}=x\boldsymbol{i}$

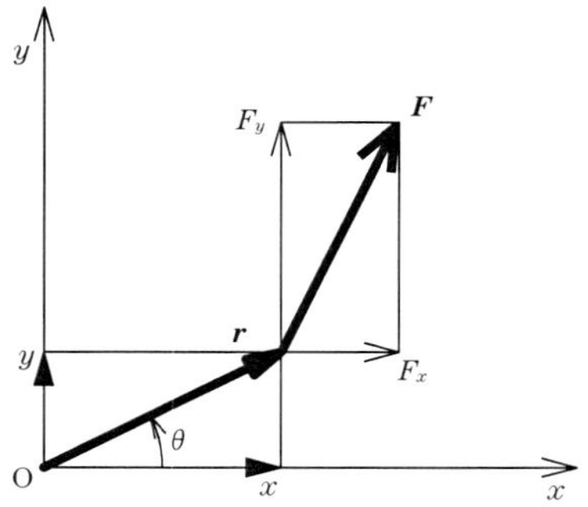

図 2.11　モーメントの定義 (2)

$+y\boldsymbol{j}$ の点に作用する力 $\boldsymbol{F}=F_x\boldsymbol{i}+F_y\boldsymbol{j}$ による O 点回りの回転を考える．左回りの回転をモーメントの正の方向とすると，力 $\boldsymbol{F}$ によるモーメント M は，(2.18)式より，腕の長さ x とそれに直交する力 F_y の積（左回り）と，腕の長さ y とそれに直交する力 F_x の積（右回り）の和となる．これを式で表すと，

$$M=xF_y-yF_x \qquad (2.19)$$

2.6.3　力のモーメントの方向

図 2.10 より，力のモーメントには回転の方向があることがわかる．2 次元の場合には右回り，左回りで区別できる．3 次元の場合には，モーメントの作用している面と直交する軸を考え，**右ネジを回したと考えたときに，ネジの進む方向をモーメントの方向**と定義する．図 2.11 の場合は，モーメントの方向は z 軸の正の方向となる．

力のモーメントは**ベクトル積**（vector product）を用いると簡単に表すことができる．位置ベクトルを $\boldsymbol{r}$，力を $\boldsymbol{F}$，**モーメントベクトル**を $\boldsymbol{M}$，ベクトル積を×で表すと，

$$\boldsymbol{M}=\boldsymbol{r}\times\boldsymbol{F} \qquad (2.20)$$

その大きさはベクトル積の定義から，**図 2.12** の記号で表すと，

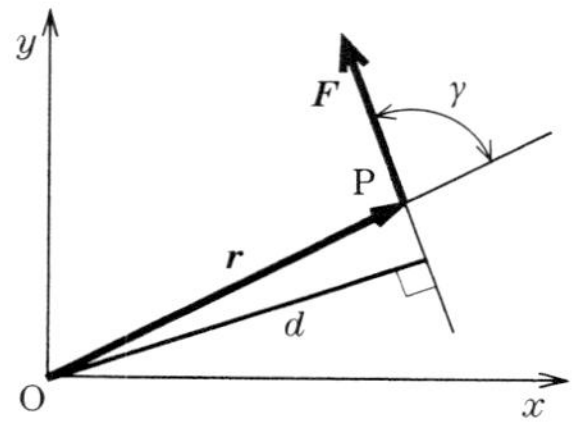

図 2.12　ベクトル積

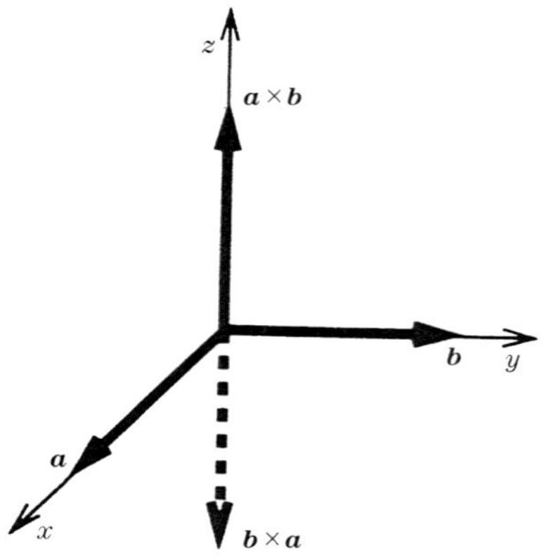

図 2.13　ベクトル積の方向

$$|\boldsymbol{M}|=|\boldsymbol{r}\times\boldsymbol{F}|=|\boldsymbol{r}||\boldsymbol{F}|\sin\gamma=|\boldsymbol{F}|d \qquad (2.21)$$

一方，ベクトル積とスカラー積の関係を用いると，

$$\begin{aligned}|\boldsymbol{M}|&=|\boldsymbol{r}||\boldsymbol{F}|\sin\gamma=|\boldsymbol{r}||\boldsymbol{F}|\sqrt{1-\cos^2\gamma}\\&=\sqrt{(\boldsymbol{r}\cdot\boldsymbol{r})(\boldsymbol{F}\cdot\boldsymbol{F})-(\boldsymbol{r}\cdot\boldsymbol{F})^2}=|xF_y-yF_x|\end{aligned} \qquad (2.22)$$

なお，ベクトル積では**図 2.13** でわかるように交換法則は成立しない．

$$\boldsymbol{r}\times\boldsymbol{F}\neq\boldsymbol{F}\times\boldsymbol{r} \qquad (2.23)$$

2.6.4　3 次元での力のモーメント

3 次元の力のモーメントはベクトル積で表すのが便利である．位置ベクトル $\boldsymbol{r}=x\boldsymbol{i}+y\boldsymbol{j}+z\boldsymbol{k}$ の点に，力 $\boldsymbol{F}=F_x\boldsymbol{i}+F_y\boldsymbol{j}+F_z\boldsymbol{k}$ が作用するときのモーメント $\boldsymbol{M}$ は，次のように表すことができる．

$$\begin{aligned}\boldsymbol{M}=\boldsymbol{r}\times\boldsymbol{F}&=(yF_z-zF_y)\boldsymbol{i}+(zF_x-xF_z)\boldsymbol{j}\\&\quad+(xF_y-yF_x)\boldsymbol{k}\end{aligned} \qquad (2.24)$$

x，y，z 軸回りのモーメントの成分を M_x，M_y，M_z とすると，

$$\boldsymbol{M}=M_x\boldsymbol{i}+M_y\boldsymbol{j}+M_z\boldsymbol{k} \qquad (2.25)$$

ここで，

$$\left.\begin{aligned}M_x&=yF_z-zF_y\\M_y&=zF_x-xF_z\\M_z&=xF_y-yF_x\end{aligned}\right\} \qquad (2.26)$$

(2.26)式は，原点を通る軸の回りの力のモーメントであり，軸が変われば力のモーメントは変化する．(x_1, y_1, z_1) 点を通る軸の場合は，x，y，z

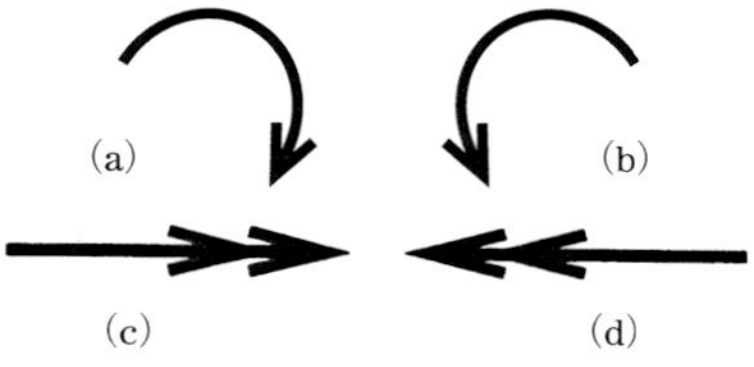

図 2.14 モーメントの表示法

がそれぞれ，$x-x_1$，$y-y_1$，$z-z_1$ となる．

2.6.5 力のモーメントの表示法

力のモーメントの表示法は，**図 2.14** に示す 2 種類が使われる．

(1) 回転する方向に矢印の付いた円弧で表す．

(2) 右ネジの進む方向に 2 つの矢を付けて表す．

3 次元では(2)の表示が便利であるが，2 次元では(1)の表示がわかりやすい．本書では 2 次元では(1)を，3 次元では(2)を用いる．

2.7 力のモーメントの定理

力のモーメントの便利な定理を以下に示す．

2.7.1 2 次元でのモーメントの大きさ

建築構造力学では 3 次元の問題を扱うことは少なく，多くは 2 次元の問題である．x，y 座標での 2 次元の問題では，z 軸回りのモーメント M_z だけなので M だけでわかる．そこで，モーメントの大きさと回転の方向がわかればよい．大きさは(2.18)式すなわち次式で求められる．

力のモーメント＝**腕の長さ**(力までの垂直な距離)×**力の大きさ** (2.27)

【例題 2.3 2 次元のモーメント】 図 2.15 の A 点 (0,2) と B 点 (3,0) での力 $\boldsymbol{F}$ によるモーメント，M_A，M_B を求めよ．ここで，$F_x=3$，$F_y=3$ とする (この例題では単位は考えないものとする)．

[解答]

① (2.19)式あるいは(2.26)式を用いると，

$$M_A=2\times3-(-1)\times3=9$$

値が正なので，M_A は左回りに 9

$$M_B=(-1)\times3-1\times3=-6$$

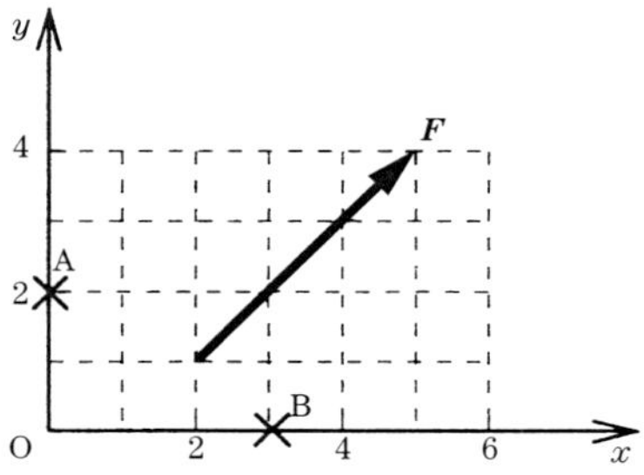

図 2.15

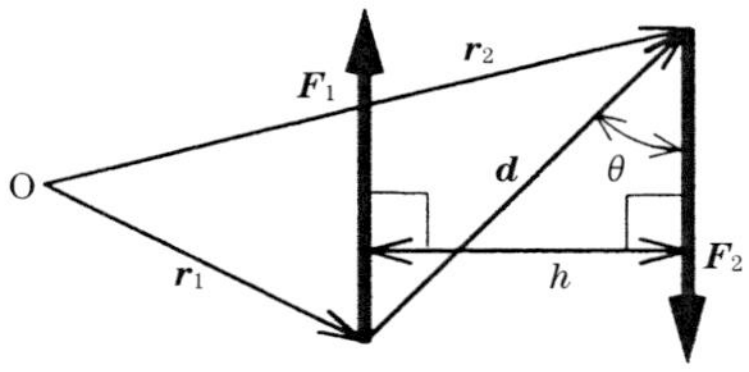

図 2.16 偶力

値が負なので，M_B は右回りに 6

② (2.27)式を用いる．

M_A は左回りを正とすると，$M_A=1.5\sqrt{2}\times3\sqrt{2}=9$，値が正なので，左回りに 9 のモーメント．$M_B$ は右回りを正とすると，$M_B=\sqrt{2}\times3\sqrt{2}=6$，値が正なので，右回りに 6 のモーメント． ■

2.7.2 偶力とモーメント

図 2.16 に示すように，大きさは同じで，向きが逆の平行な一対の力を**偶力** (couple) という．偶力を $\boldsymbol{F}_1=-\boldsymbol{F}$，$\boldsymbol{F}_2=\boldsymbol{F}$ とすると，そのモーメント $\boldsymbol{M}$ は，

$$\begin{aligned}\boldsymbol{M}&=\boldsymbol{r}_2\times\boldsymbol{F}_2+\boldsymbol{r}_1\times\boldsymbol{F}_1\\&=(\boldsymbol{r}_1+\boldsymbol{d})\times\boldsymbol{F}+\boldsymbol{r}_1\times(-\boldsymbol{F})\\&=\boldsymbol{d}\times\boldsymbol{F}\end{aligned}\quad(2.28)$$

その大きさは，

$$|\boldsymbol{M}|=|\boldsymbol{d}||\boldsymbol{F}|\sin\theta=hF\quad(2.29)$$

ここで，h は偶力の間の垂直距離，F は力の大きさである．(2.18)式との比較により，**モーメントは偶力と等価である**といえる．また，(2.28)式からわかるように，偶力はどの点に対しても同じ作用となるので，同様に**モーメントの作用はどの点に対しても同じ**といえる．

2.7.3　合力のモーメント

図 2.17(a)の A 点で会する同一平面内の N 個の力，$\boldsymbol{F}_1, \boldsymbol{F}_2, \boldsymbol{F}_3, \cdots, \boldsymbol{F}_N$ の合力を $\boldsymbol{F}$ とする．任意の点 O でのモーメントを $\boldsymbol{M}$，O から A 点までの位置ベクトルを $\boldsymbol{r}$ とすると，

$$\boldsymbol{F} = \sum_{n=1}^{N} \boldsymbol{F}_n \tag{2.30}$$

$$\boldsymbol{M} = \sum_{n=1}^{N} \boldsymbol{r} \times \boldsymbol{F}_n = \boldsymbol{r} \times \sum_{n=1}^{N} \boldsymbol{F}_n = \boldsymbol{r} \times \boldsymbol{F} \tag{2.31}$$

すべての力が 1 点に会さない場合は，2 力ずつこの 2 式を適用していけば，最終的に $\boldsymbol{F}=\boldsymbol{0}$ で $\boldsymbol{M} \neq \boldsymbol{0}$ となるとき以外は，合力までの位置ベクトル $\boldsymbol{r}$ に対して(2.31)式が成立する．合成しようとする 2 力が平行な場合も，2.4 節で述べた連力図を作成するなどの方法で，合力の作用線を求めることは可能である．したがって，同一平面内にあるいくつかの力の合力が，大きさ 0 でない 1 つの力で表されるとき，**合力によるモーメントは，合成する前の個々の力によるモーメントの和に等しい．**この関係は，**バリニオンの定理**（the law of Varignon）（Varignon, 1654～1722）と呼ばれる．

2.7.4　等価な力とモーメント

図 2.18(a)では，N 個の力 $\boldsymbol{F}_1, \boldsymbol{F}_2, \boldsymbol{F}_3, \cdots, \boldsymbol{F}_N$ が点 O から $\boldsymbol{r}_1, \boldsymbol{r}_2, \boldsymbol{r}_3, \cdots, \boldsymbol{r}_N$ の位置に作用している．このときの合力 $\boldsymbol{F}$ と O 点回りのモーメント $\boldsymbol{M}$ は，

$$\boldsymbol{F} = \sum_{n=1}^{N} \boldsymbol{F}_n \tag{2.32}$$

$$\boldsymbol{M} = \sum_{n=1}^{N} \boldsymbol{r}_n \times \boldsymbol{F}_n \tag{2.33}$$

したがって，(b)図のように，合力 $\boldsymbol{F}$ と合モーメント $\boldsymbol{M}$ で表すことができる．

次に，(c)図のような，点 O から位置ベクトルが $\boldsymbol{d}$ の位置にある点 P では，合力は $\boldsymbol{F}$ で変わらないが，P 点回りのモーメント $\boldsymbol{M}_{\mathrm{P}}$ は，

$$\boldsymbol{M}_{\mathrm{P}} = \sum_{n=1}^{N} (\boldsymbol{r}_n - \boldsymbol{d}) \times \boldsymbol{F}_n = \sum_{n=1}^{N} \boldsymbol{r}_n \times \boldsymbol{F}_n - \sum_{n=1}^{N} \boldsymbol{d} \times \boldsymbol{F}_n$$
$$= \boldsymbol{M} - \boldsymbol{d} \times \boldsymbol{F} \tag{2.34}$$

複数のモーメントが作用している場合は，それを(2.34)式に加算するだけで同じ関係が得られる．したがって，一般の点では 1 つの合力と 1 つの合モーメントで表すことができる．また，$\boldsymbol{M}_{\mathrm{P}} = \boldsymbol{0}$ すなわち $\boldsymbol{M} = \boldsymbol{d} \times \boldsymbol{F}$ となる $\boldsymbol{d}$ の位置では合力だけとなる．

【例題 2.4　等価な合力】　**図 2.19** の力，$\boldsymbol{F}_1$，$\boldsymbol{F}_2$，$\boldsymbol{F}_3$ を 1 つの力 $\boldsymbol{F}$ で表せ．$F_1=3$，$F_2=3$，$F_3=2$〔N〕(N は 2.10 節に示しているニュートンで力の単位である)．図の長さの単位は〔m〕とする．

［解答］　O 点から力 $\boldsymbol{F}_1$，$\boldsymbol{F}_2$，$\boldsymbol{F}_3$ までの垂直距離をそれぞれ d_1，d_2，d_3 とする．合力 $\boldsymbol{F}$ の x，y 方向の成分を F_x，F_y とすると，

$F_x = F_1 + F_2 = -3 + 3 = 0$，　$F_y = F_3 = 2$〔N〕

合力 $\boldsymbol{F}$ が x の位置に作用すると仮定する．x 点

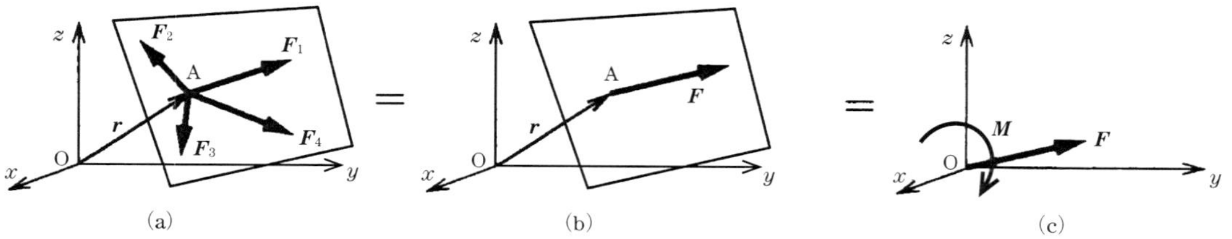

図 2.17　合力のモーメント

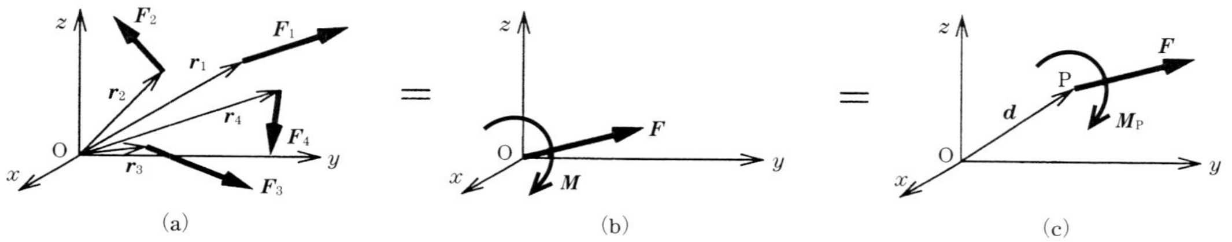

図 2.18　等価な荷重

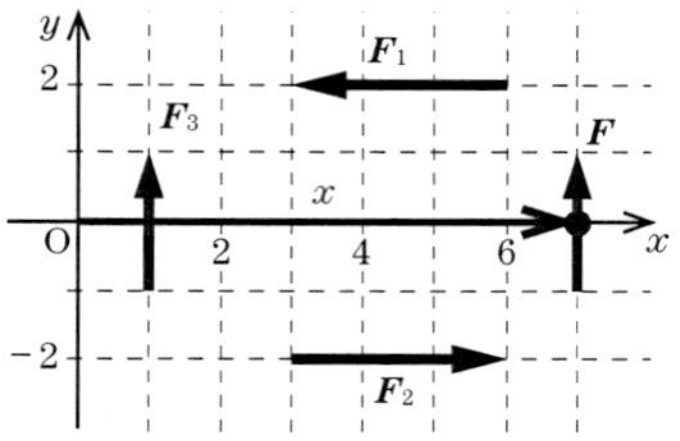

図 2.19

でのモーメント M は右回りを正とすると，

$$M = d_1F_1 + d_2F_2 + (x - d_3)\ F_3$$
$$= -2\times3 - 2\times3 + (x-1)\times2 = 0$$
$$\therefore\ x = 7\ 〔\mathrm{m}〕$$

合力は図 2.19 に示すように，$x=7$〔m〕の位置に y 方向に 2〔N〕の力を考えればよい．■

2.8　平 衡 方 程 式

質点系のどの質点にも加速度が生じない状態にあるとき，質点系は**平衡**（equilibrium）状態にある，または質点系に作用する**力はつり合っている**という．なお，構造力学では質点系のことを**連続体**（continuum）または**物体**（body）という．

2.8.1　力の平衡方程式

図 2.20 のような，K 個の質点からなる物体が平衡状態にある場合を考える．質点 I の運動方程式は(2.8)式で加速度を $\mathbf{0}$ とすると，

$$\boldsymbol{F}_I^{(R)} = m_I\boldsymbol{a} = \mathbf{0} \quad (I=1,2,\cdots,K) \qquad (2.35)$$

ここで，m_I は質点 I の質量で，$\boldsymbol{F}_I^{(R)}$ は質点 I に作用している力の合力である．

合力を他の質点からの作用 $\boldsymbol{F}_{IJ}$ と物体に加わる外力 $\boldsymbol{F}_I$ とに分けると，

$$\boldsymbol{F}_I^{(R)} = \boldsymbol{F}_I + \sum_{J=1}^{K}\boldsymbol{F}_{IJ} = m_I\boldsymbol{a} = \mathbf{0} \quad (I=1,2,\cdots,K) \qquad (2.36)$$

物体全体についての合力を考えて，(2.36)式を加え合わせれば，

$$\sum_{I=1}^{K}\boldsymbol{F}_I + \sum_{I=1}^{K}\sum_{J=1}^{K}\boldsymbol{F}_{IJ} = \mathbf{0} \qquad (2.37)$$

(2.10)式の作用反作用の法則から，$\boldsymbol{F}_{IJ} = -\boldsymbol{F}_{JI}$ を考慮すると，第 2 項は $\mathbf{0}$ となるので，

$$\sum_{I=1}^{K}\boldsymbol{F}_I = \mathbf{0} \qquad (2.38)$$

すべての質点に外力が作用しているとは限らないので，外力が $\mathbf{0}$ の項は式から除いたほうがわかりやすい．物体に N_f 個の外力が作用していると仮定すると，(2.38)式は次のように表せる．

$$\boxed{\sum_{n=1}^{N_f}\boldsymbol{F}_n = \mathbf{0}} \qquad (2.39)$$

これは**平衡状態にある物体では物体に作用するすべての外力の合力は 0 となる**ことを示している．これが**力に関する平衡方程式**すなわち**力のつり合い式**である．

ベクトルでなく，x，y，z 軸の成分ごとにスカラーで表した平衡方程式は次のようになる．

$$\boxed{\sum_{n=1}^{N_f}F_{nx}=0,\quad \sum_{n=1}^{N_f}F_{ny}=0,\quad \sum_{n=1}^{N_f}F_{nz}=0} \qquad (2.40)$$

ここで，F_{nx}，F_{ny}，F_{nz} はそれぞれ $\boldsymbol{F}_n$ の x 軸，y 軸，z 軸方向の大きさ（成分）である．

2.8.2　力のモーメントの平衡方程式

次に，**図 2.21** のような，任意の点 P 回りの力のモーメントについて考える．物体には外力として N_f 個の力と N_m 個の力のモーメントが作用するものとする．力のモーメントの代わりに等価な偶力を考えてもよい．

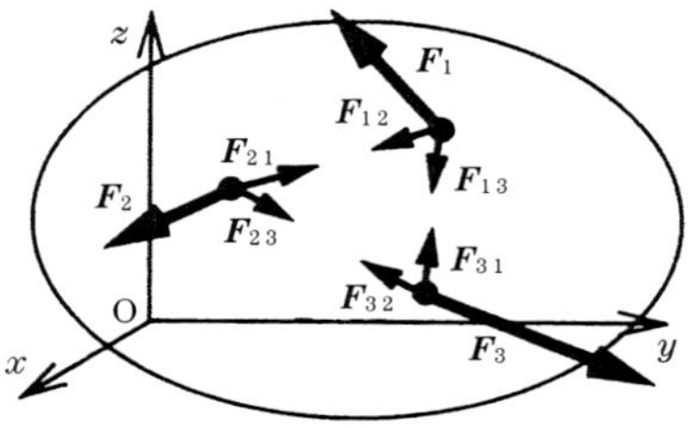

図 2.20　平衡方程式

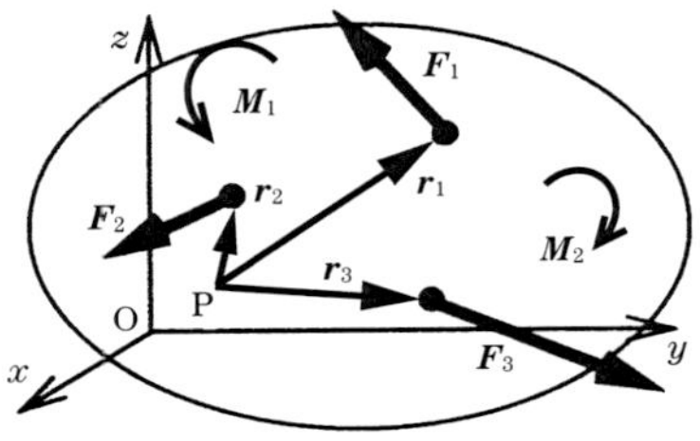

図 2.21　モーメントの平衡方程式

点Pから質点 I までの位置ベクトルを $\boldsymbol{r}_I$ とする．平衡な状態では物体は回転運動をしていないので物体全体の力のモーメントは $\boldsymbol{0}$ でなければならない．したがって，(2.38)式から，

$$\sum_{I=1}^{K} \boldsymbol{r}_I \times \boldsymbol{F}_I + \sum_{n=1}^{Nm} \boldsymbol{M}_n = \boldsymbol{0} \qquad (2.41)$$

ここで，$\boldsymbol{M}_n$ は力のモーメントの形で与えられている外力である．物体に作用している外力のみを考えると，(2.41)式は次のように表せる．

$$\sum_{n=1}^{N_f} \boldsymbol{r}_n \times \boldsymbol{F}_n + \sum_{n=1}^{Nm} \boldsymbol{M}_n = \boldsymbol{0} \qquad (2.42)$$

これらをまとめて，$N=N_f+N_m$ 個の全モーメントを考えると，

$$\boxed{\sum_{n=1}^{N} \boldsymbol{M}_n = \boldsymbol{0}} \qquad (2.43)$$

これは**平衡状態にある物体では，物体に作用するすべてのモーメントの総和は 0 となる**ことを示している．これが**モーメントに関する平衡方程式**すなわち**モーメントのつり合い式**である．

ベクトルでなく，スカラーによる x，y，z 軸回りのモーメントの平衡方程式は次式で表される．

$$\boxed{\sum_{n=1}^{N} M_{nx}=0, \quad \sum_{n=1}^{N} M_{ny}=0, \quad \sum_{n=1}^{N} M_{nz}=0} \qquad (2.44)$$

ここで，M_{nx}，M_{ny}，M_{nz} はそれぞれ $\boldsymbol{M}_n$ の x 軸，y 軸，z 軸回りの成分である．

点Pの位置は任意なので，(2.43)式，(2.44)式は空間上の任意の点で成立する．

ベクトルで表した(2.39)式と(2.43)式，あるいはスカラーで表した(2.40)式と(2.44)式が物体に関する**平衡方程式**または**力のつり合い式**である．**平衡方程式は静力学すなわち構造力学で最も重要な式である．**

2.8.3　2 次元の平衡方程式

x，y 座標での 2 次元の問題では，(2.40)式の x 方向と y 方向の力の平衡方程式と，任意の点における(2.44)式の z 軸回りの力のモーメントに関する平衡方程式が成立する．

$$\boxed{\sum_{n=1}^{N_f} F_{nx}=0, \quad \sum_{n=1}^{N_f} F_{ny}=0, \quad \sum_{n=1}^{N_f+Nm} M_{nz}=0} \qquad (2.45)$$

2 次元の問題では，これらの 3 つの独立な平衡方程式を用いれば 3 つまでの未知の力が求められる．

2.9　自　由　物　体

平衡方程式を導く過程で考えている物体は，外部とは遮断された閉じた質点系である．この物体を**自由物体**あるいは**自由体**（free body）という．**平衡方程式は，自由物体に対して成立する．**

建物は，このような閉じた物体ではなく，常時重力を受けているために，どこかで地盤やほかの物体と連結されて支えられている．このような物体の平衡方程式は，対象とする物体とほかの物体を（仮想的に）切り離した状態にして考える必要がある．このとき，2 つの物体の間には作用・反作用の力が働いているので，ほかの物体からの力は外力と考えると自由物体となり，平衡方程式が適用できる．

【例題 2.5　平衡方程式】 **図 2.22** に示す物体に荷重とモーメントが作用して平衡状態にあるとき，力 H_A，V_A，V_B を求めよ．

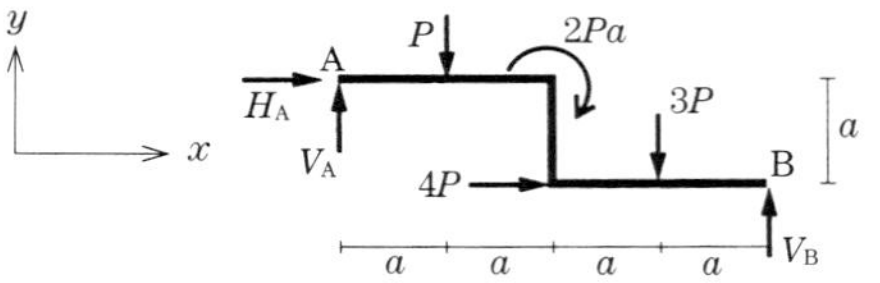

図 2.22

［解答］　全体を自由物体と考える．

3 つの平衡方程式は，

x 方向は右向きを正とすると，

$$H_A+4P=0$$

y 方向は上向きを正とすると，

$$V_A+V_B-P-3P=0$$

A 点回りのモーメントは右回りを正とすると，

$$a\times P-a\times 4P+3a\times 3P+2Pa-4a\times V_B=0$$

これらより，$H_A=-4P$，$V_A=2P$，$V_B=2P$

なお，モーメントは B 点回りあるいは任意の点回りのつり合いを考えてもよい．■

2.10　力学で用いる単位

従来，建築の分野では国ごとに異なる**重力単位系**が用いられてきた．しかし，国際化に伴って単位を統一することになり，万国共通の単位として**SI 単位系（国際単位系）**が制定された．

日本では 1991 年に SI 単位系を用いる法律が成立し，建築分野での対応も徐々に進んでいる．

本書でも SI 単位系を基本とする．ただし，過去の教科書や構造設計の現場などで重力単位系に接する機会があることを考慮して重力単位系も一部で併用する．

2.10.1　SI 単位

SI 単位は質量〔kg〕，長さ〔m〕，時間〔s〕など数個の**基本単位**で構成される．それ以外の単位は，基本単位から組み立てられたもので**組立単位**と呼ばれている．構造力学や動力学に関係ある単位を**表 2.1** に示す．値が大きすぎたり，小さすぎたりするときは**表 2.2** の接頭語を付けてわかりやすくする．基本は 3 桁ごとである．

2.10.2　重力単位

重力単位は，伝統的に使われてきた単位で使いやすい大きさの単位が使われているが，国や分野によって使用する単位が異なるという弊害がある．基本となる単位は力，長さ，時間〔s〕である．日本の建築の分野で構造力学や動力学に関係ある単位としては，以下のような単位が使われていた．

力：tf（または tonf，慣用 t），kgf（慣用 kg）など

長さ：m，cm，mm

モーメント：tf·m（慣用 tm），kgf·m（慣用 kgm）など（・は省くこともある）

応力：tf/cm^2（慣用 t/cm^2），kgf/mm^2（慣用 kg/mm^2）など

質量：$tf \cdot s^2/cm$（慣用 $t\,s^2/cm$），$kgf \cdot s^2/m$（慣用 $kg\,s^2/m$）など

質量＝力(重量)／重力加速度

ここで，重力加速度 g は g＝9.8〔m/s^2〕

重力単位だけの時代には，力の単位に f は付けなかった．今後は，SI 単位の質量 kg と重力単位の力 kg を区別するために，重力単位の力には f を付けたほうがよい．重力単位は国によって違い，米国では力としては lb（pound：ポンド），長さとしては yd（yard：ヤード）や in（inch：インチ）が使われていた．

2.10.3　SI 単位と重力単位の関係

重力加速度の国際標準値は，9.80665≒9.8〔m/s^2〕であるので，両者の力の単位の関係は次式で表される．

$$1\,〔kgf〕=9.8\,〔N〕,\quad 1\,〔tf〕=9.8\,〔kN〕 \tag{2.46}$$

【例題 2.6　単位の変換】　重力単位で重量（力）

表 2.1　構造力学や動力学で用いる SI 単位

単　位	記　号	読 み 方	意　味	備　考
質　量	kg	キログラム		基本単位
長　さ	m	メートル		基本単位
力	N	ニュートン	$N=kg\times(m/s^2)$	
モーメント	N·m	ニュートン・メートル	N·m＝N×m	中黒は省くこともある
応　力	Pa	パスカル	$Pa=N/m^2$	

表 2.2　SI 単位で用いる接頭語

	10^{-9}	10^{-6}	10^{-3}	1	10^3	10^6	10^9
記　号	n	μ	m		k	M	G
読み方	ナノ	マイクロ	ミリ		キロ	メガ	ギガ

そのほかの接頭語としては，10^2：h（ヘクト），10^{-2}：c（センチ）などがある．

例
kN＝(キロニュートン)＝10^3 N
MPa＝(メガパスカル)＝10^6 Pa

$W_f=60$〔tf〕(慣用では60〔t〕)とするとき，質量 m_f はいくらか．これをSI単位での重量（力）W_s と質量 m_s で表すといくらになるか．

[解答]　重力単位で重さ60〔kgf〕というのはSI単位で質量60〔kg〕のことである．これより，

重力単位系では，$W_f=60$〔tf〕

$m_f=W_f/980$

$\fallingdotseq 0.061$〔$tf\cdot s^2/cm$〕

SI単位系では，$W_s=m_s\times 9.8=588$

$\fallingdotseq 590$〔kN〕

$m_s=60$〔Mg〕 ■

演　習　問　題

2.1

① 力のモーメントの定義を述べよ．

② 力による仕事はどのように定義されているか．

③ 力のモーメントによる仕事はどのように定義されているか．

④ 平衡とはどのような状態か．

⑤ 2次元の平衡方程式はどのように表せるか．

⑥ 力と質量についてSI単位および1つの重力単位を示せ．

2.2（演習用）**図2.23**で，P，Q，M が作用するとき，A，B，C，D点での力のモーメント，M_A，M_B，M_C，M_D の大きさと向きを示せ．

① 記号で求めよ．

② $P=30$〔kN〕，$Q=20$〔kN〕，$M=40$〔kN·m〕とする．

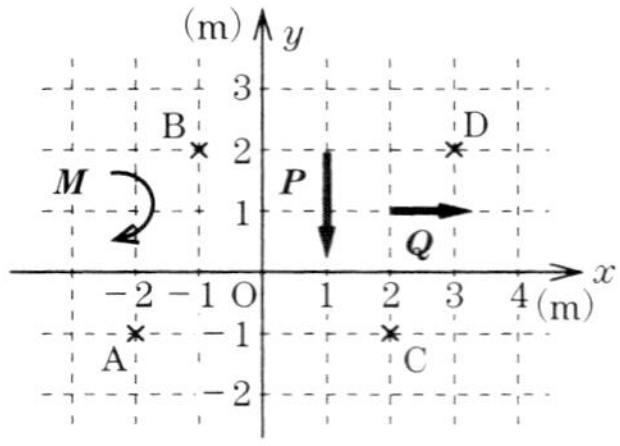

図2.23

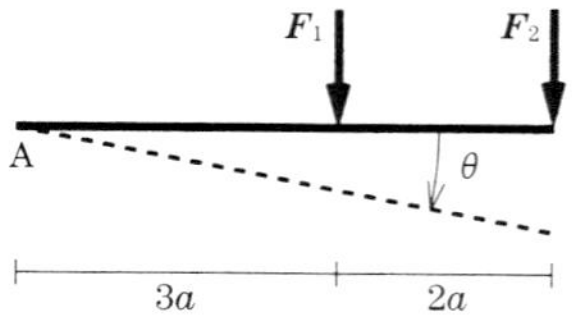

図2.24

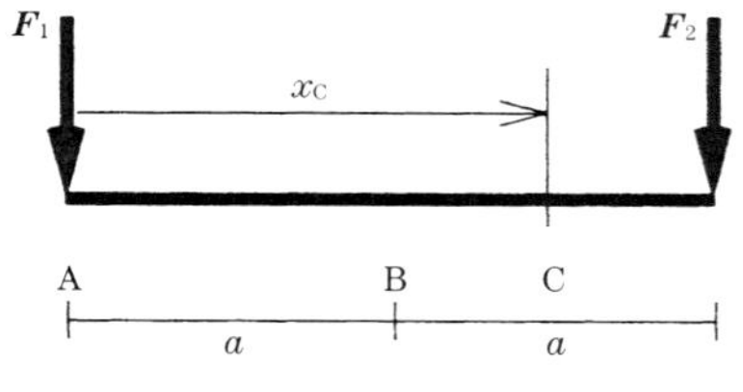

図2.25

2.3 次の4つの力の合力を求めよ．各力の始点と終点の x，y 座標は次のように与えられている．合力の始点は $x=0$ の直線上（y 軸上）にあるものとする．

F_1：始点（1.0，0.5），終点（3.0，4.5）

F_2：始点（2.0，1.5），終点（4.0，3.5）

F_3：始点（4.0，3.0），終点（1.0，1.5）

F_4：始点（0.5，2.0），終点（5.0，1.5）

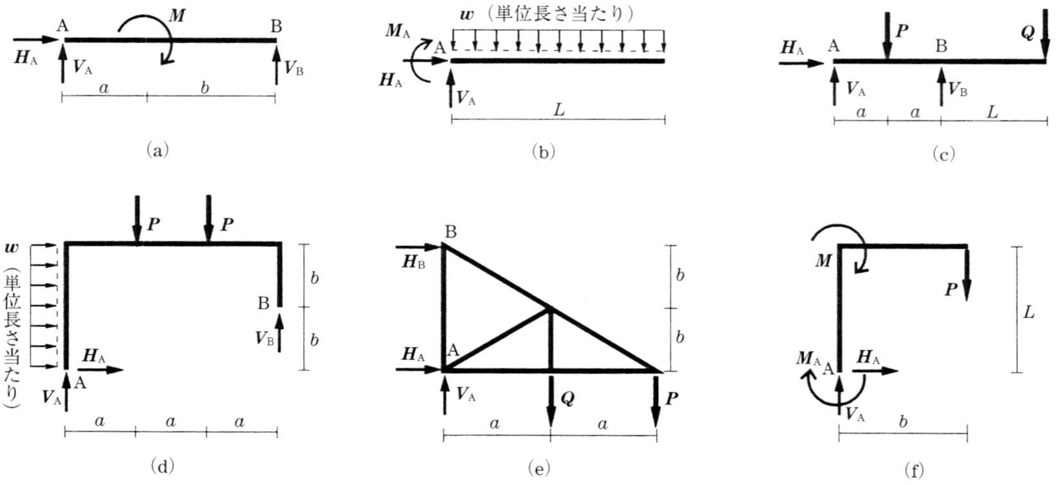

図2.26

2.4 **図 2.24** に示す2つの力 $\boldsymbol{F}_1$，$\boldsymbol{F}_2$ が作用している．大きさは $|\boldsymbol{F}_1|=2F$，$|\boldsymbol{F}_2|=3F$ とする．

① A 点が θ 回転したときの仕事 W_1 を求めよ．

② A 点にどのような力 $\boldsymbol{F}$ とモーメント $\boldsymbol{M}$ を考えると $\boldsymbol{F}_1$，$\boldsymbol{F}_2$ と等価になるか．

2.5 （演習用） **図 2.25** に示す2つの力 $\boldsymbol{F}_1$，$\boldsymbol{F}_2$ が作用しているとき，これと等価になるA点での力とモーメント $\boldsymbol{F}_A$，$\boldsymbol{M}_A$，およびB点での力とモーメント $\boldsymbol{F}_B$，$\boldsymbol{M}_B$ を求めよ．次に，力だけで等価となるC点までの距離 x_C を求めよ．大きさは $|\boldsymbol{F}_1|=3F$，$|\boldsymbol{F}_2|=5F$ とする．

2.6 （b，d，f は演習用） **図 2.26** に示す構造物に荷重 P，Q，w，M が作用している状態で平衡状態にあるとき，図中の H_A，V_A，M_A，H_B，V_B の値を求めよ．

① 記号で答えよ．

② $P=60$〔kN〕，$Q=50$〔kN〕，$w=15$〔kN/m〕，$M=200$〔kN·m〕，$a=4$〔m〕，$b=5$〔m〕，$L=7$〔m〕とする．

3. 構造解析のモデル

3.1 構造解析と解析モデル

実際の建物は複雑に構成されているので，そのままで解析するのは困難である．そこで，主に荷重に抵抗する要素だけを抽出して簡単化する工夫が図られてきた．未知数が4以上の連立方程式を手計算で解くことは困難なので，コンピューターが出現する以前には解析の未知数を少なくすることは重要で，建物の適切なモデル化と解析法の工夫に多大な努力がなされてきた．コンピューターの出現で，今日では1万元以上の連立方程式でも解くことができるが，**同じ精度の結果が得られるのであれば，未知数が少ないほど間違いも少なく，時間と費用も節約できる**．したがって，適切なモデルの選択は依然として重要である．

モデル化の問題は，何をどの程度の精度で知りたいかによって適切なモデルが異なる点である．精度の高い結果が必要であれば，解析が困難でも複雑なモデルを選ぶ必要があるし，ばらつきの大きな荷重を受ける建物の構造設計に用いるのであれば，間違いの少ない，できるだけ簡単なモデルが望ましい．たとえば，一般に建物の重要度に応じて解析の要求が異なるので，適切なモデルは異なってくる．少人数が生活する住宅と，1万人以上が生活する高層ビルでは要求される安全性が異なるので，解析に用いるモデルも異なる場合が多い．

この章では，普通の建物の構造設計でよく用いられる解析モデルについて考察する．

3.2 構造物の解析モデル

構造物のモデル化では，荷重を地盤に伝達するために主に関係する**部材**（member）とあまり関係しない部材とを区別する．構造物に加わる荷重に対してはどの部材も何らかの抵抗をするが，未知数を少なくするために重要でない部材を省略するのである．荷重に抵抗する主要な部材は**主構造部材**と呼び，解析に用いる．それ以外の部材は**非構造部材**と呼び，構造解析では対象としない．

柱と梁と床で構成される**ラーメン**において，主構造部材とみなされるものは，

柱（column）：鉛直荷重，水平荷重を基礎に伝える

梁（はり）（beam，girder，joist）：鉛直荷重を柱に伝える

床（slab，floor slab）：鉛直荷重を梁に伝える

壁（wall）：水平荷重を柱，基礎に伝える

基礎（foundation，footing）：柱から伝えられた力を地盤に伝える

一方，非構造部材とみなされるものは数多くあるが，代表的な部材としては，間仕切壁，大きな開口をもつ壁，窓，カーテンウォールなどがある．

主構造部材だけを対象としてもそのままでは解くことは難しい．接合している部材と部材の間での連続的な力と変形の伝達機構を，少ない変数で表せるモデル化が必要である．このように，連続量を離散的な変数で表すことは**離散化**と呼ばれている．同じ精度なら変数が少ないほど望ましい．

図3.1に簡単なラーメン構造を示す．(a)図は，窓やさまざまな装飾も付いた実際の建物とする．主構造部材だけのモデルは，(b)図に示すように立体的なので**立体解析モデル**と呼ばれる．このモデルは，精度の高い解が得られるが未知数の数が多くなる．そこで，建物全体として回転するような問題など，このモデル以外では解けない場合に用いられる．より簡単なモデルは，(c)図の**構面**と呼ばれる柱のならぶ平面を取り出した**平面解析モデル**である．コンピューターのない時代に

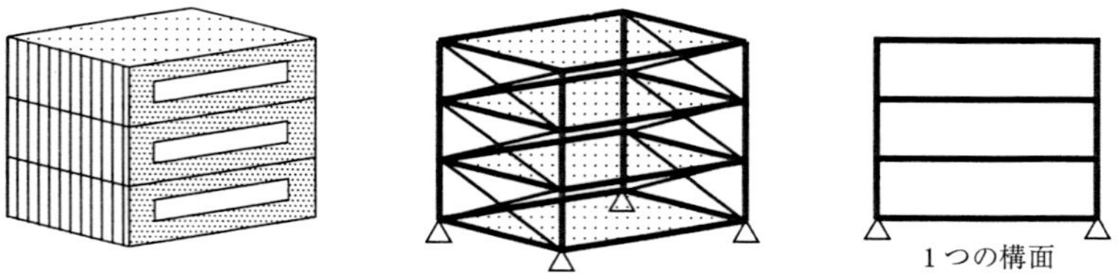

(a) 建物の概観　(b) 立体解析モデル　(c) 平面解析モデル

図 3.1 建物の解析モデル

はこのモデルでなければ解けなかったが，現在でもこのモデルはよく使われる．

また，通常行われている仮定は，1つの部材では断面形や材料は変化しないものと仮定することと，部材と部材との力の伝達は**接合部**の1点で行われると仮定することで，これを**節点**という．

建物の適切なモデル化は重要で，モデル化が適切でなければ誤った解が得られ，安全性の低い建物となる．たとえば，非構造部材として無視した部材が大きな抵抗を示して，そのために建物が壊れることもある．また，建物の改修において耐力上必要な壁を取りさったり，逆に不用意に部材を挿入したりしたために建物の抵抗力が小さくなる場合もある．

3.3 荷重のモデル

現実の荷重はかなり複雑である．本書では静的な荷重を対象とするので，風荷重や地震荷重もその最大値を静的な荷重として考える．**図 3.2**(a)は風荷重の例で，建物の位置によって受ける強さは異なるのが普通であるが，簡単に(b)図のように一定の大きさの**等分布荷重**としてモデル化したり，(c)図のように**集中荷重**にモデル化したりする．固定荷重や積載荷重の場合も，簡単に(d)図のように等分布荷重にモデル化したり，(e)図のように集中荷重にモデル化したりする．

集中荷重は，面積がない1点に作用すると考える理想化した荷重である．荷重を同じにして面積を小さくしていくと荷重が加わった部分は壊れるはずで，集中荷重は現実にはあり得ない．実際には，ある面積を占める荷重を，その合力を考えてモデル化したものが集中荷重で，このような不都合は生じないものと仮定する．

【例題 3.1 一様な分布荷重】 図 3.3(a)に示す梁に等分布荷重 w が作用して平衡状態にあるとき，力 H_A，V_A，V_B を求めよ．ここで，w は単

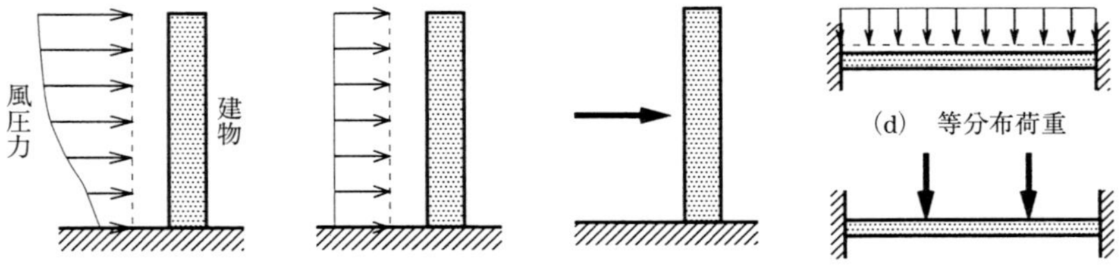

(a) 風荷重　(b) 等分布荷重　(c) 集中荷重　(e) 集中荷重

図 3.2 荷重のモデル

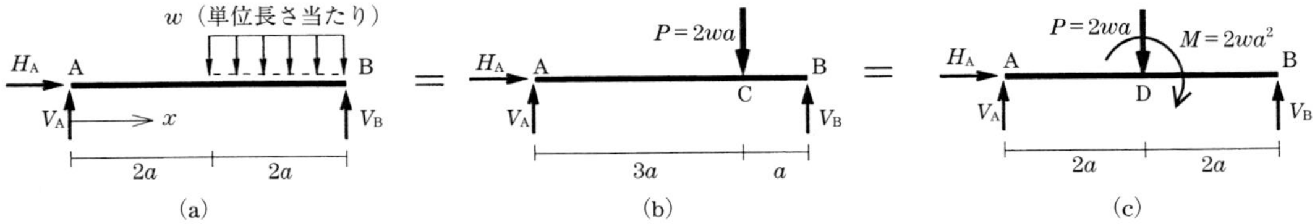

図 3.3

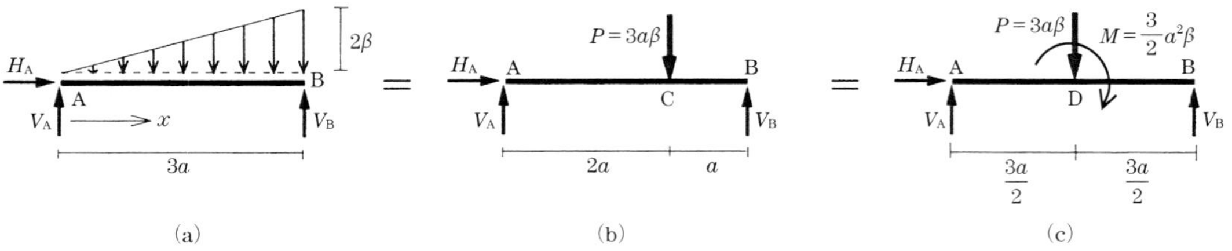

図 3.4

位長さ当たりの力である．

［解答］ (a)図全体を自由物体と考える．

平衡方程式は，

x 方向は，$H_A=0$

y 方向は，

$$\int_0^{2a} wdx - V_A - V_B = P - V_A - V_B = 0$$

ここで，$P=2wa$

A 点回りのモーメントは，

$$\int_0^{2a} (2a+x)\,wdx - 4aV_B = 3aP - 4aV_B = 0$$

これより，

$$H_A=0,\quad V_A=\frac{P}{4}=\frac{wa}{2},\quad V_B=\frac{3P}{4}=\frac{3wa}{2}$$

すなわち，**力 H_A，V_A，V_B を求める場合，(a)図の等分布荷重は(b)図のように分布荷重の中心（C 点）への全荷重に等しい集中荷重で置き換えることができる．** また，(c)図のように D 点への集中荷重とモーメントで置き換えることもできる．■

【例題 3.2　三角形の分布荷重】 **図 3.4** の梁に三角形の分布荷重が作用して平衡状態にあるとき，力 H_A，V_A，V_B を求めよ．ここで，2β は B 点での単位長さ当たりの分布荷重を表す．

［解答］ (a)図全体を自由物体と考える．

平衡方程式は，

x 方向は，$H_A=0$

y 方向は，

$$P - V_A - V_B = 0,\quad P=\int_0^{3a}\frac{2\beta x}{3a}dx = 3a\beta$$

A 点回りのモーメントは，

$$\int_0^{3a}\frac{2\beta x}{3a}xdx - (3a)\,V_B = 6\beta a^2 - 3aV_B$$

$$=2aP - 3aV_B = 0$$

これより，$H_A=0$，$V_A=\dfrac{P}{3}=a\beta$，$V_B=\dfrac{2P}{3}=2a\beta$

すなわち，**力 H_A，V_A，V_B を求める場合，(a)図の分布荷重は，(b)図のように A 点から材長の 2/3 の位置（C 点）への全荷重に等しい集中荷重で置き換えることができる．** また，(c)図のように D 点への集中荷重とモーメントで置き換えることもできる．■

3.4　支持方法のモデル

3.4.1　建築物の基礎と反力

平衡方程式を用いて解析するにはそれに対応する**自由物体**（free body）を考えなければならない．構造物は基礎を介して荷重を地盤に伝えるが，**図 3.5**(a)に示すように，これらは連続して一体となっている．構造物全体を自由物体にする

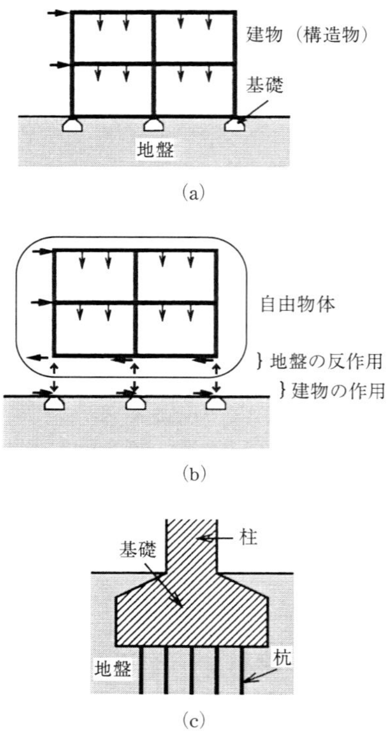

図 3.5　建物と基礎と地盤と自由物体

には，(b)図のように，建物と基礎との接合部あるいは基礎と地盤との接合部分で仮想の切断を行い，そこでの力を考える必要がある．多くの建物は，柱や基礎という小さい面積で地盤に力を伝えるので，これを**支持点**とみなしてモデル化する．

切断部分で構造物は地盤に力を及ぼし，その反作用として地盤は構造物に力を及ぼす．地盤が構造物に及ぼす力は，自由物体に作用する外力（荷重）とみなされる．基礎におけるこのような力を一般に，**反力**（reaction）と呼んでいる．反力は，構造物が地盤に加える力の反作用である．

基礎の形状はさまざまで力の伝わり方も複雑である．(c)図は鉄筋コンクリート構造の基礎の例である．

3.4.2　固定支持とピン支持とローラー支持

構造解析では集中力とモーメントの組合せにより，支持点を次の3種類にモデル化する．

①固定支持（fixed support, built-in support）

固定支持は**図 3.6** のような，移動も回転もできないように固定されている支持点のモデルである．

固定支持は力にもモーメントにも抵抗するので，**反力は任意の方向の力とモーメントで表される．**

②ピン支持（pin support）

ピン支持は**図 3.7** のような，移動はできないが回転は自由にできる支持点のモデルである．

ピン支持は力だけに抵抗するので，**反力は任意の方向の力で表される．**

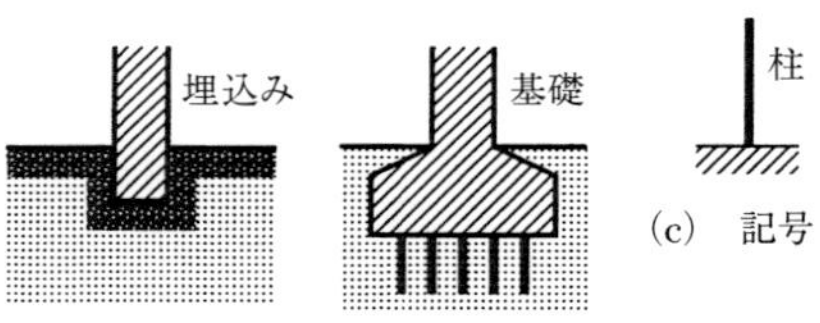

(a)　(b)

図 3.6　固定支持モデル

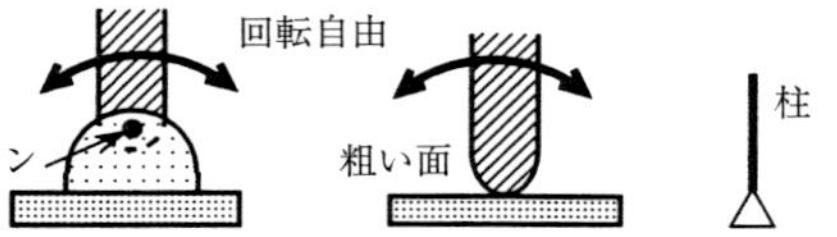

(a)　(b)

図 3.7　ピン支持モデル

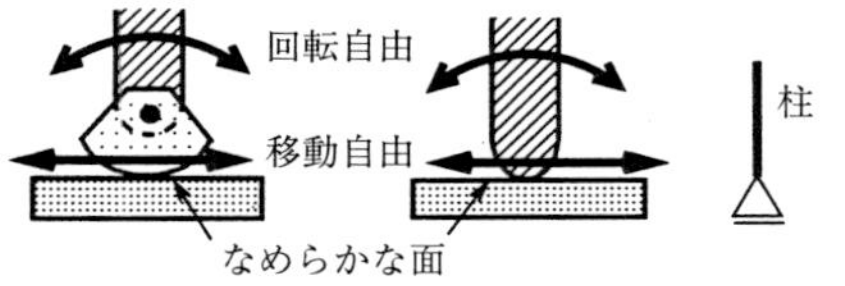

(a)　(b)　(c)　記号

図 3.8　ローラー支持モデル

③ローラー支持（roller support）

ローラー支持は**図 3.8** のような，1方向の移動と回転はできるが他の方向への移動はできない支持点のモデルである．ローラー支持は，移動可能な方向と直交する方向の力に抵抗するので，**反力は1方向の力で表される．**

図 3.6 から図 3.8 のそれぞれの(c)図は，これらの支持条件を表すために構造力学で用いる記号である．

固定支持やピン支持は理想化したモデルで，多くの建物の基礎は，両者の中間的な性状を示す．建物の抵抗力は，固定支持のほうがピン支持より大きくなるが，通常の解析ではどちらか実状に近いモデルで解析すればよい．しかし，より高度な解析が求められる場合には，これらの中間的な性状が表せる**弾性支持**を用いる場合がある．弾性支持は，反力が受ける力に応じて変化するモデルで，基礎と地盤の間にばねが挿入されていると考えるとわかりやすい．なお，本書では弾性支持は考えない．

3.4.3　支持条件と反力数

任意の方向の反力を表すには，次の2つの方法が考えられる．**図 3.9**(a)のように，反力の大きさと方向（角度）で表す方法と，(b)図のように，水平方向の反力と鉛直方向の反力で表す方法である．両者は等価であるが，(b)図のほうが数値解析には便利なのでこちらがよく使われる．

2次元の問題では，(2.45)式で示したように，未知の反力が3個以内であれば平衡方程式だけで反力が求められる．平衡方程式だけで反力が求められる構造物は，**外的静定構造物**と呼ばれる．

外的静定構造物の例を**図 3.10** に示す．なお，(c)図で反力が同じ方向である場合は，直交方向

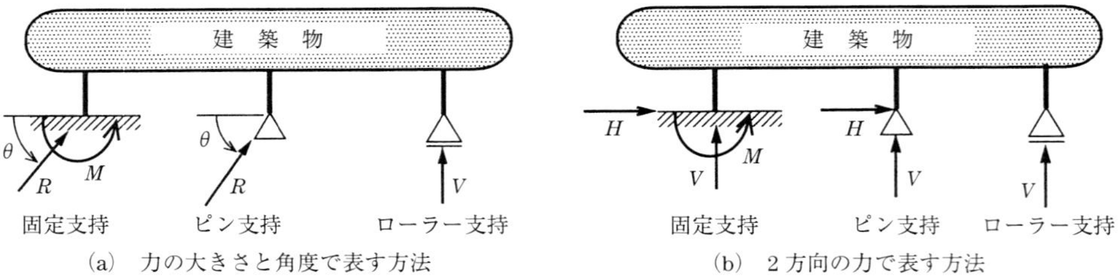

図3.9　支持条件と反力

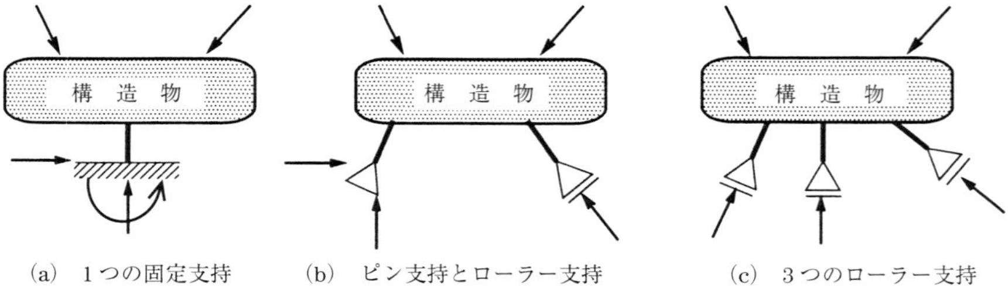

図3.10　外的静定構造物の例と反力

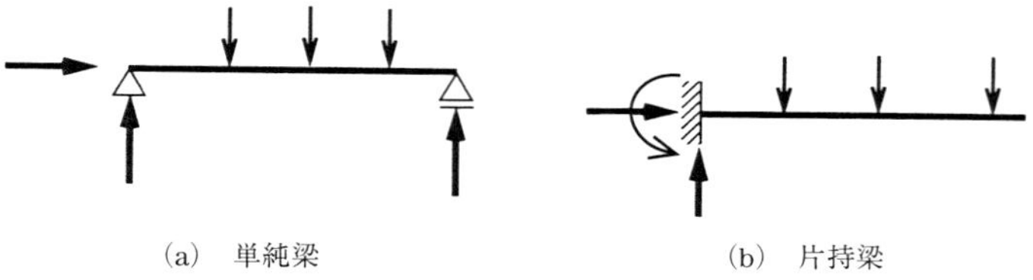

図3.11　単純梁と片持梁

の平衡方程式が使えないため，反力は求められない．

外的静定構造物の代表的な例としては，**図3.11**に示す2種類の梁がある．

① **単純梁**（simple beam）は一端がピン支持で他端がローラー支持の梁である．

② **片持梁**（cantilever）は一端が固定支持で他端が支持されていない自由端の梁である．

片持梁を90°傾けて下端を固定支持，上端を自由端にした場合は，片持柱と呼ぶこともある．

3.4.4　反力の計算の手順

反力は次の点に注意して求めるのがよい．

①平衡方程式を適用するための自由物体を明確にする．

②未知の反力の記号とその方向を仮定する．方向はどちらでもよい．答が負なら逆向きということである．

③反力の数に相当する平衡方程式をたてる．(2.45)式より，任意の方向の力または任意の点回りのモーメントの和を0とする．

④連立方程式を解いて反力を求める．

【例題3.3　単純梁の反力】　**図3.12**(a)に示す単純梁の反力を求めよ．

［解答］　自由物体として梁全体を考え，反力は(b)図のように仮定する．

この自由物体に関する平衡方程式は，

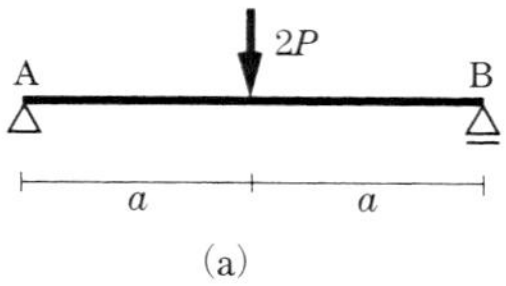

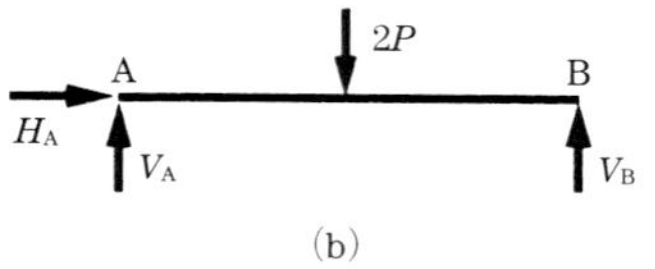

図3.12

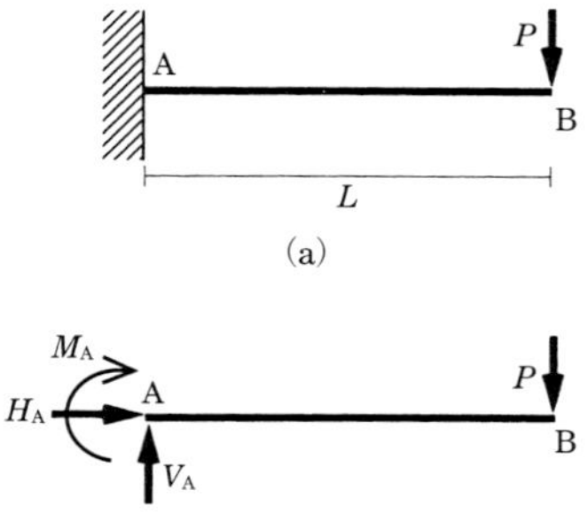

(a)　(b)

図 3.13

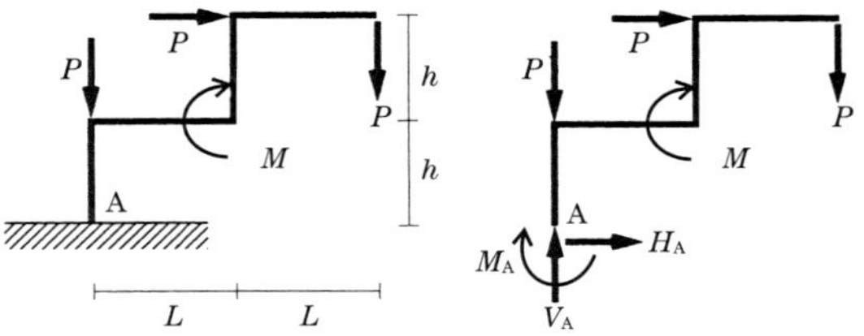

(a)　(b)

図 3.14

水平方向は，$H_A=0$

鉛直方向は，$-2P+V_A+V_B=0$

A 点回りのモーメントは，$2Pa-V_B\times 2a=0$

これより，$H_A=0$，$V_A=V_B=P$

鉛直方向の力のつり合いの代わりに，B 点回りのモーメントのつり合いを考えてもよい．モーメントに関する平衡方程式はどの点でも成立するので，未知の反力の項が少なくなる A 点や B 点を回転の中心に選ぶのがよい．この問題のように水平方向の荷重がない場合には水平反力はない．■

【例題 3.4　片持梁の反力】　図 3.13(a)に示す片持梁の反力を求めよ．

［解答］　自由物体として梁全体を考え，反力は(b)図のように仮定する．

この自由物体に関する平衡方程式は次のようになる．

水平方向は，$H_A=0$

鉛直方向は，$-P+V_A=0$

A 点回りのモーメントは，$M_A+P\times L=0$

これより，$H_A=0$，$V_A=P$，$M_A=-PL$　■

【例題 3.5　固定支持の構造物】　図 3.14(a)に示す構造物の反力を求めよ．

［解答］　構造物全体を自由物体と考える．

反力を(b)図のように仮定すると，平衡方程式は次のようになる．

水平方向は，$H_A+P=0$

鉛直方向は，$-P-P+V_A=0$

A 点回りのモーメントは，

$$M_A+P\times 2h+P\times 2L+M=0$$

これより，$H_A=-P$，$V_A=2P$

$$M_A=-2PL-2Ph-M$$ ■

3.5　部材のモデル

構造部材は，施工の容易さと解析の容易さのために一定の断面をもつ部材を使用することが多い．たとえ，実際には複雑な形状をしている場合でも，等価な一定断面として解析することが多い．

建築構造物でよく用いられる 3 次元での部材の力学モデルを**図 3.15** に示す．

① **棒要素モデル**：材長方向の力だけを伝えるモデルで，トラスの部材のモデルとして使われる．

② **梁要素モデル**：3 方向の力とモーメントを伝えるモデルで，ラーメンの柱や梁として使われる．

③ **板要素モデル**：2 つのタイプに分けて考えるとわかりやすい．

(a)　面に沿う**面内の力とモーメントを伝える**

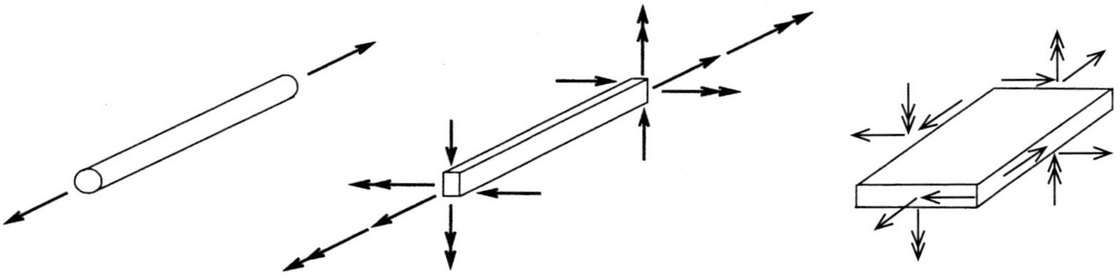

(a)　棒要素モデル　(b)　梁要素モデル　(c)　板要素モデル

図 3.15　建築構造物で用いられる力学モデル

モデルで，平板は壁として，曲面版はシェルやドームのモデルとして使われる．

(b) 面に直交する**面外の力とモーメントを伝えるモデル**で，ラーメンなどの床のモデルとして使われる．

3.6 部材が受ける力と変形

物体（変形体）は荷重を受けると変形する．構造部材またはその微小部分が受ける力と変形の関係を**表 3.1** と**図 3.16** に示す．一般の部材はこれらが組み合わされた状態にあるが，構造解析ではそのなかの主要な 1 つまたは 2 つの変形に注目して解析するのが普通である．

表 3.1 部材が受ける力と変形

定　義	力と変形
引　張	大きさが同じで向きが反対の 2 力を同一作用線上に外向きに加えると引っ張られた方向に伸びる．逆に力と直交する方向には縮む．全体の体積は変わる．
圧　縮	大きさが同じで向きが反対の 2 力を同一作用線上に内向きに加えると圧縮された方向に縮む．逆に力と直交する方向には伸びる．全体の体積は変わる．
曲　げ	大きさが同じで向きが反対の 2 つのモーメントを同一平面内に加えると曲がる．部材の一面は伸びて他面は縮む．部材断面の中央付近に長さの変わらない部分（中立軸という）が生じる．
せん断（剪断）	大きさが同じで向きが反対の力を異なる作用線上に加えると形がずれる（これをせん断変形という）．体積は変わらない．
ねじり（捩り）	大きさが同じで向きが反対の 2 つのモーメントを部材の長さ方向に加えると形がゆがむ．体積は変わらない．

3.7 接合部のモデル

部材と部材の接合部分を**接合部**（joint）あるいは**節点**（nodal point）という．実際の接合部は面なので力の伝達機構は非常に複雑であるが，これを理想化して次の 2 種類にモデル化する．

① **ピン接合**（pin joint）：**図 3.17**(a)

ピンで接合したように，力は伝えられるがモーメントは伝えられない接合部のモデルである．ピン接合では常にモーメントが 0 で，その条件を用いると平衡方程式を 1 つ増やすことができ，反力が 1 つ多い問題を解くことができる．このピン接合の例としてはトラスの接合部がある．

② **剛接合**（rigid joint）：図 3.17(b)

一体でつくったように，力もモーメントも伝えられる接合部のモデルである．そのため，2 つの部材の角度は力を受けても変化しない．この剛接合の例としては，ラーメンの接合部がある．

実際にはピン接合と剛接合の中間的な場合が多

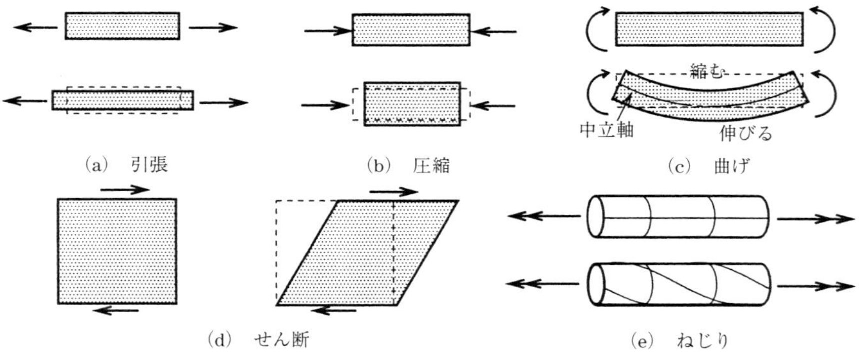

図 3.16 部材が受ける力と変形

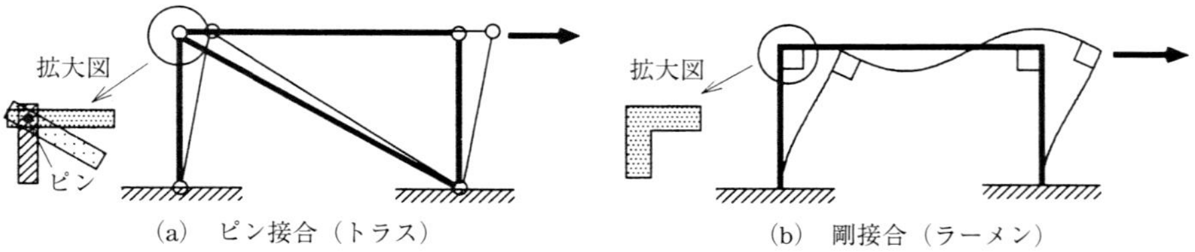

図 3.17 接合形式と構造物の変形

いが，解析ではどちらかのモデルと仮定する．より詳細な解析では，接合部をばねと考えた**弾性接合**も用いられるが，本書では取り扱わない．

【例題 3.6　ピン接合の梁の反力】　図 3.18(a)の反力を求めよ．このような梁は連続梁という．

［解答］　構造物全体を自由物体と考えると，(b)図のように 4 つの反力があるのに対し，立てられる平衡方程式は 3 つなので解けない．しかし，(c)図のようにピンから右側の自由物体を考えると，ピンでモーメントが 0 となる条件から平衡方程式が 1 つ得られるので解くことができる．

水平方向は，$H_A=0$

鉛直方向は，$-4P-4P+V_A+V_B+V_C=0$

A 点回りのモーメントは，

$$4P\times a-V_B\times 2a+4P\times 4a-V_C\times 5a=0$$

(c)図の D 点回りのモーメントは，

$$4P\times a-V_C\times 2a=0$$

これらより，$H_A=0$，$V_A=P$，$V_B=5P$，$V_C=2P$ ■

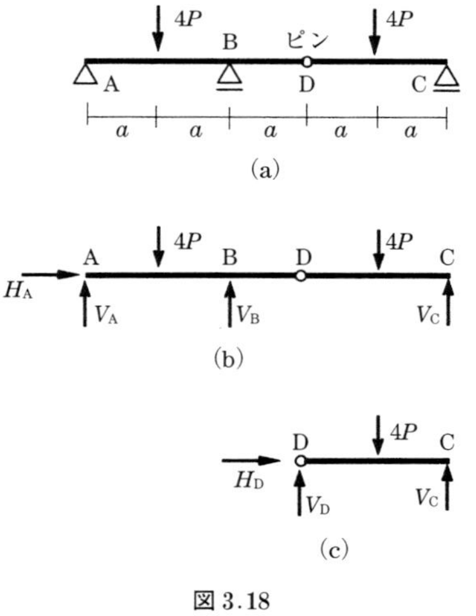

図 3.18

【例題 3.7　ピン接合のラーメンの反力】　図 3.19(a)のラーメンの反力を求めよ．これは 3 つのピンがあるので 3 ピン式ラーメンという．

［解答］

① 図式解法：(b)図のようにピンから右側の架構には荷重がないので，点 D でモーメントが 0 になるには反力 R_B は点 D の方向を向く必要がある．一方，R_B と荷重 $4P$ の合力と反力 R_A はつり合う必要があるので，R_A は点 C の方向を向くことがわかる．反力の方向がわかればそれらの大きさは(c)図の示力図で求められる．図式解法では正確な値を求めるのは難しいが，反力の向きと大体の大きさを簡単に知ることができる点では有意義である．

② 数式解法：(a)図のように反力を仮定する．平衡方程式は次のようになる．

水平方向は，$H_A+H_B=0$

鉛直方向は，$V_A+V_B-4P=0$

A 点回りの全体のモーメントは，

$$4P\times a-V_B\times 4a=0$$

D 点回りの右側（DB 部分）のモーメントは，

$$-H_B\times 2a-V_B\times 2a=0$$

これらより，$H_A=P$，$V_A=3P$，$H_B=-P$，$V_B=P$ ■

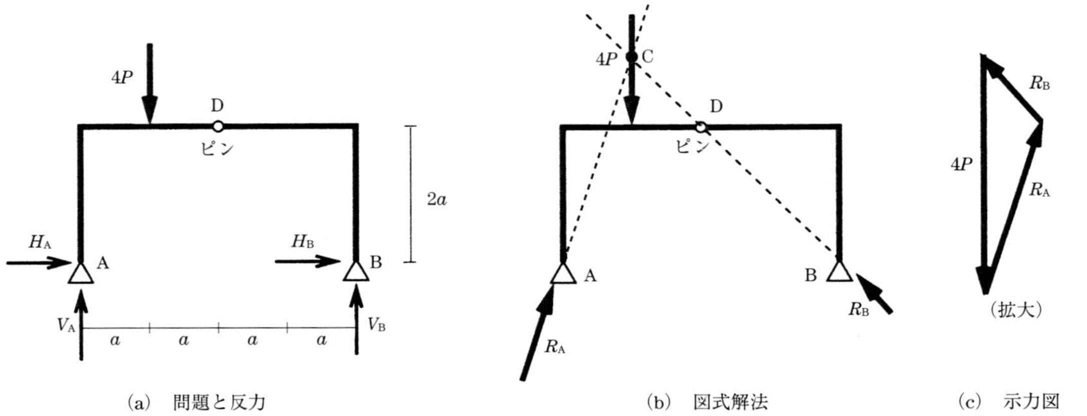

図 3.19

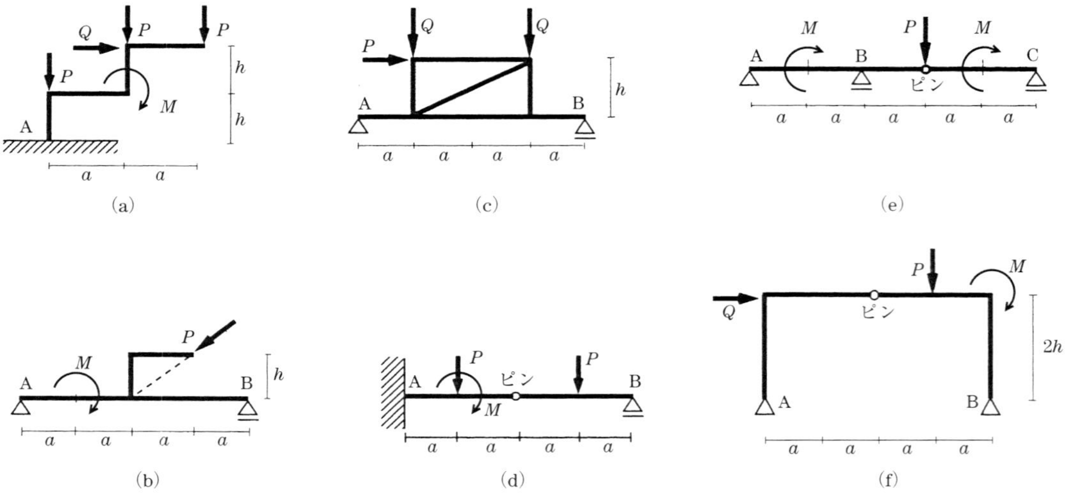

Q
P
P
P
M
A
h
h
a
a
(a)
P
Q
Q
A
B
h
a a a a
(c)
M
P
M
A
B
C
ピン
a a a a a
(e)
P
M
A
B
h
a a a a
(b)
P
P
A
B
ピン
M
a a a a
(d)
P
M
Q
ピン
2h
A
B
a a a a
(f)

図 3.20

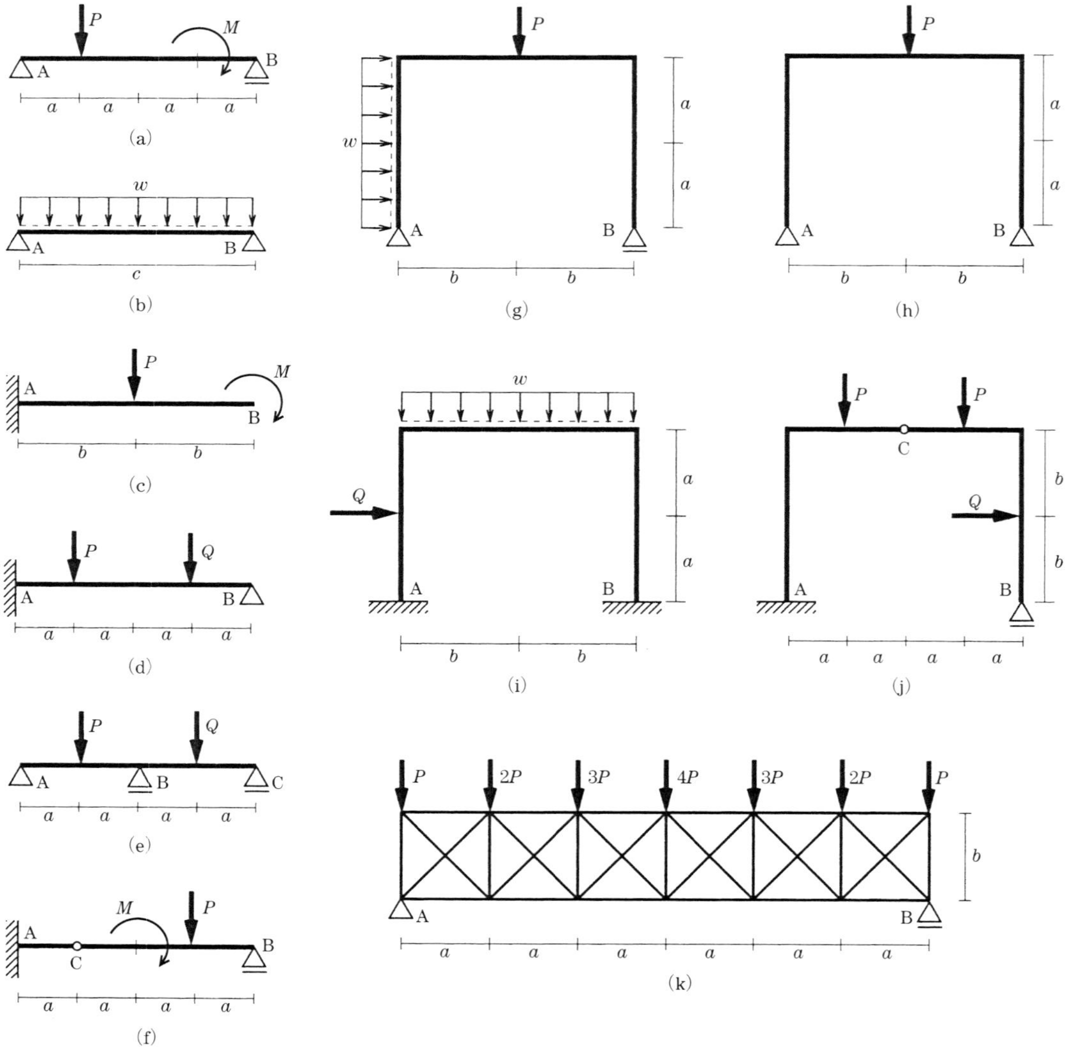

P
M
A
B
a a a a
(a)
w
A
B
c
(b)
P
M
A
B
b b
(c)
P
Q
A
B
a a a a
(d)
P
Q
A
B
C
a a a a
(e)
M
P
A
C
B
a a a a
(f)
P
w
A
B
a
a
b b
(g)
P
A
B
a
a
b b
(h)
w
Q
A
B
a
a
b b
(i)
P
P
C
Q
A
B
b
b
a a a a
(j)
P 2P 3P 4P 3P 2P P
A
B
b
a a a a a a
(k)

図 3.21

演 習 問 題

問題3.2と**3.3**の解答にあたっては，初心者の間は次の手順に従って式や反力を明確にしてから求めよ．

① 自由物体図を示し，反力を仮定する．
② 平衡方程式をたてる．
③ 反力を求める．

3.1 以下の問いに簡潔に答えよ．

① 主構造部材，非構造部材の違いは何か．
② 構造力学では支持点はどのようにモデル化されるか．それぞれのモデルの具体例を示せ．
③ 体積変化を伴う変形，伴わない変形にはどのようなものがあるか．
④ ピン接合と剛接合のモデルの違いは何か．

3.2 (a，b，f は演習用) **図3.20**の問題の反力を求めよ．なお，力の向きはそれぞれ適当に定義してよい．ただし，解答例と一致させるためには，反力は右向き，上向きを正とし，モーメントは右回りを正と定義せよ．力と材長は以下のように設定する．

① 記号で求めよ．
② P=80〔kN〕，Q=20〔kN〕，M=30〔kN･m〕，a=1.7〔m〕，h=3.5〔m〕

3.3 (b，e，g，i，j，k は演習用) **図3.21**の問題の反力を図示せよ．なお，力の向きはそれぞれ適当に定義してよい．ただし，解答例と一致させるためには，反力は右向き，上向きを正とし，モーメントは右回りを正と定義せよ．

次に，反力が計算できる構造物であれば，それらの反力を求めよ．

① 記号で答えよ．
② a=2.5〔m〕，b=3〔m〕，c=5〔m〕，P=45〔kN〕，Q=80〔kN〕，w=30〔kN/m〕，M= 90〔kN･m〕

4. 応力とひずみ

4章と5章で定義する用語には注意が必要である．**表4.1**の上段は，工学で広く使われる一般的な用語であり，下段は建築構造の分野で使われてきた用語で，今でも規準書などに使われている．多くの力学の分野や建築材料の分野，外国での用語に合わせて，本書では上段の一般的な用語を用いる．

表 4.1

一般的で広く使われている用語	応　力	断面力	ひずみ	変　形
建築構造の分野で使われてきた用語	応力度	応　力	ひずみ度	ひずみ

4.1 応　　　力

応力を考えることによって，力学の多くの問題が解けるので応力は非常に有益である．ここで示すような応力の概念を導入したのはコーシー (Cauchy, 1789～1857) で1822年頃である．

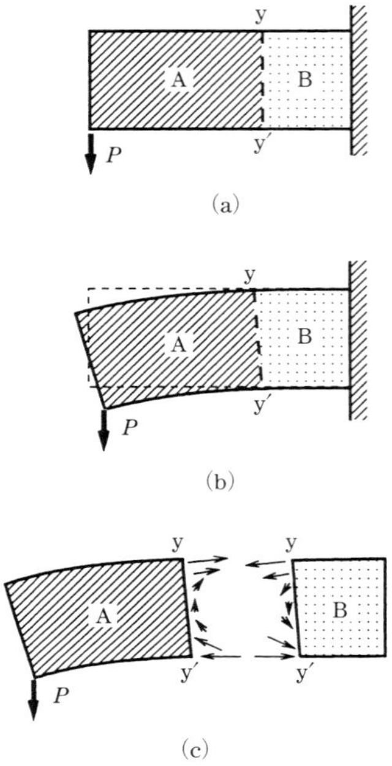

図 4.1　応力の概念

4.1.1　応力の概念

物体が荷重を受けて変形している状態での力のつり合いの例として**図4.1**(a)の片持梁を考える．梁の端部に集中荷重 P が作用して(b)図のように変形しているものとする．ここで，仮想の断面 y-y′ により2つの物体 A，B に分ける．物体 B が物体 A に何の作用もしないとすれば物体 A は落下する．A が落下することなく変形しているのは，(c)図のように物体 B と物体 A が，同じ大きさで向きが反対の力を相互に及ぼしあっているためと考えると説明できる．このような物体の内部に生じている力を**応力** (stress) と呼んでいる．この問題を物理学的にミクロに見れば，2つの物体の間で作用している力は分子間力と考えられるが，力学ではもっとマクロな力として応力を考える．なお，建築構造の分野では応力を**応力度**ということがある．

4.1.2　垂直応力とせん断応力

図4.1(c)のような物体の内部に生じている応力は，**応力ベクトル** (stress vector) と呼ぶこともある．応力は，断面上の位置によって変化するのが一般的なので，非常に小さい面積に作用する力として考えるのが便利である．そこで，応力を単位面積当たりの力で定義する．微小な面積 $\varDelta A$ に作用している力を $\varDelta \boldsymbol{P}$ とすれば，応力 $\boldsymbol{S}$ は，

$$\boldsymbol{S}=\lim_{\varDelta A\to 0}\frac{\varDelta \boldsymbol{P}}{\varDelta A} \tag{4.1}$$

応力による作用が，物体に作用する外力の作用に等しいことを述べたのが，**オイラーとコーシーの応力原理**である (Euler, 1707～1783)．

応力は，**図4.2**(a)のように一般に断面との間

に角度 α をもつ力となる．しかし，解析では(b)図のように断面に平行な力と垂直な力の 2 つの成分に分けて考えるのが便利である．面に垂直な成分を**垂直応力**（normal stress）といい，通常 σ で表す．面に平行な成分を**せん断応力**（shear stress）といい，通常 τ で表す．面の向きを変えると垂直応力 σ とせん断応力 τ の大きさは変わるので，**応力は面の方向と力の方向に依存する．**なお，面の方向は面から外向きに立てた垂線の方向で表す．

3 次元座標では，面の方向と力の方向は x，y，z の 3 方向があるので 9 つの応力が定義できる．応力の一般的な表示は τ_{xy}（または σ_{xy}）と表して，**最初の添字 x が面の方向**を示し，**2 番目の添字 y が力の方向**を示す．

3 次元の 9 つの応力を一般的な表現で示すと次のようになる．

$$\tau_{xx}, \tau_{xy}, \tau_{xz}, \tau_{yx}, \tau_{yy}, \tau_{yz}, \tau_{zx}, \tau_{zy}, \tau_{zz} \qquad (4.2)$$

慣用的な表現では，垂直応力は σ，せん断応力は τ を用いるので，

$$\sigma_x, \tau_{xy}, \tau_{xz}, \tau_{yx}, \sigma_y, \tau_{yz}, \tau_{zx}, \tau_{zy}, \sigma_z \qquad (4.3)$$

2 次元の場合の応力の正の方向を**図 4.3** に示す．面の方向が負のときは，応力の正の方向も逆となる．4 つの応力を一般的な表現で示すと，

$$\tau_{xx}, \tau_{xy}, \tau_{yx}, \tau_{yy} \qquad (4.4)$$

慣用的な表現では，垂直応力は σ，せん断応力は τ を用いるので，

$$\sigma_x, \tau_{xy}, \tau_{yx}, \sigma_y \qquad (4.5)$$

応力のように 2 つの座標に関係する量は，**2 階のテンソル**（tensor）と呼ばれる．3 次元の複雑な力学の問題は，テンソル解析を用いると簡単に解析できる利点がある．しかし，建築構造力学で取り扱う 2 次元の問題は比較的簡単なので，本書ではテンソル解析は用いない．

4.1.3 材料の強度試験と応力

建築材料の機械的な性質は，小さな試験体を用いた各種の材料試験によって調べられる．試験体は，木材，鋼材，鉄筋などであれば実際の建築物と同じ種類や同じロットの材料から切り出したり，コンクリートであれば建築物と同時に作製したり，建築物から切り抜いたりして用意される．

図 4.4 のような，断面積に比べて長さが長い試験体の長手方向に引張力や圧縮力を加える材料試験の場合，材料の内部に生じる垂直応力 σ は，試験体と試験機が接触している載荷点付近では位置によって異なるが，載荷点から少し離れた位置ではほぼ一様に分布していることが実験でわかっている．このとき生じている垂直応力 σ は，試験体に作用した引張力あるいは圧縮力 P を試験体の断面積 A で除した**平均の垂直応力** $\bar{\sigma}$ として，

$$\bar{\sigma} = \frac{P}{A} \qquad (4.6)$$

で求めることができる．

せん断応力 τ は，**図 4.5** のように断面に平行な方向の力 Q が物体に作用すると生じる．**図 4.5** の場合，断面にはせん断応力 τ だけでなく垂直応力 σ も同時に生じるが，ここではせん断応力 τ に注目する．せん断応力 τ は，力 Q の載荷点から離れた位置でも断面内の位置によって値が異なる．このことは5.3.3項で詳しく説明する

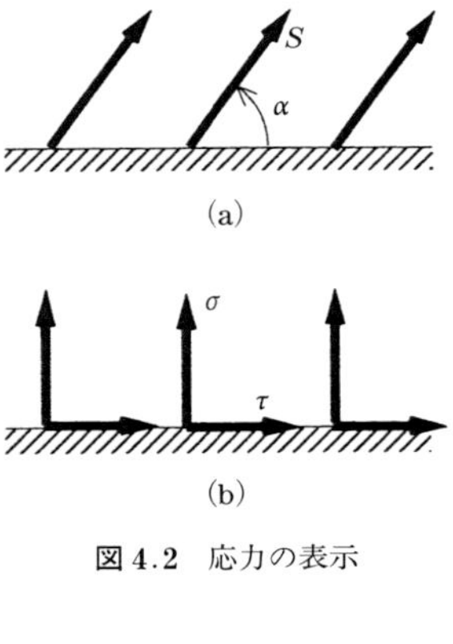

図 4.2　応力の表示

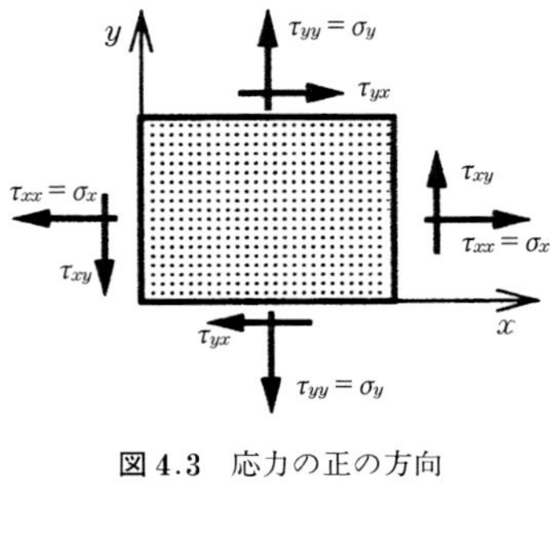

図 4.3　応力の正の方向

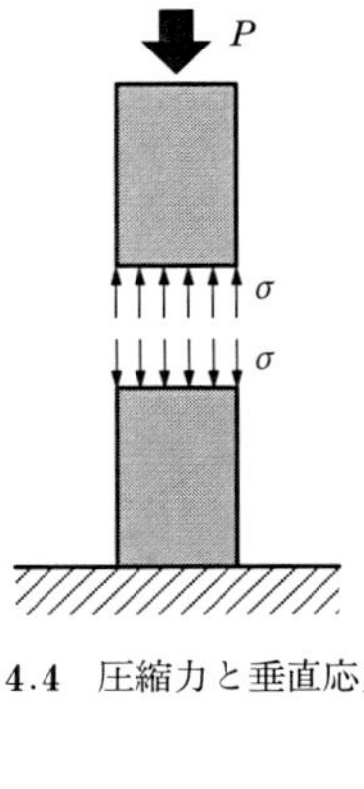

図 4.4　圧縮力と垂直応力

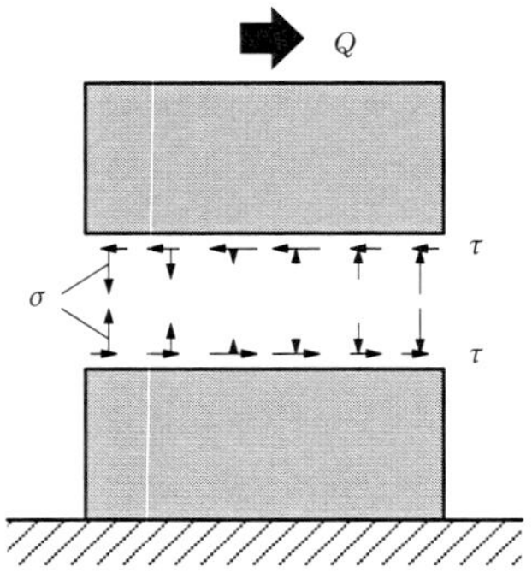

図 4.5　断面に平行な力とせん断応力

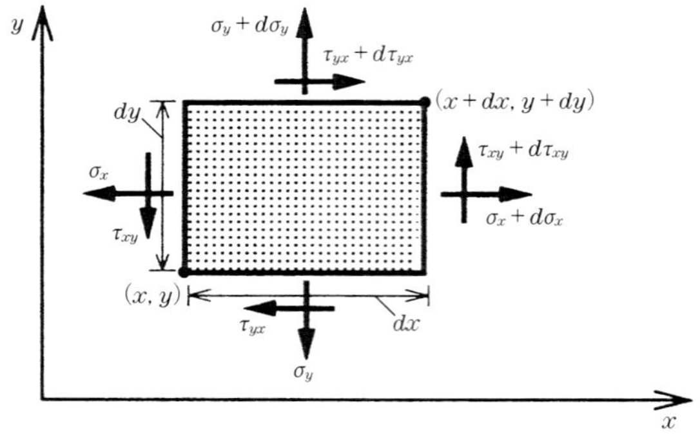

図 4.6　2 次元の応力

が，**平均のせん断応力** $\bar{\tau}$ は，断面に生じているせん断応力 τ がどれくらいの大きさかを把握するうえで目安となる．試験体の断面積を A とすると，このとき生じている平均のせん断応力 $\bar{\tau}$ は

$$\bar{\tau} = \frac{Q}{A} \qquad (4.7)$$

で求めることができる．

4.1.4　2 次元の応力の平衡方程式

物体の内部に生じている応力は，4.1.2 項で述べたように一般的には位置によって異なり，その分布を完全に知ることは難しい．しかし，**物体が静止しているとき**，物体の各微小部分も静止しているので，**各微小部分では応力の平衡方程式が成立している**．このことは，物体の内部における応力分布を支配する重要な条件の一つである．ここでは，2 次元での応力の平衡方程式について述べる．

厚さが一定で，面の大きさに比べて厚さが薄い物体を考えると，厚さ方向の応力の変化は無視できて一定と仮定できる．このモデルを**平面応力**という．建築物でも，**図 3.1**(c)のように 1 つの架構だけを取り出して平面問題として解析するときは平面応力と仮定する．なお，厚さ方向のひずみを一定と仮定する**平面ひずみ**のモデルもある．

弾性体内の微小な平面に作用する応力として**図 4.6** を考える．応力は位置により異なるので，座標 (x, y) の関数として $\sigma_x(x, y)$，$\tau_{xy}(x, y)$，$\tau_{yx}(x, y)$，$\sigma_y(x, y)$ と表す．このとき，x 方向と y 方向の**応力に関する平衡方程式**は，

$$\left.\begin{array}{ll} \boxed{\dfrac{\partial \sigma_x}{\partial x} + \dfrac{\partial \tau_{yx}}{\partial y} = 0} & \text{(a)} \\ \boxed{\dfrac{\partial \sigma_y}{\partial y} + \dfrac{\partial \tau_{xy}}{\partial x} = 0} & \text{(b)} \end{array}\right\} \qquad (4.8)$$

となる．また，中央点 $(x + dx/2,\ y + dy/2)$ での力のモーメントに関する平衡方程式について，微小な値となる項を無視すると，

$$\boxed{\tau_{yx} = \tau_{xy}} \qquad (4.9)$$

という関係が得られる．(4.8)式と(4.9)式の導出過程は付録で解説する．(4.9)式より，**2 次元での独立な応力は，σ_x，σ_y，$\tau_{xy}(=\tau_{yx})$ の 3 つ**であることがわかる．

静止している物体の内部では，任意の点において(4.8)式と(4.9)式が成立している．

4.1.5　3 次元の応力の平衡方程式

(4.8)式を 3 次元に拡張すると，3 次元の応力の平衡方程式が次のように得られる．

$$\left.\begin{array}{l} \dfrac{\partial \sigma_x}{\partial x} + \dfrac{\partial \tau_{yx}}{\partial y} + \dfrac{\partial \tau_{zx}}{\partial z} = 0 \\ \dfrac{\partial \tau_{xy}}{\partial x} + \dfrac{\partial \sigma_y}{\partial y} + \dfrac{\partial \tau_{zy}}{\partial z} = 0 \\ \dfrac{\partial \tau_{xz}}{\partial x} + \dfrac{\partial \tau_{yz}}{\partial y} + \dfrac{\partial \sigma_z}{\partial z} = 0 \end{array}\right\} \qquad (4.10)$$

(4.9)式を 3 次元に拡張すると，

$$\tau_{yx} = \tau_{xy}, \quad \tau_{zy} = \tau_{yz}, \quad \tau_{xz} = \tau_{zx} \qquad (4.11)$$

3 次元での独立な応力は次の 6 つとなる．

$$\begin{array}{l} \sigma_x, \quad \sigma_y, \quad \sigma_z, \quad \tau_{xy}(=\tau_{yx}), \\ \tau_{yz}(=\tau_{zy}), \quad \tau_{zx}(=\tau_{xz}) \end{array} \qquad (4.12)$$

4.1.6 応力の単位

応力は，単位面積当たりの力で，圧力の単位と同じである．SI 単位での応力の単位は**パスカル**(Pa)で，Pa＝N/m^2 である．重力単位系は国によって異なり，日本では tf/cm^2, kgf/cm^2, kgf/mm^2 などが用いられ，米国では kps＝klb/in^2（lb はポンドで，in はインチ）などが用いられた．

4.2 ひ ず み

ひずみ（歪，strain）は，微小な部分の変形を表す量で，単位長さ当たりの変形で定義される．したがって，無次元量である．なお，建築構造の分野ではひずみを**ひずみ度**ということがある．

4.2.1 垂直ひずみとせん断ひずみ

図 4.7(a)の部材を力 P で x 方向（材軸方向）に引っ張る，または圧縮する場合を考える．このとき，x 方向の断面には垂直応力 σ_x が作用し，その結果として部材内の座標 (x, y) の点には x 方向に $u(x, y)$ の変位が生じる．

単位長さ当たりの長さ方向の変形を**垂直ひずみ**(normal strain) という．部材長 L_x の間に x 方向の垂直ひずみ ε_x が生じて，部材長が ΔL_x だけ変化した場合，座標 $(0, y)$ での x 方向変位 $u(0, y)=0$，座標 (L_x, y) での x 方向変位 $u(L_x, y)=\Delta L_x$ であるから，**平均の垂直ひずみ** $\overline{\varepsilon_x}$ は，

$$\overline{\varepsilon_x}=\frac{u(L_x, y)-u(0, y)}{L_x-0}=\frac{\Delta L_x}{L_x} \qquad (4.13)$$

で求めることができる．同様に，**図 4.7**(b)のように，y 方向への加力によって y 方向の断面に垂直応力 σ_y が作用し，部材長 L_y の間に y 方向の垂直ひずみ ε_y が生じて，部材長が ΔL_y だけ変化した場合，**平均の垂直ひずみ** $\overline{\varepsilon_y}$ は，

$$\overline{\varepsilon_y}=\frac{v(x, L_y)-v(x, 0)}{L_y-0}=\frac{\Delta L_y}{L_y} \qquad (4.14)$$

で算定できる．ここで，$v(x, y)$ は部材内の座標 (x, y) の点に生じた y 方向の変位である．

次に，**図 4.7**(c)のせん断変形を考える．一般的に，物体の内部では(d)図のようにせん断応力 τ が作用している場合には，長方形が平行四辺形に変形する．このときのせん断変形の大きさを角度の変化で表し，**せん断ひずみ**(shear strain) という．(e)図よりせん断ひずみ γ_{xy} は，γ_1 と γ_2 の和となる．このせん断ひずみ γ_{xy} が(c)図の物体内部に生じ，その結果，高さ H のこの物体の頂部に Δs の水平変位が生じたとすると，**平均のせん断ひずみ** $\overline{\gamma_{xy}}$ は，変形が微小なら

$$\overline{\gamma_{xy}} \fallingdotseq \tan \overline{\gamma_{xy}}=\frac{\Delta s}{H} \qquad (4.15)$$

で求めることができる．

(4.13)式～(4.15)式は，いずれも垂直ひずみやせん断ひずみの平均値を求めるための式であり，**一般的には $\boldsymbol{\varepsilon_x}$，$\boldsymbol{\varepsilon_y}$，$\boldsymbol{\gamma_{xy}}$ は物体内での位置によって値が異なる**．物体内の座標 (x, y) の点におけ

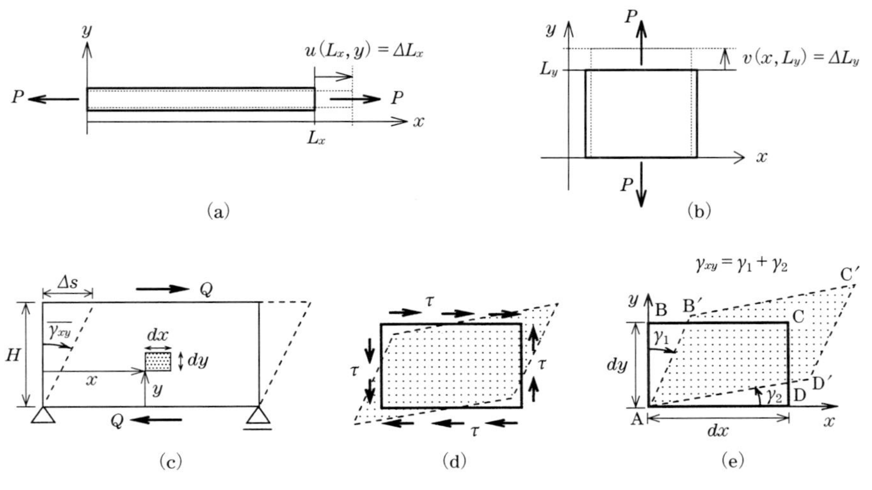

図 4.7 ひずみの定義

る $\varepsilon_x(x,y)$，$\varepsilon_y(x,y)$，$\gamma_{xy}(x,y)$ は，座標 (x,y) の点に生じた x，y 各方向の変位をそれぞれ $u(x,y)$，$v(x,y)$ とすると

$$\varepsilon_x=\frac{\partial u}{\partial x},\quad \varepsilon_y=\frac{\partial v}{\partial y},\quad \gamma_{xy}=\frac{\partial u}{\partial y}+\frac{\partial v}{\partial x} \tag{4.16}$$

で求めることができる．(4.16)式の導出過程は付録で解説する．

4.2.2　種々のひずみの定義

(4.16)式で定義したひずみは，2 次元での**慣用的なひずみ**と呼ばれる．テンソル解析などで用いるひずみの一般的な定義による表示では，応力と同様に 1 種類の記号で ε_{xy} と表して，最初の添字 x が面の方向を，2 番目の添字 y が変形の方向を示す．本書では慣用的なひずみを用いる．

2 次元での慣用的なひずみと**一般的なひずみ**の関係は，次式のようにせん断ひずみだけが 2 倍違う．

$$\varepsilon_x=\varepsilon_{xx},\quad \varepsilon_y=\varepsilon_{yy},\quad \gamma_{xy}=2\varepsilon_{xy} \tag{4.17}$$

3 次元での慣用的なひずみは，次式で表される．

$$\varepsilon_x,\quad \gamma_{xy},\quad \gamma_{xz},\quad \gamma_{yx},\quad \varepsilon_y,\quad \gamma_{yz},\quad \gamma_{zx},\quad \gamma_{zy},\quad \varepsilon_z \tag{4.18}$$

(4.16)式で示したひずみは，1 階の微係数までを考慮したもので**微小な変形にのみ適用できる．**これを**コーシーの微小ひずみテンソル**という．大たわみ問題や流体力学では大きな変形まで対応できるように 2 階の微係数まで考慮したひずみの定義が用いられるが，これは本書では取り扱わない．

4.3　材料の強度と変形

4.3.1　材料に生じる応力とひずみ

4.1.3 項で述べた材料の強度試験で得られる鋼材，コンクリート，木材に生じる応力とひずみの関係の例を**図 4.8** に示す．ここで，ひずみは，20 cm ほど離れた 2 点間の**平均の垂直ひずみ**を(4.13)式で求めたもので，応力も(4.6)式で求めた**平均の垂直応力**である．建築ではこのような平均の値を用いることで十分である．

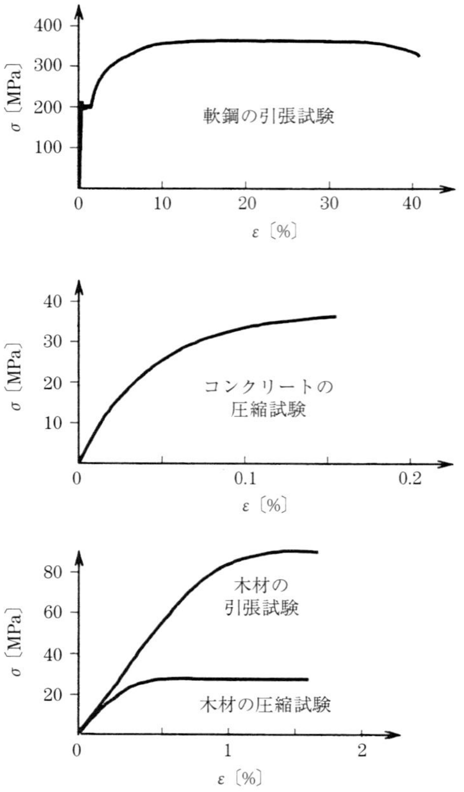

図 4.8　主な材料の強度試験結果

材料の強度試験の結果から以下のことがわかる．

①応力が小さいときは，垂直応力 σ と垂直ひずみ ε がほぼ比例し，応力を 0 に戻すとひずみは 0 になる．この性質を**弾性**（elasticity）といい，このとき応力やひずみは弾性範囲（弾性域）にあるという．

②応力やひずみが弾性範囲を超えると，応力とひずみは比例しないようになる．この状態から応力を 0 にしても形はもとに戻らず，ひずみ（変形）が残る．この性質を**塑性**（plasticity）といい，このとき応力やひずみは塑性域にあるという．

4.3.2　応力とひずみの関係

強度試験の結果から，弾性域近傍の応力とひずみの関係をモデル化したのが**図 4.9** である．弾性範囲では，垂直応力 σ と垂直ひずみ ε の間に(4.19)式の線形関係がある．同様に，弾性範囲で

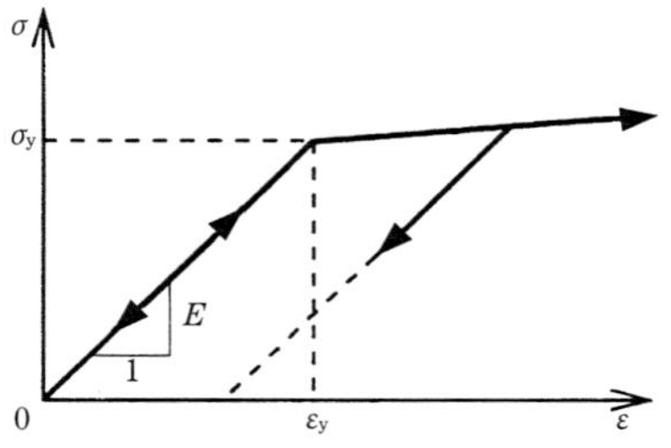

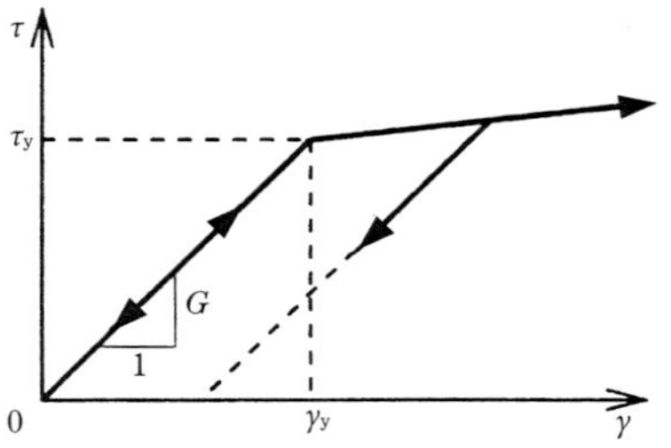

図 4.9　応力とひずみの関係のモデル

はせん断応力 τ とせん断ひずみ γ の間に(4.20)式の線形関係がある．

$$\boxed{\sigma = E\varepsilon} \tag{4.19}$$

$$\boxed{\tau = G\gamma} \tag{4.20}$$

(4.19)式の比例係数 E を**ヤング係数**（Young's modulus）または**縦弾性係数**（modulus of elasticity）という（Young, 1773～1829）．(4.20)式の比例係数 G を**せん断弾性係数**または**横弾性係数**（shear modulus of elasticity）という．

ひずみは無次元量なので，E や G の単位は応力と同じで，SI 単位ではパスカル（Pa）である．

弾性範囲での(4.19)式や(4.20)式の関係を**フックの法則**（Hooke's law）という（Hooke, 1635～1703）．

図 4.9 で，σ_y を**降伏応力**（yield stress），ε_y を**降伏ひずみ**（yield strain）という．なお，建築構造の分野では，σ_y を**降伏応力度**，ε_y を**降伏ひずみ度**ともいう（添字の y は yield（降伏）を表す）．

E や G の**弾性定数**は材料によって異なる．構造計算で使われる主な材料の標準的なヤング係数 E の値を以下に示す（重力単位の値も示す）．

鋼　　　材：206〔GPa〕，2 100〔tf/cm²〕

コンクリート：20.6〔GPa〕，210〔tf/cm²〕

木　　　材：7～9〔GPa〕，70～90〔tf/cm²〕

鋼材の E は，材質によって大きくは変わらない．一方，コンクリートの E は強度によって変動があり，上記は標準的な強度の場合の値である．木材の E は木の種類と力を加える方向によって異なる．

【例題 4.1　応力とひずみ】　長さ $l=2$〔m〕，断面積 $A=100$〔cm²〕，ヤング係数 E の木材がある．この材に引張力 N を加えたとき，垂直応力は σ であった．このときの引張力とひずみと全体の伸び量はいくらか．

① $E=8$〔GPa〕，$\sigma=20$〔MPa〕とする．

② $E=80$〔tf/cm²〕，$\sigma=160$〔kgf/cm²〕とする．

［解答］　垂直応力 $\sigma(=\sigma_x)$ は断面内で一様であると仮定する．引張力は，$N=\sigma A$，ひずみは，$\varepsilon(=\varepsilon_x)=\sigma/E$，伸び量は，$\Delta l=\varepsilon l$ となる．

① $\sigma=20$〔MPa〕$=20\times10^6$〔Pa〕
　$=20\times10^6$〔N/m²〕
　$A=100$〔cm²〕$=100\times10^{-4}$〔m²〕
　$N=20\times10^6\times100\times10^{-4}=200\times10^3$〔N〕
　$=200$〔kN〕
　$\varepsilon=(20\times10^6)/(8\times10^9)=0.0025$
　$\Delta l=0.0025\times200=0.5$〔cm〕

② $N=160\times100=16\,000$〔kgf〕$=16$〔tf〕
　$\varepsilon=160/80\,000=0.002$
　$\Delta l=0.002\times200=0.4$〔cm〕　■

4.3.3　構成方程式

(4.19)式と(4.20)式の応力とひずみの関係式は，1 方向だけを考えているときは正しい．しかし，消しゴムを引っ張ればわかるように，x 方向に引っ張ると x 方向には伸びるが，それと直交する y，z 方向には縮む．引っ張った方向の伸びに対する直交方向の縮みの割合を**ポアソン比**（Poisson's ratio）といい，ν で表す（Poisson, 1781～1840）．**鋼材のポアソン比は $\nu=0.3$ 程度**で，**コンクリートは $\nu=1/6(\fallingdotseq0.17)$ 程度**である．

弾性力学によれば，**材料が弾性体で均質で等方性であれば，材料の力学的な特性は 2 つの弾性定

数だけで表され，ヤング係数 E とせん断弾性係数 G とポアソン比 ν の間には次の関係がある．

$$G=\frac{E}{2(1+\nu)} \tag{4.21}$$

ここで，**等方性**とはどの方向の力学的な性質も同じであることをいう．鋼材は，ほぼ等方性に近い材料である．一方，木材などは方向によってかなり性質が違い，このような材料の性質を**異方性**という．なお，(4.21)式の証明は簡単でないので専門書に譲り，ここでは省略する．

(4.21)式が成り立つ場合，σ_x だけが作用するときのひずみは次式となる．

$$\varepsilon_x=\frac{\sigma_x}{E},\quad \varepsilon_y=-\frac{\nu\sigma_x}{E},\quad \varepsilon_z=-\frac{\nu\sigma_x}{E},$$
$$\gamma_{xy}=\gamma_{yz}=\gamma_{zx}=0 \tag{4.22}$$

τ_{xy} だけが作用するときのひずみは次式となる．

$$\varepsilon_x=\varepsilon_y=\varepsilon_z=0$$
$$\gamma_{xy}=\frac{\tau_{xy}}{G}=\frac{2(1+\nu)\tau_{xy}}{E} \tag{4.23}$$
$$\gamma_{yz}=\gamma_{zx}=0$$

これらより，任意の応力が与えられたときのひずみは(4.24)式となる．逆に，任意のひずみが与えられたときの応力は(4.25)式となる．(4.25)式中の λ と μ は**ラメ**（Lame）**の定数**と呼ばれている．

2次元での応力とひずみの関係は(4.26)式で表される．(4.24)式，(4.25)式，(4.26)式のような応力とひずみの関係式を**構成方程式**という．

$$\begin{Bmatrix}\varepsilon_x\\ \varepsilon_y\\ \gamma_{xy}\end{Bmatrix}=\frac{1}{E}\begin{bmatrix}1 & -\nu & 0\\ -\nu & 1 & 0\\ 0 & 0 & 2(1+\nu)\end{bmatrix}\begin{Bmatrix}\sigma_x\\ \sigma_y\\ \tau_{xy}\end{Bmatrix} \quad \text{(a)}$$

$$\begin{Bmatrix}\sigma_x\\ \sigma_y\\ \tau_{xy}\end{Bmatrix}=\frac{E}{2(1-\nu^2)}\begin{bmatrix}2 & 2\nu & 0\\ 2\nu & 2 & 0\\ 0 & 0 & 1-\nu\end{bmatrix}\begin{Bmatrix}\varepsilon_x\\ \varepsilon_y\\ \gamma_{xy}\end{Bmatrix} \quad \text{(b)}$$

(4.26)

4.4　主応力と主ひずみ

応力は面の方向が変わると大きさが変わる．したがって，応力が最大や最小になる方向がある．そのときの応力を**主応力**，そのときの面を**主応力面**という．コンクリートの亀裂は，引張応力が最大の点から始まるように，最大の応力が材料の降伏応力に達したときに破壊が始まるので，主応力を求めることは構造設計において非常に重要である．

4.4.1　応力の座標変換

図4.10は，荷重を受けて弾性変形している物体内の微小部分である．x 方向の面の応力は σ_x，τ_{xy} で，y 方向の面の応力は σ_y，τ_{yx} である．x 軸から任意の角度 θ だけ回転した新しい座標 x'，y' を考える．x'，y' 座標で定義される応力を $\sigma_{x'}$，$\sigma_{y'}$，$\tau_{x'y'}$，$\tau_{y'x'}$ とする．厚さ方向には応力は一定と仮定する．x 面，y 面，x' 面，y' 面の断面積をそれぞれ，A_x，A_y，$A_{x'}$，$A_{y'}$ とする

(4.24)式，(4.25)式

$$\begin{Bmatrix}\varepsilon_x\\ \varepsilon_y\\ \varepsilon_z\\ \gamma_{xy}\\ \gamma_{yz}\\ \gamma_{zx}\end{Bmatrix}=\frac{1}{E}\begin{bmatrix}1 & -\nu & -\nu & 0 & 0 & 0\\ -\nu & 1 & -\nu & 0 & 0 & 0\\ -\nu & -\nu & 1 & 0 & 0 & 0\\ 0 & 0 & 0 & 2(1+\nu) & 0 & 0\\ 0 & 0 & 0 & 0 & 2(1+\nu) & 0\\ 0 & 0 & 0 & 0 & 0 & 2(1+\nu)\end{bmatrix}\begin{Bmatrix}\sigma_x\\ \sigma_y\\ \sigma_z\\ \tau_{xy}\\ \tau_{yz}\\ \tau_{zx}\end{Bmatrix} \tag{4.24}$$

$$\begin{Bmatrix}\sigma_x\\ \sigma_y\\ \sigma_z\\ \tau_{xy}\\ \tau_{yz}\\ \tau_{zx}\end{Bmatrix}=\begin{bmatrix}(\lambda+2\mu) & \lambda & \lambda & 0 & 0 & 0\\ \lambda & (\lambda+2\mu) & \lambda & 0 & 0 & 0\\ \lambda & \lambda & (\lambda+2\mu) & 0 & 0 & 0\\ 0 & 0 & 0 & \mu & 0 & 0\\ 0 & 0 & 0 & 0 & \mu & 0\\ 0 & 0 & 0 & 0 & 0 & \mu\end{bmatrix}\begin{Bmatrix}\varepsilon_x\\ \varepsilon_y\\ \varepsilon_z\\ \gamma_{xy}\\ \gamma_{yz}\\ \gamma_{zx}\end{Bmatrix}$$

ここで，

$$\lambda=\frac{\nu E}{(1+\nu)(1-2\nu)} \tag{4.25}$$
$$\mu=G$$

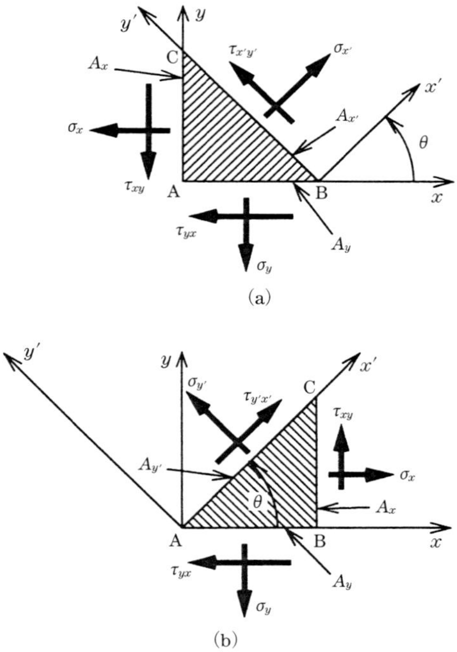

図 4.10 任意の面の応力

と，

$$A_x = A_{x'}\cos\theta,\quad A_y = A_{x'}\sin\theta$$
$$A_x = A_{y'}\sin\theta,\quad A_y = A_{y'}\cos\theta \qquad (4.27)$$

(a)図で，x' 方向の平衡方程式は，

$$\sigma_{x'}A_{x'} - \sigma_y A_y \sin\theta - \sigma_x A_x \cos\theta - \tau_{yx}A_y\cos\theta - \tau_{xy}A_x\sin\theta = 0 \qquad (4.28)$$

これより，次式となる．

$$\sigma_{x'} = \sigma_y \sin^2\theta + \sigma_x \cos^2\theta + \tau_{xy}\sin 2\theta \qquad (4.29)$$

(b)図で，y' 方向の平衡方程式は，

$$\sigma_{y'}A_{y'} - \sigma_x A_x \sin\theta - \sigma_y A_y \cos\theta + \tau_{xy}A_x\cos\theta + \tau_{yx}A_y\sin\theta = 0 \qquad (4.30)$$

これより，次式となる．

$$\sigma_{y'} = \sigma_y \cos^2\theta + \sigma_x \sin^2\theta - \tau_{xy}\sin 2\theta \qquad (4.31)$$

(a)図で，y' 方向の平衡方程式は，

$$\tau_{x'y'}A_{x'} - \sigma_y A_y \cos\theta + \sigma_x A_x \sin\theta + \tau_{yx}A_y\sin\theta - \tau_{xy}A_x\cos\theta = 0 \qquad (4.32)$$

これより，次式となる．

$$\tau_{x'y'} = \frac{\sigma_y - \sigma_x}{2}\sin 2\theta + \tau_{xy}\cos 2\theta \qquad (4.33)$$

$\tau_{y'x'} = \tau_{x'y'}$ なので，(4.33)式は(b)図の x' 方向の平衡方程式から導くこともできる．

4.4.2 主応力と主せん断応力

(4.29)式を変形すると，

$$\begin{aligned}\sigma_{x'} &= \frac{1}{2}\sigma_y(1-\cos 2\theta) + \frac{1}{2}\sigma_x(1+\cos 2\theta) + \tau_{xy}\sin 2\theta\\ &= \frac{\sigma_x+\sigma_y}{2} + \frac{\sigma_x-\sigma_y}{2}\cos 2\theta + \tau_{xy}\sin 2\theta\\ &= \frac{\sigma_x+\sigma_y}{2} + \sqrt{\left(\frac{\sigma_x-\sigma_y}{2}\right)^2 + {\tau_{xy}}^2}\cos(2\theta-\alpha)\end{aligned} \qquad (4.34)$$

ここで，

$$\tan\alpha = \frac{2\tau_{xy}}{\sigma_x-\sigma_y},\quad \text{または，}\quad \alpha = \tan^{-1}\left(\frac{2\tau_{xy}}{\sigma_x-\sigma_y}\right) \qquad (4.35)$$

$-90° < \alpha < 90°$ とすると，$\sigma_x > \sigma_y$ のとき，$\theta = \alpha/2$ で**最大の主応力** $\sigma_{\max}$ になり，$\sigma_x < \sigma_y$ の場合は，$\theta = \alpha/2 \pm 90°$ で $\sigma_{\max}$ になる．また，$\sigma_{\max}$ になるときの θ を $\theta_{\sigma\max}$，**最小の主応力** $\sigma_{\min}$ になるときの θ を $\theta_{\sigma\min}$ とすると，$\theta_{\sigma\min} = \theta_{\sigma\max} \pm 90°$ となる．

$$\begin{aligned}\sigma_{\max} &= \frac{\sigma_x+\sigma_y}{2} + \sqrt{\left(\frac{\sigma_x-\sigma_y}{2}\right)^2 + {\tau_{xy}}^2}\\ \sigma_{\min} &= \frac{\sigma_x+\sigma_y}{2} - \sqrt{\left(\frac{\sigma_x-\sigma_y}{2}\right)^2 + {\tau_{xy}}^2}\end{aligned} \qquad (4.36)$$

(4.33)式を変形すると，

$$\tau_{x'y'} = \sqrt{\left(\frac{\sigma_x-\sigma_y}{2}\right)^2 + {\tau_{xy}}^2}\sin(2\theta-\alpha) \qquad (4.37)$$

α は(4.35)式による．せん断応力の極値，すなわち**主せん断応力** $\tau_{\max}$，$\tau_{\min}$ は次式となる．

$$\begin{aligned}\tau_{\max} &= \sqrt{\left(\frac{\sigma_x-\sigma_y}{2}\right)^2 + {\tau_{xy}}^2}\\ \tau_{\min} &= -\sqrt{\left(\frac{\sigma_x-\sigma_y}{2}\right)^2 + {\tau_{xy}}^2}\end{aligned} \qquad (4.38)$$

$\sigma_{\max}$，$\tau_{\max}$，$\tau_{\min}$ になるときの θ をそれぞれ $\theta_{\sigma\max}$，$\theta_{\tau\max}$，$\theta_{\tau\min}$ とすると，$\theta_{\tau\max} = \theta_{\sigma\max} - 45°$，$\theta_{\tau\min} = \theta_{\sigma\max} + 45°$ となる．

この幾何学的関係を表したのが**モールの円** (Mohr's circle) である (Mohr, 1835～1918)．$\sigma_x > \sigma_y$ のときのモールの円を**図 4.11** に示す．モールの円は右向きに垂直応力 σ の軸，下向きにせん断応力 τ の軸をとり，反時計回りの τ を正側（下側）に，時計回りの τ を負側（上側）に作図する．

以上より，次のことがわかる．

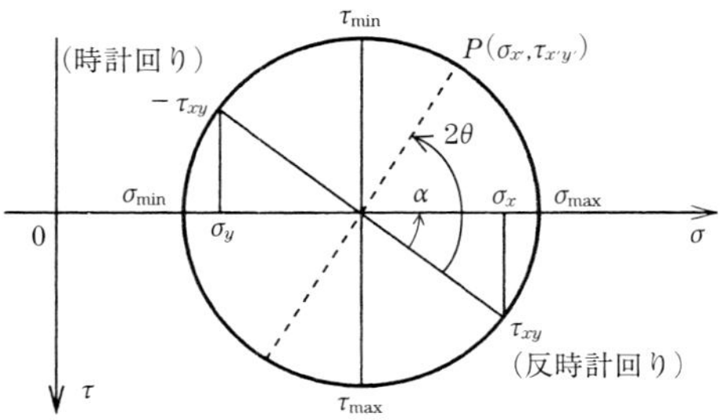

図 4.11 平面応力におけるモールの円

①主応力は，垂直応力の最大値と最小値で，2つの主応力の方向は直交する．

②主応力面でのせん断応力は0で，主せん断応力面は主応力面と45°の角度をなす．

【例題 4.2 主応力と主せん断応力】 以下の応力が生じているとき，主応力と主せん断応力と主応力面の方向を求めよ．

① $\sigma_x=50$，$\sigma_y=80$，$\tau_{xy}=20$〔MPa〕とする．

② $\sigma_x=62$，$\sigma_y=30$，$\tau_{xy}=12$〔kgf/cm²〕とする．

［解答］

① $\dfrac{\sigma_x+\sigma_y}{2}=65$，$\sqrt{\left(\dfrac{\sigma_x-\sigma_y}{2}\right)^2+\tau_{xy}{}^2}=25$，

$\sigma_{\max}=90$，$\sigma_{\min}=40$，

$\tau_{\max}=25$，$\tau_{\min}=-25$〔MPa〕

$$\theta=\frac{1}{2}\tan^{-1}\left(\frac{2\tau_{xy}}{\sigma_x-\sigma_y}\right)+90°$$
$$=\frac{1}{2}\tan^{-1}\left(\frac{40}{-30}\right)+90°=1.1\ \text{〔rad〕}=63°$$

$\sigma_{\max}$ になる主応力面は，x 軸から 1.1〔rad〕または 63° の方向である．

② $\dfrac{\sigma_x+\sigma_y}{2}=46$，$\sqrt{\left(\dfrac{\sigma_x-\sigma_y}{2}\right)^2+\tau_{xy}{}^2}=20$，

$\sigma_{\max}=66$，$\sigma_{\min}=26$，

$\tau_{\max}=20$，$\tau_{\min}=-20$〔kgf/cm²〕

$$\theta=\frac{1}{2}\tan^{-1}\left(\frac{2\tau_{xy}}{\sigma_x-\sigma_y}\right)$$
$$=\frac{1}{2}\tan^{-1}\left(\frac{24}{32}\right)=0.32\ \text{〔rad〕}=18°$$

$\sigma_{\max}$ になる主応力面は，x 軸から 0.32〔rad〕または 18° の方向である． ■

4.4.3 ひずみの座標変換

ひずみに関しても応力と同様な座標変換が存在する．x，y 座標のひずみを ε_x，ε_y，γ_{xy} とし，x 軸から任意の角度 θ だけ回転した新しい座標 x'，y' のひずみを $\varepsilon_{x'}$，$\varepsilon_{y'}$，$\gamma_{x'y'}$ とする．ここでは，座標変換の結果だけを示す．この場合は γ_{xy} より $\varepsilon_{xy}=\gamma_{xy}/2$ を用いたほうが便利である．

$$\varepsilon_{x'}=\varepsilon_y\sin^2\theta+\varepsilon_x\cos^2\theta+\varepsilon_{xy}\sin 2\theta \tag{4.39}$$
$$\varepsilon_{y'}=\varepsilon_y\cos^2\theta+\varepsilon_x\sin^2\theta-\varepsilon_{xy}\sin 2\theta \tag{4.40}$$
$$\varepsilon_{x'y'}=\frac{\varepsilon_y-\varepsilon_x}{2}\sin 2\theta+\varepsilon_{xy}\cos 2\theta \tag{4.41}$$

この関係は，応力の関係と相似である．**主ひずみ** $\varepsilon_{\max}$，$\varepsilon_{\min}$ と**主せん断ひずみ** $\gamma_{\max}$，$\gamma_{\min}$ は次式となる．

$$\left.\begin{aligned}\varepsilon_{\max}&=\frac{\varepsilon_x+\varepsilon_y}{2}+\sqrt{\left(\frac{\varepsilon_x-\varepsilon_y}{2}\right)^2+\left(\frac{\gamma_{xy}}{2}\right)^2}\\ \varepsilon_{\min}&=\frac{\varepsilon_x+\varepsilon_y}{2}-\sqrt{\left(\frac{\varepsilon_x-\varepsilon_y}{2}\right)^2+\left(\frac{\gamma_{xy}}{2}\right)^2}\end{aligned}\right\} \tag{4.42}$$

$$\left.\begin{aligned}\gamma_{\max}&=\sqrt{\left(\frac{\varepsilon_x-\varepsilon_y}{2}\right)^2+\left(\frac{\gamma_{xy}}{2}\right)^2}\\ \gamma_{\min}&=-\sqrt{\left(\frac{\varepsilon_x-\varepsilon_y}{2}\right)^2+\left(\frac{\gamma_{xy}}{2}\right)^2}\end{aligned}\right\} \tag{4.43}$$

これらの主ひずみと主せん断ひずみの方向は，

$$\alpha=\tan^{-1}\left(\frac{\gamma_{xy}}{\varepsilon_x-\varepsilon_y}\right) \tag{4.44}$$

で得られる α（$-90°<\alpha<90°$）によって求められる．$\varepsilon_x>\varepsilon_y$ のとき，$\theta=\alpha/2$ で $\varepsilon_{\max}$ になり，$\varepsilon_x<\varepsilon_y$ の場合は，$\theta=\alpha/2\pm 90°$ で $\varepsilon_{\max}$ になる．また，$\varepsilon_{\max}$，$\varepsilon_{\min}$，$\gamma_{\max}$，$\gamma_{\min}$ になるときの θ をそれぞれ $\theta_{\varepsilon\max}$，$\theta_{\varepsilon\min}$，$\theta_{\gamma\max}$，$\theta_{\gamma\min}$ とすると，$\theta_{\varepsilon\min}=\theta_{\varepsilon\max}\pm 90°$，$\theta_{\gamma\max}=\theta_{\varepsilon\max}-45°$，$\theta_{\gamma\min}=\theta_{\varepsilon\max}+45°$ となる．

また，**図 4.11** のモールの円は応力をひずみに変えると，ひずみの場合にも同様に適用できる．

以上より，次のことがわかる．

①主ひずみは垂直ひずみの最大値と最小値で，2つの主ひずみの方向は直交する．

②主ひずみ面でのせん断ひずみは0で，主せん断ひずみの面は主ひずみ面と45°の角度をなす．

演 習 問 題

4.1 以下の項目について簡潔に答えよ．

① 応力とは何か．垂直応力とせん断応力とは何か．

② 応力を σ_x，σ_y，τ_{xy} と表すとき，これらは何を

表しているか．

③ 主応力とは何か．

④ ひずみとは何か．垂直ひずみとせん断ひずみとは何か．

⑤ ひずみを ε_x，ε_y，γ_{xy} と表すとき，これらは何を表しているか．

⑥ 弾性および塑性とは何か．

⑦ フックの法則とは何か．

4.2 （演習用） **図 4.12** のように長方形の断面を有する柱が圧縮力 P を受けているとき，XY 面の応力および XY 面と角度 θ をなす UV 面の応力はいくらになるか．

なお，XY 面および UV 面上では応力は均一に分布していると仮定せよ．

① $P=200$〔kN〕，$B=30$〔cm〕，$D=40$〔cm〕，$\theta=35°$

② $P=50$〔tf〕，$B=20$〔cm〕，$D=20$〔cm〕，$\theta=20°$

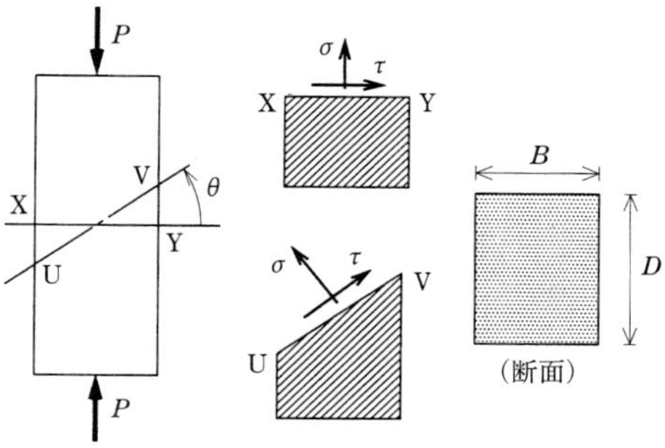

図 4.12

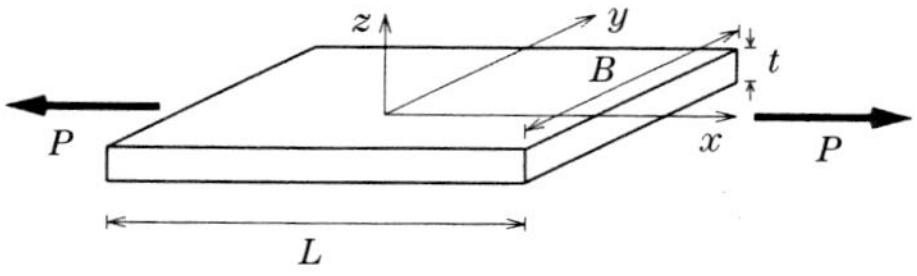

図 4.13

4.3 断面積が一定で降伏応力が σ_y でヤング係数が E の鋼材がある．降伏応力のときの降伏ひずみはいくらか．材長が 5〔m〕とすれば，降伏応力に達したとき，この材は何 cm 伸びるか．

① $\sigma_y=30$〔MPa〕で，$E=210$〔GPa〕とする．

② $\sigma_y=2.4$〔tf/cm^2〕で，$E=2\,100$〔tf/cm^2〕とする．

4.4 **図 4.13** に示す，$L=6$〔m〕，$B=20$〔cm〕，$t=2$〔cm〕，ポアソン比が $\nu=0.3$，ヤング係数が E の直方体の鋼材に荷重 P が加わっている．

(1) $E=20.6$〔GPa〕，$P=200$〔kN〕とする．

(2) $E=2\,100$〔tf/cm^2〕，$P=50$〔tf〕とする．

① 荷重を加えた方向の応力 σ_x，ひずみ ε_x，荷重と直交する方向のひずみ ε_y，ε_z を求めよ．

② 荷重を加えた方向の伸び ΔL_x，荷重と直交する方向の縮み ΔL_y，ΔL_z を求めよ．

4.5 （演習用） 物体内に $\sigma_x=80$〔MPa〕，$\sigma_y=30$〔MPa〕，$\tau_{xy}=10$〔MPa〕の応力が生じているとき，以下の値を求めよ．

① x 軸の方向から $\theta=30°$ 傾いた面の応力 $\sigma_{x'}$，$\tau_{x'y'}$ はいくらか．

② x 軸の方向から $\theta=60°$ 傾いた面の応力 $\sigma_{x'}$，$\tau_{x'y'}$ はいくらか．

③ 主応力 σ_{max}，σ_{min} と主せん断応力 τ_{max}，τ_{min} を求めよ．また，主応力 σ_{max} の方向は x 軸の方向からどれだけ傾いているか．

5. 断面力と断面の性質

5.1 応力と断面力

4章で示したように，応力が降伏応力を超えて塑性域に入ると，その部分には何らかの破壊が生じる．そのため構造設計では，**図5.1**のように構造物に荷重が作用したとき，構造物のすべての断面に生じる応力の分布を知ることは非常に重要である．

しかし，構造物のすべての断面の応力分布とその最大値を求めるのは難しい．長方形の板のように簡単な場合は，(4.8)式あるいは(4.10)式の平衡方程式を，支持条件を満足するように解くことができる．それでも，平衡方程式からわかるように偏微分方程式の解法となるので簡単ではない．

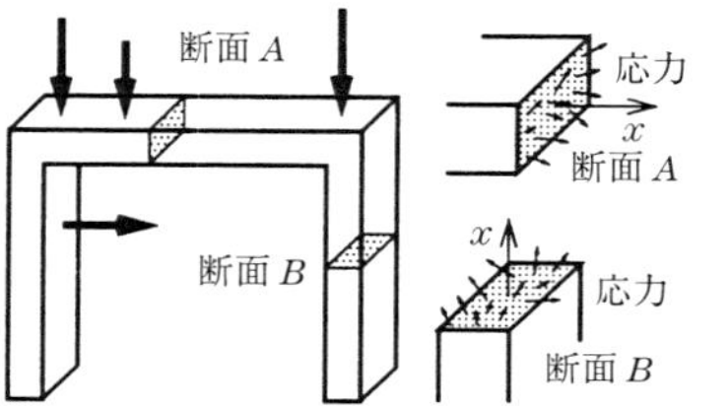

図5.1 骨組のモデル

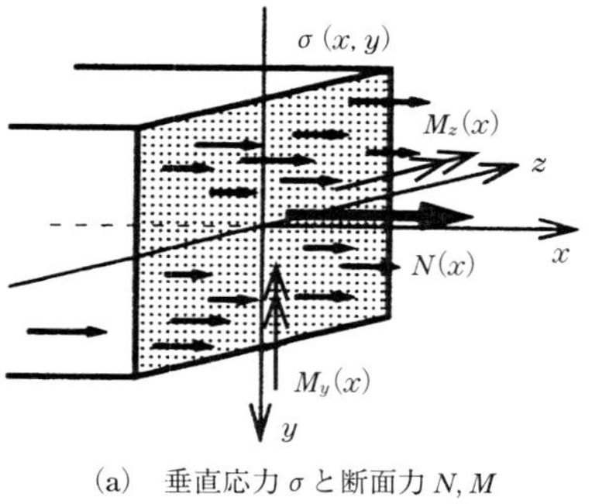

(a) 垂直応力 σ と断面力 N, M

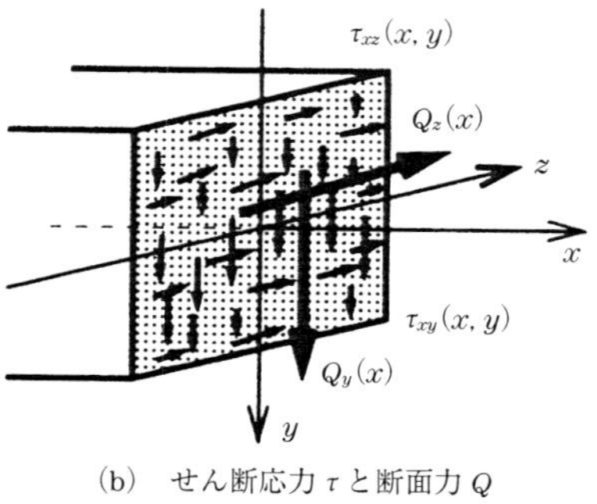

(b) せん断応力 τ と断面力 Q

図5.2 応力と断面力の関係

そこで，構造力学では応力を直接用いないで，**図5.2**のように，断面全体に作用する**応力の合力**(stress resultants) である**断面力**を用いて問題を解き，その結果を構造設計に利用することに力点をおいている．なお，建築構造の分野では断面力のことを「応力」ということがある．

建築で用いられる部材は，たとえばトラスの棒，ラーメンの柱や梁のように，一般に断面積に比べて細長く，まっすぐなものが多い．ここではこのような部材を対象に考える．材の細長い方向を1つの座標軸にとり，**材軸** (axis of member) と呼ぶ．通常，材軸を x 軸とする．断面は材軸に直交する面を考える．その断面全体に作用する応力の合力（合応力）や合モーメントが断面力である．

5.2 断面力の定義

5.2.1 2次元での断面力の定義

図5.3のように材軸方向を x 軸，材軸に直交し**図3.1(c)**に示した構面内の方向を y 軸とし，構面外方向に z 軸をとる．z 軸方向の応力は，平面応力を仮定して一定とする．x 位置での断面の垂直応力を $\sigma(y)=\sigma_x(x, y, z)$，せん断応力を $\tau(y)=\tau_{xy}(x, y, z)$ とする．なお，図5.3では梁の変形に合わせて下の方向を y 軸の正の方向とする．

1）軸力または軸方向力　垂直応力 $\sigma(y)$ の断面全体の合応力を**軸力**または**軸方向力** (axial force) という．**図5.3**で軸力を N とすれば，

$$N=\int_A \sigma(y)\,dA=\iint_A \sigma(y)\,dydz \qquad (5.1)$$

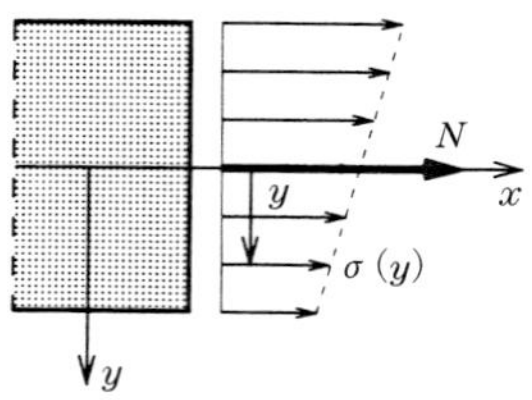

図 5.3 軸力

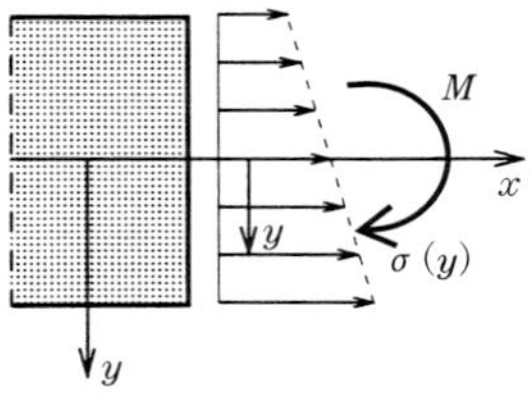

図 5.4 曲げモーメント

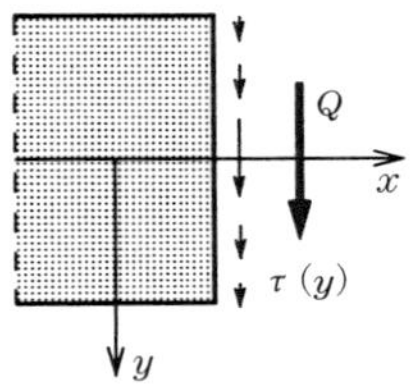

図 5.5 せん断力

ここで，積分記号の下側の A は積分領域を表す．

2) 曲げモーメント 垂直応力 $\sigma(y)$ の z 軸（x 軸と y 軸の交点）回りの断面全体の合モーメントを，**曲げモーメント**（bending moment）という．**図 5.4** で曲げモーメントを M とすれば，

$$M=-\int_A y\sigma(y)\,dA=-\iint_A y\sigma(y)\,dydz \qquad (5.2)$$

定義からわかるように，曲げモーメントは座標軸の位置によって異なる．通常，z 軸は曲げによる伸び縮みのない位置，すなわち曲げによる垂直応力 σ が 0 となる位置で考える．この軸を**中立軸**（neutral axis）という．中立軸は 5.4.2 項で定義する断面の**図心**を通る軸で，断面が対称形なら図心は対称軸上にある．

3) せん断力 せん断応力 $\tau(y)$ の断面全体の合応力を**せん断力**（剪断力，shear force）という．**図 5.5** でせん断力を Q とすれば，

$$Q=\int_A \tau(y)\,dA=\iint_A \tau(y)\,dydz \qquad (5.3)$$

となる．断面の上下端に x 方向の荷重がなければ上下端のせん断応力は 0 で，中央が大きい．

5.2.2 3次元での断面力の定義

図 5.6 のように材軸方向を x 軸とし，断面上に y 軸，z 軸をとる．応力が断面上で変化していると考えると断面力も複雑になる．任意の x 位置での断面上の垂直応力を $\sigma_x(x,y,z)$，y 軸方向のせん断応力を $\tau_{xy}(x,y,z)$，z 軸方向のせん断応力を $\tau_{xz}(x,y,z)$ とする．

1) 軸力または軸方向力 **図 5.6**(a)で x 位置での軸力を $N(x)$ とすると，(5.4)式のようになる．

$$N(x)=\int_A \sigma_x(x,y,z)\,dA=\iint_A \sigma_x(x,y,z)\,dydz \qquad (5.4)$$

2) 曲げモーメント x 位置での曲げモーメントは，任意の方向の軸回りの曲げモーメントでなく，通常図心を通る y 軸回りと z 軸回りについて考える．**図 5.6**(b)で z 軸回りの曲げモーメントを $M_z(x)$，y 軸回りの曲げモーメントを $M_y(x)$ とすると，(5.5)式となる．

$$\left.\begin{aligned} M_z(x)&=-\int_A y\sigma(x,y,z)\,dA\\ &=-\iint_A y\sigma(x,y,z)\,dydz \qquad (a)\\ M_y(x)&=-\int_A z\sigma(x,y,z)\,dA\\ &=-\iint_A z\sigma(x,y,z)\,dydz \qquad (b)\end{aligned}\right\} \qquad (5.5)$$

x 軸，y 軸，z 軸方向の単位ベクトルをそれぞれ

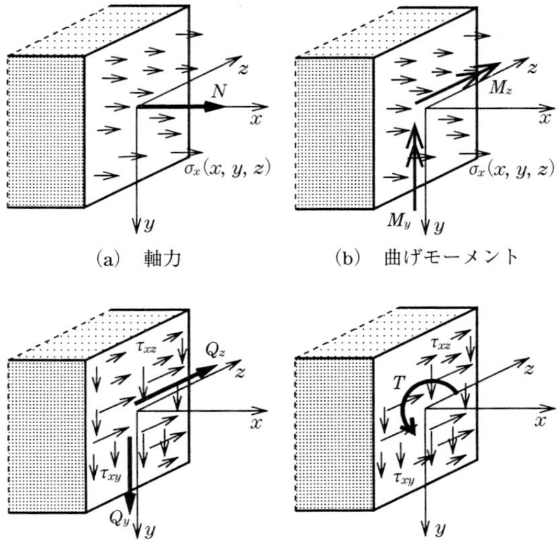

(a) 軸力 (b) 曲げモーメント

(c) せん断力 (d) ねじりモーメント

図 5.6 3次元の断面力

$\boldsymbol{i}$，$\boldsymbol{j}$，$\boldsymbol{k}$ とすれば，$M_z(x)$ の方向は $\boldsymbol{i}\times\boldsymbol{j}$ の方向，すなわち z 軸の正の方向，$M_y(x)$ の方向は $\boldsymbol{i}\times\boldsymbol{k}$ の方向，すなわち y 軸の負の方向となる．

3）せん断力　x 位置でのせん断力は，任意の方向のせん断力ではなく，通常 y 軸と z 軸について考える．**図 5.6**(c)で y 軸方向のせん断力を $Q_y(x)$，z 軸方向のせん断力を $Q_z(x)$ とすると，(5.6)式となる．

$$\left.\begin{aligned} Q_y(x) &= \int_A \tau_{xy}(x,y,z)\,dA \\ &= \iint_A \tau_{xy}(x,y,z)\,dydz \qquad \text{(a)} \\ Q_z(x) &= \int_A \tau_{xz}(x,y,z)\,dA \\ &= \iint_A \tau_{xz}(x,y,z)\,dydz \qquad \text{(b)} \end{aligned}\right\} \quad (5.6)$$

4）ねじりモーメント　せん断応力による x 軸回りのモーメントを**ねじりモーメント**（捩りモーメント，torsional moment）という．**図 5.6**(d)でねじりモーメントを $T(x)=M_x(x)$ とすれば，

$$\begin{aligned} T(x) &= \int_A \{y\tau_{xz}(x,y,z) - z\tau_{xy}(x,y,z)\}\,dA \\ &= \iint_A \{y\tau_{xz}(x,y,z) - z\tau_{xy}(x,y,z)\}\,dydz \end{aligned} \quad (5.7)$$

機械工学の分野で重要な，車軸などの棒が回転する問題には，ねじりモーメントが関係するが，建築では部材のねじりモーメントを考えることは少ない．

5.2.3　断面力の正負の定義

2 次元の断面力の正の方向を**図 5.7** のように定義する．比較のために応力の正の方向も示す．軸方向力は垂直応力の定義に一致させて，**正が引張力**（tensile force），**負が圧縮力**（compressive force）になるように定義する．

y 軸の方向は，鉛直荷重による梁のたわみ（撓み）に合わせて下の方向を正としている．

曲げモーメントの正負の定義には 2 種類があり，逆の向きに定義する場合もある．曲げモーメ

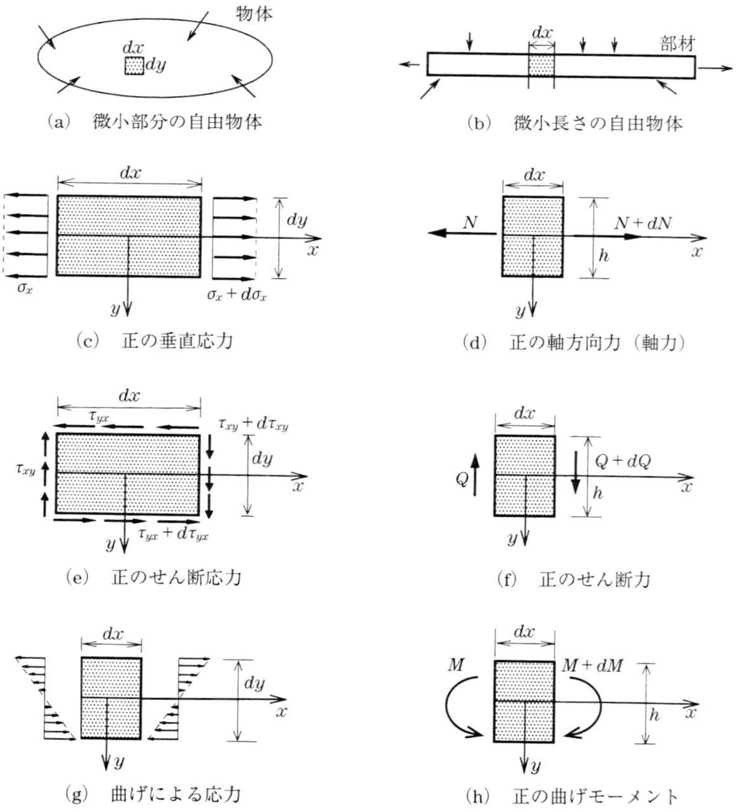

図 5.7　断面力の正の方向

ントの場合，定義による正負よりも**梁のどちら側が引張となるかが重要**である．

せん断力は，せん断応力の正の方向に一致するように定義する．構造設計ではせん断力の大きさは重要であるが，その方向はあまり重要でない．

5.3　断面力と最大応力の関係

構造物に生じることを許容する応力（許容応力）を部材の弾性範囲に設定し，荷重によって構造物に生じる最大応力を許容応力以下に収める設計法は，**許容応力設計**（allowable stress design），または**許容応力度設計**と呼ばれている．

許容応力設計を行うためには，各部材の断面に生じる最大応力がわからなければならない．構造力学では応力ではなく，その合力である断面力を未知数として解析するので，断面力がわかった場合，逆に何らかの手段で断面力から最大応力が推定できなければならない．この問題は，クラス全員分の体重（合計値）がわかったとき，一番重い人の体重が全体重だけからは求められないのと同じ困難さがある．

構造力学では実験に基づいた以下の仮定を用いることにより，この問題を解決している．

5.3.1　軸力と最大垂直応力

断面積に比べて長さが長い棒などの部材の長手方向に引張力や圧縮力を加えた場合は，4.1.3 項で述べたように，荷重点から少し離れた位置での垂直応力は，ほぼ一様に分布していることが実験でわかっている．

そこで，軸力 N による垂直応力は，**図 5.8** のように σ_0 で一定と仮定する．その場合，最大の垂直応力 $\sigma_{\max}$ は σ_0 と等しく，断面積を A とすると，次式のように表せる．

$$\sigma_{\max}=\sigma_0=\frac{N}{A} \tag{5.8}$$

5.3.2　曲げモーメントと最大垂直応力

梁を曲げると一端が引っ張られて伸び，他端は圧縮されて縮むが，内部には伸びも縮みもせずに曲がるだけの位置が生じる．この位置が**中立軸**である．曲げの実験から，垂直応力は中立軸からの距離に比例してほぼ直線的に変化していることが知られている．最初に正しい中立軸の位置を示したのは 1713 年のパラン（Parent, 1666～1716）である．

そこで，曲げによる垂直応力の大きさは，**図 5.9** のように z 軸（x 軸と y 軸の交点）からの距離 y に比例すると仮定する．この仮定は，変形前に平面であった断面が変形後も平面を保つために必要な仮定で，これを**平面保持の仮定**という．

z 軸回りの曲げモーメントを M とし，$y=1$ での垂直応力を σ_0 とすると，$\sigma_x(y)=\sigma_0 y$ より，

$$M=-\int_A \sigma_x(y)\,ydA=-\int_A y\sigma_0 ydA$$
$$=-\sigma_0\int_A y^2dA=-\sigma_0 I \tag{5.9}$$

ここで，$I=\int_A y^2dA$．I は断面形に関係する量で，**断面 2 次モーメント**（moment of inertia of an area）という．

垂直応力の大きさの最大値 $|\sigma|_{\max}$ は断面内で中立軸から最も離れた位置に生じる．中立軸からその位置までの距離を $y_{\max}$（>0）とすると $I>0$ なので，

$$|\sigma|_{\max}=|\sigma_0|y_{\max}=\left|-\frac{M}{I}\right|y_{\max}=\frac{|M|}{Z} \tag{5.10}$$

ここで，$Z=\dfrac{I}{y_{\max}}$．Z も I と同様に断面形に関係する量で，**断面係数**（section modulus）という．この場合，I と Z は z 軸回りの量なので，3 次元で

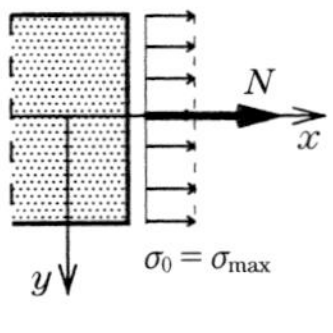

図 5.8　軸力による垂直応力

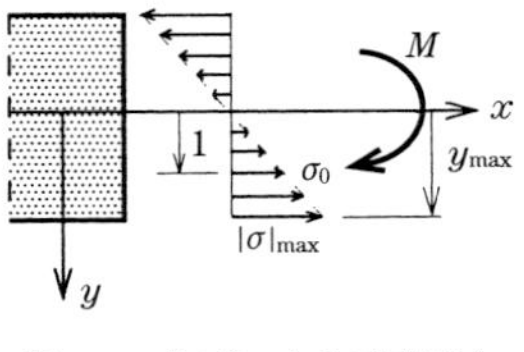

図 5.9　曲げによる垂直応力

は z 軸回りの断面2次モーメント I_z および断面係数 Z_z である．

5.3.3 せん断力と最大せん断応力

せん断力が作用しているとき，せん断応力の分布を厳密に求めるのは難しい．実験および解析から，以下のような特性がわかっている．

①せん断応力の分布は断面形によって異なる．

②せん断応力の大きさは断面の境界では0で，中央部分で大きい．

一定のせん断力と，x 方向に変化する曲げモーメントが部材断面に作用している場合を**図5.10**に示す．$M+dM$ が作用する位置でのモーメントのつり合いより，

$$(M+dM)-M+Qdx=0$$

したがって，$Q=-\dfrac{dM}{dx}$　　(5.11)

これより，**せん断力の大きさは曲げモーメントの材軸方向の変化率に等しい**ことがわかる．

せん断応力の分布は断面形に関係するので，最も簡単な長方形断面のせん断応力分布を求める．z 方向の厚さは b，y 方向のせいを h とする．なお，せん断応力は厳密には z 方向にも変化しているが，ここでは簡単化して一定と仮定する．y 座標が y となる位置でのせん断応力 $\tau(y)$ は**図5.11**の自由物体図より，

$$\tau(y)\,bdx=b\int_y^{\frac{h}{2}}\{\sigma(x+dx,y)-\sigma(x,y)\}dy$$
$$=bdx\int_y^{\frac{h}{2}}\frac{\sigma(x+dx,y)-\sigma(x,y)}{dx}dy \quad (5.12)$$

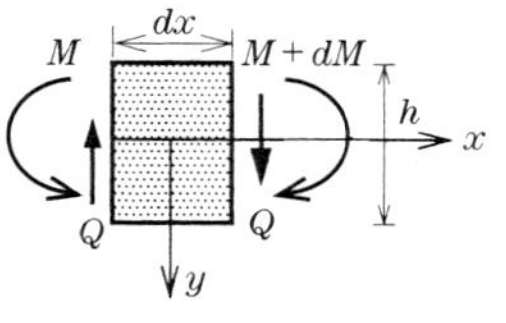

図5.10　せん断力と曲げモーメント

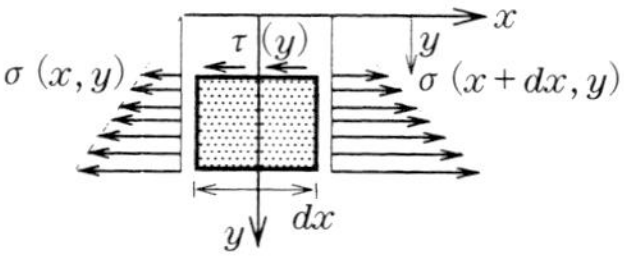

図5.11　せん断応力

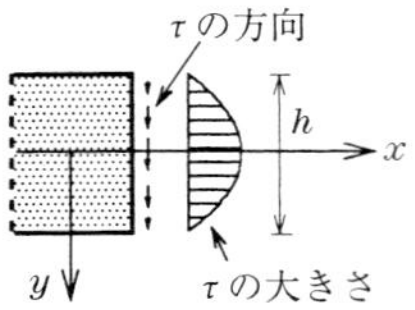

図5.12　長方形断面のせん断応力分布

ここで，$\sigma(x,y)=-M(x)y/I$，$Q(x)dx=-(M(x+dx)-M(x))$ を代入して変形すると，

$$\tau(y)=-\int_y^{\frac{h}{2}}\frac{M(x+dx)-M(x)}{Idx}ydy$$
$$=\frac{Q(x)}{I}\int_y^{\frac{h}{2}}ydy=\frac{Q(x)}{8I}(h^2-4y^2) \quad (5.13)$$

せん断応力の大きさは，**図5.12**に示すように，2次曲線（パラボラ分布）で，上下端（$y=\pm h/2$）では0で，$y=0$ の中立軸上で最大となる．長方形の断面2次モーメントは，$I=bh^3/12$ となる（例題5.3を参照）ので，最大せん断応力を $\tau_{\max}$ とすれば，

$$\tau(y)=\frac{3Q(x)}{2bh^3}(h^2-4y^2) \quad (5.14)$$

$$\tau_{\max}=\frac{3Q(x)}{2bh}=1.5\times\frac{Q(x)}{A} \quad (5.15)$$

最大せん断応力は，せん断力を断面積で除した平均せん断応力 Q/A の1.5倍となることがわかる．

5.4 断 面 の 性 質

断面の性質だけを考える場合は x-y 平面とすることが多いが，本章では材軸を x 軸としているので断面を y-z 平面としている．この節の結果を x-y 平面の値にするには $y\to x$，$z\to y$ とすればよい．

5.4.1 断 面 積

図5.13の**断面**（cross section）を考え，y-z 座

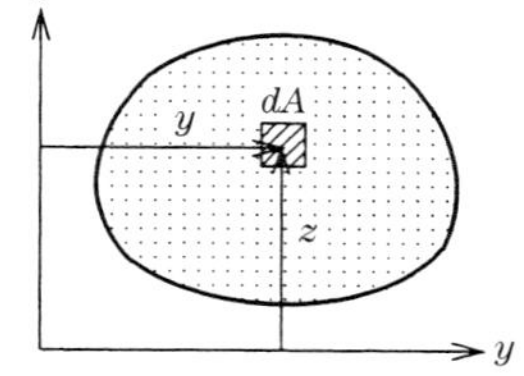

図5.13　断面と座標

標における断面内の微小な断面積 dA を考える．**断面積**（cross sectional area）A は dA の断面全体の積分で定義され，長さの 2 乗の単位をもつ．

$$A=\int_A dA=\iint_A dydz \tag{5.16}$$

5.4.2 断面 1 次モーメントと図心

図 5.14 の微小な面積 dA に，座標軸からの距離を掛けて，その総和をとった値を**断面 1 次モーメント**（first moment of an area）と呼ぶ．

y 軸に関する断面 1 次モーメントを S_y，z 軸に関する断面 1 次モーメントを S_z とすると，

$$\left.\begin{aligned} S_y&=\int_A zdA=\iint_A zdydz \\ S_z&=\int_A ydA=\iint_A ydydz \end{aligned}\right\} \tag{5.17}$$

断面 1 次モーメントは長さの 3 乗の単位をもつ．

図 5.14 で，座標の原点 O を $y=y_1$，$z=z_1$ に平行移動した新しい座標軸を $\bar{y}$，$\bar{z}$ とすると，それらの軸に関する断面 1 次モーメント $S_{\bar{y}}$，$S_{\bar{z}}$ は，

$$\begin{aligned} S_{\bar{y}}&=\int_A \bar{z}dA=\int_A (z-z_1)\,dA=S_y-z_1A \\ S_{\bar{z}}&=\int_A \bar{y}dA=\int_A (y-y_1)\,dA=S_z-y_1A \end{aligned} \tag{5.18}$$

断面 1 次モーメントが 0 となる点を**図心**（centroid）という．座標の原点 O を $y=y_0$，$z=z_0$ に平行移動した $\bar{y}$ 軸と $\bar{z}$ 軸が図心を通るとすると，

$$S_{\bar{y}}=S_y-z_0A=0,\quad S_{\bar{z}}=S_z-y_0A=0 \tag{5.19}$$

図心の座標（y_0, z_0）は(5.20)式のようになる．

$$y_0=\frac{S_z}{A},\quad z_0=\frac{S_y}{A} \tag{5.20}$$

普通の構造部材は同じ材料で密度が一定である．これを**均質**（homogeneous）という．均質であれば，一定の厚さの物体の**重心**（center of gravity）は図心と一致する．

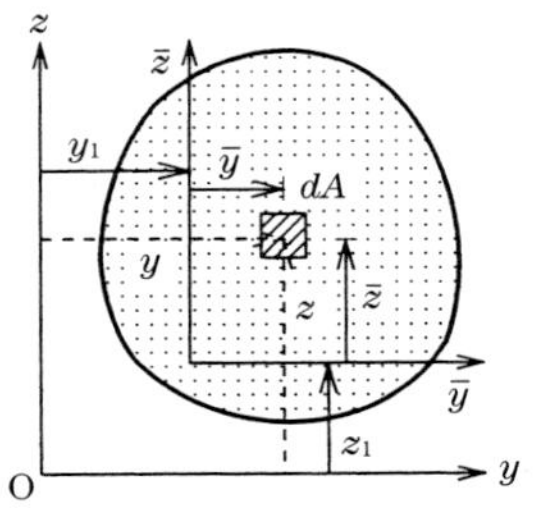

図 5.14　座標軸の移動

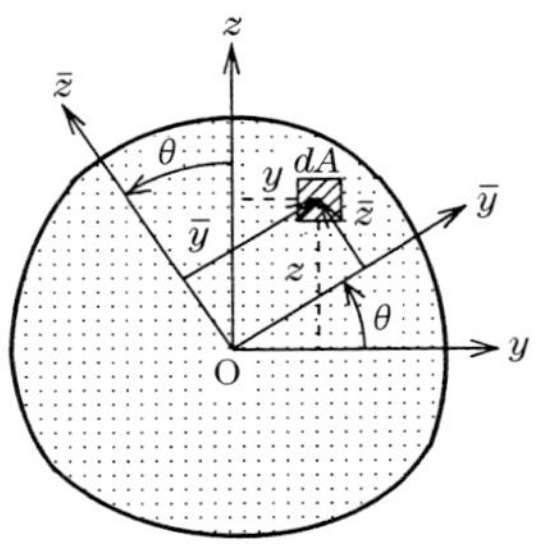

図 5.15　座標軸の回転

梁の曲げの問題では，座標軸は図心を通る中立軸で考えるのが便利である．そこで，以後の解析では図心を通る軸について考えるものとする．

図 5.15 で図心を通る 2 軸を y，z とする．原点をそのままにして軸を θ だけ回転した 2 軸を $\bar{y}$，$\bar{z}$ とする．両者の座標の関係は，

$$\bar{y}=y\cos\theta+z\sin\theta \tag{5.21}$$

$$\bar{z}=-y\sin\theta+z\cos\theta \tag{5.22}$$

$\bar{y}$，$\bar{z}$ 軸に関する断面 1 次モーメント $S_{\bar{y}}$，$S_{\bar{z}}$ は，

$$\begin{aligned} S_{\bar{y}}&=\int_A \bar{z}dA=-\int_A y\sin\theta dA+\int_A z\cos\theta dA \\ &=-S_z\sin\theta+S_y\cos\theta=0 \end{aligned} \tag{5.23}$$

$$\begin{aligned} S_{\bar{z}}&=\int_A \bar{y}dA=\int_A y\cos\theta\, dA+\int_A z\sin\theta\, dA \\ &=S_z\cos\theta+S_y\sin\theta=0 \end{aligned} \tag{5.24}$$

これより，図心は座標軸の方向には関係せず，断面に特有の値であることがわかる．

【例題 5.1　長方形断面の断面 1 次モーメント】
図 5.16 の長方形断面の断面 1 次モーメント S_y，S_z と図心の座標（y_0, z_0）を求めよ．

［解答］　y 軸および z 軸回りの断面 1 次モーメン

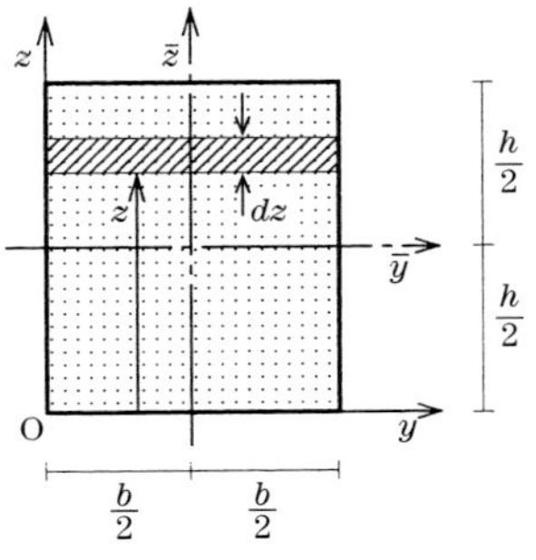

図 5.16　長方形断面

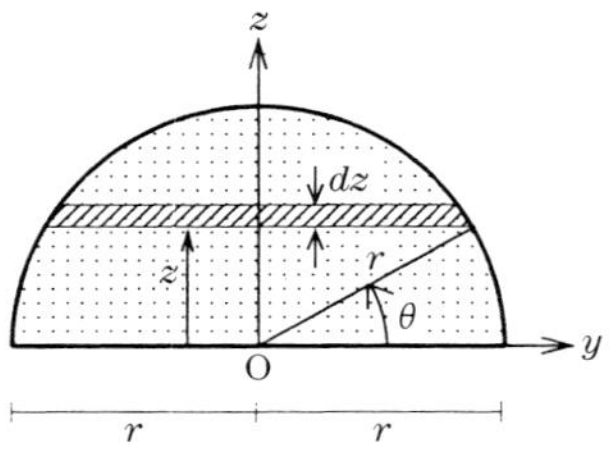

図 5.17　半円形断面

トは，

$$S_y=\int_0^h zbdz=\frac{bh^2}{2},\quad S_z=\int_0^b yhdy=\frac{hb^2}{2}$$

図心の位置は，$y_0=\frac{S_z}{A}=\frac{b}{2},\quad z_0=\frac{S_y}{A}=\frac{h}{2}$

このような対称断面では図心は断面の中心である．すなわち，対称軸回りの断面1次モーメントは0である．■

【例題 5.2　半円形断面の図心】　図 5.17 の半径 r の半円形の断面の図心の座標 (y_0, z_0) を求めよ．

［解答］

断面積は，$A=\frac{\pi r^2}{2}$

z 軸回りの断面1次モーメントは対称形なので，

$$S_z=0$$

y 軸回りの断面1次モーメントは，

$$z=r\sin\theta,\quad dz=r\,d\theta\cos\theta$$

$$dA=2r\cos\theta\,dz=2r^2\cos^2\theta\,d\theta$$

$$S_y=\int_A zdA=\int_0^{\frac{\pi}{2}}2r^3\sin\theta\cos^2\theta\,d\theta$$

$$=\frac{2r^3}{3}\Big[-\cos^3\theta\Big]_0^{\frac{\pi}{2}}=\frac{2r^3}{3}$$

図心の位置は，$y_0=\frac{S_z}{A}=0,\quad z_0=\frac{S_y}{A}=\frac{4r}{3\pi}$

■

5.4.3　断面2次モーメントと断面極2次モーメント

図 5.18 で図心を通る y，z 軸を考える．微小面積 dA に座標軸からの距離の2乗を掛けて，総和をとった値を**断面2次モーメント**（moment of inertia of an area）と呼ぶ．

y，z 軸回りの断面2次モーメントを I_y，I_z で表すと，

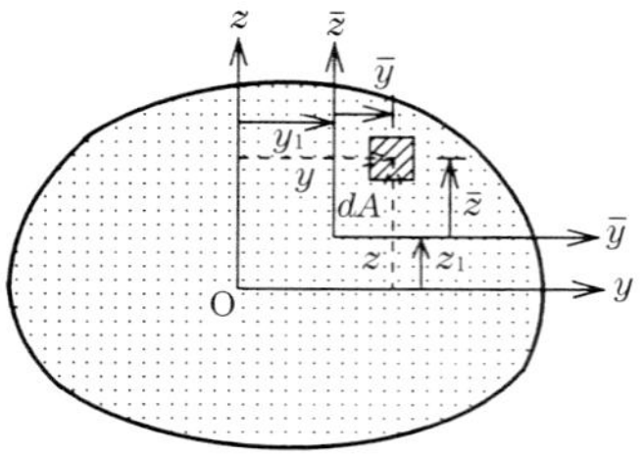

図 5.18　断面2次モーメント

$$I_y=\int_A z^2dA,\quad I_z=\int_A y^2dA \tag{5.25}$$

断面2次モーメントは長さの4乗の単位をもつ．

平行移動した軸に関する断面2次モーメントを求めるために，$y=y_1$，$z=z_1$ を通る新しい座標軸，$\overline{y}$，$\overline{z}$ を考える．これらの軸回りの断面2次モーメントを $I_{\overline{y}}$，$I_{\overline{z}}$ とすると，

$$I_{\overline{y}}=\int_A \overline{z}^2dA=\int_A (z-z_1)^2dA$$
$$=I_y-2z_1S_y+z_1{}^2A \tag{5.26}$$

$$I_{\overline{z}}=\int_A \overline{y}^2dA=\int_A (y-y_1)^2dA$$
$$=I_z-2y_1S_z+y_1{}^2A \tag{5.27}$$

y，z 軸は図心を通る軸なので，$S_y=0$，$S_z=0$，

$$\boxed{I_{\overline{y}}=I_y+z_1{}^2A,\quad I_{\overline{z}}=I_z+y_1{}^2A} \tag{5.28}$$

これより，**図心を通る断面2次モーメントが最小値となる**ことがわかる．

図 5.19 で微小な面積 dA に原点からの距離 r の2乗を掛けて，総和をとった値を**断面極2次モーメント**（polar moment of inertia）と呼ぶ．図心に関する断面極2次モーメントを I_p とすると，

$$I_p=\int_A r^2dA=\int_A (y^2+z^2)\,dA=I_z+I_y \tag{5.29}$$

断面極2次モーメントは長さの4乗の単位をもち，断面2次モーメントと同様に図心に関する値

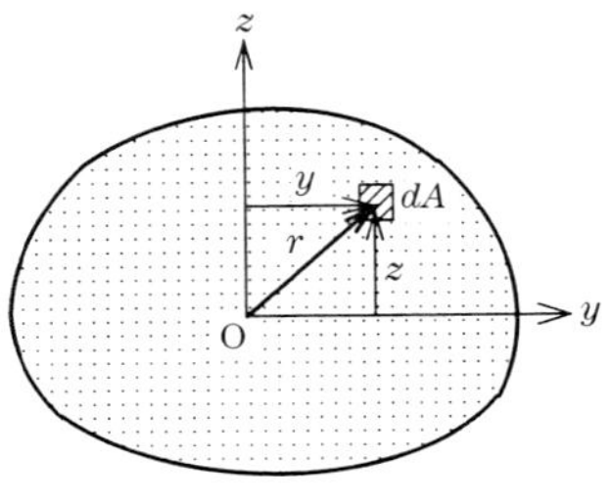

図 5.19　断面極2次モーメント

が最小となる．

5.4.4 断面係数

図 5.20 で y 軸，z 軸は断面の図心を通る軸とする．y 軸から断面の**最外縁**（extreme fiber）までの距離を $z_{\max}$，z 軸から断面の最外縁までの距離を $y_{\max}$ とすると，

$$\begin{aligned} y_{\max} &= \max(y_1, -y_2) \\ z_{\max} &= \max(z_1, -z_2) \end{aligned} \quad (5.30)$$

ここで，$\max(a, b)$ は，a と b のうち値が大きいほうを選ぶことを意味する．

y 軸，z 軸回りの**断面係数**（section modulus），Z_y，Z_z は次のように定義される．断面係数の単位は長さの 3 乗である．

$$Z_y = \frac{I_y}{z_{\max}}, \quad Z_z = \frac{I_z}{y_{\max}} \quad (5.31)$$

弾性域にある材料に生じる最大の垂直応力は，降伏応力 σ_{y} であるので，断面が抵抗できる最大の曲げモーメントは最外縁が降伏応力になったときである．これを**降伏曲げモーメント**（yield moment）という．

$$\left.\begin{aligned} &y\text{ 軸回りの値は，} M_{\mathrm{y},y} = \sigma_{\mathrm{y}} Z_y \quad \text{(a)} \\ &z\text{ 軸回りの値は，} M_{\mathrm{y},z} = \sigma_{\mathrm{y}} Z_z \quad \text{(b)} \end{aligned}\right\} \quad (5.32)$$

5.4.5 断面 2 次半径と断面極 2 次半径

断面の図心を通る y 軸，z 軸に関する断面 2 次モーメント I_y，I_z を断面積 A で除した値の平方根を**断面 2 次半径**（radius of gyration of an area）といい，i_y，i_z で表す．また，断面極 2 次モーメント I_p を断面積 A で除した値の平方根を**断面極 2 次半径**といい，i_p で表す．

$$i_y = \sqrt{\frac{I_y}{A}}, \quad i_z = \sqrt{\frac{I_z}{A}}, \quad i_p = \sqrt{\frac{I_p}{A}} = \sqrt{\frac{I_y + I_z}{A}} \quad (5.33)$$

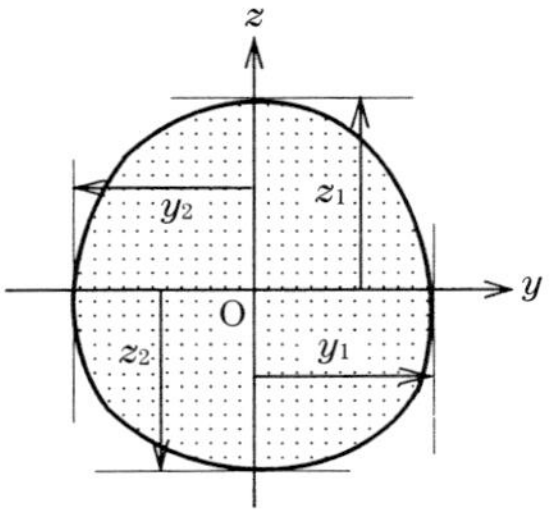

図 5.20　断面係数

断面 2 次半径や断面極 2 次半径は長さの単位をもち，値が大きいほど座屈やねじれが生じにくくなる．

【例題 5.3　長方形断面】 **図 5.21** の長方形断面の断面 2 次モーメント，断面極 2 次モーメント，断面係数，断面 2 次半径，断面極 2 次半径を記号で求めよ．次に，$b=40$〔cm〕，$h=50$〔cm〕のときの各値を求めよ．

［解答］ 対称断面なので図心は中心で，図心を通る対称軸を y，z 軸とする．断面積は，$A=bh$

y 軸回りの断面 2 次モーメント I_y は，

$$I_y = \int_{-\frac{h}{2}}^{\frac{h}{2}} z^2 b\,dz = 2b\int_0^{\frac{h}{2}} z^2 dz = \frac{bh^3}{12}$$

z 軸回りの断面 2 次モーメント I_z は，

$$I_z = \int_{-\frac{b}{2}}^{\frac{b}{2}} y^2 h\,dy = 2h\int_0^{\frac{b}{2}} y^2 dy = \frac{hb^3}{12}$$

断面極 2 次モーメント I_p は，

$$\begin{aligned} I_p &= I_z + I_y = \frac{bh^3}{12} + \frac{hb^3}{12} \\ &= \frac{bh(h^2+b^2)}{12} = \frac{A(h^2+b^2)}{12} \end{aligned}$$

y 軸回りの断面係数を Z_y，z 軸回りの断面係数を Z_z とすると，

$$Z_y = \frac{I_y}{z_{\max}} = \frac{bh^3}{12 \times (h/2)} = \frac{bh^2}{6}$$

$$Z_z = \frac{I_z}{y_{\max}} = \frac{hb^3}{12 \times (b/2)} = \frac{hb^2}{6}$$

y 軸回りの断面 2 次半径を i_y，z 軸回りの断面 2 次半径を i_z とすると，

$$i_y = \sqrt{\frac{I_y}{A}} = \sqrt{\frac{bh^3}{12 \times bh}} = \frac{h}{\sqrt{12}}$$

$$i_z = \sqrt{\frac{I_z}{A}} = \sqrt{\frac{hb^3}{12 \times bh}} = \frac{b}{\sqrt{12}}$$

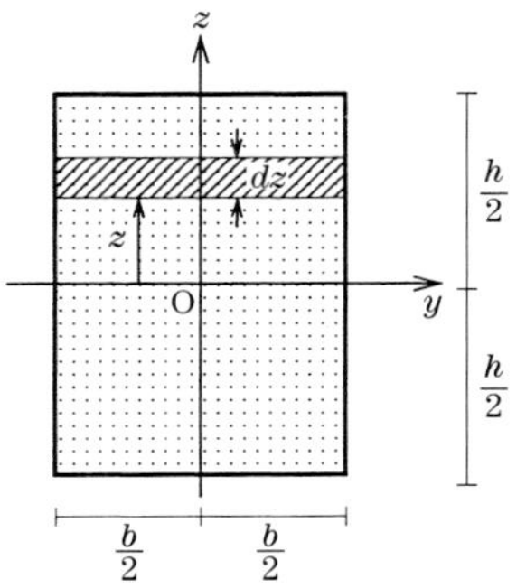

図 5.21　長方形断面

断面極2次半径を i_p とすると，

$$i_p=\sqrt{\frac{I_p}{A}}=\sqrt{\frac{bh^3+hb^3}{12\times bh}}=\sqrt{\frac{b^2+h^2}{12}}$$

数値解は，

$I_y=4.17\times10^5$〔cm^4〕，　$I_z=2.67\times10^5$〔cm^4〕，

$I_p=6.83\times10^5$〔cm^4〕，　$Z_y=1.67\times10^4$〔cm^3〕，

$Z_z=1.33\times10^4$〔cm^3〕，　$i_y=14.4$〔cm〕，

$i_z=11.5$〔cm〕，　$i_p=18.4$〔cm〕　■

【例題 5.4　H 形断面】　図 5.22 の H 形断面の断面2次モーメント，断面係数を記号で求めよ．次に，$H=40$〔cm〕，$B=30$〔cm〕，$t_w=2.5$〔cm〕，$t_f=3$〔cm〕のときの各値を求めよ．

［解答］　対称断面なので図心は中心で，図心を通る対称軸を y，z 軸とする．

断面積は，$A=BH-(B-t_w)(H-2t_f)$

y 軸回りの断面2次モーメント I_y，z 軸回りの断面2次モーメント I_z は，長方形の和として考えると，

$$I_y=\frac{BH^3}{12}-\frac{(B-t_w)(H-2t_f)^3}{12}$$

$$I_z=2\times\frac{t_fB^3}{12}+\frac{(H-2t_f)t_w{}^3}{12}$$

y 軸回りの断面係数を Z_y，z 軸回りの断面係数を Z_z とすると，

$$Z_y=\frac{I_y}{z_{\max}}=\frac{2I_y}{H},\quad Z_z=\frac{I_z}{y_{\max}}=\frac{2I_z}{B}$$

数値解は，

$I_y=6.99\times10^4$〔cm^4〕，　$I_z=1.36\times10^4$〔cm^4〕，

$Z_y=3.50\times10^3$〔cm^3〕，　$Z_z=905$〔cm^3〕　■

【例題 5.5　円形断面】　図 5.23 の半径 r の円形断面の断面2次モーメント，断面極2次モーメント，断面係数，断面2次半径，断面極2次半径を記号で求めよ．次に，$r=20$〔cm〕のときの各値を求めよ．

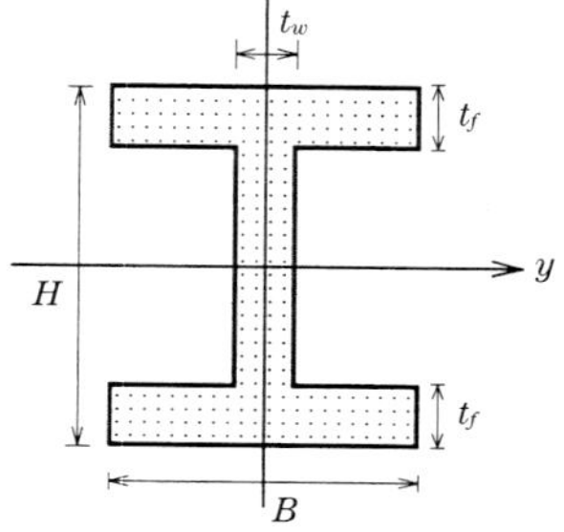

図 5.22　H 形断面

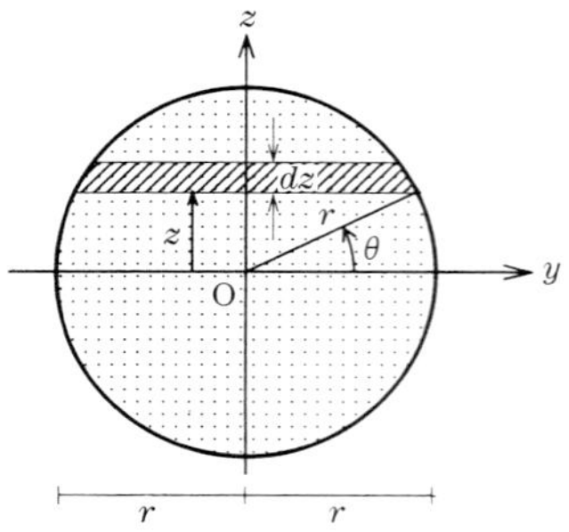

図 5.23　円形断面

［解答］　対称断面なので図心は中心で，図心を通る軸を y，z 軸とする．断面積は，$A=\pi r^2$

y 軸回りの断面2次モーメント I_y は，

$$z=r\sin\theta,\quad dz=r\,d\theta\cos\theta$$

$$dA=2r\cos\theta\,dz=2r^2\cos^2\theta\,d\theta$$

$$I_y=\int_A z^2dA=2\int_0^{\frac{\pi}{2}}2r^4\sin^2\theta\cos^2\theta\,d\theta$$

$$=r^4\int_0^{\frac{\pi}{2}}(\sin2\theta)^2d\theta$$

$$=\frac{r^4}{8}\Big[4\theta-\sin4\theta\Big]_0^{\frac{\pi}{2}}$$

$$=\frac{\pi r^4}{4}$$

z 軸回りの断面2次モーメント I_z も同じ値となる．断面極2次モーメント I_p は，

$$I_p=I_z+I_y=\frac{\pi r^4}{4}+\frac{\pi r^4}{4}=\frac{\pi r^4}{2}=\frac{Ar^2}{2}$$

y 軸回りの断面係数を Z_y，z 軸回りの断面係数を Z_z，y 軸回りの断面2次半径を i_y，z 軸回りの断面2次半径を i_z，断面極2次半径を i_p とすると，

$$Z_y=\frac{I_y}{z_{\max}}=\frac{\pi r^4}{4\times r}=\frac{\pi r^3}{4}$$

$$Z_z=\frac{I_z}{y_{\max}}=Z_y=\frac{\pi r^3}{4}$$

$$i_y=\sqrt{\frac{I_y}{A}}=\sqrt{\frac{\pi r^4}{4\times\pi r^2}}=\frac{r}{2}$$

$$i_z=\sqrt{\frac{I_z}{A}}=i_y=\frac{r}{2}$$

$$i_p=\sqrt{\frac{I_p}{A}}=\sqrt{\frac{\pi r^4}{2\times\pi r^2}}=\frac{r}{\sqrt{2}}$$

［別解］　断面極2次モーメントは，極座標で半径

r が $s \leqq r \leqq s+ds$ となる範囲の微小面積を考えると簡単で，

$$I_p=\int_0^r s^2(2\pi s)\,ds=\frac{\pi r^4}{2}$$

$$I_y=I_z=\frac{I_p}{2}=\frac{\pi r^4}{4}$$

数値解は，

$I_y=I_z=1.26\times10^5$〔cm^4〕，$I_p=2.51\times10^5$〔cm^4〕，

$Z_y=Z_z=6.28\times10^3$〔cm^3〕，

$i_y=i_z=10.0$〔cm〕，$i_p=14.1$〔cm〕 ■

5.4.6 断面の相乗モーメント

図 5.24 で図心を通る y，z 軸を考える．微小な面積 dA に両軸からの距離 y と z を掛けて，その総和をとった値を**断面相乗モーメント**（product of inertia），I_{yz} と呼ぶ．

$$I_{yz}=\int_A yz dA \qquad (5.34)$$

断面相乗モーメントも長さの 4 乗の単位をもつ．

断面形が対称で，y 軸，z 軸のいずれかが対称軸であれば，断面相乗モーメントは 0 になる．

座標の原点 O を $y=y_1$，$z=z_1$ に平行移動した座標軸 $\bar{y}$，$\bar{z}$ の断面相乗モーメント $I_{\bar{y}\bar{z}}$ は，

$$I_{\bar{y}\bar{z}}=\int_A \bar{y}\,\bar{z}dA=\int_A (y-y_1)(z-z_1)\,dA$$

$$=\int_A yzdA+y_1z_1\int_A dA-y_1\int_A zdA-z_1\int_A ydA$$

$$=I_{yz}+y_1z_1A-y_1S_y-z_1S_z \qquad (5.35)$$

y 軸，z 軸は図心を通るので，$S_y=S_z=0$ より，

$$I_{\bar{y}\bar{z}}=I_{yz}+y_1z_1A \qquad (5.36)$$

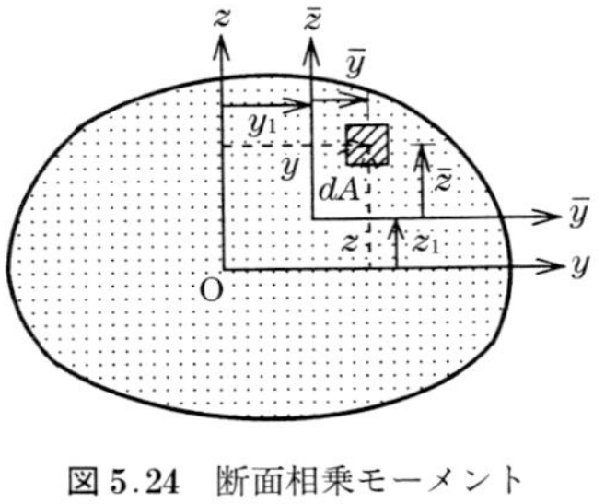

図 5.24 断面相乗モーメント

5.4.7 断面の主軸

断面相乗モーメントが 0 になる軸を**断面の主軸**（principal axis of an area）という．主軸に関する断面 2 次モーメントを**主断面 2 次モーメント**（principal moment of inertia of an area）という．

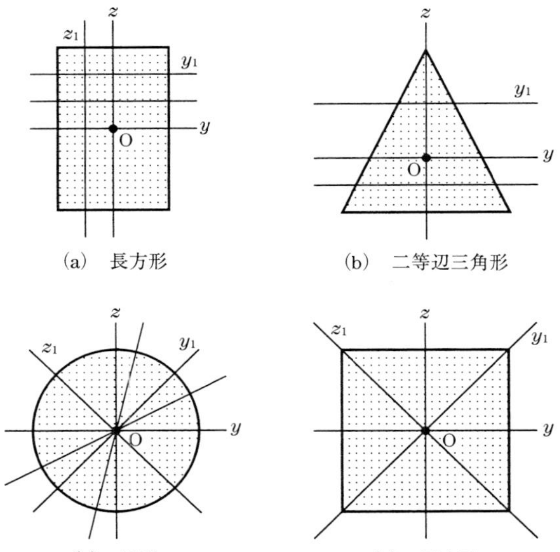

図 5.25 断面の主軸（O 点は図心）

対称軸に関する断面相乗モーメントは 0 になるので，対称軸と直交する軸は主軸になる．

図 5.25 で，(a)図の長方形断面では，y 軸と直交する z_1 軸を任意に選んだ場合，y 軸と z_1 軸は主軸になる．同様に，z 軸と直交する y_1 軸を任意に選んだ場合，z 軸と y_1 軸は主軸になる．しかし，図心を通る主軸は y 軸と z 軸の 1 組だけである．(b)図の二等辺三角形では，対称軸となる z 軸と直交する y_1 軸を任意に選んだ場合，z 軸と y_1 軸は主軸になる．しかし，図心を通る主軸は y 軸と z 軸の 1 組だけである．(c)図の円形断面では，図心を通る主軸の組合せが無数にある．(d)図の正方形断面では，図心を通る主軸は y，z 軸と y_1，z_1 軸の 2 組がある．

5.4.8 主断面 2 次モーメント

断面形の任意の点 O を通る主軸を求めるために，**図 5.26** のように O 点を原点とする直交座標 y 軸，z 軸を定め，これらの軸に関する断面 2 次モーメント I_y，I_z と断面相乗モーメント I_{yz} を求める．

次に，O を原点として θ 傾いた軸を $\bar{y}$ 軸，$\bar{z}$ 軸とすれば，そのときの断面 2 次モーメント $I_{\bar{y}}$，

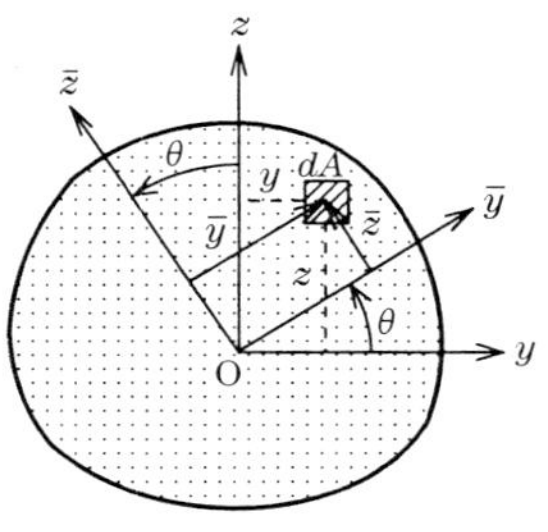

図 5.26　座標軸の回転と断面の主軸

$I_{\bar{z}}$ と断面相乗モーメント $I_{\bar{y}\bar{z}}$ は，

$$I_{\bar{y}}=\int_A \bar{z}^2 dA=\int_A(-y\sin\theta+z\cos\theta)^2 dA$$
$$=\sin^2\theta\int_A y^2 dA+\cos^2\theta\int_A z^2 dA$$
$$-2\sin\theta\cos\theta\int_A yzdA$$
$$=I_z\sin^2\theta+I_y\cos^2\theta-I_{yz}\sin 2\theta \qquad (5.37)$$

$$I_{\bar{z}}=\int_A \bar{y}^2 dA=\int_A(y\cos\theta+z\sin\theta)^2 dA$$
$$=\cos^2\theta\int_A y^2 dA+\sin^2\theta\int_A z^2 dA$$
$$+2\sin\theta\cos\theta\int_A yzdA$$
$$=I_y\sin^2\theta+I_z\cos^2\theta+I_{yz}\sin 2\theta \qquad (5.38)$$

$$I_{\bar{y}\bar{z}}=\int_A \bar{y}\,\bar{z}dA=\int_A(y\cos\theta+z\sin\theta)$$
$$\times(-y\sin\theta+z\cos\theta)\,dA$$
$$=\sin\theta\cos\theta\left(\int_A z^2 dA-\int_A y^2 dA\right)$$
$$+(\cos^2\theta-\sin^2\theta)\int_A yzdA$$
$$=\frac{I_y-I_z}{2}\sin 2\theta+I_{yz}\cos 2\theta \qquad (5.39)$$

これらは θ によって値が変わることがわかる．I_{yz} が 0 となる θ を求めると，

$$\theta=\frac{1}{2}\tan^{-1}\left(\frac{2I_{yz}}{I_z-I_y}\right) \qquad (5.40)$$

θ と $\theta+90°$ が主軸の方向である．

主軸に関する断面 2 次モーメントを**主断面 2 次モーメント** I_1，I_2 とすれば，

$$I_1, I_2=\frac{I_y+I_z}{2}\pm\left(\frac{I_y-I_z}{2}\cos 2\theta-I_{yz}\sin 2\theta\right)$$
$$=\frac{I_y+I_z}{2}\pm\left\{\frac{(I_y-I_z)^2+4I_{yz}^2}{2(I_y-I_z)}\right\}\cos 2\theta$$
$$=\frac{I_y+I_z}{2}$$
$$\pm\left\{\frac{(I_y-I_z)^2+4I_{yz}^2}{2(I_y-I_z)}\right\}\sqrt{\frac{(I_y-I_z)^2}{(I_y-I_z)^2+4I_{yz}^2}}$$
$$=\frac{I_y+I_z}{2}\pm\sqrt{\left(\frac{I_y-I_z}{2}\right)^2+I_{yz}^2} \qquad (5.41)$$

一方，(5.37)式，(5.38)式，(5.40)式から主断面 2 次モーメントは次式を満足することがわかる．

$$\frac{dI_{\bar{y}}}{d\theta}=0, \quad \frac{dI_{\bar{z}}}{d\theta}=0 \qquad (5.42)$$

これより主断面 2 次モーメントは，1 つの軸に関する値が最大で，もう 1 つの軸に関する値が最小となる．

一般に，単に断面 2 次モーメントというときには，**図心を通る主断面 2 次モーメント**を指す．

【例題 5.6　L 形断面】　図 5.27 の L 形断面（アングル）の Y，Z 軸に関する断面 2 次モーメント I_Y，I_Z および断面相乗モーメント I_{YZ}，図心を通る y，z 軸に関する断面 2 次モーメント I_y，I_z，断面極 2 次モーメント I_p，断面係数 Z_y，Z_z，断面 2 次半径 i_y，i_z，断面極 2 次半径 i_p，断面相乗モーメント I_{yz}，主軸の方向と主断面 2 次モーメント I_1，I_2 を記号で求めよ．次に，$a=10$〔cm〕，$b=7.5$〔cm〕，$t=1.0$〔cm〕のときの各値を求めよ．

［解答］　断面積は，

$$A=(a-t)\,t+tb=(a+b-t)\,t$$

Y 軸，Z 軸回りの断面 1 次モーメント S_Y，S_Z は，

$$S_Y=(a-t)\,t\frac{t}{2}+tb\frac{b}{2}$$

$$S_Z=at\frac{a}{2}+t\,(b-t)\frac{t}{2}$$

これより図心の位置は $Y_g=\dfrac{S_Z}{A}$，$Z_g=\dfrac{S_Y}{A}$

Y 軸，Z 軸回りの断面 2 次モーメント I_Y，I_Z は，

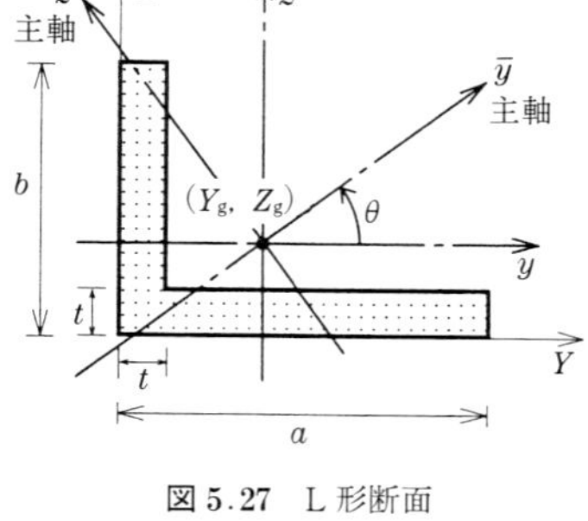

図 5.27　L 形断面

$$I_Y=\frac{tb^3}{3}+\frac{(a-t)\,t^3}{3},\quad I_Z=\frac{ta^3}{3}+\frac{(b-t)\,t^3}{3}$$

Y 軸，Z 軸回りの断面相乗モーメント I_{YZ} は，

$$I_{YZ}=\int_0^t ZdZ\int_t^a YdY+\int_0^b ZdZ\int_0^t YdY$$
$$=\frac{1}{4}(a^2-t^2)\,t^2+\frac{1}{4}b^2t^2$$

図心を通る y 軸，z 軸回りの断面 2 次モーメント I_y，I_z と断面極 2 次モーメント I_p は，

$$I_y=I_Y-AZ_g^2,\quad I_z=I_Z-AY_g^2,\quad I_p=I_y+I_z$$

y 軸，z 軸回りの断面係数 Z_y，Z_z は，

$$Z_y=\frac{I_y}{z_{\max}}=\frac{I_y}{b-Z_g},\quad Z_z=\frac{I_z}{y_{\max}}=\frac{I_z}{a-Y_g}$$

断面 2 次半径 i_y，i_z と断面極 2 次半径 i_p は，

$$i_y=\sqrt{\frac{I_y}{A}},\quad i_z=\sqrt{\frac{I_z}{A}},\quad i_p=\sqrt{\frac{I_p}{A}}$$

y 軸，z 軸回りの断面相乗モーメント I_{yz} は，

$$I_{yz}=I_{YZ}-AY_gZ_g$$

y 軸と主軸のなす角度 θ は，

$$\theta=\frac{1}{2}\tan^{-1}\left(\frac{2I_{yz}}{I_z-I_y}\right)$$

主断面 2 次モーメント I_1，I_2 は，

$$I_1, I_2=\frac{I_y+I_z}{2}\pm\sqrt{\left(\frac{I_y-I_z}{2}\right)^2+I_{yz}^2}$$

数値解は，

$A=16.5$〔cm^2〕，
$S_Y=32.6$〔cm^3〕，　$S_Z=53.3$〔cm^3〕，
$Y_g=3.23$〔cm〕，　$Z_g=1.98$〔cm〕，
$I_Y=144$〔cm^4〕，　$I_Z=336$〔cm^4〕，
$I_{YZ}=38.8$〔cm^4〕，
$I_y=79.1$〔cm^4〕，$I_z=164$〔cm^4〕，$I_p=243$〔cm^4〕，
$Z_y=14.3$〔cm^3〕，　$Z_z=24.2$〔cm^3〕，
$i_y=2.19$〔cm〕，　$i_z=3.15$〔cm〕，　$i_p=3.83$〔cm〕，
$I_{yz}=-66.5$〔cm^4〕，
$\theta=0.5\times\tan^{-1}(-133/84.5)=-0.50$〔rad〕，
$I_1=200$〔cm^4〕，　$I_2=42.6$〔cm^4〕　■

演　習　問　題

5.1　2 次元の場合について以下の問題に答えよ．応力は z 方向には一定とする．

① 垂直応力 $\sigma(y)$ の分布が与えられているとき，軸方向力 N を $\sigma(y)$ に関する式で示せ．

② 軸方向力 N が作用しているとき，垂直応力 $\sigma(y)$ の分布を図示し，最大垂直応力 $\sigma_{\max}$ を N に関する式で示せ．

③ 垂直応力 $\sigma(y)$ の分布が与えられているとき，曲げモーメント M を $\sigma(y)$ に関する式で示せ．

④ 曲げモーメント M が作用しているとき，垂直応力 $\sigma(y)$ の分布を図示し，垂直応力の大きさの最大値 $|\sigma|_{\max}$ を M に関する式で示せ．

⑤ せん断応力 $\tau(y)$ の分布が与えられているとき，せん断力 Q を $\tau(y)$ に関する式で示せ．

⑥ 長方形断面にせん断力 Q が作用するとき，せん断応力 $\tau(y)$ の分布を図示し，最大せん断応力 $\tau_{\max}$ を Q に関する式で示せ．

⑦ 図心を通る z 軸回りの断面 2 次モーメント I_z と断面係数 Z_z の定義を式で示せ．

5.2　長方形断面をもつ材を**図 5.28**(a)のように単に上下に重ねた梁と，(b)図のように釘やボルトで一体化した梁との違いを考える．これらの梁を曲げたときの応力の分布を示し，曲げに対する強さ（降伏曲げモーメント）を比較せよ．

5.3　（演習用）　**図 5.29**(a)に示す長方形断面の部材について以下の問題に答えよ．

① (b)図のように荷重 P で圧縮したときの垂直応力 σ_x はいくらか．

② ①のときの材軸方向の縮み量 $\varDelta$ を求めよ．

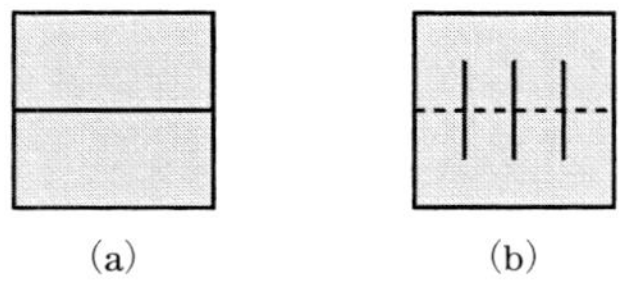

図 5.28

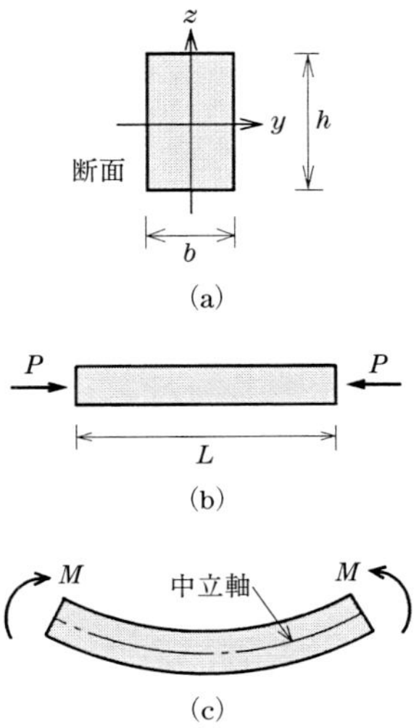

図 5.29

③ y 軸および z 軸回りの断面2次モーメント I_y, I_z と断面係数 Z_y, Z_z はいくらか.

④ (c)図のようにモーメント M を y 軸回りに加えたときの最大垂直応力 $\sigma_{\max,y}$, z 軸回りに加えたときの最大垂直応力 $\sigma_{\max,z}$ はいくらか.

(1) 記号で答えよ.

(2) $b=30$〔cm〕, $h=60$〔cm〕, $L=5$〔m〕, $P=2.5$〔MN〕, $M=1.5$〔MNm〕, ヤング係数：$E=20.6$〔GPa〕とする.

(3) $b=20$〔cm〕, $h=50$〔cm〕, $L=6$〔m〕, $P=5$〔tf〕, $M=40$〔tfm〕, ヤング係数：$E=210$〔tf/cm^2〕とする.

5.4 ランドマークタワーでは**図5.30**に示す, □900×900×100（単位はmm）という箱形の鋼材が柱に使用された. 鋼材の材質はSM570Qである. この鋼材の降伏応力を $\sigma_y=460$〔MPa〕とするとき,

① 断面積 A と降伏軸力 N_y を求めよ.

② 断面2次モーメント I, 断面係数 Z, 降伏曲げモーメント M_y を求めよ.

5.5 （T形梁）（演習用） 鉄筋コンクリートの梁は, 長方形の断面形が普通である. しかし, スラブも鉄筋コンクリートで一体としてつくられていれば, 両者は一体となって曲げに抵抗する. これを**図5.31**のT形梁でモデル化する. このとき, 図心Gを通る y 軸回りの断面2次モーメント I_y を求めよ.

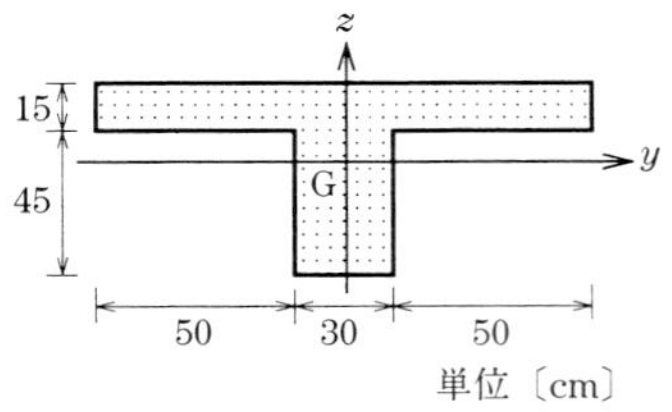

図5.31

5.6 （柱の設計） 柱は軸力と曲げを受ける. 断面積が A, 断面係数が Z の対称断面を有する柱部材について以下の問題に答えよ. ただし, 曲げは対称軸回りに受けるものとする.

① 引張力 P と曲げモーメント M を受けるとき, 垂直応力 σ の分布を示し, その大きさの最大値 $|\sigma|_{\max}$ を求めよ.

② 圧縮力 P と曲げモーメント M を受けるとき, 垂直応力 σ の分布を示し, その大きさの最大値

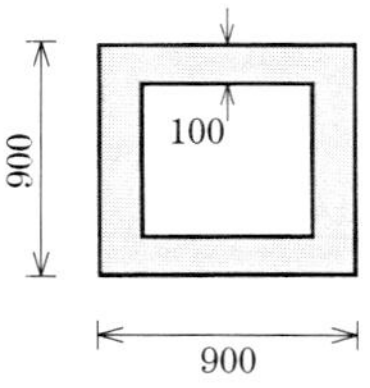

図5.30

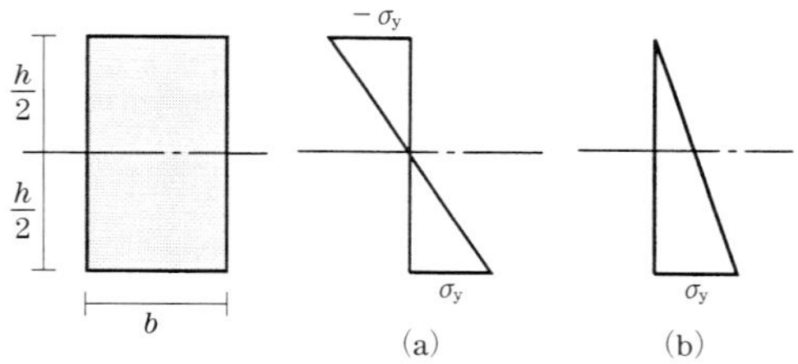

図5.32

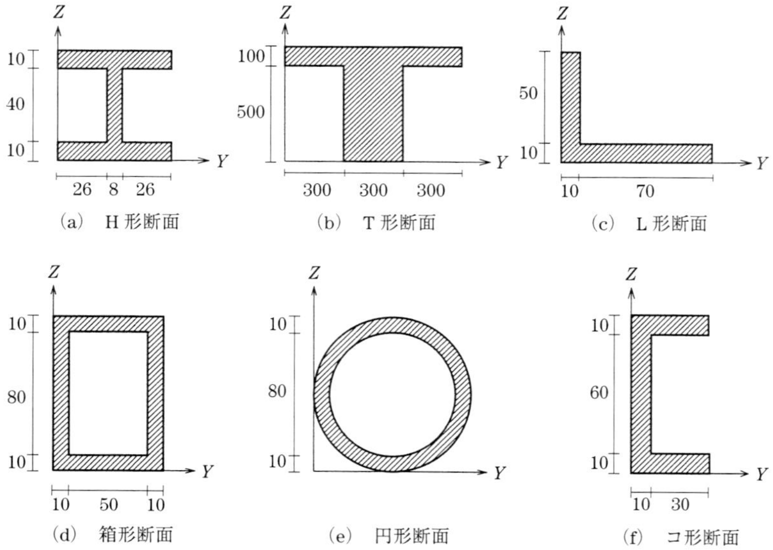

図5.33

$|\sigma|_{\max}$ を求めよ．

5.7　**図5.32**に示すように長方形断面に直線的に変化する垂直応力が作用して，最外縁が降伏応力 σ_y になるときの軸力 N と曲げモーメント M の大きさを求めよ．

①　$b=30$〔cm〕，$h=45$〔cm〕，$\sigma_y=20$〔MPa〕

②　$b=20$〔cm〕，$h=35$〔cm〕，$\sigma_y=250$〔kgf/cm^2〕

5.8　**図5.33**の断面について以下の数値解を求めよ．図中の数値の単位はmmである．

①　断面積 A と図心の位置 (y_0, z_0) を求めよ．

②　図心を通る y，z 軸回りの断面2次モーメント I_y，I_z，断面極2次モーメント I_p，断面係数 Z_y，Z_z，断面2次半径 i_y，i_z，断面極2次半径 i_p を求めよ．

5.9　（演習用）　**図5.34**の断面について以下の数値解を求めよ．図心を通り，Y，Z 軸に平行な軸を y，z 軸とする．

①　断面積 A，図心の位置 (y_0, z_0) を求めよ．

②　Y，Z 軸回りの断面2次モーメント I_Y，I_Z を求めよ．

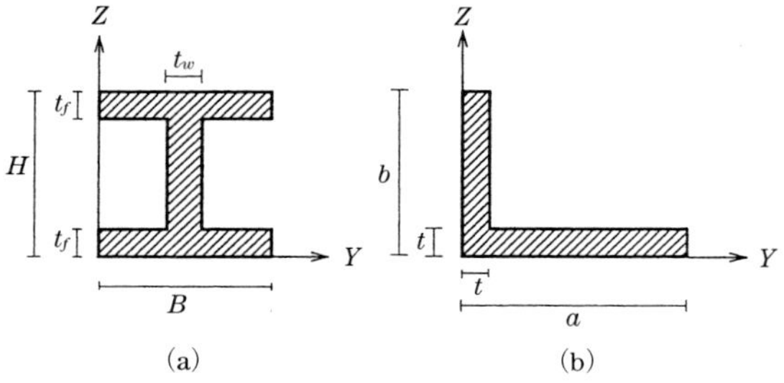

図5.34

③　図心を通る y，z 軸回りの断面2次モーメント I_y，I_z，断面極2次モーメント I_p，断面係数 Z_y，Z_z，断面2次半径 i_y，i_z，断面極2次半径 i_p を求めよ．

④　主軸の方向と主断面2次モーメント I_1，I_2 を求めよ．

$H=50.0$〔cm〕，$B=40.0$〔cm〕，

$t_f=3.0$〔cm〕，$t_w=5.0$〔cm〕，$a=50.0$〔cm〕，

$b=40.0$〔cm〕，$t=8.0$〔cm〕

6. 平面骨組の断面力

6.1 平 面 骨 組

建築物は，立体的な広がりをもつが，これを設計する際には平面図や立面図のような2次元の表現が用いられることが多い．構造設計においても，建築設計と同様に2次元で表した伏図や軸組図を用いて建物の構造的機能を視覚化する手法がとられる．構造物の安全性を確認するための構造計算においても，2次元で表した建物のモデルを用いることが多く，このことはすでに3章で述べた．2次元で表した建物のモデルを，3章では平面解析モデルと呼んだが，このうち部材がすべて1次元（線材，棒状の材）で表現されるものを平面骨組モデルと呼ぶ．平面骨組モデルとは，床スラブや壁のような面材を含まないか，またはこれらもすべて線材置換して，すべて柱や梁のような棒状の材のみで構成されているモデルを指す．本章では，平面骨組の構成部材の断面力，すなわち①軸力，②曲げモーメント，③せん断力を計算する手法について解説する．

また，まず平面骨組の安定性について述べ，次に平面骨組の断面力の算定法を示す．断面力の算定法の解説にあたっては，軸力のみを負担する最も単純な骨組構造物から始め，次に曲げモーメントとせん断力を負担する部材について述べ，最後に複合断面力を負担する骨組構造物を対象とする．

6.2 安 定，不 安 定

構造物は安定構造と不安定構造とに大別できる．これらの簡単な例を**図6.1**に示す．任意の静的な外力に対して各部分が静止した状態にある構造物が安定構造物（stable structure）である．安定構造物は構造物の任意の部分の自由物体がつり合っている状態にある．安定な構造の変形は実際の構造では非常に小さいが，図では変形を誇張している．一方，微小な外力に対しても変形がとどまらず，崩壊に至る構造物が不安定構造物（unstable structure）である．不安定な構造は現実には存在しない．図6.1はその途中を示したものである．

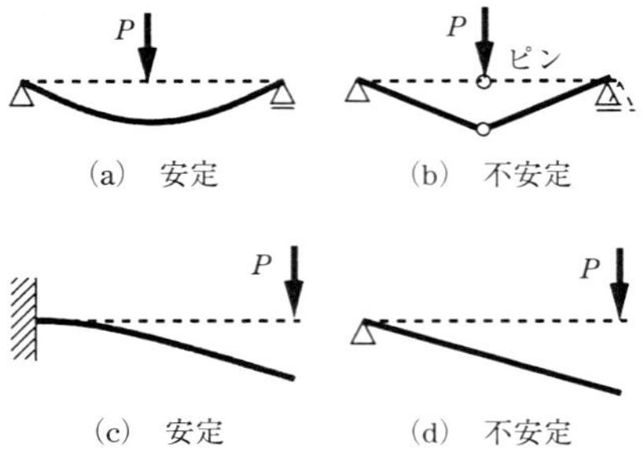

図6.1　安定と不安定

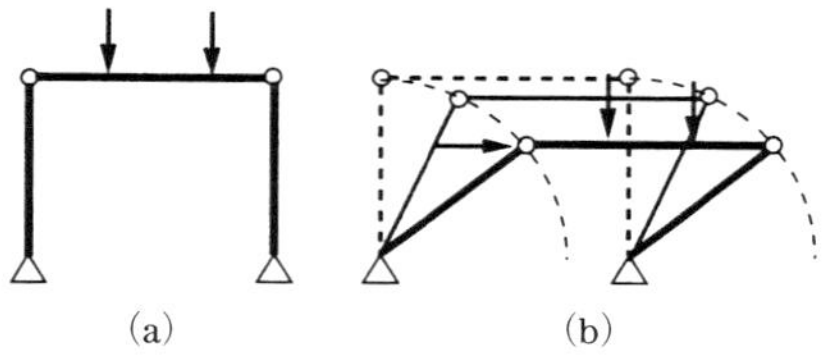

図6.2　不安定構造物

図6.2の4つのヒンジからなる架構は，(a)図のように対称な鉛直荷重が作用するときは安定しているように見えるが，(b)図のように水平力が加わった場合には，わずかな力にも抵抗できないので不安定構造物である．安定構造物でも，加える荷重を大きくしていくと，弾性範囲を超えて塑性化するが，塑性化部分が増加してある条件を満足すると，ついに抵抗力は一定となり，変形だけが増加する状態になる．これは，ピン接合の状態と同じであり，その数が(b)図のように一定の条件を満たすと不安定構造物となって崩壊する．

6.2.1 平面骨組の断面力を求める方法

2 次元の問題では 3 つの独立な平衡方程式が得られるので，未知の反力や断面力が 3 つ以内であれば求めることができる．反力は 3 章の方法で得られるので，これも荷重と同様に既知の値とする．

①トラスの場合は，ピンで接合されるので断面力は軸力だけである．**図 6.3**(a)図の問題で(b)図の仮想の切断を考える．2 つの軸力 N_1，N_2 は，左側あるいは右側の自由物体を考えると水平方向と鉛直方向の 2 つの平衡方程式から解ける．トラスでは同じ節点に作用する 3 つの軸力は解けない．これを適用すると(c)図は解けるが(d)図は解けないことがわかる．

②ラーメンの場合，断面力は軸力とせん断力と曲げモーメントである．図 6.3(e)図の問題で(f)図の仮想の切断を考える．軸力 N，せん断力 Q，曲げモーメント M は，左側あるいは右側の自由物体を考えると 3 つの平衡方程式から解ける．これを適用すると(g)図は解けるが，(h)図はどのような自由物体を考えても 6 個以上の断面力を考える必要があるので解けないことがわかる．

（1） 静定構造物（statically determinate structure）

図 6.4(g)以外の反力は 3 つなので平衡方程式で求められる．(g)図は，反力は 4 つであるがピン接合の部分でモーメントが 0 となる条件があるので反力が求められる．(a)図，(b)図，(c)図のトラス部分は，すべての接合部で未知の 2 つの部分となるので軸力は平衡方程式で求められる．(d)図，(e)図，(f)図，(g)図は閉鎖した部分がないので断面力は平衡方程式で求められる．

（2） 不静定構造物（statically indeterminate structure）

図 6.5 に示すように，不静定構造物には反力が求められない外的不静定構造物（(a)図，(d)図，(e)図），反力は求められるが断面力が求められない内的不静定構造物（(b)図，(f)図），反力も断

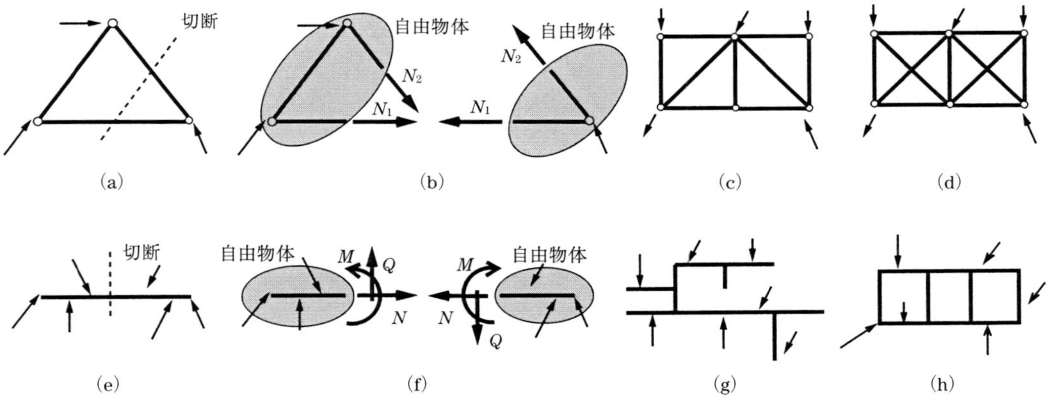

図 6.3 平衡方程式で解ける構造と解けない構造

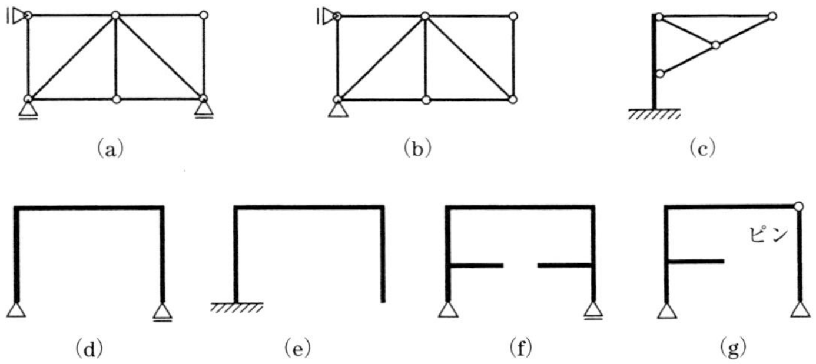

図 6.4 静定構造物の例

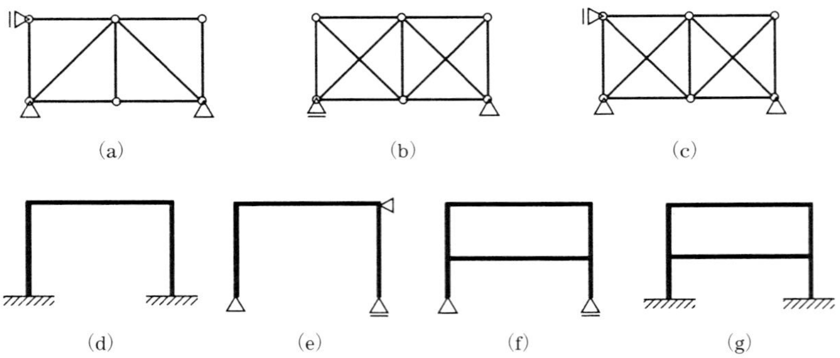

図 6.5　不静定構造の例

面力も求められない外的にも内的にも不静定の構造物（(c)図，(g)図）がある．多くのラーメンは外的にも内的にも不静定である．

6.2.2 判　別　式

図 6.1，図 6.2，図 6.4，図 6.5 に示す簡単な構造物では，安定構造物と不安定構造物および，静定構造物と不静定構造物の区別は比較的容易である．しかし，部材数が多いと判定が難しい場合がある．

平面架構の安定・不安定および静定・不静定の判別式は次式で表せる．

$$f=m+r+\sum j-2n \qquad (6.1)$$

ここで，m は直線の部材を 1 本と数えた部材数 (member)，n は節点数 (node)，r は反力数 (reaction)，j は節点に剛接されている部材数より 1 引いた数で，**図 6.6** に示す値である．

この式で，$f<0$ なら不安定で，$f=0$ なら静定で，$f>0$ なら不静定である．不静定の場合，f を不静定次数 (degree of redundancy) という．

上記の判定式は，次のように導くことができる．両端が剛に接合された部材では材端応力の数は 6 個である．したがって，両端が剛接合の部材

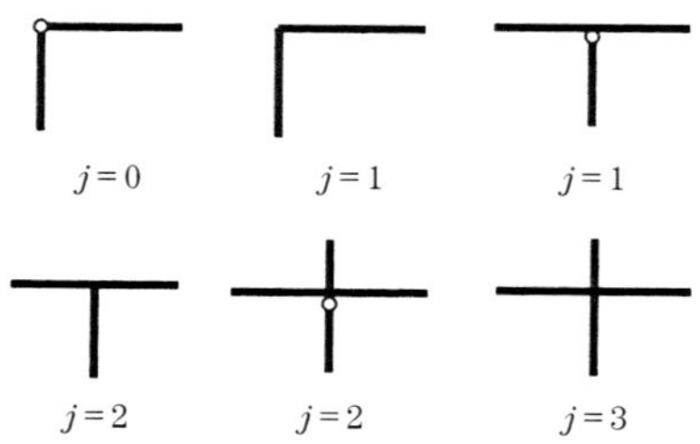

図 6.6　(6.2)式の j 値

が m_6 個あるときは，未知応力の数は $6m_6$ 個である．同様に，一端が剛接合で他端がピンの接合部材が m_5 個ある場合には，未知の材端応力の数は $5m_5$ 個であり，両端がピン接合の部材が m_4 個ある場合の未知数は $4m_4$ である．これらに反力の数 r を加えると，未知の材端応力と反力の数の総和は，

$$6m_6+5m_5+4m_4+r \qquad (6.2)$$

である．一方，力のつり合い条件式の数は，部材 1 個につき 3 個の条件が成立し，節点では剛節点で 3 個，ピン節点で 2 個であるから，n_3 個の剛接点と n_2 個のピン接点をもつときのつり合い式の総和は，

$$3(m_6+m_5+m_4)+3n_3+2n_2 \qquad (6.3)$$

である．未知数と方程式の数が一致するときには，方程式を解くことができるから，(6.2)式，(6.3)式より，

$$6m_6+5m_5+4m_4+r=3(m_6+m_5+m_4)+3n_3+2n_2 \qquad (6.4)$$

が成立することが，その構造物が静定であるための必要条件である．ここで，

$$\left.\begin{aligned} m&=m_6+m_5+m_4 \\ n&=n_3+n_2 \\ \sum j&=2m_6+m_5-n_3 \end{aligned}\right\} \qquad (6.5)$$

と置くと式（6.4）は，

$$m+r+\sum j-2n=0 \qquad (6.6)$$

となる．(6.6)式中 m は部材の総数，n は節点の総数で自由端，支持点も 1 節点とする．r は反力の総数である．

j は次のように解釈される．(6.5)式の $\sum j$ のうち（$2m_6+m_5$）は，部材の材端モーメントの総

数で，n_3 は剛節点における力のモーメントのつり合い式の数である．したがって，$\sum j$ は節点のモーメントのつり合い式で処理できない材端モーメントの数となるから，j は1つの節点で考えると，一部材に剛に接合されている部材の数と考えてよい．ここで再度，図6.6に示す例を見ると，j の数え方がよく理解できる．

(6.6)式は応力と反力の未知数がつり合い式の数に等しい条件であり，

$$f = m + r + \sum j - 2n \qquad (6.7)$$

としたとき，$f \geqq 1$ であれば，未知数が方程式数より多くなる．つまり，力のつり合い条件のみでは，応力と反力を求めることはできない．f を不静定次数といい，$f=1, f=2, \cdots\cdots$ の場合に，1次不静定，2次不静定，……という．

もし，$f<0$ ならば，未知数となる応力，反力数が力のつり合い条件式の数より少なくて，骨組みはもとの位置でつり合いを保ち得ないので不安定骨組である．したがって，安定であるための条件は，

$$m + r + \sum j - 2n \geqq 0 \qquad (6.8)$$

となる．ただし，上式は骨組が安定であるための必要条件であって，骨組の形によっては(6.8)式が成立しているにもかかわらず不安定になる場合がある．これを正確に判定するには，7章で述べる移動理論（直角変位図）によって材相互が動くか動かないかを確かめなければならない．

【例題6.1　安定・不安定の判別】　図6.7 の安定・不安定を判別せよ．

［解答］

① $m=5,\quad r=3,\quad \sum j=4,\quad n=6$

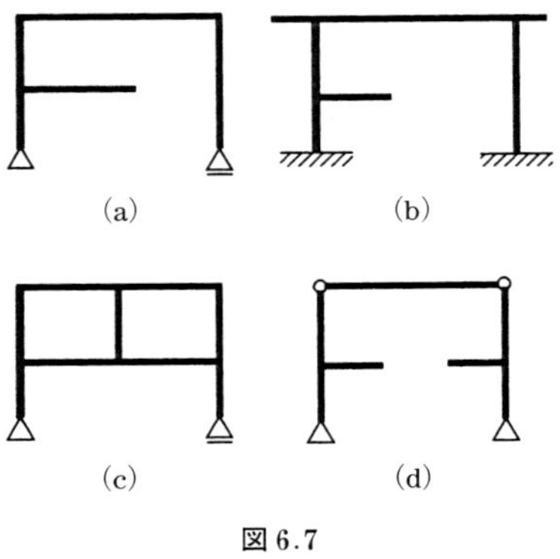

図6.7

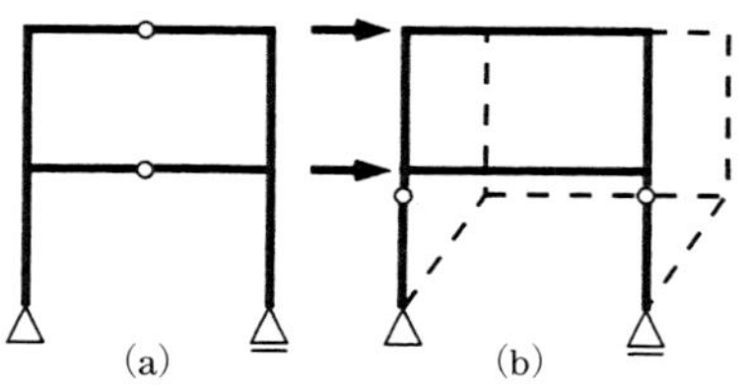

図6.8

$f=5+3+4-2\times6=0$；静定

② $m=7,\quad r=6,\quad \sum j=6,\quad n=8$

$f=7+6+6-2\times8=3$；3次の外的不静定

③ $m=9,\quad r=3,\quad \sum j=10,\quad n=8$

$f=9+3+10-2\times8=6$；6次の内的不静定

④ $m=7,\quad r=4,\quad \sum j=4,\quad n=8$

$f=7+4+4-2\times8=-1$；不安定

判別式で判定できない場合がある．**図6.8** の2層のラーメンの判別式は，(a)図も(b)図も，

$m=8,\quad r=3,\quad \sum j=6,\quad n=8$

$f=8+3+6-2\times8=1$

となる．(a)図は1次不静定構造物であるが，(b)図は水平に力を加えると，点線のような変形が可能で不安定構造である．(b)図はピロティのある建物のように，2層に比べて1層がかなり弱い建物が，大きな地震動を受けて崩壊する場合に見られる．■

6.3 ト　ラ　ス

5章において断面力は，①軸力，②曲げモーメント，③せん断力に分類されることを学んだ．構造物が軸力のみを負担する場合，この構造をトラス構造と呼び，まずはこのトラス構造について考える．トラス構造は，各部材の両端がピン支持となっていると仮定しているが，現実にはこうした接合となっているものは少ない．しかしながら，1) このような仮定がほぼ成り立つ構造物がある，2) このような仮定により構造物を簡単に解析できる，の2点がトラス構造を学ぶ重要なポイントである．

トラス（truss）は，棒材を節点（node）で接合したもので，引張力と圧縮力で荷重に抵抗する．天然に得られる材料のなかで，木材は引張にも圧縮にも強いので，古くから木造のトラスが利

用されてきた．近代になって鋼材が開発され，これもトラスとして利用されている．軸力は，断面全体で抵抗するので，材料を無駄なく使用できるのが利点である．そのため，大空間構造をつくるのに適している．全体としてみると大きな曲げ材や平面板や曲面板であるが，それがトラスでつくられている場合も多い．

トラスの軸力を計算するには次の 3 種類の解析法がある．

①**図式解法**：コンピューターのない時代の実用的な解析法であった．その代表的な解法は示力図，連力図を次々に適用して解くクレモナ法（Cremona's method）である（Cremona, 1830～1903）．

②**算式解法**：比較的簡単な構成のトラス構造を手計算で行う解法としては，節点法と切断法がある．

③**マトリックス構造解析法**：マトリックス構造解析法は，コンピューターを用いた現代の実用的な解析法である．この方法では，軸力と変形が同時に求められる．静定構造と不静定構造との区別はなく，種々の構造の違いに対しても解析法は基本的に同じである．この手法は 12 章以降に示す．

以下では，手計算に便利な算式解法を用いて簡単なトラスの軸力を求める方法を示し，図式解法は概要だけを示すにとどめる．

6.3.1　節点法による解法

節点法は全部材の軸力を求めるのに便利な方法である．

各節点で 2 方向の平衡方程式が成立する．未知の軸力が 2 つまでならば解くことができる．

1)　反力を求めなくても先端から解ける場合

図 6.9(a)の場合は節点 A，B，C，D の順番に解ける．

2)　反力を求めたあと，支持点から解ける場合

図 6.9(b)の場合は，A 点と H 点の反力を求める．A 端から C，B，D，E，F，G の順番に，あるいは H 端から節点 G，F，D，E，C，B の順番に解ける．

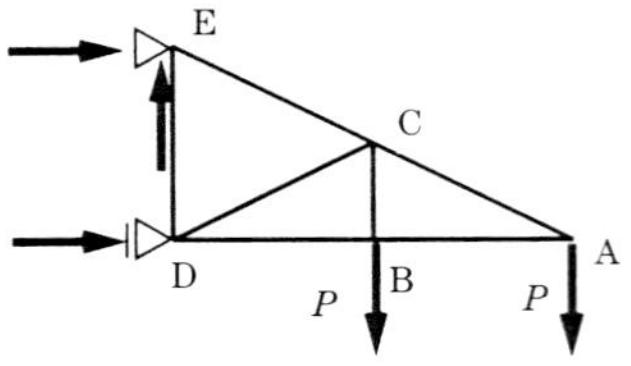

(a)

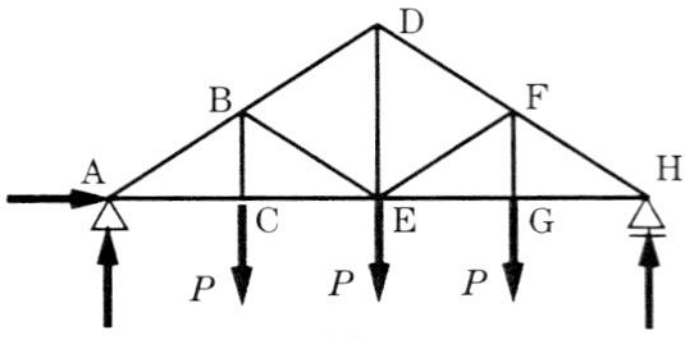

(b)

図 6.9　節点法

【例題 6.2　節点法による解法】　図 6.10 のトラスの軸力を求めよ．

［解答］

このトラスは $H_A=0$ であり，対称な架構で対称な荷重を受けているので軸力も変形も対称となる．そこで，架構の左側の半分だけを解く．

① 最初に反力を求める．(b)図の自由物体を考えると，平衡方程式は，水平方向は $H_A=0$，鉛直方向は $V_A+V_D-40=0$，A 点の力のモーメントは $V_D\times8-40\times4=0$，これより $V_A=V_D=20$〔kN〕．または対称性より，$V_A=V_D=40/2=20$〔kN〕．

② 軸力を求める．引張力が正，圧縮力が負となるように，軸力の向きを自由物体から外向きに定義する．この結果，得られた値が正なら引張力で，負なら圧縮力で反対方向に作用している．(c)図あるいは(e)図の自由物体図から A 点での平衡方程式は，

水平方向：$N_{CD}-N_{AC}=0$，

垂直方向：$N_{BC}-40=0$

これより，$N_{CD}=20$〔kN〕，$N_{BC}=40$〔kN〕

最初なので自由物体図は(c)図，(d)図で示したが，通常は(e)図，(f)図で十分である．■

【例題 6.3　クレモナ法による解法】　クレモナ法による解法の概要を例題 6.5 の問題について示す．

最初に，**図 6.11**(b)の連力図によって反力を求める．次に，2 つの未知の軸力だけの節点から順

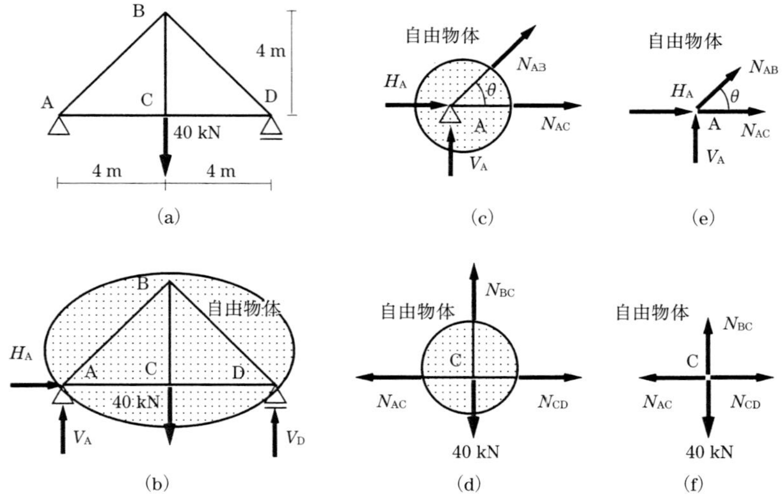

図 6.10

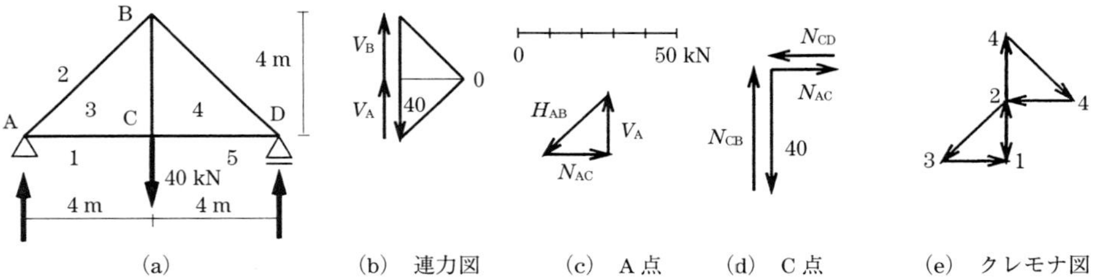

図 6.11

番に示力図を用いて(c)図，(d)図のように解いていく．大きさは，図の長さから読み取る．引張力と圧縮力の区別は節点に矢印が向くのは圧縮力で，節点から外に向くのは引張力である．クレモナ図は(e)図のように，(a)図の区域に番号を付けてその間の力の向きを描いていくもので，最後には閉じる図が描ける．■

6.3.2　切断法による解法

①　切断法は特定の部材の軸力だけを求めるのに便利な方法である．

②　自由物体では 2 方向の力とモーメントの 3 つの平衡方程式が成立するので，自由物体で 1 点に会しない未知の軸力が 3 つまでならば解くことができる．**図 6.12**(a)は反力を求めずに軸力が求められる場合である．図 6.12(b)は最初に反力を求めてから軸力を求める場合である．

【例題 6.4　切断法による解法】　図 6.13 のトラスの軸力 N_{BC}，N_{BH}，N_{GH} を求めよ．

［解答］　このトラスは $H_A=0$ であり，対称な架

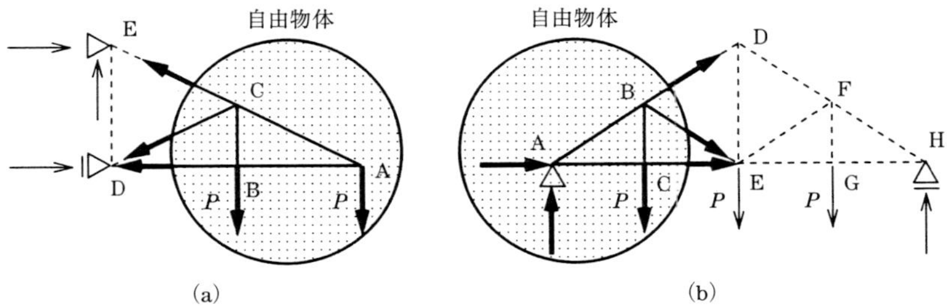

図 6.12　切断法

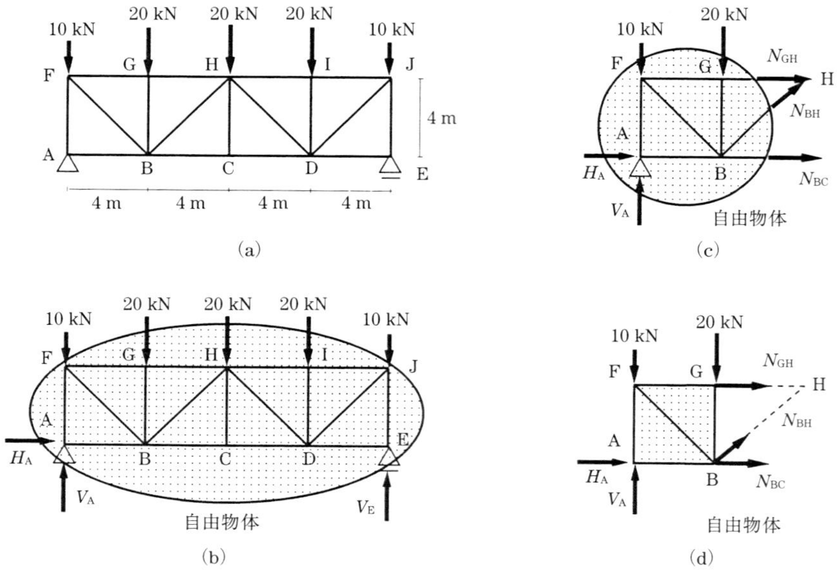

図 6.13

構で対称な荷重を受けているので軸力も変形も対称となる．そこで，架構の左側の半分だけを解く．

① 最初に反力を求める．(b)図の自由物体図から平衡方程式は，

水平方向：$H_A=0$，鉛直方向：$V_A+V_E-80=0$，対称性より $V_A=V_E=80/2=40$〔kN〕．

② 次に軸力を求める．(c)図あるいは(d)図の自由物体図から，

H 点回りの力のモーメントより，

$$N_{BC}\times4+10\times8+20\times4-V_A\times8=0,$$

B 点回りの力のモーメントより，

$$N_{GH}\times4-10\times4+V_A\times4=0$$

鉛直方向のつり合いより，

$$\frac{N_{BH}}{\sqrt{2}}+V_A-10-20=0$$

これらより，$N_{BC}=40$〔kN〕，$N_{GH}=-30$〔kN〕，

$$N_{BH}=-10\sqrt{2}=-14\text{〔kN〕}$$

［備考］ H 点，B 点は 2 つの未知の軸力の交点なのでその方程式だけで他の軸力が得られる．しかし，独立な 3 つの平衡方程式からでも面倒ではあるが必ず解くことはできる．■

6.3.3　トラスの問題を解くときの注意

①平衡方程式を利用するときには，自由物体を明確にする必要がある．

②問題によっては反力を求めなくてもよいが，一般には最初に反力を求める．

③節点法で軸力を求めるには，平衡方程式で解ける節点から求めていく．

④軸力は自由物体から外向きに仮定すると，得られた値が正なら引張力，負なら圧縮力となる．なお，軸力を節点ごとに異なった方向，たとえば実際に作用していると思われる方向に仮定することはかまわないが，その場合には引張りか圧縮をその都度判断する必要がある．

6.4　梁

曲げモーメントを負担する部材を梁（beam）と呼ぶ．今，**図 6.14** のようにモデル化した構造物を考えた場合，B 部材を梁と呼ぶ．A 部材と C 部材は，柱（column）と呼ばれるが，これらは軸力のみを負担しているのでトラスととらえることもできる．つまり，負担する断面力によって構造物を構成する部材を区別することができ，これが構造的な部材のとらえ方である．水平材を梁，鉛直材を柱と呼ぶのは，建築構法上の区別であり，ここでの区別とは異なることに注意を要する．

B 部材は，A 部材や C 部材とは異なり，荷重

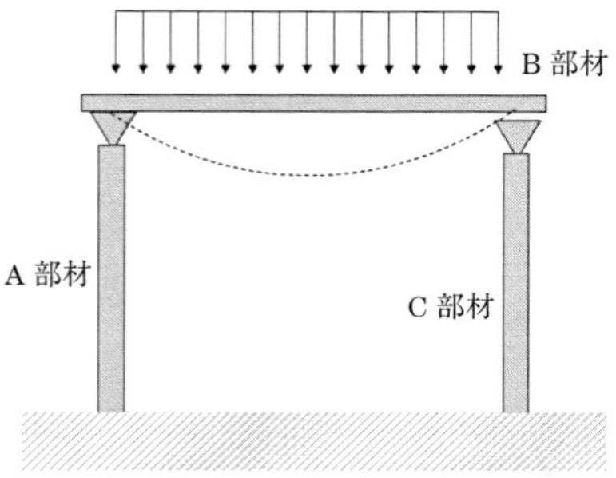

図 6.14 梁とトラスで構成される構造物

によって下にたわむ力が働いており，曲げる力が作用していることが想像される．この節では，梁の中で最も簡単な単純梁と片持梁を中心に，曲げを受ける部材の断面力を算定する手法を示す．

6.4.1 単純梁と片持梁

梁には**図 6.15** に示すように種々のタイプがある．反力の数が3つ以内である(a)図，(b)図，(e)図は，平衡方程式だけで解くことができるので静定構造物である．また，(g)図，(h)図は反力は4つであるが，ピン接合点でモーメントが0という条件が1つ加わるので静定構造物となる．

静定梁の中で最も基本的なものは，図 6.15(a)のように一端がローラー支持で他端がピン支持の単純梁（simple beam）と，(b)図のような一端が固定支持で他端が自由の片持梁（cantilever）である．

6.4.2 荷重と断面力の関係

図 6.16(a)のような単純梁に集中荷重 P が作用している場合を考える．Ha，Va，Vb は，それぞれ支点反力である．今，荷重点にピンを挿入する，もしくはこの点で梁が破壊することを考える．すると，図 6.16(b)のように荷重点が下に下がり，梁は安定を保つことができなくなる．図 6.16(a)に曲げに抵抗できないピンを挿入すると，つり合い状態（静定）から不つり合い状態（不安定）に変わるということは，梁部材は曲げに対して抵抗してつり合いを保っていたことが想像できる．

今，不つり合い状態となった**図 6.17** の自由体（点線で囲まれた部分）がつり合いを保つためには，$M(x)$という曲げる力が作用している必要がある．$M(x)$は，すでに学んだ断面力の一種の曲

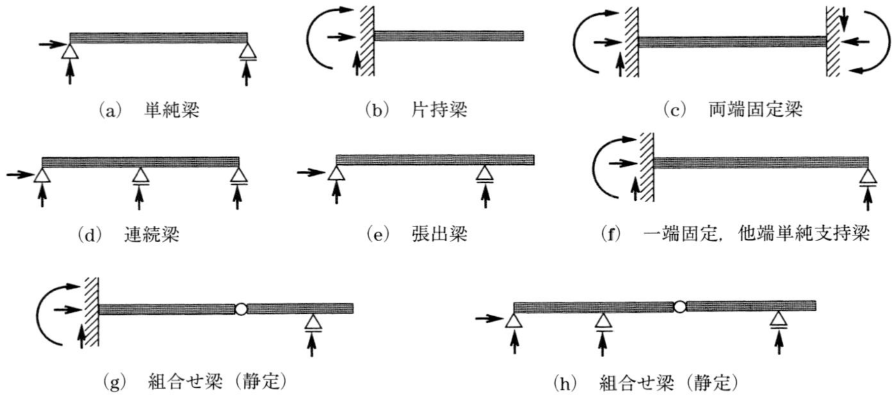

図 6.15 梁の種類

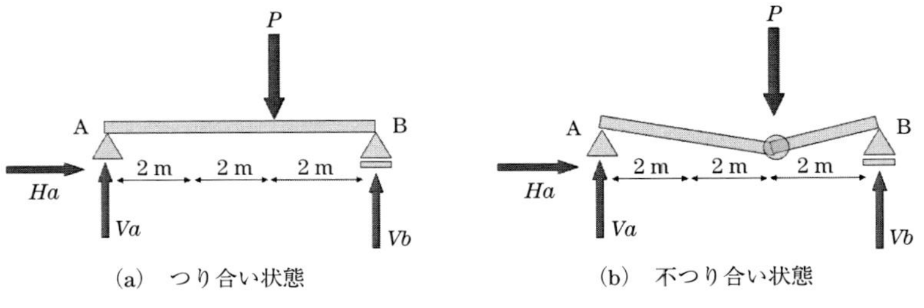

図 6.16 集中荷重を受ける単純梁

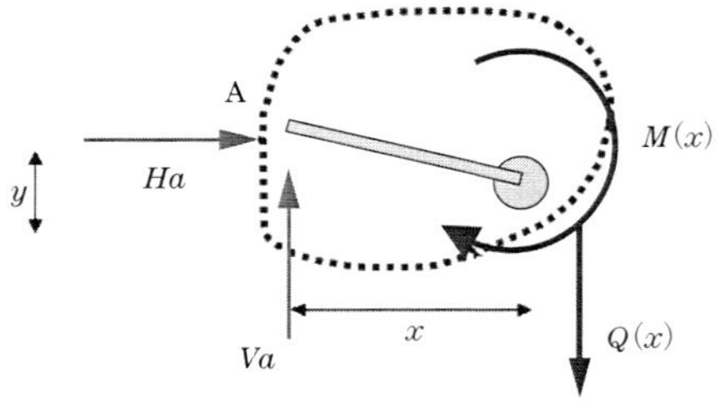

図 6.17　自由体のつり合い

げモーメントであり，次式で表すことができる．

$$0=M(x)+Va\times x+Ha\times y \qquad (6.9)$$

ここで，図 6.17 がつり合い状態を保っていれば，y が 0 となるので，(6.9)式はより簡単に，

$$M(x)=-Va\times x \qquad (6.10)$$

で表すことができる．

また図 6.17 は，下から上にかかる反力 Va に対する力が存在している必要がある．この力 $Q(x)$ は，すでに学んだせん断力であり，次式で表すことができる．

$$Q(x)=Va \qquad (6.11)$$

このように，反力が算定されれば，部材の任意の位置での断面力を算定することができる．次に，荷重と断面力や断面力同士の関係について考察する．**図 6.18** のように座標と断面力を定義する．図に示す方向が，それぞれの正方向を表している．せん断力 $Q(x)$ は，鉛直方向のつり合いより，

$$\frac{dQ(x)}{dx}=-w(x) \qquad (6.12)$$

となる．また，曲げモーメント $M(x)$ は，

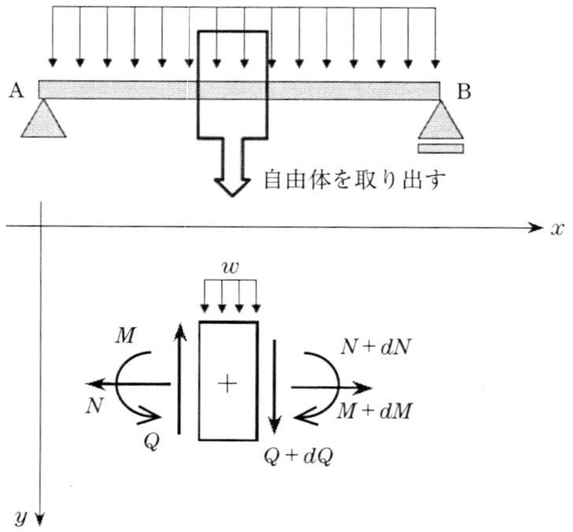

図 6.18　断面力の正の方向

$$\frac{dM(x)}{dx}=-Q(x) \qquad (6.13)$$

のように表すことができる．(6.10)式に(6.11)式を代入することで，(6.13)式が成り立つことが確認できる．ここでは，次の 2 点を理解することが重要である．

①一定の分布荷重が作用している場合
- $Q(x)$ は，一定の分布荷重が作用している部分では 1 次式となる．
- $M(x)$ は，一定の分布荷重が作用している部分では 2 次式となる．

②集中荷重が作用する点と荷重がない場合
- $Q(x)$ は，荷重のない部分では一定で，集中荷重の作用点ではその大きさだけ増減する．
- $M(x)$ は，荷重のない部分では 1 次式となり，集中荷重の作用点では 1 次式の勾配が変化する．

6.4.3　軸力図，せん断力図，曲げモーメント図

梁の断面力の変化や最大値を知るには，断面力の値を梁の材軸に沿って描くのが便利である．

①軸力は大きさとともに圧縮力では座屈の検討が必要なので，引張力か圧縮力かの区別が重要である．

軸方向力図（NFD：normal force diagram）は正負が問題で，どちら側に描いてもよい．本書では正の値を梁の上側に描くことにして符号を付けることにする．

②せん断力はその大きさだけが問題である．

せん断力図（SFD：shearing force diagram）は，正の値を梁のどちら側に描くかは重要でない．例題で示すように，正の値を梁の上側に描くほうが便利であり，本書もそれに従う．

③曲げモーメントは大きさとともにどちらに曲がるかが非常に重要である．

曲げモーメント図（BMD：bending moment diagram）は引張側に描く．つまり，曲がることによって伸びる側に描く．鉄筋コンクリート構造では鉄筋を入れる側となる．これらの描き方の例を図 6.19 に示す．

【例題 6.5　単純梁に集中荷重が作用する場合】

図 6.19(a)の単純梁に，集中荷重が作用する場合のせん断力図と曲げモーメント図を求めよ．

［解答］

① 反力を求める．(b)図の自由物体図を考えたときの平衡方程式を求める．水平方向は $H_A=0$，垂直方向は $V_A+V_B-P=0$，A 点回りのモーメントは $P\times(L/2)-V_B\times L=0$．これらより，$V_A=V_B=P/2$．

一方，対称性を考えると 2 つの反力は同じなので荷重の半分となることが簡単にわかる．

② x 位置での断面力を求める．(c) 図の自由物体図の平衡方程式は，水平方向は，$N_x+H_A=0$，垂直方向は，$V_A-Q_x=0$，x 点回りのモーメントは，$M_x+V_A\times x=0$．

これらより，$N_x=0$，$Q_x=P/2$，$M_x=-Px/2$ $(0\leqq x\leqq L/2)$

③ (d)図の自由物体図を考えたときの平衡方程式は，水平方向は，$N_x+H_A=0$，垂直方向は，$V_A-Q_x-P=0$．x 点回りは，

$$M_x+V_A\times x-P\times\left(x-\frac{L}{2}\right)=0$$

これらより，

$$N_x=0,\quad Q_x=-\frac{P}{2},$$

$$M_x=\frac{P}{2}(x-L)\quad\left(\frac{L}{2}\leqq x\leqq L\right)$$

④ (e)図にせん断力図を，(f)図に曲げモーメント図を示す．せん断力図には矢印で示した荷重は必要ないが，両者の対応関係を見るために示したものである．(g)図に変形を示した．(f)の BMD に対応していることがわかる．■

【例題 6.6　単純梁に分布荷重が作用する場合】

図 6.20(a)の単純梁に分布荷重が作用する場合のせん断力図と曲げモーメント図を求めよ．

［解答］　(b)図の自由物体図より反力を求める．

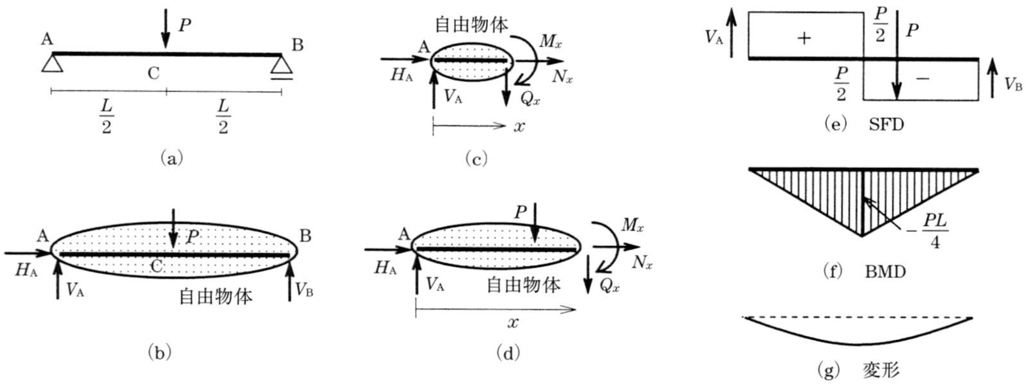

図 6.19　集中荷重を受ける単純梁

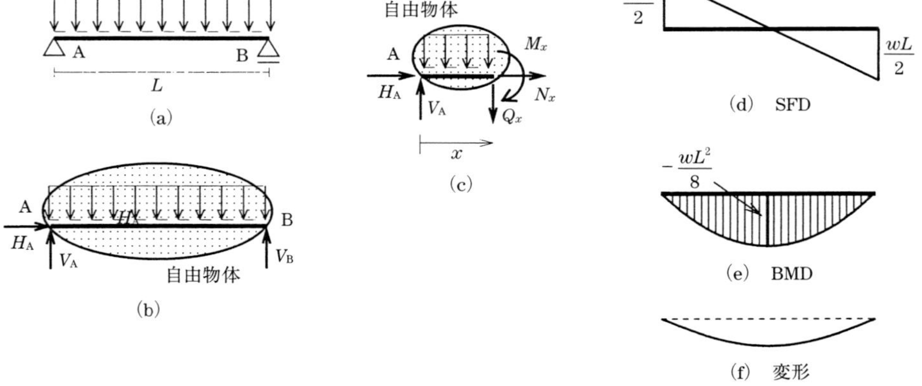

図 6.20　等分荷重を受ける単純梁

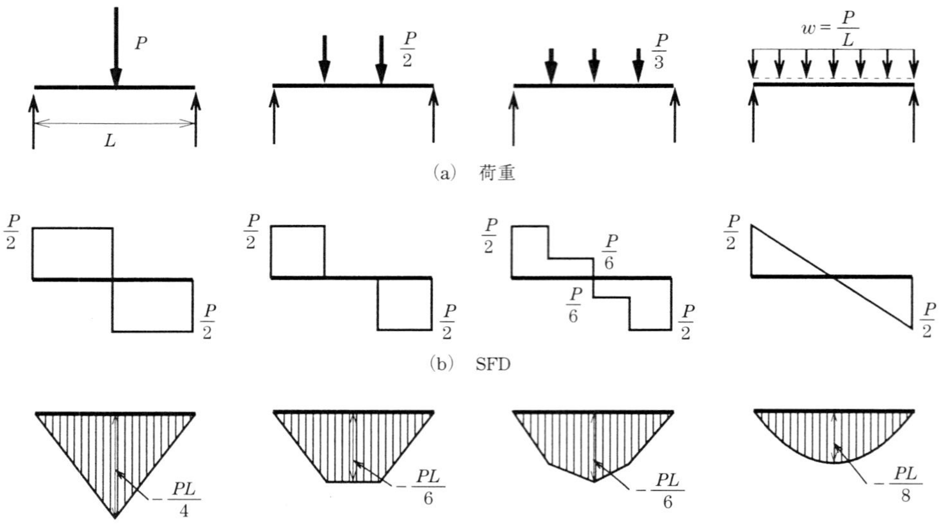

図 6.21 全荷重が等しい荷重を受ける単純梁

水平方向，鉛直方向，A 点回りの平衡方程式は，$H_A=0$，$V_A+V_B-wL=0$，$(wL)L/2-V_B\times L=0$

これより，$V_A=V_B=wL/2$

なお，対称な架構に対称荷重が作用するので反力は荷重の半分としてよい．(c)図の自由物体図より，水平方向，鉛直方向，A 点回りの平衡方程式は，$N_x+H_A=0$，$V_A-wx-Q_x=0$，$M_x+V_Ax-wx\times x/2=0$

これより，

$$N_x=0,\quad Q_x=\frac{wL}{2}-wx,\quad M_x=\frac{wx(x-L)}{2}$$

(d)図にせん断力図（SFD）を，(e)図に曲げモーメント図（BMD）を示す．

全荷重が等しい荷重を受ける単純梁について示す．荷重 P を分割して載荷したときのせん断力図と曲げモーメント図は**図 6.21** のようになる．集中荷重の最大曲げモーメントは分布荷重の場合の 2 倍となることがわかる．■

【例題 6.7　片持梁に集中荷重が作用する場合】
図 6.22(a)の片持梁に集中荷重が作用する場合のせん断力図と曲げモーメント図を求めよ．

［解答］

① 反力を求めるために(b)図の自由物体図を考える．平衡方程式は次のようになる．水平方向は $H_A=0$，垂直方向は $V_A-P=0$，A 点回りのモーメントは $-M_A+P\times L=0$

これらより，$H_A=0$，$V_A=P$，$M_A=PL$

② (c)図の自由物体図より断面力を求める．平

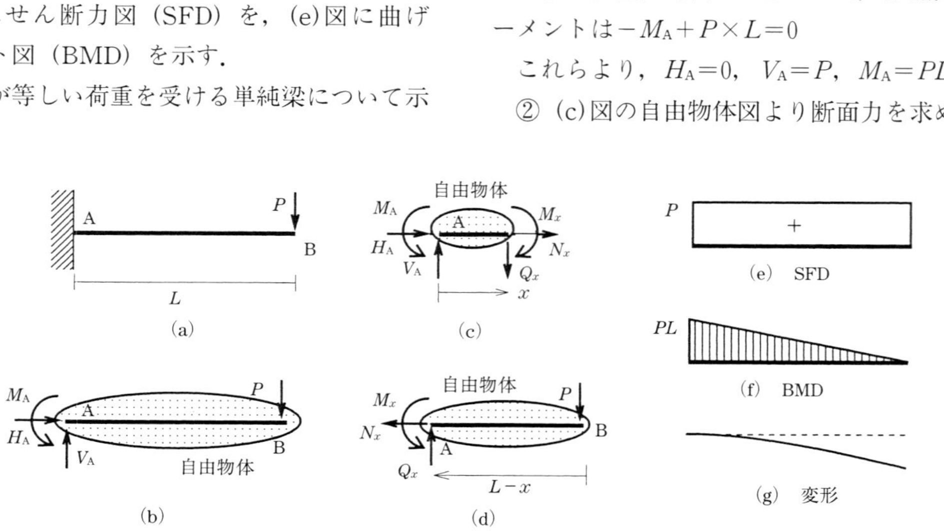

図 6.22 集中荷重を受ける片持梁

衡方程式は次のようになる．水平方向は $N_x+H_A=0$，垂直方向は $V_A-Q_x=0$，x 点回りのモーメントは，$M_x+V_A\times x-M_A=0$.

これらより，$N_x=0$，$Q_x=P$，$M_x=P(L-x)$

③ (e)図にせん断力図（SFD）を，(f)図に曲げモーメント図（BMD）を示す．なお，自由物体図としては(d)図を考えても同じである．■

【例題 6.8　片持梁に分布荷重が作用する場合】

図 6.23(a)の片持梁に分布荷作用する場合のせん断力図と曲げモーメント図を求めよ．

[解答]

① 反力を求めるために，(b)図の自由物体図を考える．平衡方程式は，水平方向は $H_A=0$，垂直方向は $V_A-wL=0$，A 点回りのモーメントは $-M_A+wL\times(L/2)=0$.

これらより，$H_A=0$，$V_A=wL$，$M_A=wL/2$

② (d)図の自由物体図より断面力を求める．平衡方程式になる．水平方向は $N_x=0$，垂直方向は $w(L-x)-Q_x=0$，x 点回りのモーメントは，

$$M_x-w(L-x)\times\frac{L-x}{2}=0$$

これらより，

$$N_x=0,\quad Q_x=w(L-x),\quad M_x=\frac{w(L-x)^2}{2}$$

③ (e)図にせん断力図を，(f)図に曲げモーメント図を示す．なお，自由物体図としては(c)図を考えても同じ結果が得られる．■

【例題 6.9　単純梁にモーメントが作用する場合】

図 6.24(a)の単純梁にモーメントが作用する場合のせん断力図と曲げモーメント図を求めよ．

[解答]

① (b)図の自由物体図の反力を求める．平衡方程式は，$H_A=0$，$V_A+V_B=0$，$M-V_B\times L=0$

これらより，$V_A=-\dfrac{M}{L}$，$V_B=\dfrac{M}{L}$

② (c)図の自由物体図の平衡方程式は，N_x

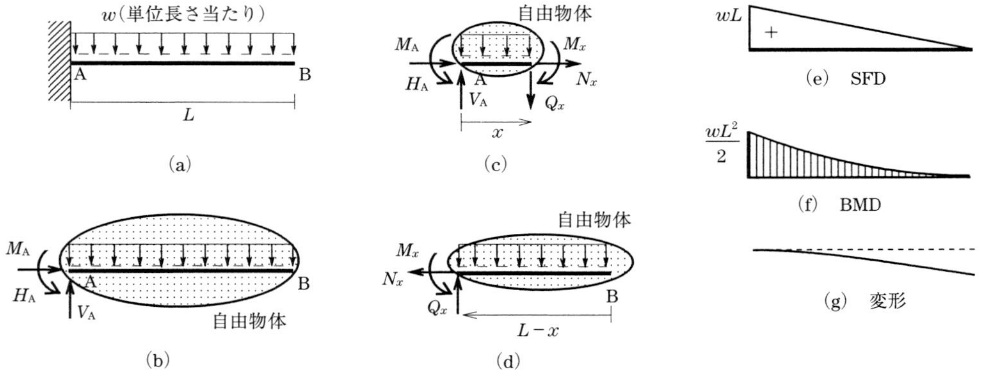

図 6.23　等分布荷重を受ける片持梁

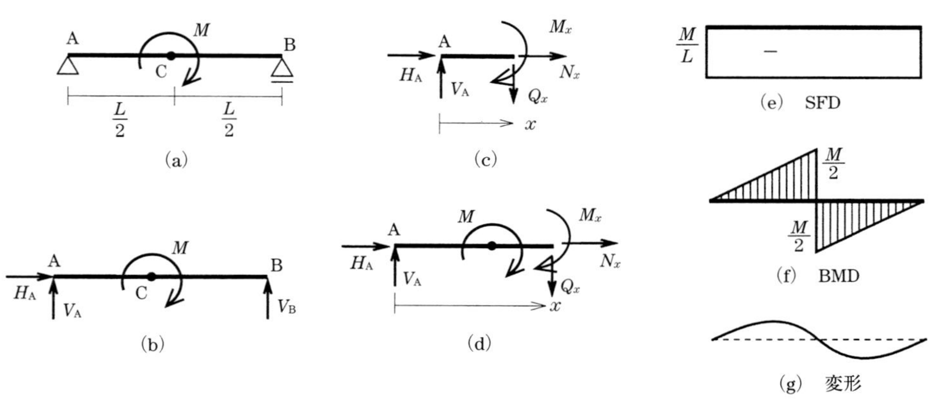

図 6.24

$+H_A=0$, $V_A-Q_x=0$, $M_x+V_A\times x=0$

これらより, $Q_x=-\dfrac{M}{L}$, $M_x=\dfrac{M_x}{L}$ $\left(0\leq x\leq\dfrac{L}{2}\right)$

③ (d)図の自由物体図より断面力を求める．平衡方程式は,

$N_x=0$, $V_A-Q_x=0$, $M_x+V_A\times x+M=0$

これらより, $N_x=0$,

$Q_x=-\dfrac{M}{L}$, $M_x=-M+\dfrac{M_x}{L}$ $\left(\dfrac{L}{2}\leqq x\leqq L\right)$

④ (e)図にせん断力図を, (f)図に曲げモーメント図を示す．■

【例題 6.10　組合せ梁に集中荷重が作用する場合】　**図 6.25**(a)の組合せ梁に集中荷重が作用する場合のせん断力図と曲げモーメント図を求めよ．

[解答]

① (b)図の自由物体図より反力を求める．水平方向, 鉛直方向, A 点回りの平衡方程式は, $H_A=0$, $V_A+V_B-P=0$, $-M_A-V_B\times 2a+P\times 3a=0$

さらに, (c)図のピンより右側部分の自由物体図を考えると, ピンの位置でのモーメントは 0 となる．$-V_B\times a+P\times 2a=0$

これら 4 つの平衡方程式より, $H_A=0$, $V_A=-P$, $V_B=2P$, $M_A=-Pa$

② (d)図の自由物体図より, 水平方向, 鉛直方向, x 点回りの平衡方程式は, $N_x+H_A=0$, $V_A-Q_x=0$, $M_x-M_A+V_A\times x=0$

これらより, $N_x=0$, $Q_x=-P$, $M_x=Px-Pa$ $(0\leqq x\leqq 2a)$

③ (e)図の自由物体図より断面力を求める．水平方向, 鉛直方向, x 点回りの平衡方程式は,

$N_x=0$, $Q_x-P=0$, $M_x-P\times(3a-x)=0$

これらより, $N_x=0$, $Q_x=-P$, $M_x=P(3a-x)$　$(2a\leqq x\leqq 3a)$

④ (f)図にせん断力図を, (g)図に曲げモーメント図を示す．■

【例題 6.11　単純梁に斜めの集中荷重が作用する場合】　**図 6.26**(a)の傾斜した単純梁に集中荷重が作用する場合のせん断力図と曲げモーメント図を求めよ．

[解答]

① 反力を求めるために(b)図の自由物体図を考える．平衡方程式は, 水平方向は $H_A=0$, 垂直方向は $V_A+V_B-50=0$, A 点回りのモーメントは $50\times 3-V_B\times 6=0$

これらより, $H_A=0$, $V_A=V_B=25$〔kN〕.

② x 位置での断面力を求めるために(c)図の自由物体図を考える．平衡方程式は,

材軸方向は, $N_x+V_A/\sqrt{5}=0$,

材軸と直交方向は, $Q_x-V_x\times 2/\sqrt{5}=0$,

x 点回りのモーメントは, $M_x+V_A\times x=0$

これらより,

$N_x=-11.2$〔kN〕, $Q_x=22.4$〔kN〕,

$M_x=-25x$〔kNm〕 [$0\leqq x\leqq 3$〔m〕]

③ (d)図の自由物体図を考えると平衡方程式は, 材軸方向は $N_x+(V_A-50)/\sqrt{5}=0$, 材軸と直交方向は $Q_x-(V_x-50)+2/\sqrt{5}=0$, x 点回りのモーメントは $M_x+V_A\times x-50(x-3)=0$

これらより,

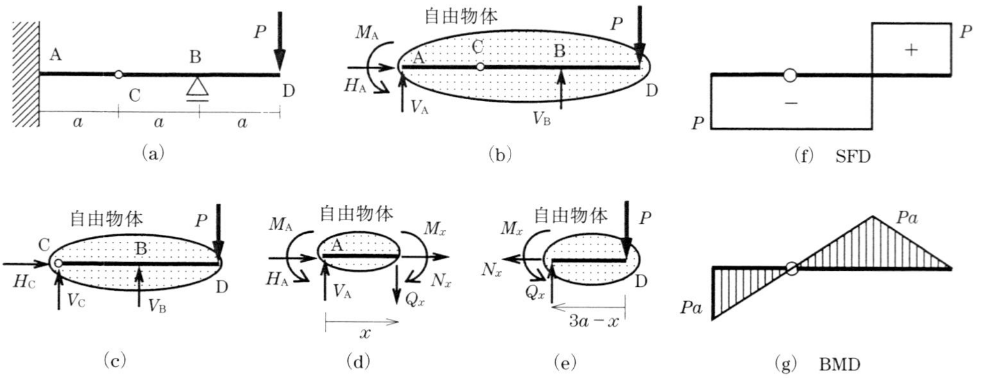

図 6.25

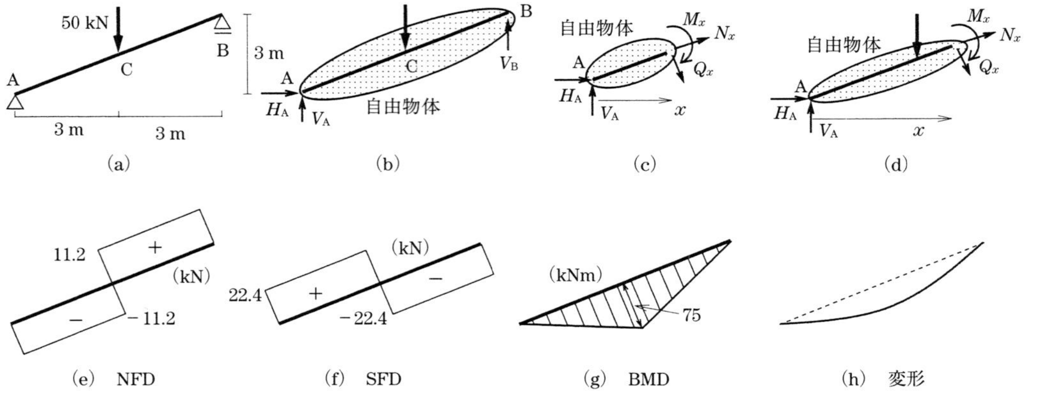

図 6.26

$N_x = 11.2$〔kN〕

$Q_x = -22.4$〔kN〕

$M_x = 25(x-6)$〔kNm〕　　$[3 \leqq x \leqq 6$〔m〕$]$

④ (e)図に軸力図（NFD），(f)図にせん断力図，(g)図に曲げモーメント図を示す．■

6.4.4　曲げモーメントを描くための注意点

これまでの例題を通じて明らかとなった，曲げモーメント図を描くための5つの注意点を以下にまとめる．

①自由端，ピン支持端，ローラー支持端，ピン接合では，力のモーメントが荷重として作用していなければ曲げモーメントは0になる．

②荷重がない部分では，せん断力は一定で曲げモーメントは1次式である．

③集中荷重の作用点で，せん断力はその分だけ増減する．曲げモーメントはその点で傾きが変化する．

④等分布荷重が加わっている部分では，せん断力は1次式，曲げモーメントは2次式となる．

⑤剛接合では，曲げモーメントは同じで連続する．

6.5　ラーメン・アーチ

さて，図6.14で，B部材は曲げモーメントを負担する梁材（beam）であった．一方，A部材とC部材は，軸力のみを負担しているトラス材（truss）であった．今，B部材はピンとローラーでA部材とC部材と接合されているが，これを剛接接合にした**図6.27**について考える．

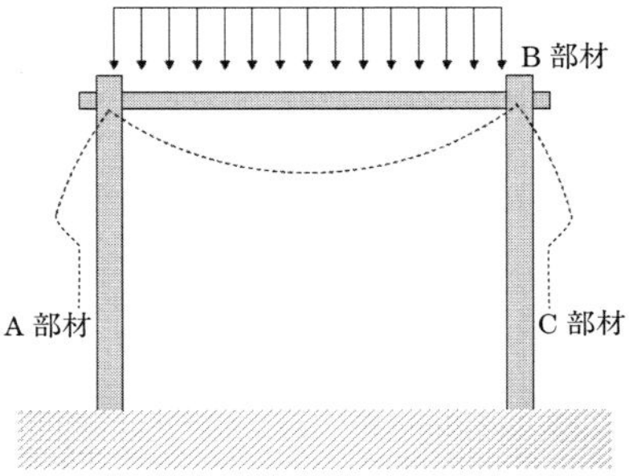

図 6.27　ラーメンで構成される構造物

A部材やC部材は図6.14とは異なり，B部材の曲げ変形を拘束するため，B部材の曲げモーメントが伝達される図の点線のように変形することが想像される．すなわち，A部材は軸力だけでなく，曲げモーメントも負担する部材であることがわかる．こうした部材は，ラーメン材（beam-column）と呼ばれる．この節では，5章で学んだすべての断面力を，負担するラーメン材の断面力を算定する手法を示す．なお，**図6.28**にはアーチで構成される構造物を示している．アーチは，曲がり梁とも呼ばれるが，通常，①軸力，②曲げモーメント，③せん断力のすべてを負担し，ラーメン材の一種として考えることができる．

6.5.1　ラーメンの断面力

ラーメンは，通常の建物に最も利用される構造システムである．構造的な安全性を確保するため，一般的には図6.27に示すような不静定のラ

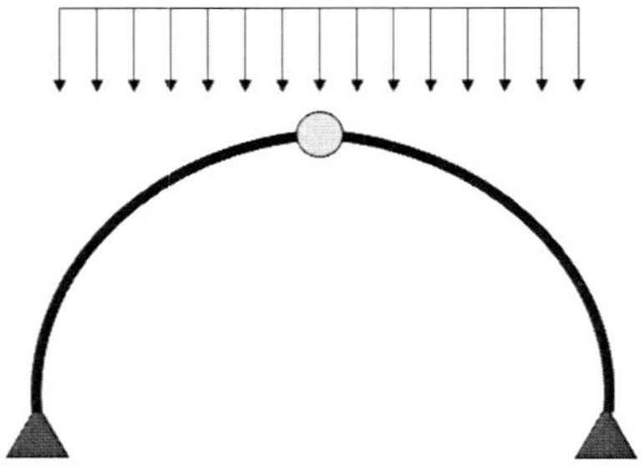

図 6.28　アーチで構成される構造物

ーメンが多用されるが，ここでは静定ラーメンの断面力を求める手法について示す．ラーメンの部材はトラスと梁の両方の性質をもつので，曲げモーメントとせん断力については，梁の解析を拡張すれば求めることができる．

静定ラーメンでは，軸力は簡単に計算できることが多く，せん断力は曲げモーメントがわかればその変化率として計算できるので，曲げモーメント図を求めることが解析の中心になる．

（1）　曲げモーメント図の求め方

①最初に，反力を含む自由物体図を作成し，平衡方程式より反力を求める．反力の方向は任意だが，できるだけ正となる方向にとると間違いが少なくなる．

②断面力は断面を切断した自由物体図を作成し，その平衡方程式から断面力を求める．断面力の方向は正の方向に仮定するのがよく，それが間違いを少なくする．自由物体図を省略して平衡方程式を考えると間違いやすい．慣れるまでは自由物体図を描くのがよい．

（2）　曲げモーメント図の描き方（図 6.29）

①必ず引張側に描く．これは建築分野での約束で，鉄筋コンクリート構造のとき鉄筋を補強する側になるので絶対に間違えてはいけない（機械の分野などでは反対に描く場合もある）．

②境界条件から明らかな曲げモーメントの値を理解することが解析を容易にする．

・自由端（(a)図），ピン支持（(b)図），ローラー支持（(c)図），ピン接合（(d)図）では 0 である．

・連続梁のローラー支持の場合は剛接合と同じで，一般に 0 ではない（(e)図）．

・剛接合では隣りあう両端の曲げモーメントと外力の合力は 0 となる（(f)図，(g)図）．

③荷重が作用していない領域では曲げモーメントは 1 次式である（(h)図）．

④等分布荷重が作用している領域では曲げモーメントは 2 次式である（(i)図）．

⑤荷重としてモーメントが作用していれば，その値だけ不連続となる（(j)図）．

（3）　軸力図・せん断力図の描き方

設計では，軸力は大きさと正負（引張力か圧縮力か）が問題であり，せん断力は大きさがわかれ

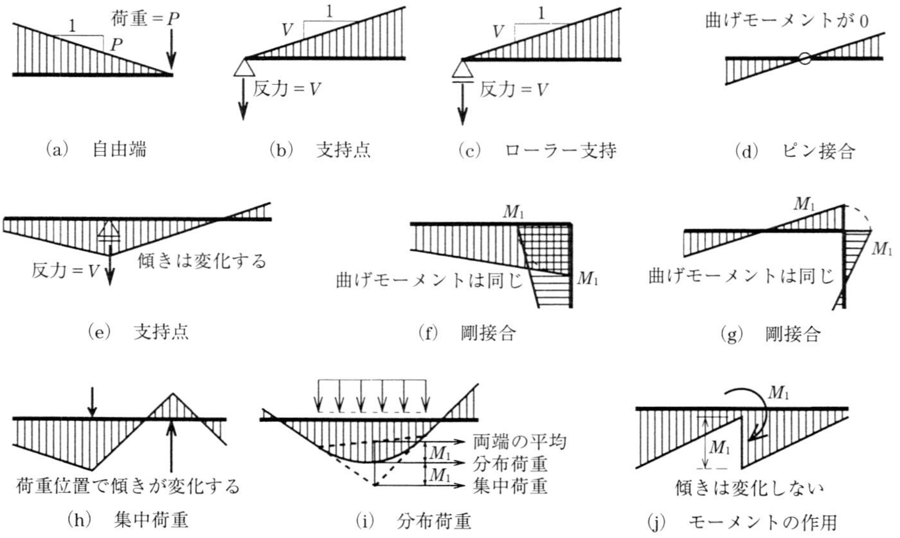

図 6.29　特定の位置の曲げモーメント

ばよいので，軸方向力図，せん断力図にはどちら側に描くかという決まりはない．簡単な門形ラーメンなどでは，柱の外側を正に定義して描くことが多い．

【例題 6.12　1 端固定のラーメン】　**図 6.30**(a)のラーメンの軸力図，せん断力図，曲げモーメント図を求めよ．

［解答］　この問題では反力の計算は必要ない．断面力は図 6.30(b)，(c)図の自由物体図から計算できる．

① BC 間は(b)図の自由物体図から片持梁と同じように計算できる．中間荷重がないので曲げモーメントは 1 次式である．C 点は自由端なので曲げモーメントは 0 である．

② AB 間は(c)図の自由物体図から計算できる．B 点は剛接合なので曲げモーメントが連続している．せん断力がないので曲げモーメントは一定である．この基本的な曲げモーメント図は計算しないで直接描けるようになるのが望ましい．■

【例題 6.13　1 端固定のラーメン】　**図 6.31**(a)のラーメンの軸力図，せん断力図，曲げモーメント図を求めよ．

［解答］

① 例題 6.12 と同じように反力は必要とせず，先端から計算できる．荷重の作用線上にある D 点で，曲げモーメントが 0 であることを理解する．

② BC 間の曲げモーメントは 1 次式である．(b)図の自由物体図から計算できる．C 点は自由端なので曲げモーメントは 0 である．

③ AB 間の曲げモーメントは 1 次式である．(c)図の自由物体図から計算できる．B 点は剛接合なので曲げモーメントが連続している．■

【例題 6.14　1 端固定のラーメン】　**図 6.32**(a)の問題 1 と問題 2 のラーメンの軸力図，せん断力図，曲げモーメント図を求めよ．

［解答］　例題 6.13 の応用なので，同じように反

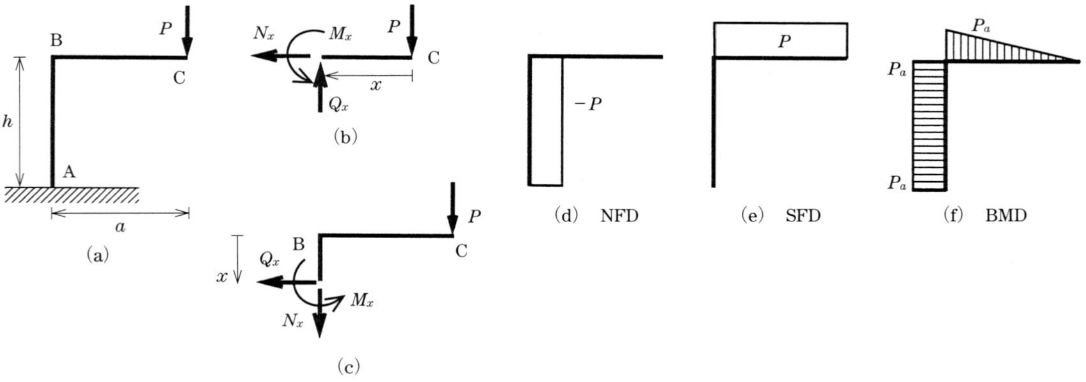

図 6.30

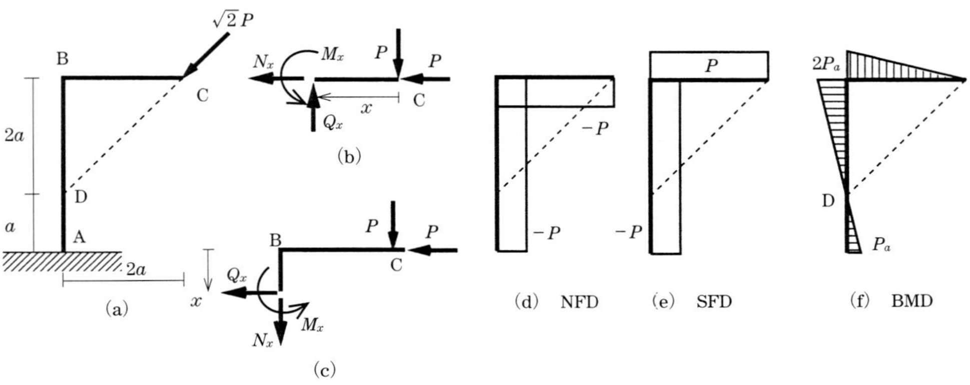

図 6.31

力を求めなくても端部から計算できる．集中荷重だけなので曲げモーメントは直線となる．荷重の作用線が通る点では，曲げモーメントが 0 になる．剛接合の点での曲げモーメントの連続に注意すれば，曲げモーメント図は簡単に描ける．　■

【例題 6.15　部材が連結された梁】 図 6.33(a)のラーメンの軸力図，せん断力図，曲げモーメント図を求めよ．

［解答］ 荷重点と 2 つの支持点では曲げモーメントが 0 になる．上の部材（CEF）は，例題 6.13 や例題 6.15 と同様に先端から解析できる．

梁の部分（AB）は反力を求めてから計算する．梁（AB）は C 点に 30 kN の荷重と 60 kNm のモーメントが作用した問題と同じになる．梁に直接荷重が加わった場合の曲げモーメント図を点線で示す．CD 以外は同じである．C 点では 3 つの部材の曲げモーメンの和は 60＋20－80＝0 になる．　■

【例題 6.16　3 ピンのラーメン】 図 6.34(a)のラーメンの反力を図式解法で求め，曲げモーメント

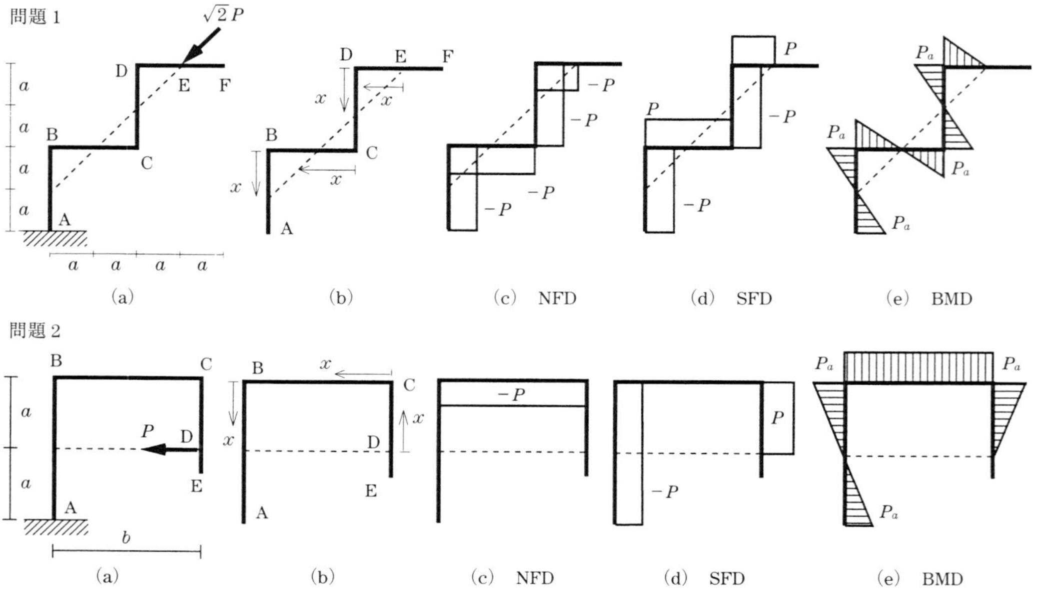

図 6.32

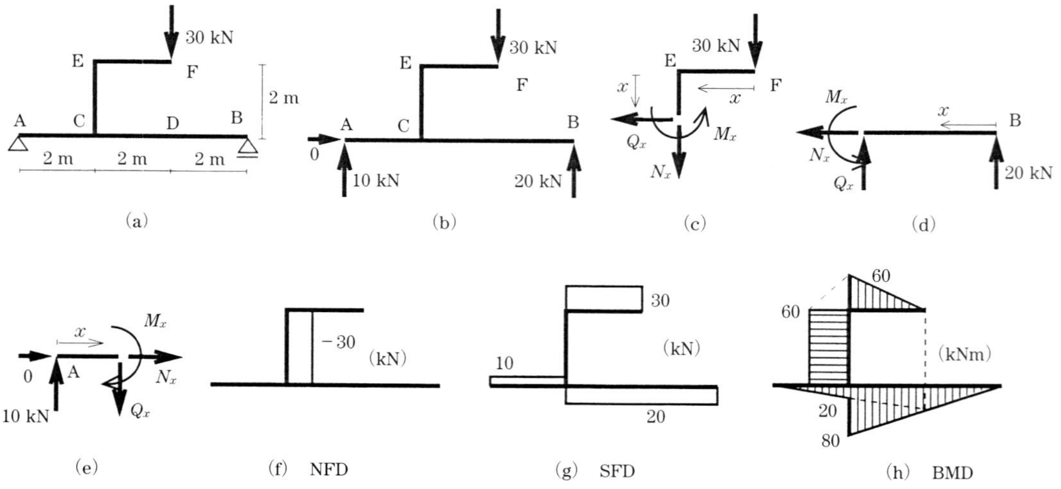

図 6.33

図を求めよ．ここでは数値を与えていないので，曲げモーメント図の形（相対的な値）を示すのみでよい．

［解答］ 3つのピンの位置で曲げモーメントが0であることから次の関係が得られる．

①C点で曲げモーメントが0となるにはA点の反力 R_A はピン接合Cの方向を向く．

②反力 R_A と荷重 P の合力はD点を通るので，B点の反力 R_B はD点を向く．

③反力の大きさと向きは(c)図の示力図から定まる．

④反力 R_B の作用線上の点Eで曲げモーメントが0になる．■

【例題6.17　1端がピン支持で他端がローラー支持】 図6.35(a)のラーメンの曲げモーメント図を求めよ．

［解答］ 最初に反力を求める．水平反力がないので対称変形すなわち対称な断面力となる．柱には軸力だけが作用するので曲げモーメントは0である．梁（CD）は単純梁の場合と同じで，分布荷重が作用するので，曲げモーメントは2次式となる．最大値は中央で，

$$M_{\max}=\frac{wL}{2}\times\frac{L}{2}-\frac{wL}{2}\times\frac{L}{4}=wL^2 \quad ■$$

【例題6.18　1端がピン支持で他端がローラー支持】 図6.36(a)の静定ラーメンの曲げモーメン

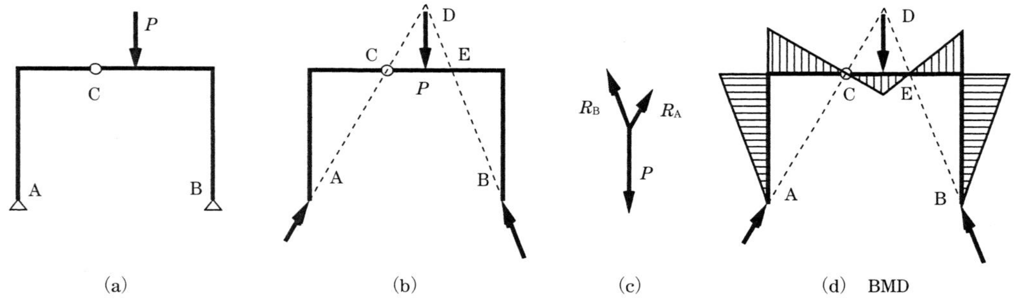

図6.34

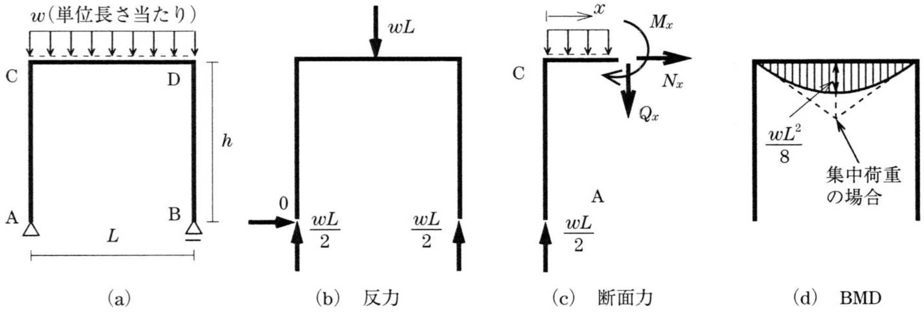

図6.35

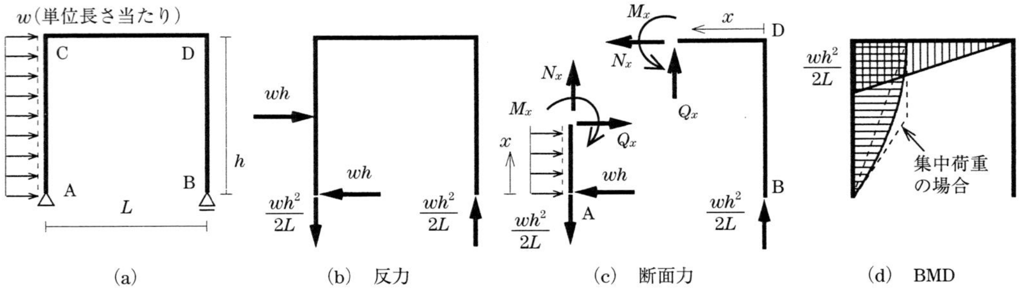

図6.36

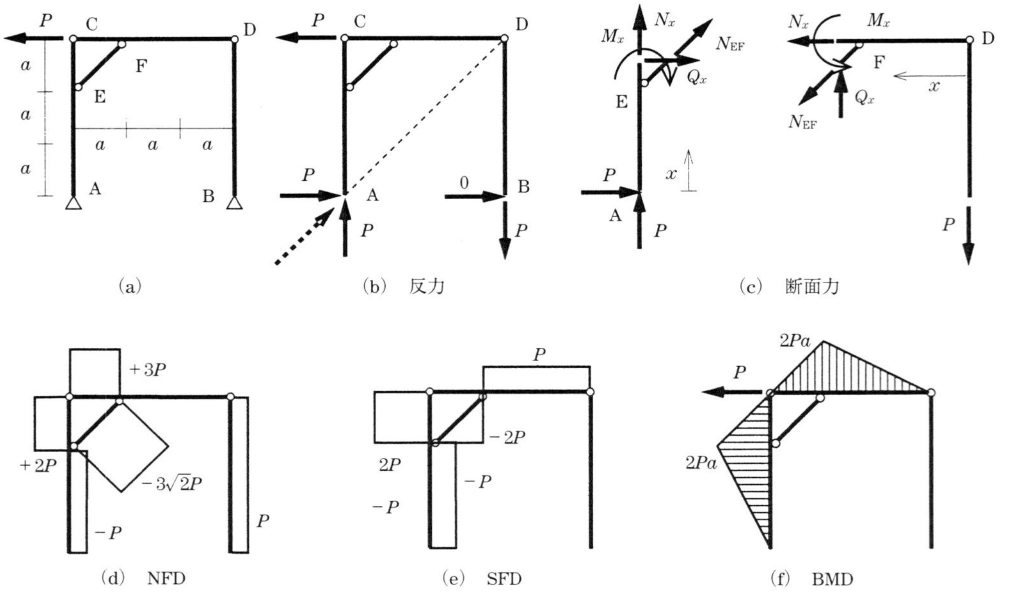

図 6.37

ト図を求めよ.

［解答］ 最初に反力を求める. 右側の柱は軸力だけが作用するので曲げモーメントは0である. 梁（CD）は片持梁の場合と同じで, せん断力は一定で曲げモーメントは1次式になる. 左の柱は分布荷重が作用するので, せん断力は1次式で曲げモーメントは2次式となる. 最大値はせん断力が0となるC点で,

$$M_{\max}=wh\times h-wh\times\frac{h}{2}=\frac{wh^2}{2}$$ ■

【例題 6.19　方づえをもつ骨組】 **図 6.37**(a)のラーメンの軸力図, せん断力図, 曲げモーメント図を求めよ. EFは柱（AC）と梁（CD）にピン接合されていて軸力だけが生じているものとする.

［解答］ 最初に反力を求める. 右側の柱にはB点とD点で曲げモーメントが0なので軸力だけが作用する. 梁のFD部分は, 曲げモーメントは1次式でF点で $M_F=2Pa$ で, せん断力は P である. CF部分は曲げモーメントは, 1次式でC点で $M_C=0$ で, せん断力は $-2P$ である. F点でのせん断力の変化 $3P$ は方づえからの作用で生じているものである. 柱のAE部分は, 曲げモーメントは1次式でE点で $M_E=2Pa$ で, せん断力は $-P$ である. EC部分は曲げモーメント1次式で $M_E=2Pa$ で, せん断力は $2P$ である. F点でのせん断力の変化 $3P$ は, 方づえからの作用で生じているものである. したがって, 方づえの軸力は $-3\sqrt{2}P$ であることがわかる. ■

このように, 方づえは柱と梁とともにトラスとして作用していることがわかる.

演　習　問　題

6.1　構造の安定と静定について
- ①　安定構造物と不安定構造物の違いは何か.
- ②　静定構造物と不静定構造物の違いは何か.
- ③　トラスとラーメンはどのように異なるか.
- ④　不静定構造物を静定構造物の解析を利用して求める一般的な解法の概要を示せ.

6.2　トラスの安定と静定（演習用）　**図 6.38** のトラス構造物の不安定, 静定, 不静定を判定せよ. 不静定の場合は不静定次数を求めどのような不静定力を考えれば静定構造物になるかを例で示せ. なお, 説明できるなら, それで十分で, 必ずしも判別式は使わなくてもよい.

6.3　ラーメンの安定と静定（演習用）　**図 6.39** のラーメン構造物の不安定, 静定, 不静定を判定せよ. 不静定の場合は不静定次数を求め, どのような不静定力を考えれば静定構造物になるかを例で示せ. 不安定構造の場合はどのように崩壊するかを示せ.

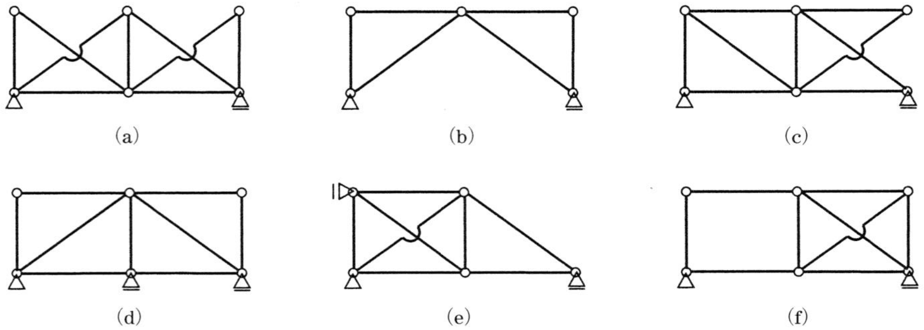

図 6.38

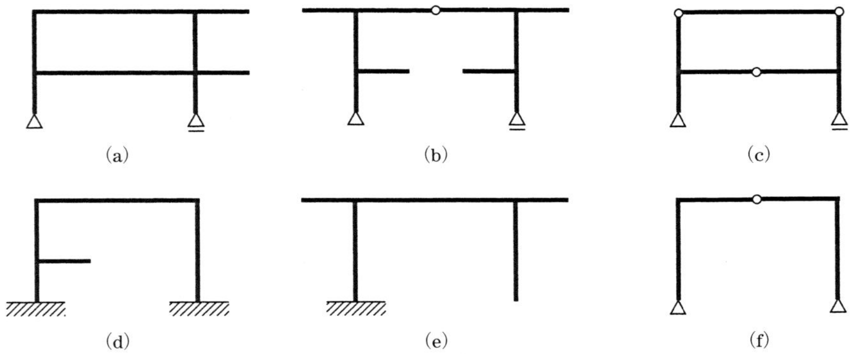

図 6.39

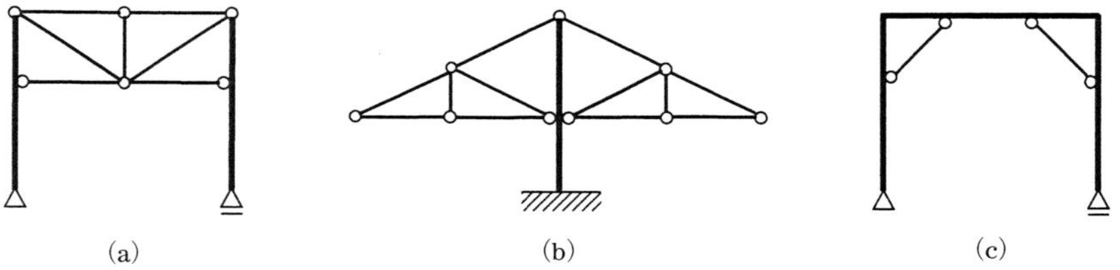

図 6.40

なお，説明できるならそれで十分で，必ずしも判別式は使わなくてよい．

6.4 混合構造の安定と静定　**図 6.40** のラーメンとトラスの混合構造物の不安定，静定，不静定を判定せよ．不静定の場合は不静定次数を求め，どのような不静定力を考えれば静定構造物になるかを例で示せ．不安定構造の場合はどのような変形で崩壊するかを示せ．なお，トラスとラーメンの接合点ではラーメンは剛接合である．なお，説明できるならそれで十分で，必ずしも判別式は使わなくてよい．

6.5 不静定ラーメンの解析法　**図 6.41** の不静定構造物（両端固定梁）の不静定次数はいくらか．これを不静定力を用いて静定構造物に置き換えて解析する手順を示せ．

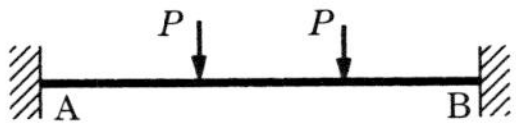

図 6.41

6.6 不静定の問題　**図 6.42** の鉄筋コンクリート構造の柱に圧縮力 P が作用している場合を考える．断面は鉄筋とコンクリートで構成されているので，鉄筋の断面積を A_s，コンクリートの断面積を A_c，鉄筋のヤング係数を E_s，コンクリートのヤング係数を E_c とする．$A_s=0.05A_c$，$E_s=10E_c$ とするとき，鉄筋とコンクリートとが負担する軸力 N_s，N_c

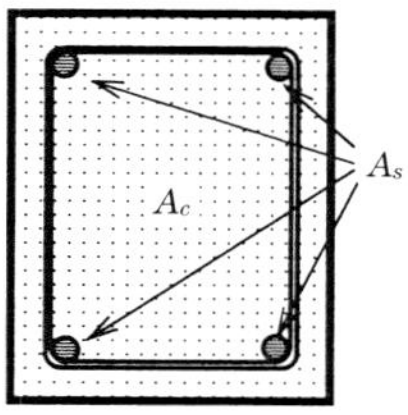

図 6.42

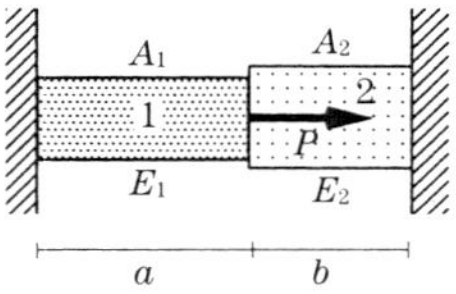

図 6.43

と応力 σ_s，σ_c を求めよ．

6.7　不静定の問題　**図 6.43** の部材 1 と部材 2 の断面積が A_1，A_2 とヤング係数が E_1，E_2 からなる 2 つの材が接合しているとき，荷重 P を加えたときの部材 1 と部材 2 の軸方向力 N_1，N_2 を求めよ．

6.8　トラス構造について

① トラス構造の利点は何か．

② トラスにはどのような材料が使われるか．

③ トラスとケーブルの違いは何か．

④ 座屈とはどのような現象か．

6.9　節点法によるトラスの軸力（(a)図，(c)図，(f)図，(h)図，(i)図は演習用）　**図 6.44** のトラスの軸力を節点法で求めよ．

① $P=3$〔kN〕，$Q=4$〔kN〕，$a=2.0$〔m〕，$b=2.5$〔m〕，$c=3.0$〔m〕とする．

② $P=5$〔tf〕，$Q=8$〔tf〕，$a=1.5$〔m〕，$b=2.0$〔m〕，$c=3.5$〔m〕とする．

6.10　節点法によるトラスの軸力　**図 6.45** のトラスの軸力を指定した解法で求めよ．

① 節点法で全部材．ここで，$P=40$〔kN〕，$a=2.0$〔m〕とする．

② 節点法で全部材．ここで，$P=50$〔kN〕，$a=3.0$〔m〕とする．

③ 切断法で架構(b)図の CE 材，DE 材，DF 材（値は①と同じ）．

④ 切断法で架構(b)図の CE 材，DE 材，DF 材（値は②と同じ）．

6.11　節点法と切断法によるトラスの軸力　**図 6.46** のトラスについて，(A) 節点法で全部材の軸力を，(B) 切断法で架構(b)図の CE 材，CF 材，DF 材の軸力を求めよ．

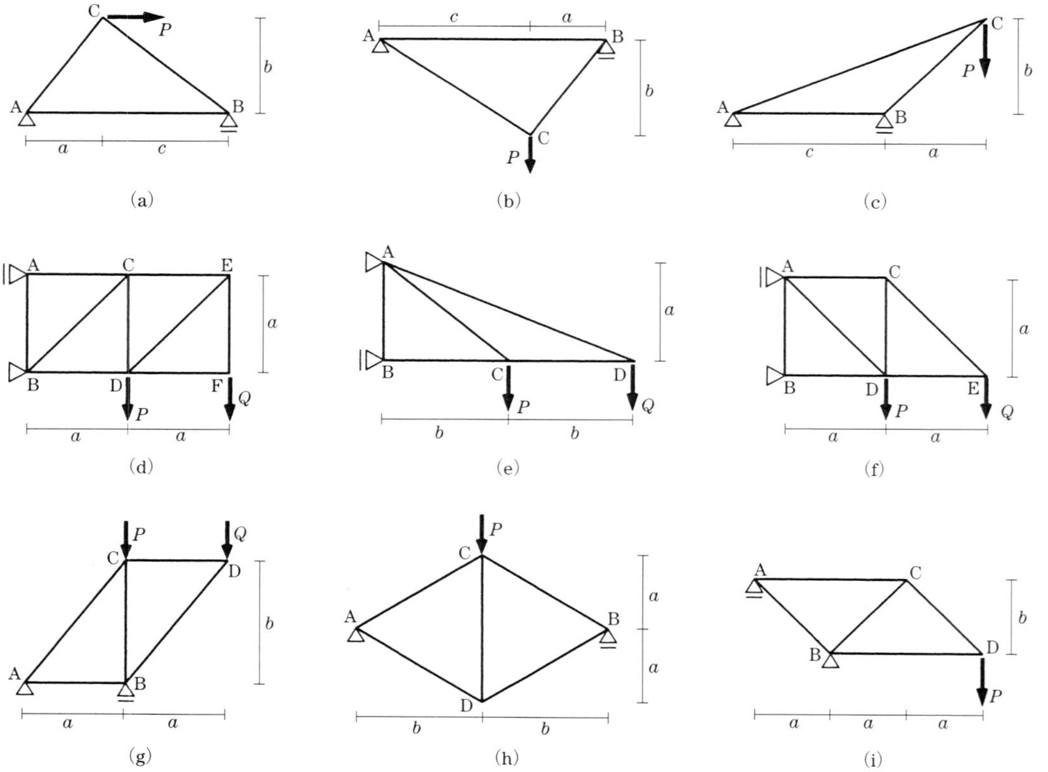

図 6.44

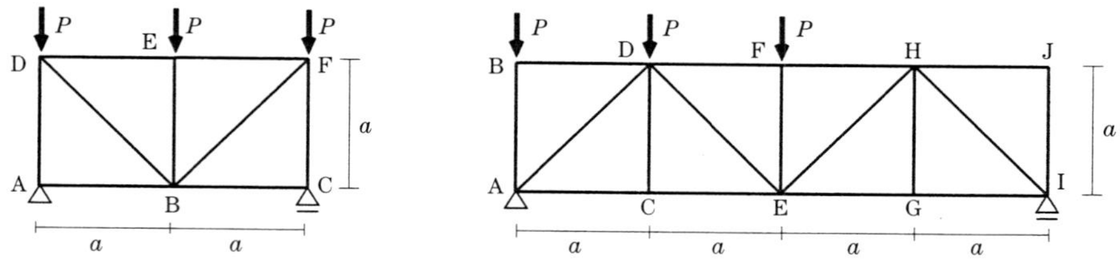

(a) (b)

図 6.45

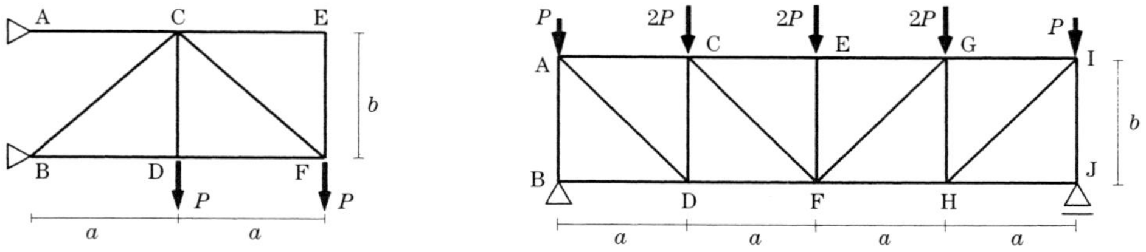

(a) (b)

図 6.46

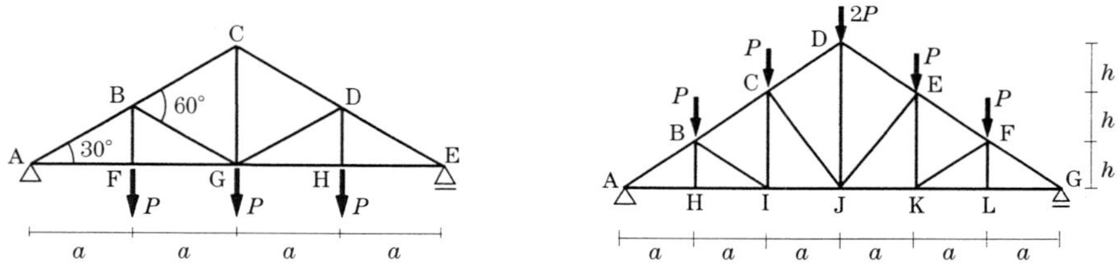

(a) (b)

図 6.47

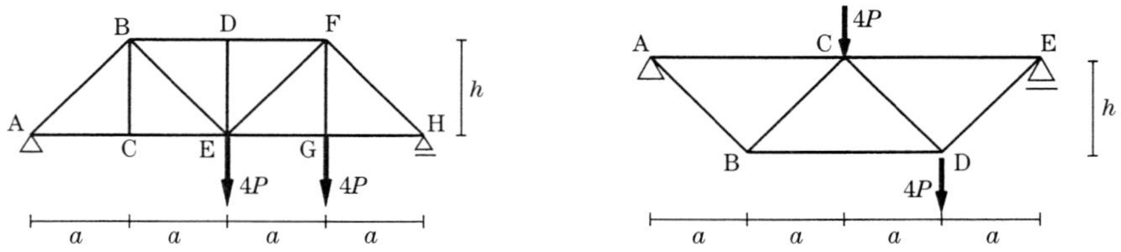

(a) (b)

図 6.48

① $P=20.0$〔kN〕，$a=3.0$〔m〕，$b=3.0$〔m〕とする．

② $P=30.0$〔tf〕，$a=2.5$〔m〕，$b=2.5$〔m〕とする．

6.12 節点法と切断法によるトラスの軸力（演習用） **図 6.47** のトラスについて，(A) 節点法で全部材の軸力を，(B) 切断法で架構(a)図の CD 材，DG 材，GH 材の軸力を求めよ．

① $P=20$〔kN〕，$a=3.0$〔m〕，$h=2.0$〔m〕とする．

② $P=30$〔tf〕，$a=2.5$〔m〕，$h=2.0$〔m〕とする．

6.13 節点法と切断法によるトラスの軸力 **図 6.48** のトラスについて，(A) 節点法で全部材の軸力を，(B) 切断法で架構(a)図の BD 材，BE 材，CE 材の軸力を求めよ．

① $P=20$〔kN〕，$a=2.0$〔m〕，$h=2.0$〔m〕とする．

② $P=5.0$〔tf〕，$a=2.5$〔m〕，$h=3.0$〔m〕とする．

6.14 切断法によるトラスの軸力（演習用） **図 6.49** のトラスの架構(a)図の BC 材と EF 材，架構(b)

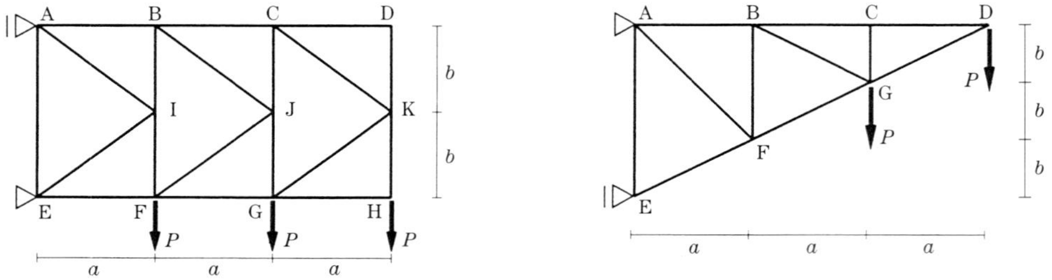

(a)　　　　(b)

図 6.49

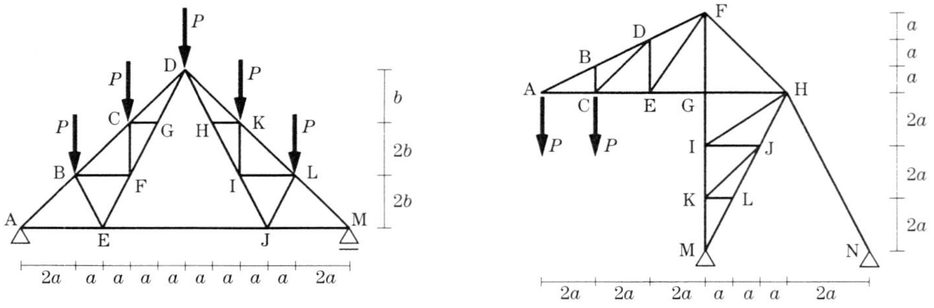

(a)　　　　(b)

図 6.50

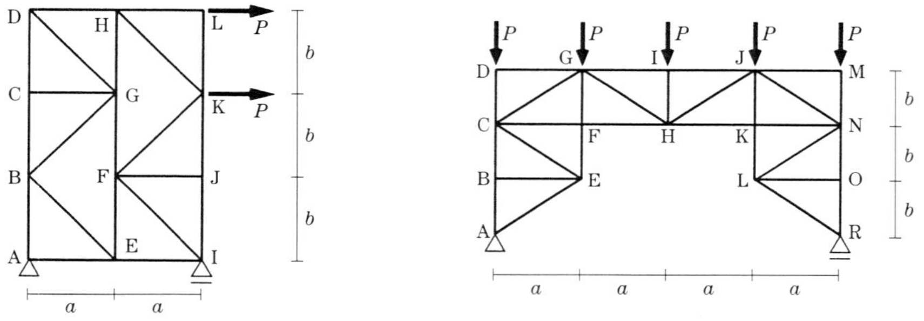

(a)　　　　(b)

図 6.51

図の BC 材と EF 材の軸力を切断法で求めよ．

① $P=2.5$〔kN〕，$a=2.0$〔m〕，$b=1.5$〔m〕とする．

② $P=4.0$〔tf〕，$a=3.0$〔m〕，$b=2.5$〔m〕とする．

6.15　切断法によるトラスの軸力（演習用）　**図 6.50** のトラスの架構(a)図の CD 材と EJ 材，架構(b)図の FH 材と EG 材の軸力を切断法で求めよ．

① $P=2.0$〔kN〕，$a=1.0$〔m〕，$b=2.0$〔m〕とする．

② $P=5.0$〔tf〕，$a=2.0$〔m〕，$b=3.0$〔m〕とする．

6.16　切断法によるトラスの軸力　**図 6.51** のトラスの架構(a)図の DH 材と EI 材，架構(b)図の CG 材と FH 材の軸力を切断法で求めよ．

① $P=3.0$〔kN〕，$a=2.5$〔m〕，$b=2.0$〔m〕とする．

② $P=5.0$〔kN〕，$a=3.0$〔m〕，$b=2.0$〔m〕とする．

6.17　梁について

① 単純梁，片持梁の材端の条件はどのように異なるか．

② せん断力と曲げモーメントの関係を示せ．

③ 力のモーメントと曲げモーメントは同じか．

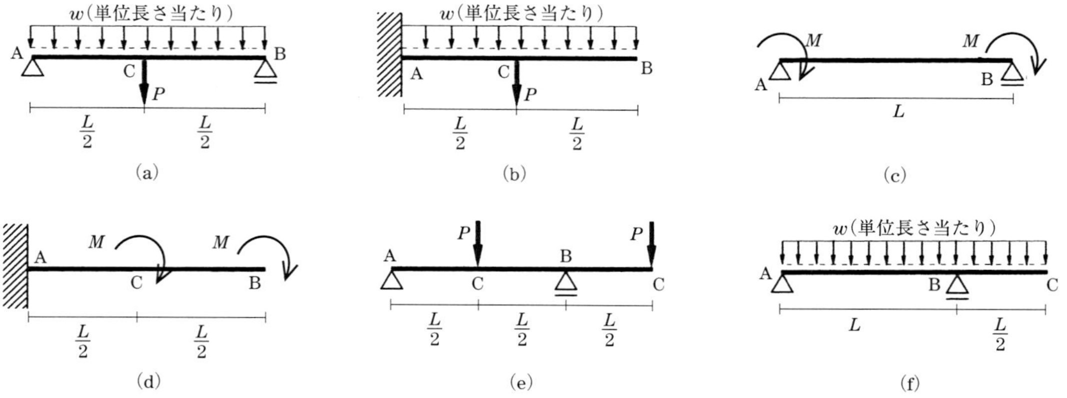

図 6.52

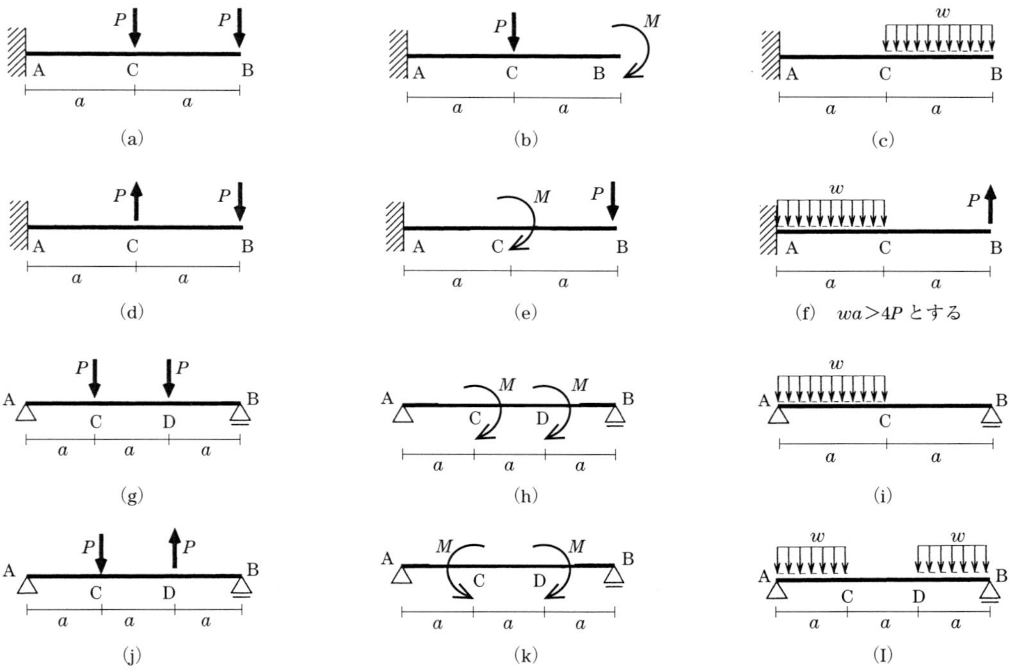

図 6.53

④ 曲げモーメント図の描き方の原則を示せ．

6.18　梁の曲げモーメント図　**図 6.52** の梁のせん断力図，曲げモーメント図を描け．

6.19　梁の曲げモーメント図（(a)図，(c)図，(e)図，(g)図，(i)図，(k)図は演習用）　**図 6.53** の梁のせん断力図，曲げモーメント図を描け．

① 記号で解く．

② $P=40.0$〔kN〕，$M=30.0$〔kNm〕，$w=8.0$〔kN/m〕，$a=3.0$〔m〕

6.20　梁の曲げモーメント図　**図 6.54** の梁のせん断力図，曲げモーメント図を描け．

① 記号で解く．

② $P=6.0$〔kN〕，$M=9.0$〔kNm〕，$w=1.5$〔kN/m〕，$a=2.0$〔m〕

6.21　梁の曲げモーメント図　**図 6.55** の梁のせん断力図，曲げモーメント図を描け．

① 記号で解く．

② $P=10.0$〔kN〕，$M=25.0$〔kNm〕，$w=2.0$〔kN/m〕，$a=3.0$〔m〕

6.22　梁の曲げモーメント図　**図 6.56** の梁のせん断力図，曲げモーメント図を描け．

6.23　梁の曲げモーメント図　**図 6.57** の梁のせん断

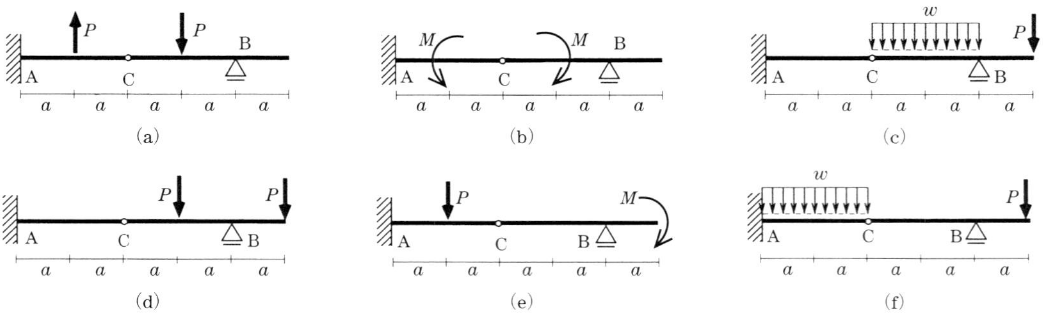

図 6.54

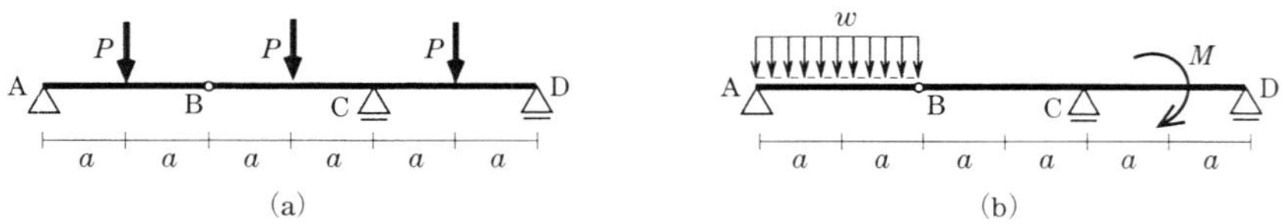

図 6.55

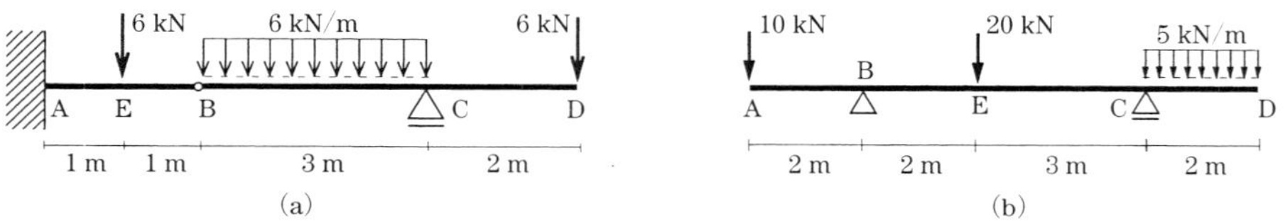

図 6.56

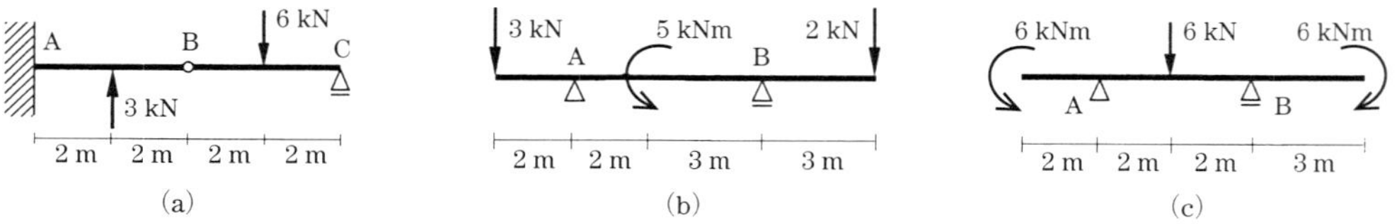

図 6.57

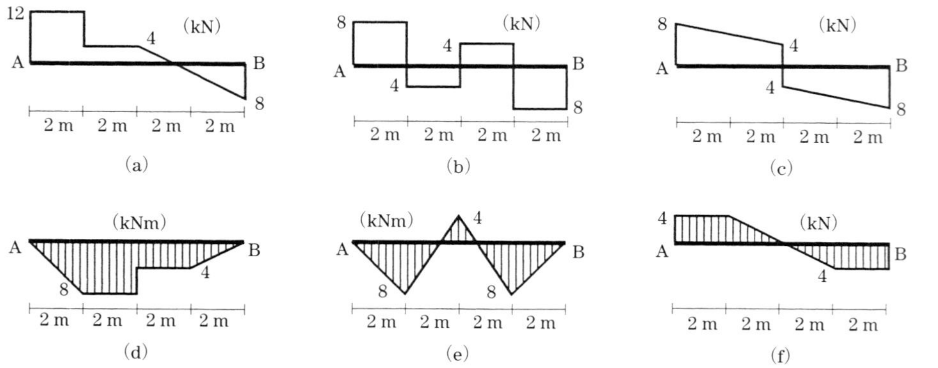

図 6.58

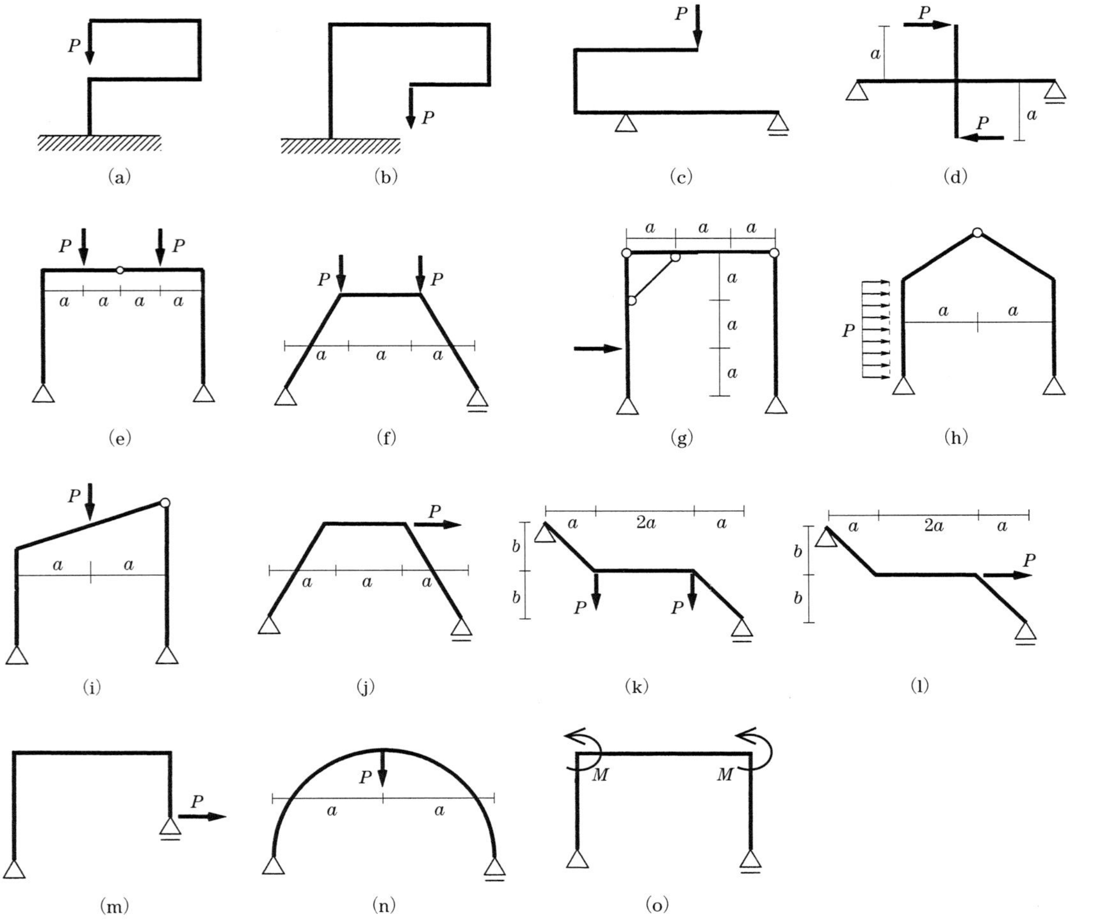

図 6.59

力図，曲げモーメント図を描け．

6.24　梁の断面と曲げ耐力の関係　幅が b でせいが h の長方形断面で，単位長さ当たり重量が w の分布荷重を受ける単純梁があり，スパン l で弾性設計されている．スパン l を 2 倍にしても最大応力は変わらないという条件で再設計するとして以下の問いに答えよ．

① 断面係数は何倍にする必要があるか．

② 幅 b を変えないとすると，せい h は何倍にする必要があるか．

③ せい h を変えないとすると，幅 b は何倍にする必要があるか．

6.25　曲げモーメント図と荷重　**図 6.58** は A 点，B 点を支点とする単純梁で，(a)図，(b)図，(c)図はせん断力図．(d)図，(e)図，(f)図は曲げモーメント図である．これらの荷重を求めよ．ただし，せん断力図の場合には荷重のモーメントはないものとする．

6.26　((b)図，(c)図，(d)図，(e)図，(h)図，(i)図，(k)図，(o)図は演習用）**図 6.59** の静定ラーメンの曲げモーメント図を求めよ．必要なら寸法は適宜仮定せよ．

7. 部材の変形

7.1 剛体変位

7.1.1 変位と変形の定義

図7.1に示すように，(a)図の不安定構造物と(b)図の静定構造物である棒状の部材のB点に水平に力をかける．図7.1の u と v はそれぞれ水平および鉛直方向の変位（displacement）と呼ばれる．(a)図においては，この物体は水平力と自重がつり合った状態で静止している．このとき，物体はA点回りに回転しているだけで，物体は変形していない．このときの u と v は，特に剛体変位（rigid-body displacement）と呼ばれる．一方で，(b)図は物体が変形（deformation）を起こすことで変位が生じており，このときの u は水平変形やたわみ（deflection）とも呼ばれる．ここでは，まず剛体変位について解説する．

図7.1(a)の u と v は，下式で表すことができる．

$$\begin{cases} u=L\times\sin\theta \\ v=L\times(1-\cos\theta) \end{cases} \tag{7.1}$$

もしも，θ が十分小さくなる（$\theta\to 0$）と，

$$\begin{cases} \sin\theta\to\theta \\ \cos\theta\to 1 \end{cases} \tag{7.2}$$

となり，

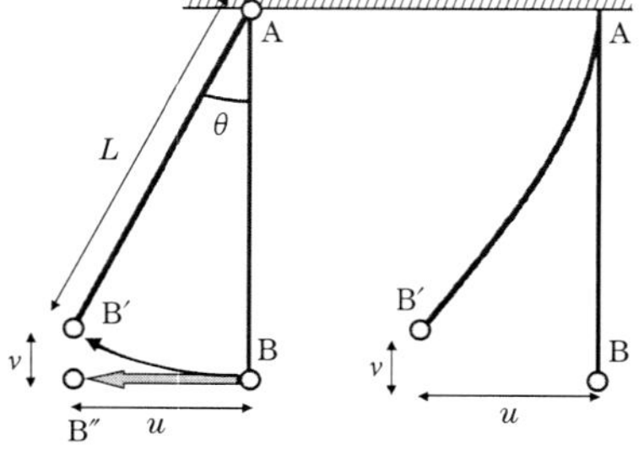

(a)　不安定構造物　　(b)　静定構造物

図7.1　変位と変形の定義

$$\begin{cases} u=L\times\sin\theta \\ v=L\times(1-\cos\theta) \end{cases} \to \begin{cases} u=L\times\theta \\ v=0 \end{cases} \tag{7.3}$$

となる．

通常，建築構造物は大きく傾くことがないように設計されるため，図7.1の θ が十分小さく，(7.3)式が成り立つものと考えてよい．(7.3)式は，A点とB点の長さ方向の変位を無視してよいということを示しており，θ が十分小さければB点は，B′点でなくB″点に変位したものと考えてよいことになる[注1)]．この性質を利用して構造物の剛体変位を図式的に表したのが，直角変位図である．

7.1.2 直角変位図

建築構造物は，多くの部材から成り立っているので，部材相互の剛体変位の関係を知ることは重要である．この関係を図より求める方法に，直角変位図を利用したものがある．直角変位図は，後に述べる8章の仮想仕事の原理による断面力などの算定や11章のたわみ角法において直接利用される．

直角変位図は，架構の節点変位の図式解法である．**図7.2**に示すように，剛棒ABが点O（極と呼ばれる）回りに微小回転した場合を考える．このとき点A，Bは，点A″，B″に移動する．こ

注1)（$\theta\to 0$）のような仮定が成り立たない場合，すなわち大変位が問題となる場合の建築設計については，より詳細な構造力学を学ぶ必要がある．しかしながら，これらの事項は取扱いが複雑で，力学の入門書に盛り込むのは適当ではなく，本書では（$\theta\to 0$）の仮定が成り立たない場合の力学問題に触れていない．つまり本書では，構造物に比して変位が非常に小さい場合の力学について解説していることになる．たとえば，大スパンの構造物やフレキシブルなワイヤーや膜などを用いた建物を設計する際には，より高度な専門書を参照してほしい．

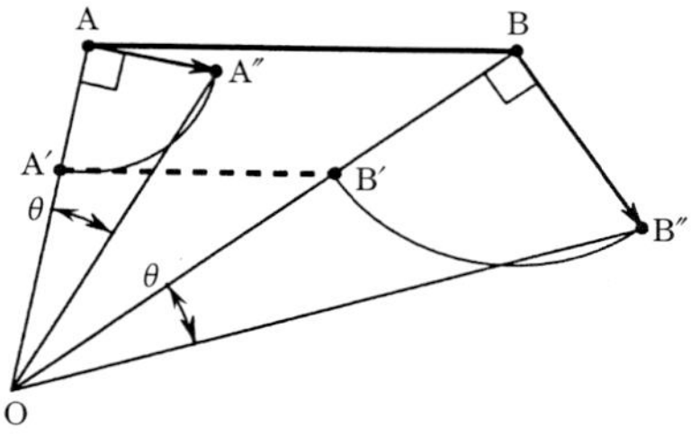

図 7.2 直角変位図

れらの変位は極 O に対してそれぞれ直交していると考えてよい．直角変位図は，独特の方法で点 A，B の変位点を図示する．つまり，実際の変位点 A″，B″ をそれぞれ点 A，B 回りに時計回りに 90° だけ回転させ，A′，B′ として表すのである．これらを直角変位点と呼び，A′-B′ を剛棒 A-B の直角変位図と呼ぶ．直角変位点 A′，B′ がそれぞれ点 A，B と極 O を結ぶ線分上にあることは明らかである．線分 OA′ と OA，あるいは OB′ と OB には，剛棒の回転角を θ とすれば，次の関係がある．

$$\frac{\mathrm{OA'}}{\mathrm{OA}}=\frac{\mathrm{OA}-\mathrm{AA'}}{\mathrm{OA}}=\frac{\mathrm{OA}-\mathrm{AA''}}{\mathrm{OA}}=1-\theta$$

$$\frac{\mathrm{OB'}}{\mathrm{OB}}=\frac{\mathrm{OB}-\mathrm{BB'}}{\mathrm{OB}}=\frac{\mathrm{OB}-\mathrm{BB''}}{\mathrm{OB}}=1-\theta$$

$$\therefore\quad \frac{\mathrm{OA'}}{\mathrm{OA}}=\frac{\mathrm{OB'}}{\mathrm{OB}}$$

ここで，三角形 OA′B′ と OAB を考えると，上式から頂点 O を挟む 2 辺がそれぞれ同比であるので，これらの三角形は相似である．したがって，線分 A′B′ と線分 AB は常に平行になり，次の関係が成立する．

$$\frac{\mathrm{OA'}}{\mathrm{OA}}=\frac{\mathrm{OB'}}{\mathrm{OB}}=\frac{\mathrm{A'B'}}{\mathrm{AB}}=1-\theta$$

上式から，剛棒の回転角 θ は次のように表される．

$$\theta=1-\frac{\mathrm{A'B'}}{\mathrm{AB}} \tag{7.4}$$

以上を整理すると，直角変位図は次の性質をもつ．

①直角変位点 A′ は，線分 OA 上にある．
②線分 AB とその直角変位図 A′B′ は平行である．
③線分 AB の回転角 θ は，(7.4)式で与えられる．

上記の性質を利用して，例題 7.1 のような簡単な構造物を構成する部材相互の回転角の関係を求めてみる．図 7.1 において説明したように，図 7.1(b)の静定構造物では変位に変形の成分が含まれる．例題 7.1 では，変形による変位成分を取り除いた図 7.1(a)のような不安定構造物を対象とする．建築構造物は不安定であってはならないが，ここでは力学的性質を調べるために，リンク機構と呼ばれる架空の不安定構造物を作成して，考察の対象とする．

【例題 7.1】 **図 7.3**(a)のリンク機構の直角変位図を求めよ．

［解答］ 支点 A，B は移動しないから，それらの直角変位点 A′，B′ は，それぞれ A，B と同じ位置にある．支点 A は，剛棒 AC の極に当たるから，点 C の直角変位点 C′ は直線 AC 上にあるはずである．同様に，支点 B は剛棒 BD の極であるから，点 D の直角変位点 D′ は直線 BD 上にあるはずである．直角変位図では変位は微小でなければならないが，任意のスケールで表示してよい．

ここでは，点 C の直角変位点 C′ を図 7.3(a)の

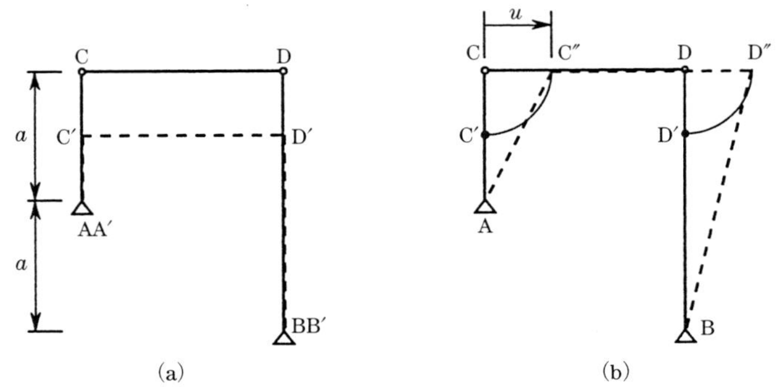

図 7.3 リンク機構の直角変位図

位置に決める．剛棒 CD とその直角変位図 C′D′ は，互いに平行でなければならないので，点 D′ は，直線 BD と点 C′ を通る剛棒 CD と平行な直線の交点に位置することがわかる．これらを結んだ破線がリンク機構 ABCD の直角変位図である．実際の変位図は，図 7.3(b)に示すように直角変位点を反時計回りに 90° だけ回転させればよい．■

【例題 7.2】 **図 7.4**(a)に示す架構の点 C の変位，および部材 BC の回転角（部材角）を求めよ．

［解答］ 図 7.4(a)に示すように点 B が u だけ変位する．直角変位図は，図 7.4(b)に示すとおりで，まず，支点 A，E は不動点である．さらに，部材 DE は固定支持されているので点 D も不動点である．点 B の直角変位点 B′ は，直角変位点が実変位を 90° だけ時計回りに回転した位置にある．点 C の直角変位点 C′ は，直線 CD 上で，かつ B′ を通る BC に平行な直線との交点にある．直角変位点 C′ を点 C を中心として反時計回りに回転した点 C″ が，点 C の実際に変位した位置を表す．幾何学的関係から，点 C の変位量 u_C は次のようになる．

$$u_C = \frac{u}{\sqrt{2}}$$

次に，部材 BC の回転角 R_{BC} は，(7.4)式から次のように得られる．

$$R_{BC} = 1 - \frac{\sqrt{2}a + u/2}{\sqrt{2}a} = -\frac{u}{2a}$$ ■

【例題 7.3】 **図 7.5**(a)および**図 7.6**(a)の架構の安定・不安定を判別せよ．

［解答］ 直角変位図によって，架構が安定か不安定かを判別することができる．不安定構造とは，荷重や応力が変化せずに変形することである．応力が変化しないので，部材には剛体変位だけが生じる．したがって，架構の安定・不安定は，部材を剛棒に置換したリンク機構で調べればよい．

リンク機構の直角変位図が変形前の形状と異なる場合は，それを構成している剛棒がそれぞれ個

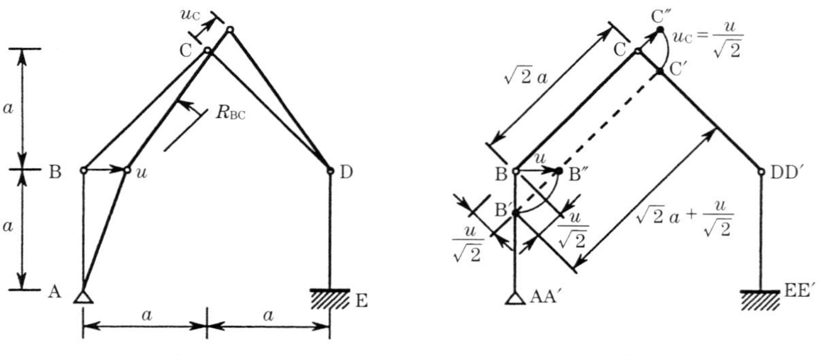

図 7.4　直角変位図による部材角の変位の求め方

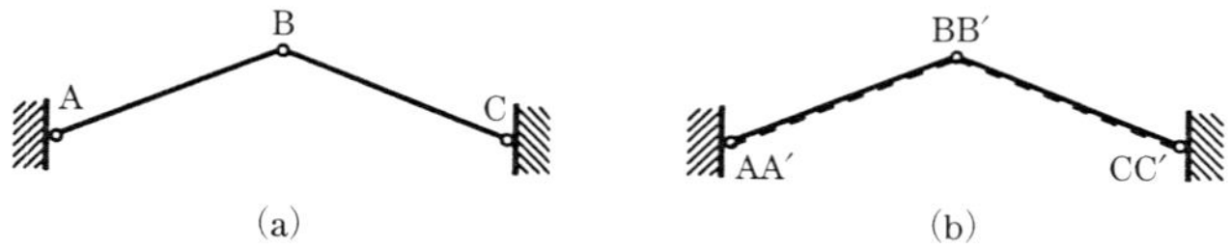

$m=$	2
$r=$	4
$-2n=$	-6
$f=$	0

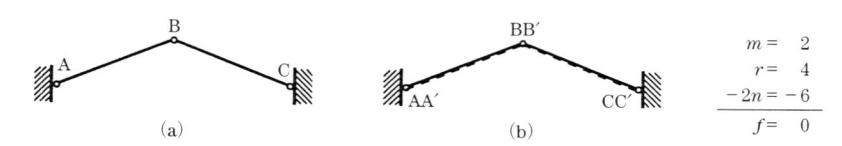

図 7.5　安定架構の直角変位図

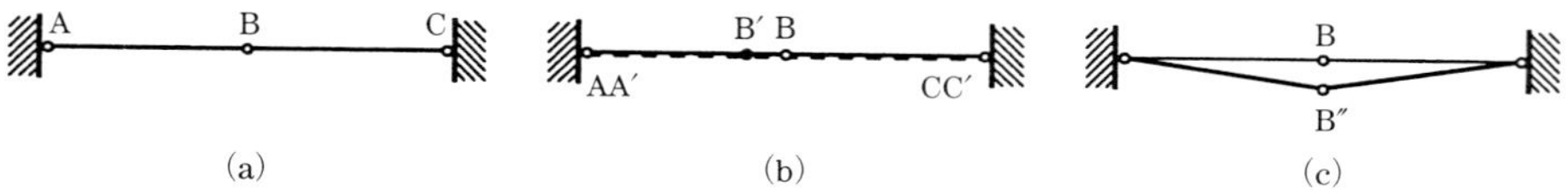

図 7.6　不安定架構の直角変位図

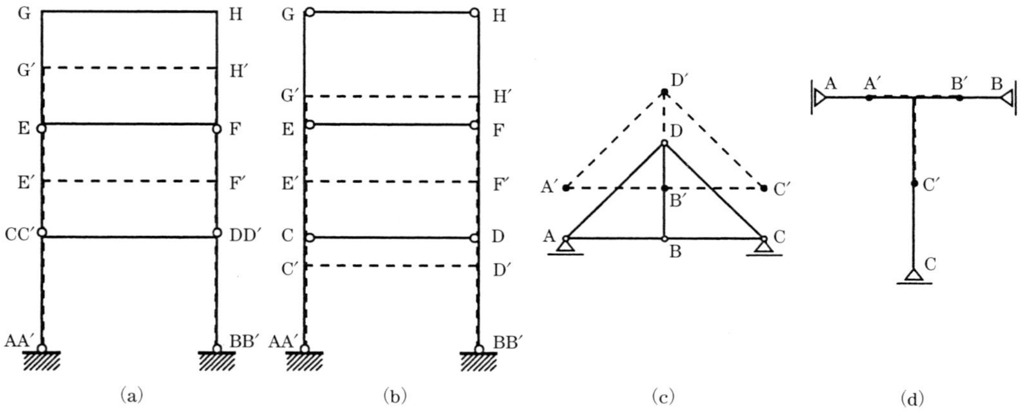

図 7.7　不安定架構の例

別に変位したわけで，これを許容する構造は，不安定構造にほかならない．また，同形でもその位置を変えたら機構そのものが剛体移動したことを表し，支持が不十分で外的不安定であることを意味する．

一方，直角変位図がもとの形状と同形で同位置以外には描けない場合は，そのリンク機構が安定構造であることは明白である．このように，直角変位図は，その構造の安定の必要十分条件である．

図 7.5(a)の架構は，判別式（6.3.2 項の(6.2)式）によれば，$f=0$ となって，安定構造（静定）の必要条件を満たしている．この直角変位図は図 7.5(b)である．点 A，C は不動点である．点 B の直角変位点 B′ は，直線 AB と BC の交点以外にはあり得ず，結局，得られる直角変位図は，変形前の形状と同形以外はあり得ない．つまり，この架構は安定構造である．

図 7.6(a)の構造は，図 7.5(a)の架構のライズ（点 B の高さ）を 0 にした場合である．もちろん，判別式は安定構造の必要条件を満たしている．しかし，図 7.6(b)のように同形以外の直角変位図が得られるので，実際は不安定構造である．このときの実変位は，図 7.6(c)に示すとおりである．■

【例題 7.4】　**図 7.7**(a)～(d)に示す架構が不安定構造であることを示せ．

[解答]　図 7.7 のように直角変位図を描くことができるので，これらはすべて不安定である．■

7.2　軸力による部材の変形

最も単純な変形状態は，1 方向のみに力を受ける物体に現れると考えられるので，これを初めに取り上げて変形の算定法について示す．

図 7.8 の部材の，材軸方向に軸力 N が作用するときのひずみ ε はヤング係数を E，断面積を A，垂直応力を σ とすれば，

$$\varepsilon=\frac{\sigma}{E}=\frac{N}{EA} \tag{7.5}$$

軸力によるひずみは EA に逆比例する．EA を軸剛性（axial rigidity）という．

材長 L の部材の材軸方向の変形量 $\varDelta$ は，次のように表される．

$$\varDelta=\int_0^L \varepsilon dx=\frac{NL}{EA} \tag{7.6}$$

軸力は引張力を正，圧縮力を負としているので，$\varDelta$ が正のとき部材は伸び，$\varDelta$ が負のとき部材は縮む．

多数の部材からなるトラスの任意の点の変位を求めるには，それぞれの部材の変形量を(7.6)式で計算し，これらを部材の幾何学的関係を考慮して足し合わせることで計算することができる．

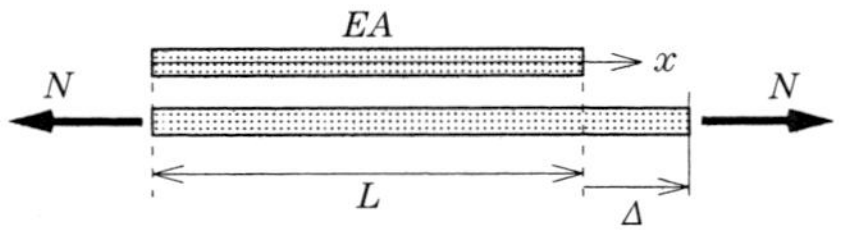

図 7.8　軸力による部材の変形

【例題 7.5　簡単なトラスの変位の図式解法】　図

7.9(a)のトラスのA点の鉛直変位 v_A を求めよ.

[解答]　軸力は(b)図の示力図から,

$$N_{AB}=\sqrt{3}P,\quad N_{AC}=-2P$$

AB材の変形量は,

$$\varDelta AB=\frac{N_{AB}L_{AB}}{EA}=\frac{\sqrt{3}PL}{EA}\qquad(\text{伸び})$$

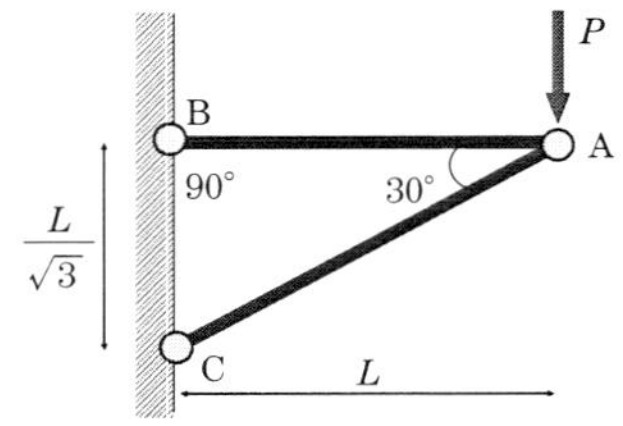

(a)　荷重条件

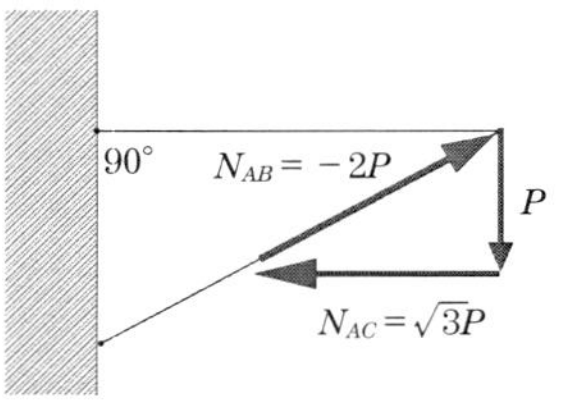

(b)　示力図

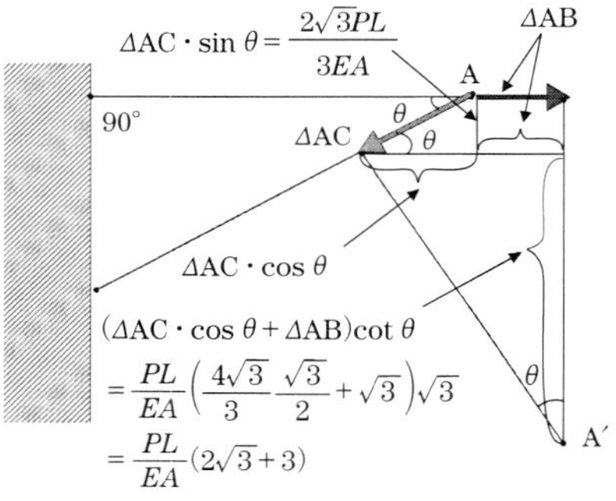

(c)　変形

図7.9　トラスの変形の算定

AC材の変形量は,

$$\varDelta AC=\frac{N_{AC}L_{AC}}{EA}=\frac{4\sqrt{3}PL}{3EA}\qquad(\text{縮み})$$

となる. 建築材の場合, AB材とAC材の変形は小さいので, 直角変位の考え方を用いて, A点は(c)図におけるA′点に移動したと考えることができる. すなわち, 軸変形後のAB材とAC材の材軸に垂線を降ろした交点としてA′が得られる. この作図法はウイロットの変位図法 (Willot, 1887) と呼ばれている. A点の鉛直変位 v_A は,

$$v_A=(\varDelta AC)\sin\theta+[(\varDelta AC)\cos\theta+\varDelta AB]\cos\theta$$

$$=\frac{2\sqrt{3}PL}{3EA}+\frac{2\sqrt{3}PL}{EA}+\frac{3PL}{EA}=\left(3+\frac{8\sqrt{3}}{3}\right)\frac{PL}{EA}$$

となる. ■

例題7.5のような単純な構造物であっても, 上記の変位図法は面倒である. 一般のトラスの変形を算定する方法としては, 手計算では8章の仮想仕事法が用いられることが多い. 実際の構造設計では12章以降のマトリックス法が用いられる.

7.3　曲げモーメントによる部材の変形

7.3.1　梁の基本式

前節で軸方向の変形について考察したので, 以降では曲げ変形の算定法について述べる. 具体的には, 前出の図7.1(b)における u の算定法について示す. **図7.10** は鉛直荷重などを受けて梁が変形している状態である. 座標は6章と同様とすれば, 材軸と直交する y 方向の変位をたわみ v (撓み, deflection) という. たわみの変化率をたわみ角 θ (angle of deflection) あるいは回転角という. たわみ角の変化率を曲率 $\varkappa$ (curvature) という.

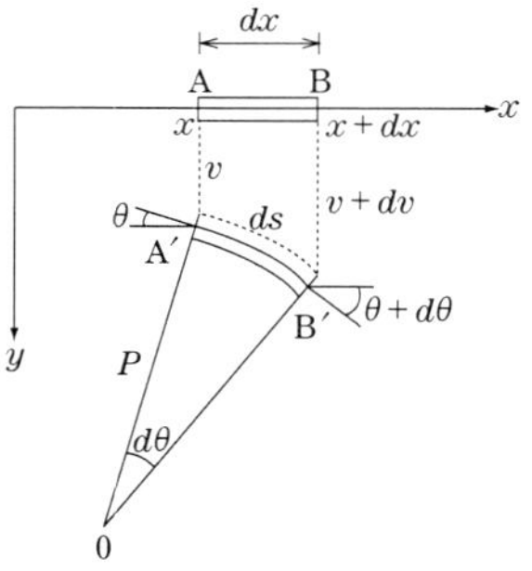

(a)　曲げモーメントによる変形

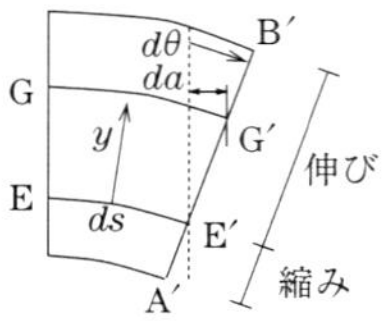

(b)　微小要素の変形

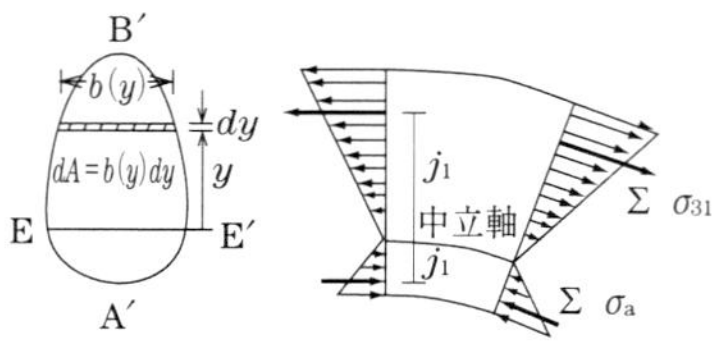

(c)　断面の状態

図7.10

図7.10は曲げモーメントが正のときの変形を表している．図7.10では，たわみvを大きく書いているが実際は微小変形であると考える．x点でのたわみを$v(x)$とする．x点でのたわみ角$\theta(x)$は，たわみ$v(x)$の変化率なので，たわみの1階微分で表される．

$$\theta(x)=\frac{dv(x)}{dx} \quad (7.7)$$

図7.10より，たわみ角は右回りに回転するときが正で，左回りが負となる．曲率$\kappa(x)$はたわみ角$\theta(x)$の変化率なので，たわみ角の1階微分で表される．

$$\kappa(x)=\frac{d\theta(x)}{dx} \quad (7.8)$$

図7.10の座標系ではy軸は下向きを正としているので，たわみ$v(x)$の式は「下に凸」の関数である．この場合の曲率を正とし，逆の場合は負と定義している．曲げによる微小区間の曲線を円孤と考えたときの半径を曲率半径$\rho(x)$ (radius of curvature) と呼び，これは曲率の逆数で表すことができる．

$$\rho(x)\,d\theta=ds\cong dx, \quad \kappa(x)=\frac{1}{\rho(x)} \quad (7.9)$$

したがって，(7.5)式～(7.9)式より，曲率および曲率半径は次式で表される[注2]．

$$\kappa(x)=\frac{1}{\rho(x)}=\frac{d^2v(x)}{dx^2} \quad (7.10)$$

変形した後の微小要素を図7.10(b)に示す．また，そのときの断面の様子を図7.10(c)に示す．

変形した後でも図7.10(b)のE-E′のように伸びも縮みもしない部分がある．これはすでに学んだ中立軸である．この中立軸よりも上側は伸び，下側は縮んでいることがわかる．中立軸からyだけ離れた点での垂直ひずみを$\varepsilon(x)$とすると，図7.10(b)より，

$$\varepsilon(x)=\frac{da}{ds}=\frac{-y\,d\theta}{\rho(x)\,d\theta}=\frac{-y}{\rho(x)} \quad (7.11)$$

となる．図7.10(b)のyの値が負であることに注意を要する．次に，垂直応力を$\sigma(x)$，ヤング係数をEとすると，

$$\sigma(x)=E\varepsilon(x)=\frac{-Ey}{\rho(x)} \quad (7.12)$$

が得られる．xの位置での曲げモーメント$M(x)$は，図7.10(c)のように垂直応力にyを掛けて積分することで計算できる．すでに学んだ(4.18)式より，

$$M(x)=-\int_{\mathrm{A}}\sigma(x)\,y\,d\mathrm{A}=\frac{E}{\rho(x)}\int_{\mathrm{A}}y^2d\mathrm{A}=\frac{EI}{\rho(x)} \quad (7.13)$$

となる．Iは既出の断面2次モーメントである．(7.10)式と(7.13)式より，

$$\frac{d^2y(x)}{dx^2}=\frac{M(x)}{EI} \quad (7.14)$$

(7.14)式の微分方程式を，梁の基本式または弾性曲線式という．この微分方程式を用いることで，6章の方法で得られた曲げモーメントから，梁の変形が求められる．具体的には次項以降の例題を解くことで説明する．梁の基本式からわかるように，曲げによる変形の大きさはヤング係数Eと断面2次モーメントIの積EIで決まる．すなわち，EIが大きいほど，小さい変形となる．この硬さを表す物理量EIを曲げ剛性 (flexural rigidity) と呼ぶ．

7.3.2　梁の変形の計算法

梁の変形，すなわちたわみとたわみ角を求めるには以下の方法がある．

①**弾性曲線式**：梁の基本式を利用した方法で，不静定梁も解ける一般的な方法である．材軸上のすべての点での変位，回転角，断面力を求めるのに便利な方法である．

②**モールの定理**：単純梁，片持梁に適用すると便利な方法である．

③**仮想仕事法**：一般的な方法で最も応用範囲が広い．特定の点の変位，または回転角を求めるのに便利な方法である．

ここでは①と②について説明し，③については8章で説明する．

注2)　曲率とたわみの厳密な関係式は次のようになる．

$$\frac{1}{\rho(x)}=\frac{d^2v(x)}{dx^2}\left\{1+\left[\frac{dv(x)}{dx}\right]^2\right\}^{-3/2}$$

$\frac{dv(x)}{dx}$が微小と仮定できる場合(7.10)式が成立する．

7.3.3　弾性曲線式

梁の基本式は，2階の微分方程式である．この微分方程式を解いて得られる変形の式を弾性曲線式と呼ぶ．微分方程式は，これを解くために初期値が与えられなければならない．構造力学では，このような初期値に境界条件（boundary condition）が対応する．境界条件は一般には，材端での変位や断面力を与えることが多いが，既知である値であれば断面力でもよく，必ずしも材端の条件とは限らない．

（1）　梁に集中荷重だけが作用している場合

この場合は，曲げモーメントは1次式となる．したがって，梁の基本式から，たわみ曲線は a，b，c，d を定数とする3次式で与えられる．

たわみ（3次式）：

$$y(x)=a+bx+cx^2+dx^3 \qquad (7.16)$$

たわみ角（2次式）：

$$\theta(x)=\frac{dy}{dx}=b+2cx+3dx^2 \qquad (7.17)$$

曲率（1次式）：

$$\varkappa(x)=\frac{d^2y}{dx^2}=2c+6dx \qquad (7.18)$$

曲げモーメント（1次式）：

$$M(x)=EI\frac{d^2y}{dx^2}=EI(2c+6dx) \qquad (7.19)$$

せん断力（定数）：

$$Q(x)=-\frac{dM}{dx}=-6EId \qquad (7.20)$$

分布荷重：$w(x)=-\dfrac{dQ}{dx}=0$　　(7.21)

上記のように，順に微分することでさまざまな条件式が得られ，a，b，c，d の各値を求めることで弾性曲線式を1つに定めることができる．

（2）　一様な分布荷重が作用している場合

この場合は，曲げモーメントは2次式となる．したがって，梁の基本式から，たわみ曲線は a，b，c，d，e を定数とする3次式で与えられる．

たわみ（4次式）：

$$y(x)=a+bx+cx^2+dx^3+ex^4 \qquad (7.22)$$

たわみ角（3次式）：

$$\theta(x)=\frac{dx}{dy}=b+2cx+3dx^2+4ex^3 \qquad (7.23)$$

曲率（2次式）：

$$\varkappa(x)=\frac{d^2y}{dx^2}=2c+6dx+12ex^2 \qquad (7.24)$$

曲げモーメント（2次式）：

$$M(x)=EI\frac{d^2y}{dx^2}=EI(2c+6dx+12ex^2) \qquad (7.25)$$

せん断力（1次式）：

$$Q(x)=-\frac{dM}{dx}=-6EI(d+4ex) \qquad (7.26)$$

分布荷重（定数）：$w(x)=-\dfrac{dQ}{dx}=24eEI$

上記のように，順に微分することでさまざまな条件式が得られ，a，b，c，d，e の各値を求めることで弾性曲線式を1つに定めることができる．

（3）　境界条件

境界条件としては，変位だけでなく回転角や曲率，すなわち曲げモーメント，せん断力の値を指定すればよい．梁の場合，次のような特別な値は無条件で与えることができる．

①ピン支持やローラー支持では，支持点で変位と曲率（＝曲げモーメント）が0である．

②固定支持では支持点で変位と回転角が0である．

③荷重がない自由端では曲率（＝曲げモーメント）とせん断力が0である．

【例題7.6　先端に集中荷重を受ける片持梁】　図7.11の片持梁のたわみ曲線を求めよ．

［解答］　曲げモーメントは1次式となる．

$$M(x)=P(L-x) \qquad (7.27)$$

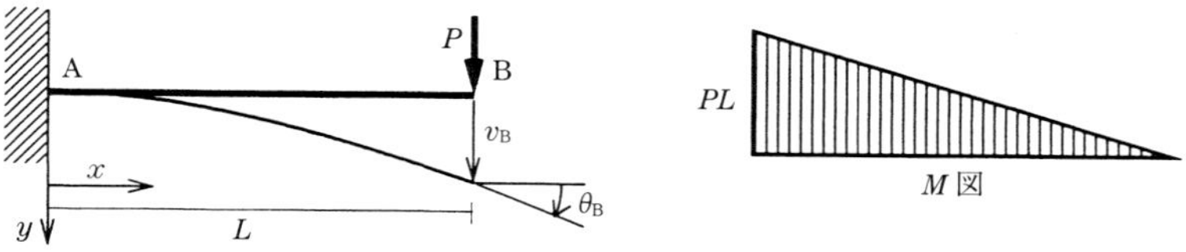

図7.11

曲率は梁の基本式から，

$$EI\frac{d^2y}{dx^2}=P(L-x) \qquad (7.28)$$

境界条件はA点で与えられる．

$$y=(0)=0, \quad \theta(0)=0 \qquad (7.29)$$

たわみ角は曲率を積分して，

$$EI\theta(x)=PLx-\frac{Px^2}{2}=\frac{Px(2L-x)}{2} \qquad (7.30)$$

たわみはたわみ角を積分して，

$$EIy(x)=\frac{PLx^2}{2}-\frac{Px^3}{6}=\frac{Px^2(3L-x)}{6} \qquad (7.31)$$

最大の変形となるB点のたわみ角 θ_B と変位 v_B は，

$$\theta_B=\frac{PL^2}{2EI}, \quad v_B=\frac{PL^3}{3EI} \qquad (7.32)$$

[別解]　たわみ曲線を仮定して求める場合：たわみ曲線は3次式となるので，4つの境界条件が必要である．A点は固定端なので，$y(0)=0$，$\theta(0)=0$ である．断面力は $M(0)=PL$，$M(L)=0$ または $Q(x)=P$ が既知である．これらを上の条件式にあてはめれば，たわみ曲線，

$$EIy(x)=\frac{PLx^2}{2}-\frac{Px^3}{6}=\frac{Px^2(3L-x)}{6}$$

が得られる．■

【例題 7.7　分布荷重を受ける片持梁の変形】　図7.12の片持梁のたわみ曲線を求めよ．

[解答]　曲げモーメントは2次式となる．

$$M(x)=\frac{w}{2}(L^2-2Lx+x^2) \qquad (7.33)$$

曲率は梁の基本式から，

$$EI\frac{d^2y}{dx^2}=\frac{w}{2}(L^2-2LX+x^2) \qquad (7.34)$$

境界条件は固定端で，

$$y(0)=0, \quad \theta(0)=\theta \qquad (7.35)$$

たわみ角は，

$$EI\theta(x)=\frac{w}{2}\left(L^2x-Lx^2+\frac{x^3}{3}\right)=\frac{wx}{6}(3L^2-3Lx+x^2) \qquad (7.36)$$

たわみは，

$$EIy(x)=\frac{w}{2}\left(\frac{L^2x^2}{2}-\frac{Lx^3}{3}+\frac{x^4}{12}\right)=\frac{wx^2}{24}(6L^2-4Lx+x^2) \qquad (7.37)$$

最大の変形となるB点のたわみ角 θ_B と変位 v_B は，

$$\theta_B=\frac{wL^2}{6EI}, \quad v_B=\frac{wL^4}{8EI} \qquad (7.38)$$

[別解]　たわみ曲線を仮定して求める場合：たわみ曲線は4次式となるので5つの境界条件が必要である．A点は固定端なので，$y(0)=0$，$\theta(0)=0$ となる．断面力の値は，$M(0)=wL^2/2$，$M(L)=0$，$Q(0)=wL$ が既知である．これらを上の条件式にあてはめれば，たわみ曲線が得られる．■

【例題 7.8　分布荷重を受ける単純梁の変形】　図7.13の単純梁のたわみ曲線を求めよ．

[解答]　曲げモーメントは，2次式となる．

$$M(x)=\frac{w}{2}(-Lx+x^2) \qquad (7.39)$$

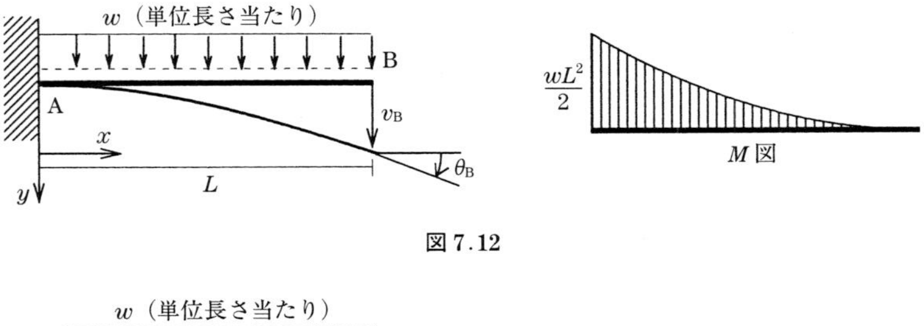

図 7.12

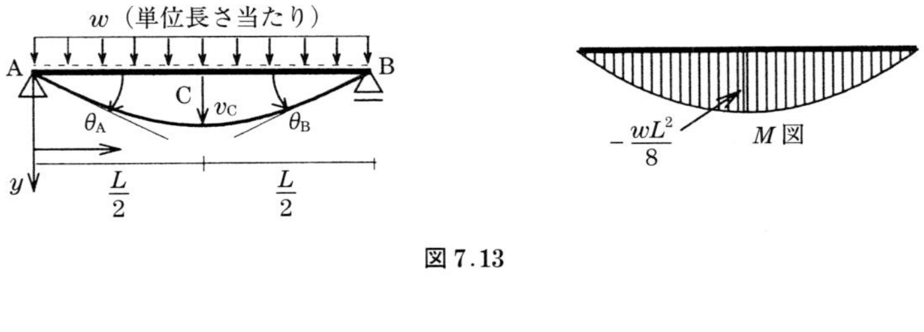

図 7.13

曲率は梁の基本式から，

$$EI\frac{d^2y}{dx^2}=\frac{w}{2}(-Lx+x^2) \quad (7.40)$$

たわみ角は曲率を積分して，

$$EI\theta(x)=c_1+\frac{w}{2}\left(-\frac{Lx^2}{2}+\frac{x^3}{3}\right) \quad (7.41)$$

たわみはたわみ角を積分して，

$$EIy(x)=c_2+c_1x+\frac{w}{2}\left(-\frac{Lx^3}{6}+\frac{x^4}{12}\right) \quad (7.42)$$

境界条件は，

$$y(0)=0,\quad c_2=0,\quad y(L)=0,$$

$$c_2+c_1L+\frac{w}{2}\left(-\frac{L^4}{6}+\frac{L^4}{12}\right)=0 \quad (7.43)$$

係数の値は，

$$c_1=wL^3/24,\quad c_2=0 \quad (7.44)$$

たわみ角は，

$$\theta(x)=\frac{wL^3}{24EI}\left(1-6\frac{x^2}{L^2}+4\frac{x^3}{L^3}\right) \quad (7.45)$$

たわみは，

$$y(x)=\frac{wL^4}{24EI}\cdot\frac{x}{L}\left(1-2\frac{x^2}{L^2}+\frac{x^3}{L^3}\right) \quad (7.46)$$

A 点と B 点のたわみ角 θ_B と中央のたわみ v_C は，

$$\theta_A=\frac{wL^3}{24EI},\quad \theta_B=-\frac{wL^3}{24EI},\quad v_C=\frac{5wL^4}{384EI} \quad (7.47)$$

となる．

［別解］ たわみ曲線を仮定して求める場合：たわみ曲線は 4 次式となるので以下のような 5 つの境界条件が必要である．

A 点と B 点の変位から，$y(0)=0$，$y(L)=0$

中央で最大変位となるので，$Q(L/2)=0$

A 点と B 点の曲げモーメントから，

$M(0)=0$，$M(L)=0$ ■

7.3.4 モールの定理

曲率と回転角および曲げモーメントの間には次のような関係がある．

$$\frac{d^2y(x)}{dx^2}=\frac{d\theta(x)}{dx}=\frac{M(x)}{EI} \quad (7.48)$$

また，曲げモーメントとせん断力と分布荷重の間には次のような関係がある．

$$\frac{d^2M(x)}{dx^2}=-\frac{dQ(x)}{dx}=w(x) \quad (7.49)$$

(7.49)式の荷重 $w(x)$ からせん断力 $Q(x)$ と曲げモーメント $M(x)$ を求める過程と，(7.48)式の $M(x)/EI$ から回転角 $\theta(x)$ とたわみ $y(x)$ を求める過程は，符号を除きまったく同じ微分方程式である．そこで，(7.49)式の w の代わりに，(7.48)式の $M(x)/EI$ を仮想分布荷重 $p(x)$ と考えてせん断力と曲げモーメントを求めると，両者の対応からせん断力が回転角になり，曲げモーメントが変位になるというのがモール（Mohr, 1835～1918）の定理である．

なお，モールの定理を適用するには，微分方程式の相似性を利用しているので 2 つの微分方程式の初期値すなわち境界条件も同じでなければならない．

（1） 単純梁の場合

材長を L とすれば，境界条件は，$y(0)=0$ と $M(0)=0$，$y(L)=0$ と $M(L)=0$ で同じである．そこで同じ単純梁に荷重 $p(x)=M(x)/EI$ を載荷したときの $Q(x)$ と $M(x)$ を求めれば，$Q(x)$ が $\theta(x)$ となり，$M(x)$ が $y(x)$ となる．

（2） 片持梁の場合

材長を L，固定端を $x=0$ とすれば，境界条件は，$y(0)=0$ と $M(L)=0$，$\theta(0)=0$ と $Q(L)=0$ で境界条件が両端で反対である．そこで固定端と自由端を入れ換えた片持梁に荷重 $p(x)=M(x)/EI$ を載荷したときの $Q(x)$ と $M(x)$ を求めれば，$Q(x)$ が $\theta(x)$ となり，$M(x)$ が $y(x)$ となる．

【例題 7.9 集中荷重を受ける単純梁】 図 7.14 (a)の単純梁の中央点（C 点）の変位と A 点の回転角をモールの定理で求めよ．

［解答］

①最初に曲げモーメント図を求める（省略．例題 6.5 を参照）．それを図 7.14(b)に示す．

②(c)図中に示すような荷重 $p(x)=M(x)/EI$ を考える．曲げモーメントが負なので下向きの荷重を考える．

③ A 点の回転角は A 点のせん断力（すなわち A 点の反力）であるので，

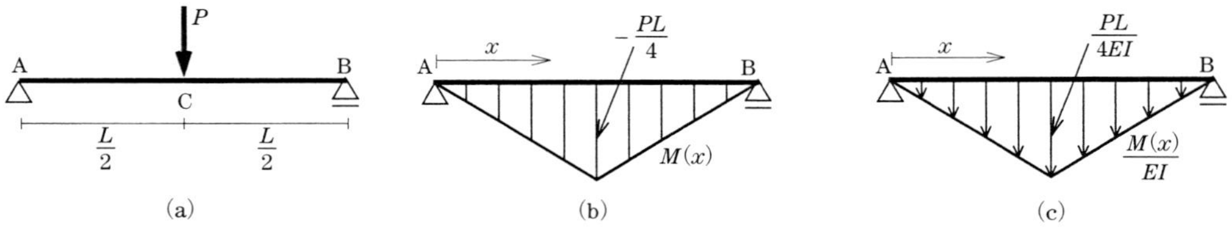

図 7.14

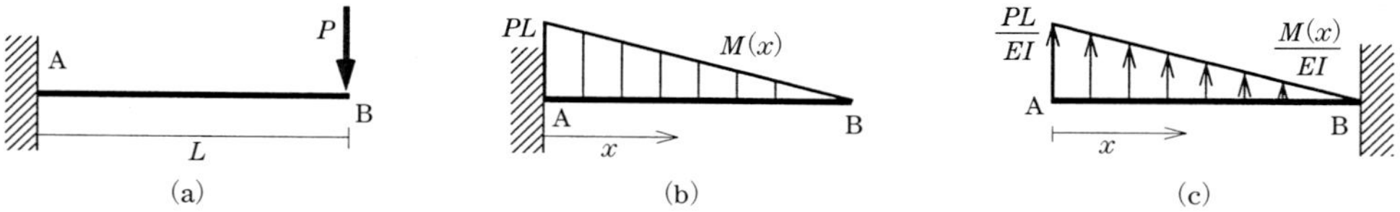

図 7.15

$$\theta_A = Q(0) = \frac{1}{2} \times \frac{L}{2} \times \frac{PL}{4EI} = \frac{PL^2}{16EI}$$

④ C 点の変位は C 点の曲げモーメントであるので，

$$v_C = \left| M\left(\frac{L}{2}\right) \right| = \frac{PL^2}{16EI} \times \frac{L}{2} - \frac{PL^2}{16EI} \times \frac{L}{6} = \frac{PL^3}{48EI}$$

■

【例題 7.10　集中荷重を受ける片持梁】　図 7.15 (a)の片持梁の B 点の変位と B 点の回転角をモールの定理で求めよ．

[解答]

①最初に曲げモーメント図を求める（省略．例題 6.7 を参照）．それを(b)図に示す．

②(c)図中に示すような荷重 $p(x) = M(x)/EI$ を考える．曲げモーメントが正なので上向きの荷重を考える．片持梁なので固定端を A 端から B 点に入れ換える．

③ B 点の回転角は B 点のせん断力（すなわち B 点の反力）であるので，

$$\theta_B = Q(L) = \frac{1}{2} \times L \times \frac{PL}{EI} = \frac{PL^2}{2EI}$$

④ B 点の変位は B 点の曲げモーメントであるので，

$$y_B = |M(L)| = \frac{PL^2}{EI} \times \frac{2L}{3} = \frac{PL^3}{3EI}$$

この結果は例題 7.6 の結果と同じである．■

演　習　問　題

7.1

① 梁の基本式とは何か．

② (7.10)式が成立するのはどのような場合か．

③ 梁に集中荷重のみが作用しているとき，たわみの一般式はどのように表されるか．

④ 曲げ剛性とは何か．

7.2　(演習用)　**図 7.16** の梁のたわみ $y(x)$ と回転角 $\theta(x)$ を求めよ．曲げ剛性は EI とする．

7.3　**図 7.17** の梁の断面はいずれも正方形とする．

① 最大たわみを 2 cm 以内にするためには，断面の 1 辺の大きさはいくら必要か．

② 弾性で設計するためには断面の 1 辺の大きさはいくら必要か．ここで，E はヤング係数，σ_y は降伏応力，$w = P/L$ とする．$E = 8$〔GPa〕，$\sigma_y = 15$〔MPa〕，$L = 2.0$〔m〕，$P = 3.0$〔kN〕

7.4

① 単純梁に一様な分布荷重が作用するとき，スパンを 2 倍にすると最大たわみは何倍になるか．

② 片持梁の先端に集中荷重が作用するとき，スパンを 2 倍にすると最大たわみは何倍になるか．

7.5　**図 7.18** は両端固定梁を不静定力として，力 P

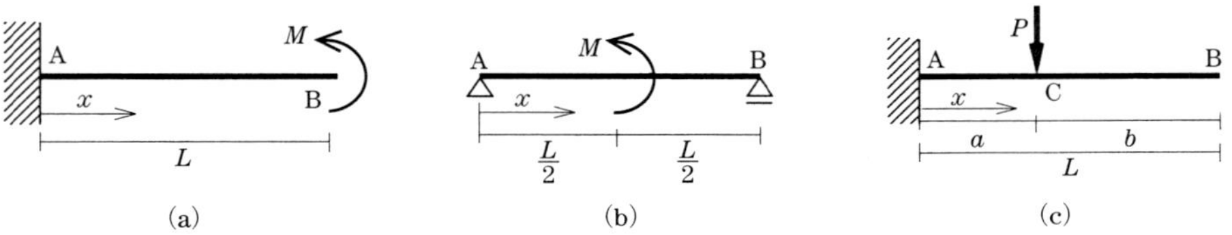

図 7.16

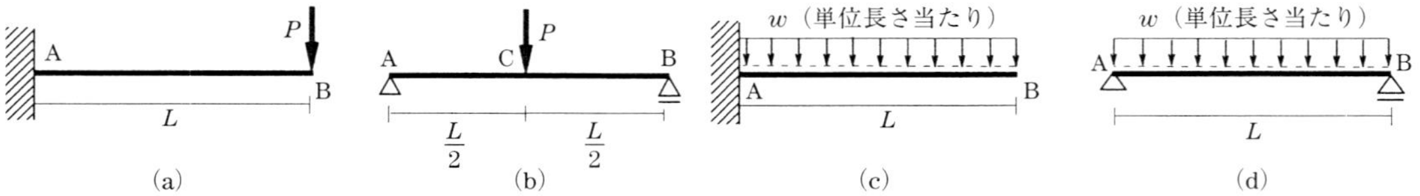

図 7.17

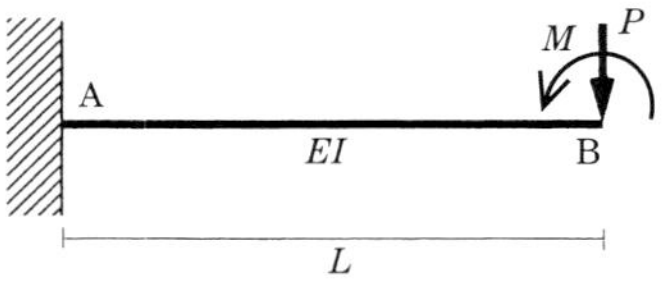

図 7.18

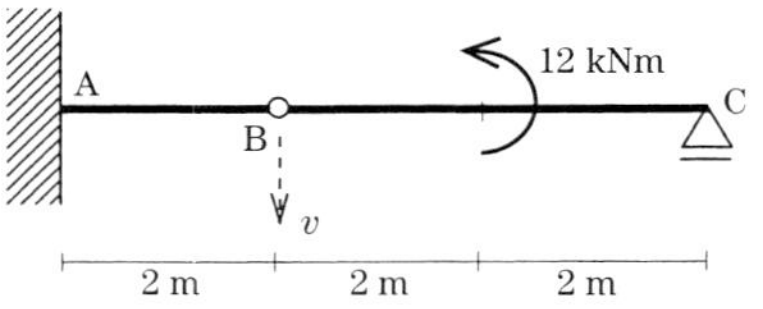

図 7.19

とモーメント M を導入して片持梁に置換したものである．

① B 点のたわみ v と回転角 θ の値を求めよ．

② B 点のたわみ v が生じないときの B 点の回転角 θ と B 点の曲げモーメント M の関係を求めよ．

③ B 点の回転角 θ が生じないときの B 点のたわみ v と B 点の曲げモーメント M の関係を求めよ．

7.6　（演習用）　**図 7.19** はピン接合の梁にモーメント力が作用している．ピンの変位 v を求めよ．ここで，ヤング係数は $E=200$〔GPa〕，断面 2 次モーメントは $I=10^{-6}$（m^4）である．

7.7　**図 7.20**(a)～(c)に示す架構について，直角変位図を用いて，各部材の部材角相互の関係を求めよ．

7.8　**図 7.21**(a)～(d)に示す架構の安定・不安定を直角変位図によって調べよ．

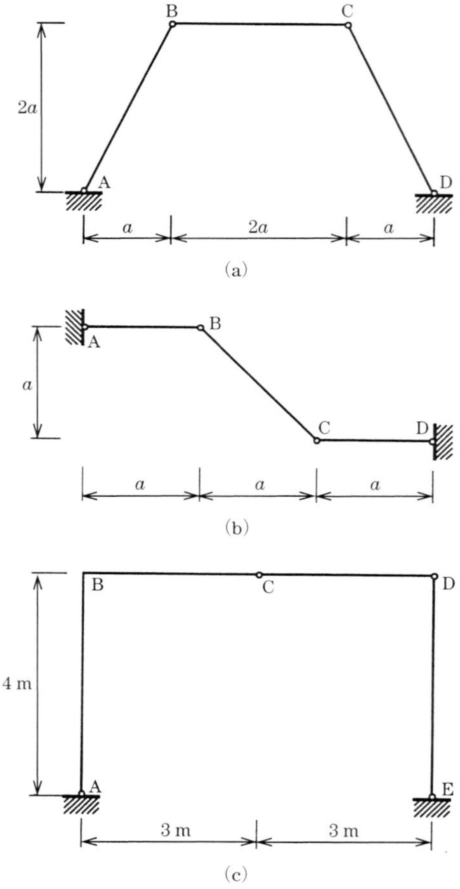

図 7.20

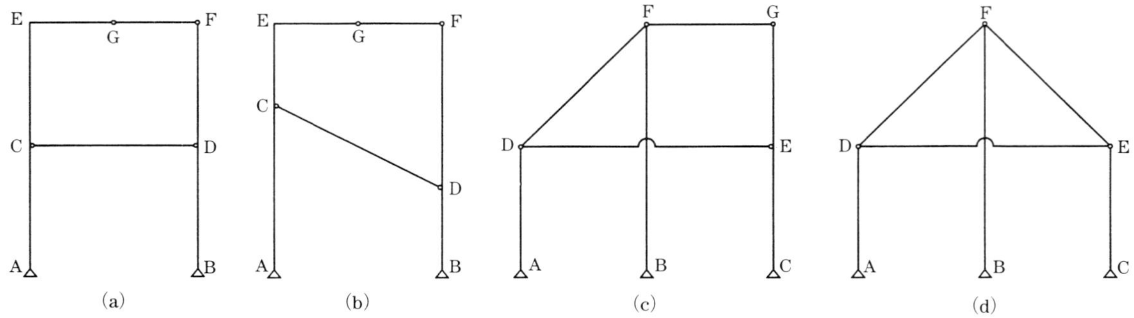

図 7.21

8. 仮想仕事の原理

8.1 仮想仕事とは

本章では，6 章や 7 章で解説した断面力や変形の算定をより簡単に行う手法について説明する．本章の特徴は，「仮想」および「仕事」という概念を用いて断面力や変形を計算するところにある．本章では，「仮想」であることを記号 δ で表現しており，これまでの変位などを表す δ と混同してはならない．なぜ「実際」の変位や力でなく「仮想」の量を用いるかというと，実際に起こり得ない変形などを考慮できるその汎用性による．本章では，例題を解きながら「仮想」という概念の有用性を習得する．また，「仕事」は，力と変位を掛け合わせた物理量で，Nm や kNm などの単位をもつ．「仕事」という物理量を使用する大きな理由は，力や変位がベクトル（大きさと方向をもつ）であったが，仕事はスカラー（大きさのみをもつ）であるためで，複雑な構造物に対してより簡単に構造的性質を計算できるところにある．

8.2 剛体の仮想仕事の原理

8.2.1 質点の仮想仕事の原理

図 8.1(a)に示すように，1 つの質点 m に力 P が作用する場合を考える．質点 m が P の作用方向に仮想的に δu だけ変位すると，P は次式で表される仕事 δW をなす．

$$\delta W = P\delta u \qquad (8.1)$$

ここで，δu は仮想変位，δW は仮想仕事と呼ばれる．図 8.1(b)のように，P の作用線と仮想変位 δu の方向が異なる場合の仮想仕事 δW は，P と δu の P 方向成分 $\delta u \cos\theta$ の積で与えられる．

$$\delta W = P\delta u \cos\theta \qquad (8.2)$$

次に，図 8.1(c)のように，力 P_1，P_2 および P_3 が質点 m に作用し，それらが互いにつり合っている場合を考えると，δu 方向のつり合いは次式で表される．

$$P_1 \cos\theta_1 + P_2 \cos\theta_2 + P_3 \cos\theta_3 = 0$$

ここで，θ_1，θ_2 および θ_3 は，P_1，P_2 および P_3 がそれぞれ δu となす交角である．上式の両辺に δu を乗じると次式が得られる．

$$P_1\delta u \cos\theta_1 + P_2\delta u \cos\theta_2 + P_3\delta u \cos\theta_3 = 0$$

上式を次のように書き換える．

$$\sum_{i=1}^{3} P_i\delta u_i = 0, \quad \delta u_i = \delta u \cos\theta_i$$

ここで，δu_i は P_i 方向の仮想変位成分になっていることに注意する．つまり，上式は力 P_1 から P_3 がなす仮想仕事の総和を表していて，それが 0 であることを示している．一般に，力 $P_1, P_2, \cdots, P_n$ が作用する場合には，次式が成立する．

$$\delta W = \sum_{i=1}^{n} P_i\delta u_i = 0 \qquad (8.3)$$

つまり，「質点に作用するつり合った一群の力がなす仮想仕事の総和は 0 である」ということができ，これを質点の仮想仕事（仮想変位）の原理と呼ぶ．つり合っているものは静止していることから考えると，仮想変位 δu は実際には生じてい

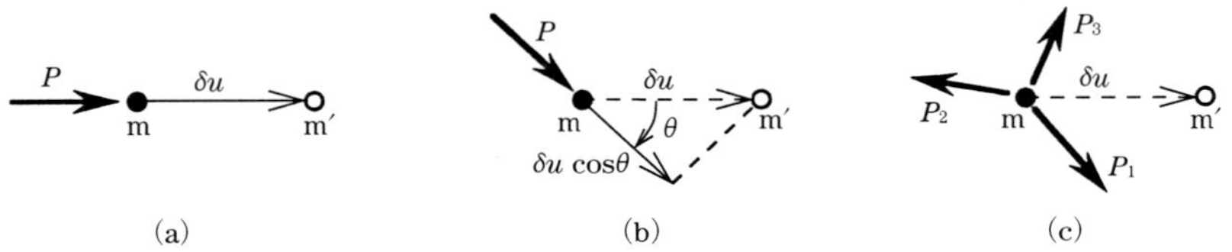

図 8.1　質点の仮想仕事

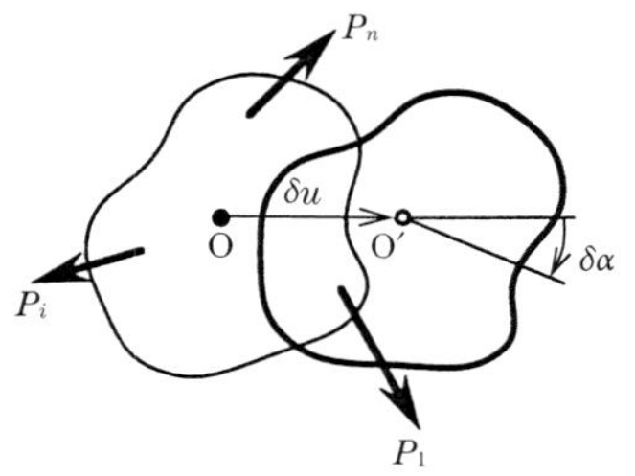

図 8.2　剛体変位

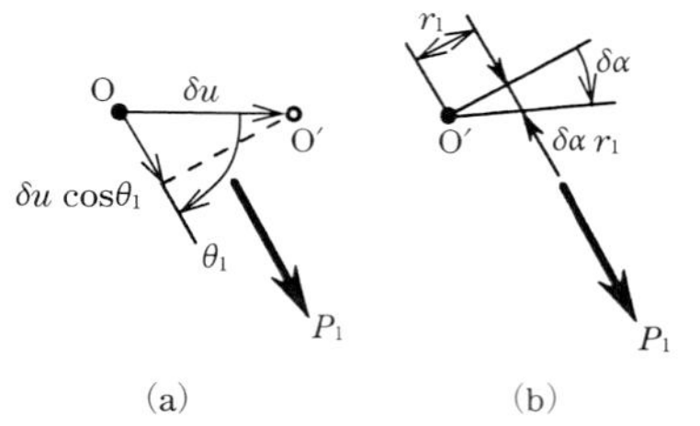

図 8.3　力の作用線方向変位

ないはずである．このため，現実の変位と区別して δu を「仮想変位」と呼んでいる．

8.2.2　剛体の仮想仕事の原理

図 8.2 に示すように，ある剛体に対して力 P_1, $P_2, \cdots, P_n$ がつり合って作用している．この状態で剛体が仮想的に変位したとする．点 O は，剛体の任意の位置に設定されたもので，これが δu だけ移動し，同時に $\delta\alpha$ だけ回転したとする．このときの δu 方向と点 O 回りのモーメントのつり合いは次式で表される．

$$\sum_{i=1}^{n} P_i \cos\theta_i = 0 \qquad \sum_{i=1}^{n} P_i r_i = 0$$

ここで，θ_i は力 P_i と δu の交角，r_i は点 O から P_i までの距離（P_i が点 O に対して右回りのモーメントを与える場合を正とする）を表す．上式のそれぞれに δu と $\delta\alpha$ を乗じて総和しても，やはり 0 である．

$$\delta u \cdot \left[\sum_{i=1}^{n} P_i \cos\theta_i\right] + \delta\alpha \cdot \left[\sum_{i=1}^{n} P_i r_i\right] = 0$$

上式を次のように変形する．

$$\delta W = \sum_{i=1}^{m} P_i \delta u_i = 0, \quad \delta u_i = \delta u_i \cos\theta_i + \delta\alpha r_i \tag{8.4}$$

図 8.3 に示すように，$\delta u \cos\theta_i$ および $\delta\alpha r_i$ はそれぞれ剛体の仮想変位の移動と回転による P_i 方向の成分で，δu_i は P_i 方向の仮想変位成分を表している．つまり，上式の δW は，$P_1, P_2, \cdots, P_n$ がなす仮想仕事の総和であり，「剛体に作用するつり合った一群の力がなす仮想仕事の総和は 0 である」ということを示しており，これを剛体の仮想仕事の原理と呼ぶ．(8.4)式は，次のようにも変形できる．

$$\delta W = \sum_{i=1}^{n} (P_i \delta u \cos\theta_i + M_i \delta\alpha) = 0, \quad M_i = P_i r_i$$

つまり，仮想の回転に対して P_i がなす仮想仕事は，回転中心に関する P_i のモーメント M_i と仮想の回転角 $\delta\alpha$ との積で表される．

8.2.3　仮想仕事の原理による反力，断面力の計算

仮想仕事の原理を使用して，反力や断面力を求める例を示す．

【例題 8.1】　**図 8.4**(a)に示す単純梁の反力を求めよ．

［解答］　まず，支点 A を中心にした仮想の回転 $\delta\theta$ を与える．このときの仮想仕事の総和 δW は次式で表される．

$$\delta W = P(a\delta\theta) - V_B(L\delta\theta)$$

剛体の仮想仕事の原理から，荷重 P と反力 V_A，V_B がつり合っていれば，δW は 0 でなけれ

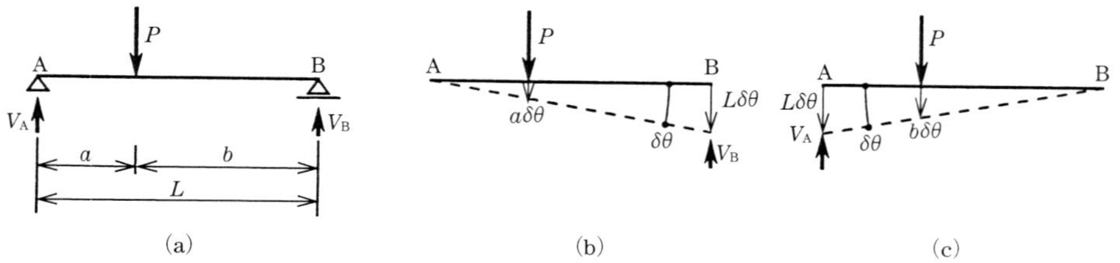

図 8.4　単純梁の反力

ばならないから，

$$P(a\delta\theta)-V_B(L\delta\theta)=0$$

となり，さらに変形して，

$$(Pa-V_BL)\delta\theta=0$$

を得る．ここで，$\delta\theta$ は任意の値をもつことができるが，これに対して上式が常に成立するためには，

$$Pa-V_BL=0$$

となる必要がある．これより，反力 V_B は次のようになる．

$$V_B=\frac{a}{L}P$$

同様に，反力 V_A は支点 B 回りに回転する仮想変位を考えればよい．

$$\delta W=P(b\delta\theta)-V_A(L\delta\theta)=0$$

したがって，

$$V_A=\frac{b}{L}P$$ ■

【例題 8.2】 図 8.5(a)に示す 1 トラスの部材 a の軸力を求めよ．

［解答］ 部材 a に生じているはずの軸力を N とする（引張りを正とする）．部材 a を取りはずして，それが接続していた節点に N の力を作用すればトラスはつり合っているはずである．部材が取りはずされたトラスは不安定となり，図 8.5(b)に示す変位が生じる．これを仮想変位と考えると，鉛直荷重 P のそれぞれの仮想変位は，左から 0，$h\times\delta\theta$，$2h\times\delta\theta$，$h\times\delta\theta$，0 となり，部材 a があった節点間の相対変位は，$2h\delta\theta$ となる．以上から，N を含めた一群のつり合った力のなす仮想仕事は，次式で表される．

$$\delta W=P(h\delta\theta+2h\delta\theta+h\delta\theta)+N(2h\delta\theta)=0$$

上式から，部材 a の軸力は次のように得られる．

$$N=-2P$$ ■

【例題 8.3】 図 8.6(a)に示す単純梁の点 D の曲げモーメントを求めよ．

［解答］ 点 D での曲げモーメントを M_D とする．点 D にピンを挿入し，図 8.6(b)のように M_D を左右の部材に作用させれば梁のつり合い状態は変わらない．ピンを挿入した梁は不安定で，図 8.6(c)に示すような変位を生じる．この変位を仮想変位とする．左の区間の回転を $\delta\theta_A$，右の区間の回転を $\delta\theta_B$ とすると，ピンの相対回転角は $(\delta\theta_A+\delta\theta_B)$ になる．仮想仕事 δW は，M_D と $(\delta\theta_A+\delta\theta_B)$ の向きが逆であることに注意して，次のように与えられる．

$$\delta W=P(a\delta\theta_A)-M_D(\delta\theta_A+\delta\theta_B)=0$$

ここで，仮想変位は次の幾何学的条件を満足しなければならない．

$$\delta\theta_B=\frac{b}{c}\delta\theta_A$$

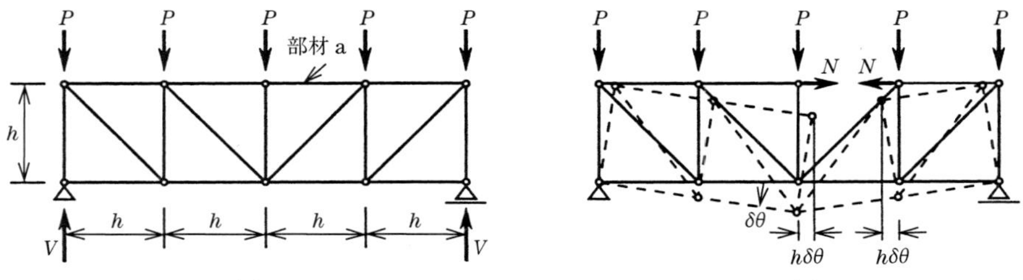

図 8.5　トラスの軸力

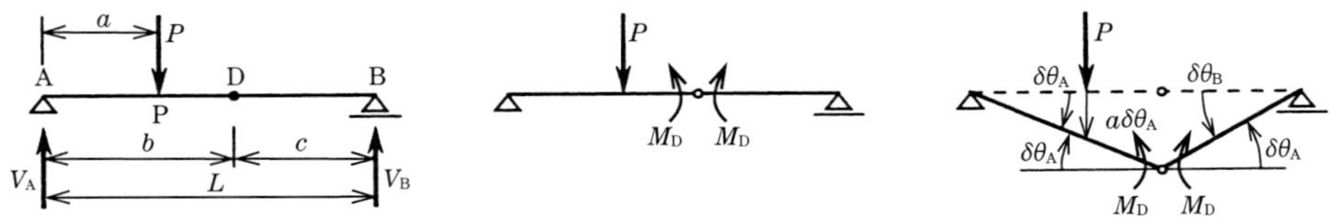

図 8.6　単純梁の曲げモーメント

これをもとの式に代入して，

$$\left[Pa-M_{\mathrm{D}}\left(1-\frac{b}{c}\right)\right]\delta\theta_{\mathrm{A}}=0$$

以上から，M_{D} は次のようになる．

$$M_{\mathrm{D}}=\frac{ac}{b+c}P=\frac{ac}{L}P$$ ■

8.2.4　直角変位図と仮想仕事

直角変位図によって仮想仕事式の計算が容易になる．**図 8.7** は，力 P_{A} が剛体上の点 A に作用し，仮想変位 δu を考えた場合を示す．P_{A} のなす仮想仕事は，P_{A} と P_{A} 方向の仮想変位 δu_{A} の積で表される．ここで，点 A の直角変位点を A′ とすれば，A′ から P_{A} の作用線までの距離 r_{A} は，仮想変位 δu_{A} に等しいので，次式が得られる．

$$\delta W=P_{\mathrm{A}}\cdot r_{\mathrm{A}} \tag{8.6}$$

つまり，「力のなす仮想仕事は，力の直角変位点回りのモーメントに等しい」．ただし，モーメントが時計回りの場合を正とする．

【例題 8.4】　図 8.8(a)のトラスの斜材 BD の軸力を直角変位図を利用して求めよ．

［解答］　図 8.8(b)のように，斜材 BD を切断し，斜材の軸力 N を節点 B と D に作用しておく．この状態でトラスに仮想変位を与える．仮想変位は任意なので，計算に便利なように，ここでは部材

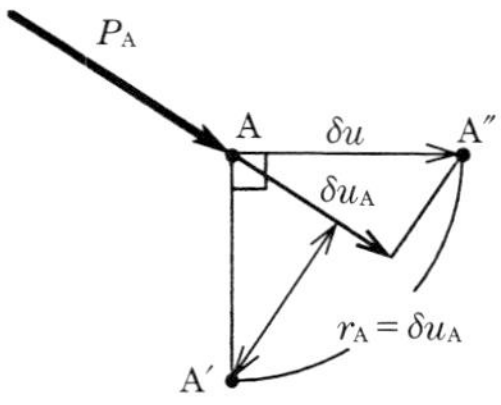

図 8.7　外力のなす仮想仕事

AD の端点 D の直角変位点 D′ が図に示す位置にきたとする．支点 A，C は不動点なので，直角変位点 A′，C′ はその位置にある．点 E の直角変位点 E′は，点 D′ を通る DE に平行な直線上にあるはずで，同様に点 F の直角変位点 F′ も同じ直線上にあるはずである．このうち，F′ は直線 CF との交点になければならない．点 B の直角変位点 B′ は，直線 BC と F′ を通る BF に平行な直線との交点にある．最後に E′ は B′ を通る BE に平行な直線と点 D′ を通る DE に平行な直線との交点として定まる．

剛体の仮想仕事の原理から，δW は 0 でなければならない．(8.6)式から，P と N の仮想仕事は直角変位点回りの力のモーメントで表される．

$$\delta W=-P\frac{a}{2}+N\frac{a}{2\sqrt{2}}+N\frac{a}{2\sqrt{2}}=0$$

上式を N について解くと，次式のようになる．

$$N=\frac{\sqrt{2}}{2}P$$ ■

8.3　変形する部材の仮想仕事の原理

図 8.9(a)に示すように，部材が材端荷重と分布荷重を受けてつり合っているとする．ここで，図 8.9(b)に示すような仮想変位を与える．断面力の正値は図 8.9(c)に示すとおりである．部材の任意の位置のつり合い条件は次式で与えられる．

$$\frac{dN}{dx}=0,\quad \frac{d^2M}{dx^2}-w=0 \tag{8.7}$$

7 章で学んだように，部材の重心軸ひずみ ε と曲率 $\varkappa$ は，材軸の変位 u とたわみ v によって次のように表される．

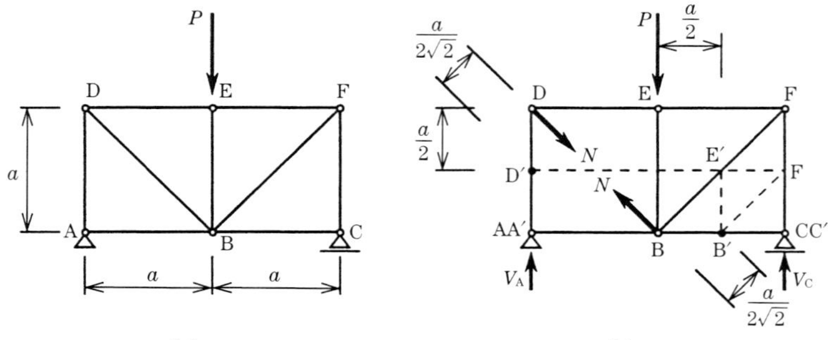

(a)　　　　　　(b)

図 8.8　トラスの軸力の算定

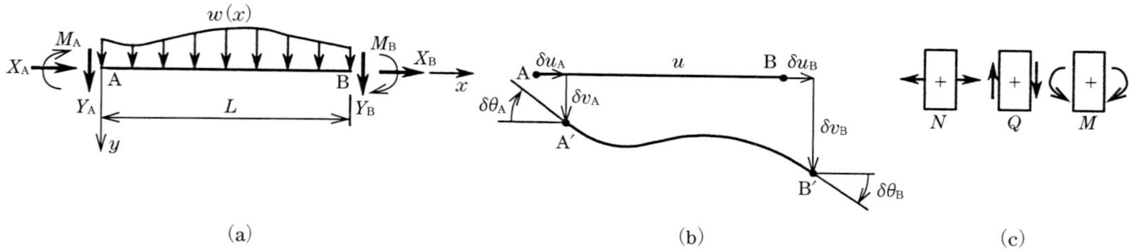

図 8.9　材端力と材端変位および断面力

$$\varepsilon=\frac{du}{dx},\quad \varkappa=\frac{d^2v}{dx^2} \qquad (8.8)$$

上式は，ひずみ－変位関係式と呼ばれ，棒材が満足しなければならない変形の適合条件ととらえることもできる．ただし，せん断変形は考えていない．仮想変位 δu，δv もひずみと変位の適合条件は満たすものとする．

$$\delta\varepsilon=\frac{d\delta u}{dx},\quad \delta\varkappa=\frac{d^2\delta v}{dx^2} \qquad (8.9)$$

さらに，材端力と仮想変位は，材端 A$(x=0)$，材端 B$(x=L)$ で次の境界条件を満たすものとする．

$$x=0:\quad N=-X_A,\quad Q=-Y_A,\quad M=-M_A$$
$$\delta u=\delta u_A,\quad \delta v=\delta v_A,\quad \frac{d\delta v}{dx}=\delta\theta_A$$
$$x=L:\quad N=X_B,\quad Q=Y_B,\quad M=M_B$$
$$\delta u=\delta u_B,\quad \delta v=\delta v_B,\quad \frac{d\delta v}{dx}=\delta\theta_B \qquad (8.10)$$

まずは，軸力について考える．(8.7)式の軸力の式に δu を乗じて材長にわたって積分する．

$$\int_0^L \frac{dN}{dx}\delta u dx=0$$

上式を部分積分すると，次式が得られる．

$$[N\delta u]_0^L=\int_0^L N\frac{d\delta u}{dx}dx$$

上式に(8.9)式と(8.10)式を代入して次式を得る．

$$X_A\delta u_A+X_B\delta u_B=\int_0^L N\delta\varepsilon dx$$

上式の左辺は荷重（外力）のなす仮想仕事であり，右辺は断面力（内力）のなす仮想仕事である．次に，曲げモーメントについて考える．(8.7)式の曲げモーメントの式に δv を乗じて材長にわたって積分する．

$$\int_0^L\left(\frac{d^2M}{dx^2}-w\right)\delta v dx=0$$

上式を部分積分すると，次式が得られる．

$$\int_0^L w\delta v dx+[Q\delta v]_0^L+\left[M\frac{d\delta v}{dx}\right]_0^L=\int_0^L M\left(\frac{d^2\delta v}{dx^2}\right)dx$$

上式に (8.9) 式と (8.10) 式を代入して次式を得る．

$$\int_0^L w\delta v dx+Y_A\delta v_A+M_A\delta\theta_A+Y_B\delta v_B+M_B\delta\theta_B=\int_0^L M\delta\varkappa dx$$

上式の左辺は荷重(外力)のなす仮想仕事であり，右辺は断面力(内力)のなす仮想仕事である．左辺の荷重（外力）のなす仮想仕事を δW で表せば，一般に次式が成立する．

$$\delta W=\int_s N\delta\varepsilon ds+\int_s M\delta\varkappa ds \qquad (8.11)$$

上式は１つの棒材について導かれたが，上式の左辺と右辺をそれぞれ架構全体にわたって総和すれば，架構についても同様に成立する．この式は，変形する架構の仮想仕事の原理であり，「変形する架構がつり合い状態にあれば，任意の仮想変位に対する外力と内力のなす仮想仕事は等しい」ことを示している．なお，この場合，変位が仮想であるので，これを仮想変位の原理と呼ぶこともある．

8.4　仮想仕事の原理による変位の計算

(8.11)式の仮想仕事の原理の導出には，(8.7)式のつり合い条件，(8.9)式の適合条件および(8.10)式の変位と力の境界条件だけを使用した．実変位は，(8.9)式の適合条件および(8.10)式のうち，変位の境界条件を満足しているのは当然である．ここで，(8.7)式のつり合い条件と(8.10)式のうち，力の境界条件を満足する仮想の荷重と断面力を考える．こうすると，(8.11)式の実荷重と実断面力を仮想荷重と仮想断面力に置換し，同時に仮想変位を実変位に置換した次式が成立する．

$$\delta W^*=\int_s \delta N\varepsilon ds+\int_s \delta M\varkappa ds \qquad (8.12)$$

ここで，左辺の δW^* は仮想荷重がなす仕事を表し，右辺の δ 付き断面力は仮想の断面力を表している．上式は，「架構の実際の変形状態に対して，仮想荷重（外力）がなす仮想仕事と仮想荷重につり合う仮想断面力（内力）がなす仮想仕事は等しい」ということを示している．なおこの場合，荷重が仮想であるので，これを仮想荷重の原理と呼ぶこともある．

8.4.1　単位仮想荷重法

部材が弾性であれば，断面力とひずみ（重心軸ひずみと曲率）には次の関係がある．

$$\varepsilon=\frac{N}{EA},\quad \varkappa=\frac{M}{EI} \qquad (8.13)$$

ここで，EA は軸方向剛性，EI は曲げ剛性である．δW^* は，仮想荷重と実変位がなす仮想仕事である．ここで，仮想荷重を単位の大きさ1とし，仮想荷重の作用線方向の実変位を $\varDelta$ で表すとすれば，次式が成立する．

$$\delta W^*=1\cdot\varDelta=\varDelta \qquad (8.14)$$

(8.13)式と(8.14)式を(8.12)式に代入し，単位の仮想荷重につり合う仮想の断面力に $\overline{}$ を付けて表すことにすれば，次式が成り立つ．

$$\varDelta=\int_s \frac{\bar{N}N}{EA}ds+\int_s \frac{\bar{M}M}{EI}ds \qquad (8.15)$$

上式の右辺は断面力のみとなっていることがわかる．つまり，実際の荷重の場合と仮想の荷重の場合の2通りについて，軸力図もしくは曲げモーメント図を描けば，架構の任意の位置の任意の方向の変位が求められることを示している．この式を用いた変形の計算法を単位仮想荷重法と呼ぶ．

【例題 8.5】　**図 8.10**(a)に示す片持梁の自由端の鉛直変位 v_A とたわみ角 θ_A を求めよ．

［解答］　この場合，軸力がないので，(8.15)式の右辺第1項は必要としない．図 8.10(b)に示すように，荷重 P による M 図を求める．鉛直変位 v_A を算定するには，自由端に鉛直方向の単位仮想荷重1を作用させ，この仮想荷重につり合う曲げモーメント $\bar{M}$ 図を求める．M 図と $\bar{M}$ 図の組合せにより，(8.15)式から次のように v_A が得られる．

$$v_A=\int_0^L \frac{Px\cdot x}{EI}dx=\frac{PL^3}{3EI}$$

θ_A を算定するには，自由端に単位の仮想曲げモーメント1を作用させ，これにつり合う $\bar{M}$ 図を求める．(8.15)式から θ_A が次のように得られる．

$$\theta_A=\int_0^L \frac{Px\cdot 1}{EI}dx=\frac{PL^2}{2EI}$$

これは既出の例題 7.6 と同じであり，両者の解が一致していることがわかる．単位仮想荷重法は，例題 7.6 の梁の基本式を用いた解法に比して計算量が少ないことがわかる．■

8.4.2　静定トラス

トラスは軸力しかないので，(8.15)式の曲げモーメントに関する項を考慮する必要がない．

$$\varDelta=\int_s \frac{\bar{N}N}{EA}ds \qquad (8.16)$$

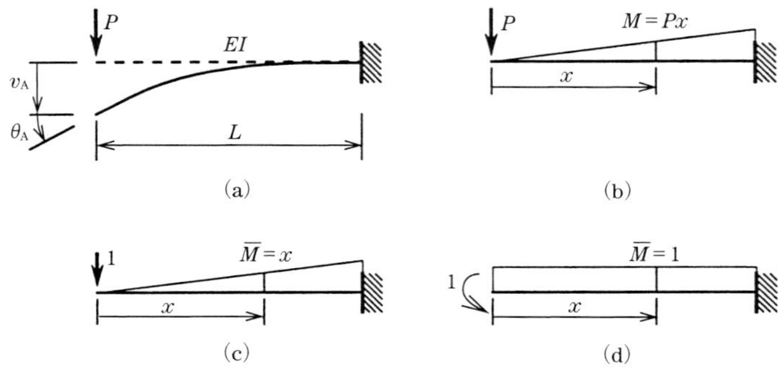

図 8.10　片持梁の変位

また，部材の長さ L の中で $\bar{N}$ および N が一定であれば，積分を行った次式を用いることができる．

$$\Delta=\sum_{i=1}^{n}\frac{\bar{N}_i N_i L_i}{EA_i} \quad (8.17)$$

ここで，n は部材の総数，添字 i は i 番目の部材を表す．一見，単材の変形を足し合わせているように見えるが，これはあくまでも各材の仮想仕事を総和したものと理解することが重要である．

【例題 8.6】 図 8.11(a)に示す静定トラスの節点 A の鉛直変位 v_A を求めよ．

［解答］ まず，実荷重 P による N 図を求める．次に，点 A に鉛直方向へ単位の仮想荷重 1 を作用し，その場合の軸力図を求める．(8.17)式から，変位 v_A は次のように求められる．

$$v_A=\frac{\sqrt{3}P\cdot\sqrt{3}\cdot L}{EA}+\frac{-2P\cdot -2\cdot(2L/\sqrt{3})}{EA}$$

$$=\left(3+\frac{8\sqrt{3}}{3}\right)\frac{PL}{EA}$$

これは，既出の例題 7.5 と同じであり，両者の解が一致していることがわかる．単位仮想荷重法は，例題 7.5 のウィロットの変位図法に比して計算量が非常に少ないことがわかる．■

【例題 8.7】 図 8.12(a)に示す静定トラスの節点 B の鉛直変位 v_B を求めよ．ただし，部材の軸剛性は，すべて EA とする．

［解答］ まず，図 8.12(b)に示すように，実荷重 P による N 図を求める．次に，点 B に鉛直方向へ単位の仮想荷重 1 を作用し，その場合の N 図を図 8.12(c)のように求める．(8.17)式から変位

計算表

部材	$\frac{L}{EA}$	N	$\bar{N}$	$\frac{N\bar{N}L}{EA}$
AB，BC	$\frac{2a}{EA}$	$\frac{P}{2}$	$\frac{1}{2}$	$\frac{Pa}{2EA}$
AD，CE	$\frac{\sqrt{2}a}{EA}$	$-\frac{1}{\sqrt{2}}P$	$-\frac{1}{\sqrt{2}}$	$\frac{\sqrt{2}Pa}{2EA}$
BD，BE	$\frac{\sqrt{2}a}{EA}$	$\frac{1}{\sqrt{2}}P$	$\frac{1}{\sqrt{2}}$	$\frac{\sqrt{2}Pa}{2EA}$
DE	$\frac{2a}{EA}$	$-P$	-1	$\frac{2Pa}{EA}$

$$v_B=\Sigma\frac{N\bar{N}L}{EA}=\frac{(3+2\sqrt{2})Pa}{EA}$$

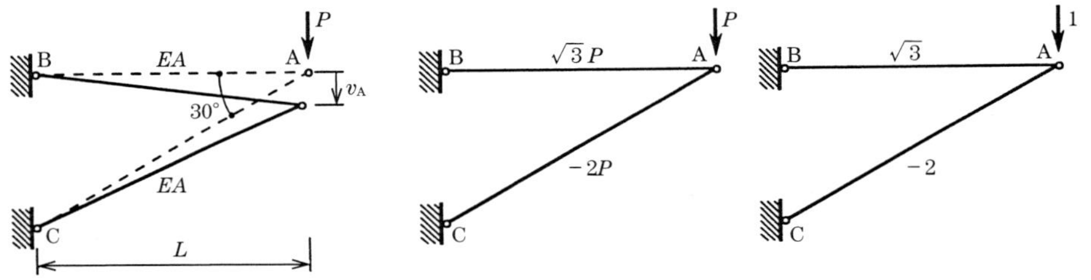

(a)　(b) N 図　(c) $\bar{N}$ 図

図 8.11　トラスの変位

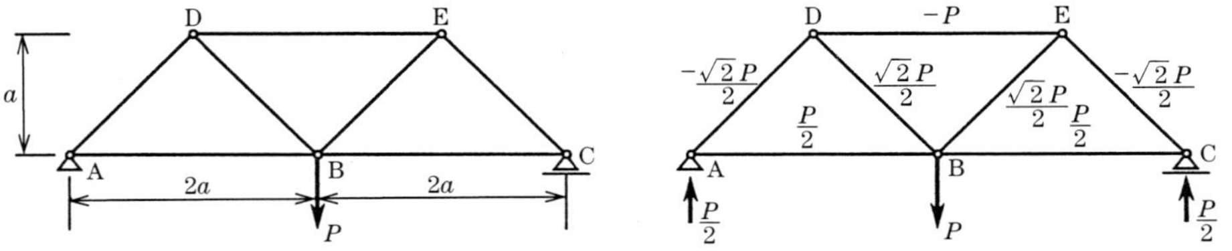

(a)　(b) N 図

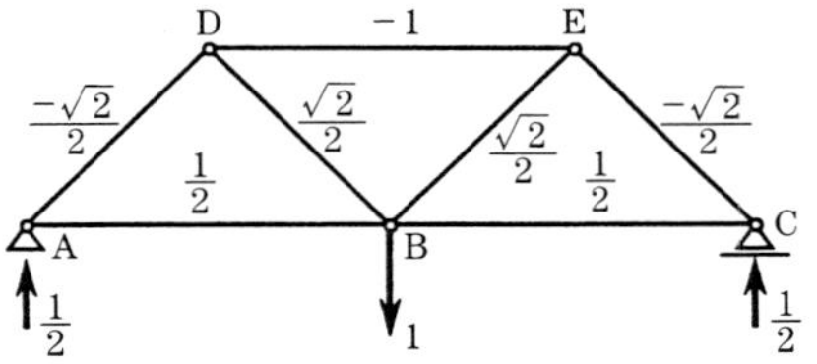

(c) $\bar{N}$ 図

図 8.12　トラスの変位

v_B が求められる．部材数が多いトラスでは表をつくって計算を行うと便利である． ■

8.4.4 静定ラーメン

ラーメンでは，部材の曲げ変形が卓越する場合が多い．したがって，この場合は，(8.15)式の曲げモーメントに関する項のみを残した次式を使用できる．

$$\Delta=\int_s \frac{\bar{M}M}{EI}ds \qquad (8.18)$$

【例題 8.8】 図 8.13(a)に示す片持梁式ラーメンの点 A の鉛直方向変位 v_A とたわみ角 θ_A を求めよ．

［解答］ 荷重 P による曲げモーメント分布を求めると，その結果は次のようになる．

AB 部材：$M=\frac{\sqrt{3}}{2}Ps$

BC 部材：$M=Pa$

ここで，s はそれぞれの部材の材軸に沿う座標を表す．変位 v_A を算定するには，点 A に鉛直下向きの単位仮想荷重を与え，そのモーメント分布を求める．

AB 部材：$\bar{M}=\frac{\sqrt{3}}{2}s$

BC 部材：$\bar{M}=a$

以上の結果を(8.18)式に代入すると，

$$v_A=\int_0^{2a/\sqrt{3}}\frac{(\sqrt{3}/2Ps)(\sqrt{3}/2s)}{EI}ds+\int_0^a\frac{Pa\cdot a}{EI}ds$$

$$=\left(1+\frac{2\sqrt{3}}{9}\right)\frac{Pa^3}{EI}$$

次に，点 A のたわみ角 θ_A を算定するには，点 A に単位の仮想モーメントを作用すればよい．そのときの曲げモーメントは次のようになる．

AB 部材および BC 部材：$\bar{M}=1$

以上の結果から，次式が導かれる．

$$\theta_A=\int_0^{2a/\sqrt{3}}\frac{(\sqrt{3}/2Ps)\times 1}{EI}ds+\int_0^a\frac{Pa\times 1}{EI}ds$$

$$=\left(1+\frac{\sqrt{3}}{3}\right)\frac{Pa^2}{EI}$$ ■

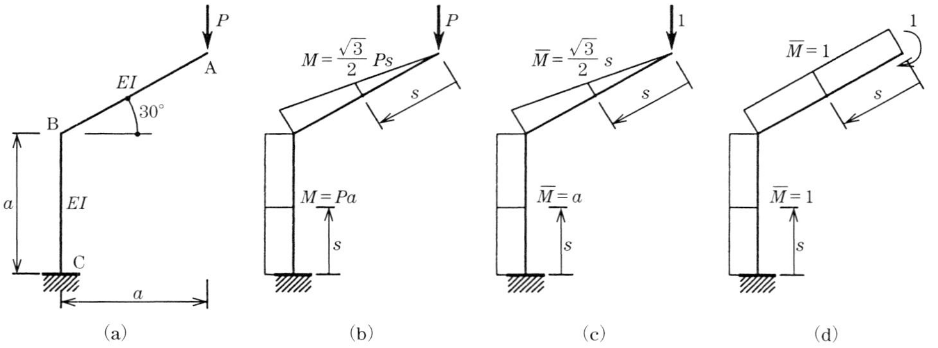

図 8.13 ラーメンの変位

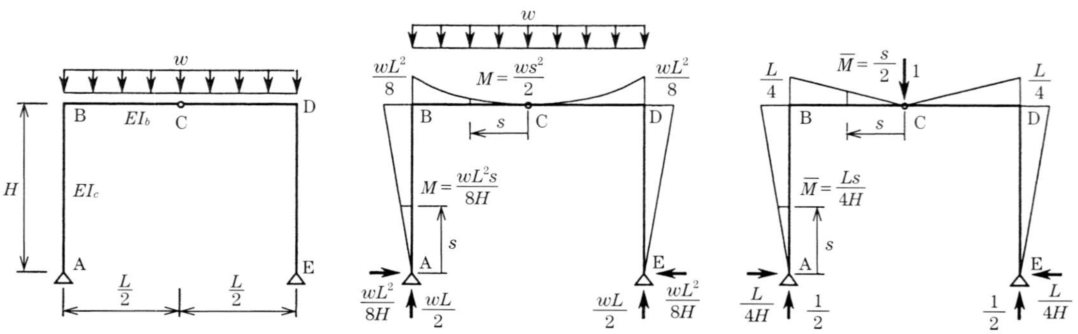

図 8.14 ラーメンの変位

【例題 8.9】　**図 8.14**(a)に示す 3 ヒンジラーメンの点 C の鉛直変位 $v_{\rm C}$ を求めよ．

［解答］　実荷重 w による曲げモーメント分布は次式で与えられる．ここで，対称性を利用すれば，ラーメンの左または右半分を解けばよい．

$$\text{AB,ED 部材}：M=\frac{wL^2}{8H}s$$

$$\text{BC,DC 部材}：M=\frac{w}{2}s^2$$

次に，単位の仮想荷重を点 C に鉛直に作用する．その場合の曲げモーメントは次のとおりである．

$$\text{AB,ED 部材}：\bar{M}=\frac{L}{4H}s$$

$$\text{BC,DC 部材}：\bar{M}=\frac{1}{2}s$$

以上から，鉛直変位 $v_{\rm C}$ は次のように与えられる．

$$v_{\rm C}=2\int_0^H\frac{\left(\dfrac{wL^2}{8H}s\right)\cdot\left(\dfrac{L}{4H}s\right)}{EI_c}ds+2\int_0^{L/2}\frac{\left(\dfrac{w}{2}s^2\right)\cdot\left(\dfrac{1}{2}s\right)}{EI_b}ds=\frac{wL^3H}{48EI_c}+\frac{wL^4}{128EI_b}$$

8.4.4　ア　ー　チ

アーチについても，部材のせん断力と軸力による変形を無視できる場合には，(8.18)式が使える．

【例題 8.10】　**図 8.15**(a)に示す単純支持された円弧アーチの点 B の水平変位 $u_{\rm B}$ を求めよ．

［解答］　円弧の場合は，極座標を用いて曲げモーメントを表現すると便利な場合が多い．分布荷重 w による曲げモーメントは，次のように表現できる．

$$M=-\frac{wa^2}{2}(1-\cos^2\theta)$$

点 B に水平方向に単位仮想荷重を与える．この場合の仮想曲げモーメントは，次のとおりである．

$$\bar{M}=-a\sin\theta$$

(8.18)式の積分は，円弧に沿う座標 s について行う必要がある．s の各座標は，θ によって次のように表される．

$$ds=ad\theta$$

よって，

$$u_{\rm B}=\int_0^{2\pi}\frac{wa^4}{2EI}\sin\theta(1-\cos^2\theta)\,d\theta$$

$t=\cos\theta$，$dt=-\sin\theta d\theta$ の関係を利用して，上の積分を実行する．

$$u_{\rm B}=-\frac{wa^4}{2EI}\int_1^{-1}(1-t^2)\,dt=\frac{2wa^4}{3EI}$$

8.4.5　温度変化による変位

部材が一様な温度変化を受ける場合は軸方向変形だけが生じ，そのときの重心軸ひずみは次式で与えられる．

$$\varepsilon=\alpha t \tag{8.19}$$

ここで，α は線膨張係数，t は温度変化を表す．次に，**図 8.16**(a)に示すように，部材が片側から熱を受けて，断面内で温度勾配が生じるときの断面内のひずみ分布は図 8.16(b)のようになる．断面の図心での温度を t，両最外縁の温度差を Δt とすれば，重心軸ひずみは(8.19)式で，また曲率は次式が与えられる．

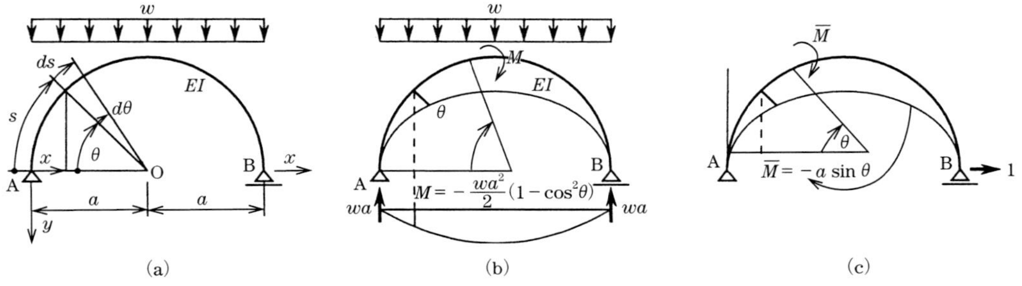

図 8.15　アーチの変位

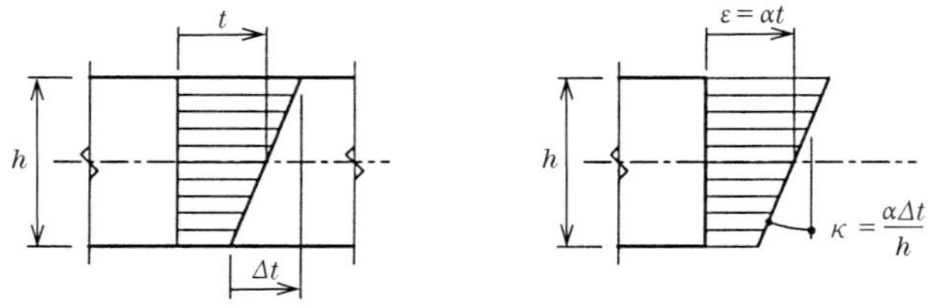

図 8.16 温度ひずみ

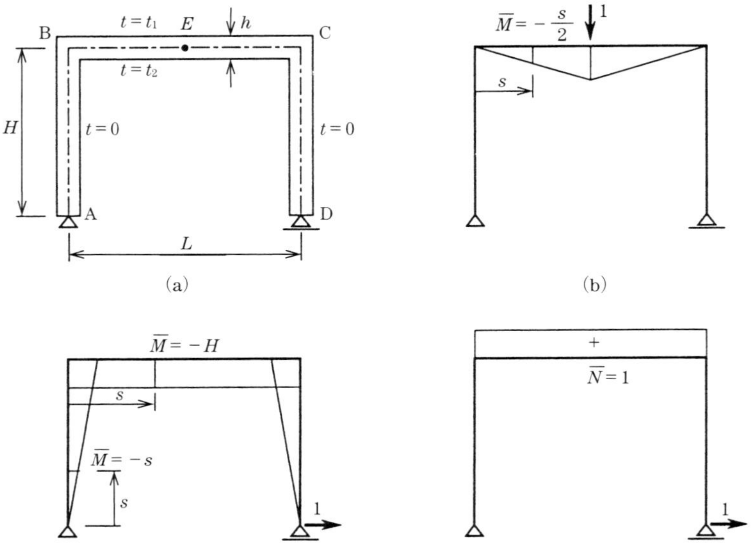

図 8.17 ラーメンの温度変位

$$\kappa = \frac{\alpha \Delta t}{h} \qquad (8.20)$$

温度変化を考慮した単位仮想荷重法は，(8.12)式から次のようになる．

$$\Delta = \int_s \bar{N} \varepsilon ds + \int_s \bar{M} \kappa ds = \int_s \bar{N} \alpha t ds + \int \bar{M} \frac{\alpha \Delta t}{h} ds$$

トラスの場合は，部材の伸縮だけが骨組の節点変位に影響する．さらに，各部材の温度が材長にわたって一様とみなせる場合は，次式が使用できる．

$$\Delta = \sum_{i=1}^{n} \bar{N}_i \alpha_i t_i L_i \qquad (8.22)$$

【例題 8.11】 図 8.17(a)に示す架構の梁が，上端 t_1，下端 t_2 の温度変化を受けたときの点Eの鉛直変位と点Dの水平変位を求めよ．ただし，線膨張係数は α とする．

［解答］ 図 8.17(b)に示すように，点Eに鉛直方向の単位仮想荷重を作用する．対称性を利用して，左半分のみを考えると，

AB 部材：$\bar{M} = 0$

AE 部分：$\bar{M} = -s/2$

軸方向変位は関係しないことを考慮して，(8.21)式に以上を代入すると，

$$v_E = 2\int_0^{L/2} -\left(\frac{s}{2}\right) \cdot \frac{\alpha(t_1 - t_2)}{h} ds$$
$$= -\frac{\alpha(t_1 - t_2) L^2}{8h}$$

次に，点Dの水平変位 u_D は，そこに単位仮想荷重を作用して求める．図 8.17(c)と図 8.17(d)に示すように，その場合の曲げモーメントと軸力は次式で表される．

AB 部材：$\bar{M} = -s$，$\bar{N} = 0$

AE 部分：$\bar{M} = -H$，$\bar{N} = 1$

以上を(8.21)式に代入すると，

$$u_D = 2\int_0^{L/2}(1)\cdot\alpha\left(\frac{t_1+t_2}{2}\right)ds + 2\int_0^{L/2}(-H)\cdot\frac{\alpha(t_1-t_2)}{2}ds = \frac{\alpha(t_1+t_2)L}{2} - \frac{\alpha(t_1-t_2)HL}{h}$$ ■

【例 題 8.12】 図 8.18(a)に示すように，部材 AB，BC，CD だけに温度変化 t が生じたトラスについて，点 A の水平変位 u_A を求めよ．

［解答］ 点 A に水平に単位仮想荷重を作用すると，そのときの軸力分布は図のように得られる．(8.22)式の仮想仕事式より，

$$u_B = \alpha t\times 1\times a + \alpha t\times 2\times a + \alpha t\times 3\times a = 6\alpha ta$$

このときたとえば，$a=5$〔m〕，$t=20$〔℃〕，

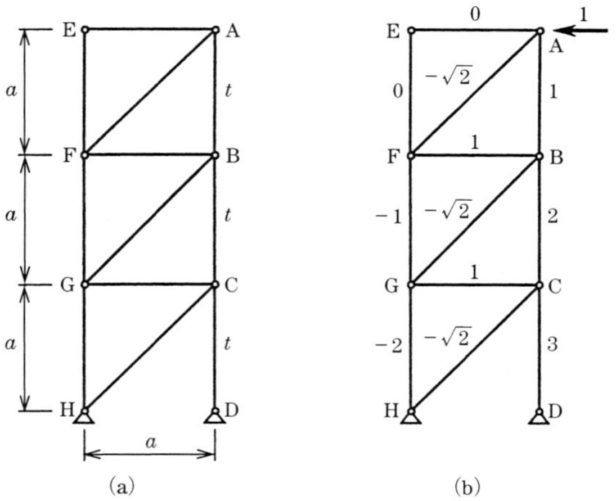

図 8.18 トラスの温度変位

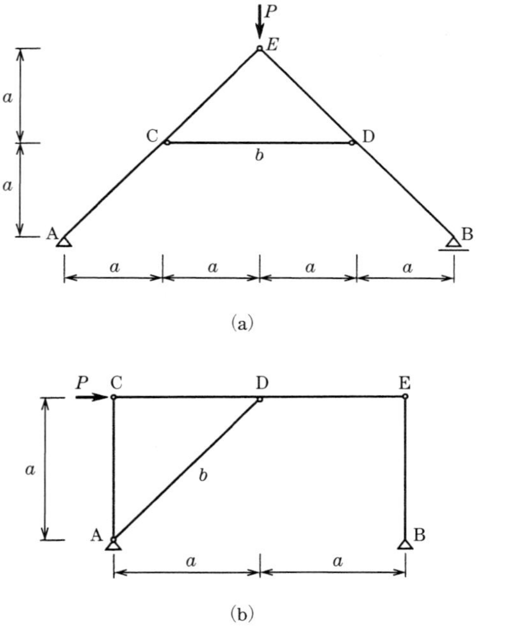

図 8.19

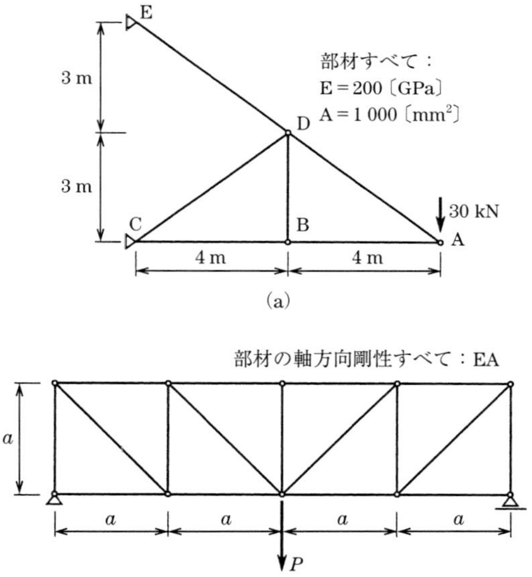

図 8.20

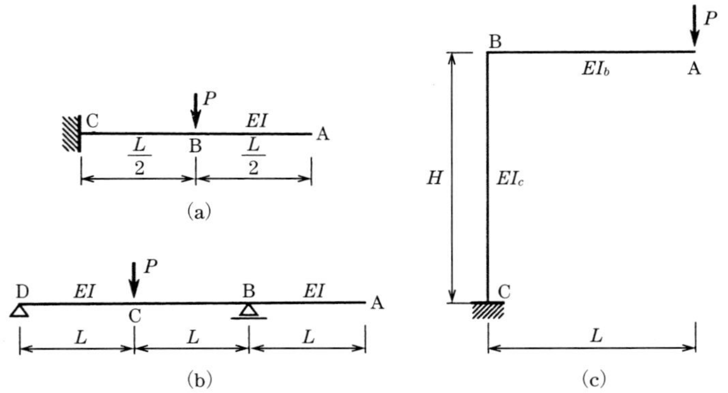

図 8.21

線膨張係数 $\alpha=10^{-5}/$〔℃〕とすれば，トラスの頂点Aでは，次の水平変位が生じている．

$$u_B=6\times10^{-5}\times20\times5\,000=6\ \text{〔mm〕}$$ ■

演　習　問　題

8.1　図**8.19**(a)，(b)に示す架構の部材bの軸力を仮想仕事の原理によって求めよ．

8.2　図**8.20**(a)，(b)に示すトラスの加力点の加力方向変位を求めよ．

8.3　図**8.21**(a)～(c)に示す梁あるいはラーメンのA点の鉛直方向変位を求めよ．

8.4　図**8.22**に示すラーメンの温度変化によるA点の鉛直変位を求めよ．

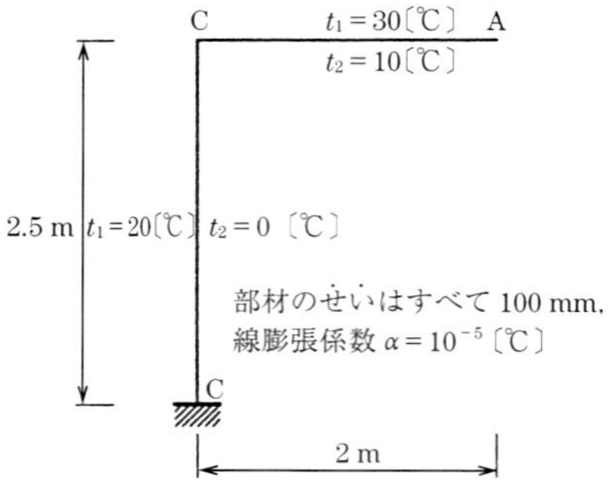

図8.22

9. ひずみエネルギーの諸定理

9.1　外力仕事と内力仕事

7章の変形の算定法は，力と変形の関係によるもので，フックの法則に基づく考え方である．本章では，力と変位を掛け合わせたエネルギーや仕事という物理量を用いて構造物の変位を求める方法について示す．この方法は，7章の方法に比して計算量が少なくてすむため利用頻度が高い．また8章と異なり，本章では「仮想」という概念を用いず，もっぱら「実際」の力と変形を扱う．

図 9.1 のようにばね係数 k のばねに質量 M のおもりをぶら下げる．もしも，ばねが伸びる前の状態で手を離すとおもりは上下に振動する．これを動的な状態と呼び，動力学（dynamics）によって解析する．ここでは，振動状態にならないように，手を添えておもりとばねがつり合う状態までゆっくり変化させることを考える．これを静的載荷（static loading）と呼ぶ．

いま，静かに手を下方向に動かすと，ばねが伸びて次第に手にかかる力が小さくなる．この過程において，ばねにかかる力 P と変形 y の関係は，

$$P = ky \tag{9.1}$$

と表すことができる．次に，y_1 だけばねが伸び，手を離しても静止している状態を考えると，作用している力 P_1 は y_1 の関数として，

$$P_1 = ky_1 = Mg \tag{9.2}$$

と表すことができる．ここで，g は重力加速度である．図 9.1 のばねにかかる力 P と変形 y の関係を**図 9.2** に示す．図 9.2 では，(9.1)式で示す直線と水平軸で囲まれる領域を縦線塗りで示しており，これを外力仕事と呼び W で表す．一方，(9.1)式で示す直線と鉛直軸で囲まれる領域を横線塗りで示しており，これを補外力仕事と呼び W^* で表す．図から明らかなように，$W = W^*$ である[注1)]．静的載荷を行うことで，位置エネルギーに相当する $P_1y_1 = Mgy_1$ の半分が，外力仕事 W として定義されていることがわかる．

(9.1)式に微小変形 dy を掛けて積分すると，

$$\int_0^{y_1} P dy = \int_0^{y_1} ky dy$$
$$\int_0^{y_1} P dy = \frac{1}{2} ky_1^2 = U \tag{9.3}$$

が得られる．ここでは，右辺だけ積分を実行した．右辺は，ばね係数と変位の関数として表されており，ばねの状態のみで表現されていることが

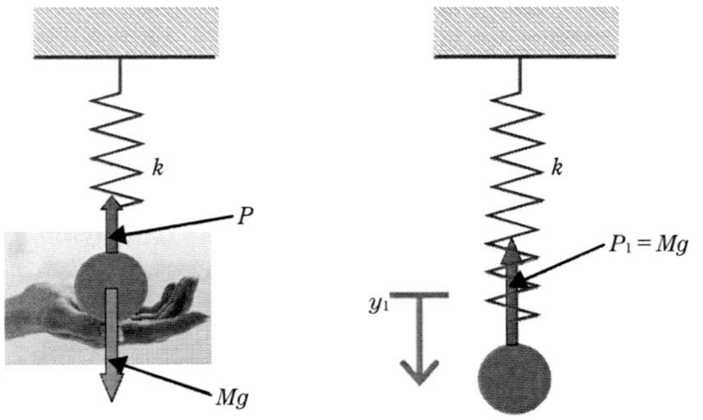

図 9.1　ばねの変形状態

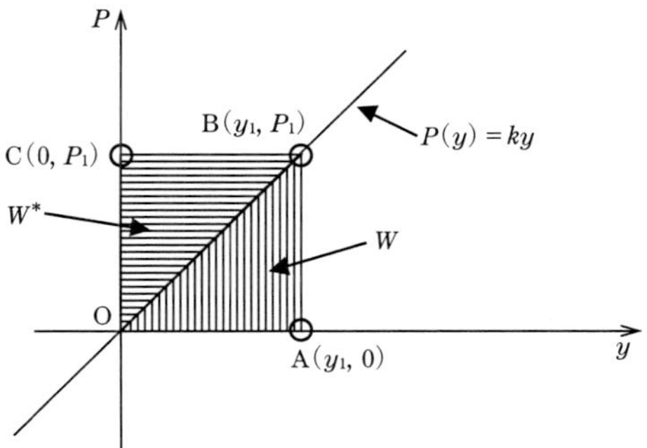

図 9.2　外力仕事と内力仕事

注1)　これは，力 P と変形 y の関係が線形の場合のみに成り立つものであり，より一般的には $W \neq W^*$ である．しかし，本書では $W = W^*$ が成り立つ場合のみに解説を限定している．

わかる．右辺を内力仕事またはひずみエネルギーと呼び U で表す．ひずみエネルギー U は(9.1)式を用いて，次のように表すことができる．

$$U=\frac{1}{2}ky_1{}^2=\frac{1}{2}P_1y_1=W \qquad (9.4)$$

(9.4)式は，単に(9.1)式の両辺に y の 1/2 を積したものにすぎないが，(9.3)式における積分を実行した結果であることに注目すべきである．図 9.2 において，(9.1)式と(9.4)式の関係を考察する．(9.1)式は，ちょうど B 点における局地的な力のつり合いを表しているのに対して，(9.4)式は原点 O 点から B 点に至るまでの力と変位の積，すなわちエネルギーを取り扱っており，積分が幾何的に面積を表すことに対応している．また(9.4)式と図 9.2 より，外力仕事 W は，ばねに蓄積されるひずみエネルギー U と等価であることがわかる．

外力仕事を定義する外力 $P_1=Mg$ は一定値となっており，構造物の状態に依存しない．一方，ひずみエネルギーを定義する内力 P は変形に応じて変動しており外力に関連性がない．(9.4)式は，一見当然のようにみえるが，上記の外力仕事とひずみエネルギーという別の物理量が同値であることを表現しているものと理解できる．

外力仕事 W は外力の大きさ P_1 とその外力が構造物に作用することによって生じた変位 Δ_1 の積の 1/2 で表される．

$$W=\frac{1}{2}P_1\Delta_1 \qquad (9.5)$$

より一般的に構造物全体に対する W を表すには，すべての外力 P_i とそれによって生ずる変位 Δ_i の積の 1/2 を合計して，

$$W=\sum\frac{1}{2}P_i\Delta_i \qquad (9.6)$$

のように表現される．

次に，ひずみエネルギー U を数式で表す．図 9.1 に示した軸力のみが作用された物体について考えると，

$$U=\frac{1}{2}k\Delta^2 \qquad (9.7)$$

となる．ここで，

$$\Delta=\int\varepsilon dx=\frac{NL}{EA},\quad k=\frac{EA}{L} \qquad (9.8)$$

を代入すると，

$$U=\frac{1}{2}\frac{N^2L}{EA} \qquad (9.9)$$

が得られる．$\sigma=N/A$ を用いて，右辺を積分表記に戻すと，

$$U=\frac{A}{2}\int\sigma\varepsilon dx \qquad (9.10)$$

となる．いま，面積 A を積分形式で表すと，

$$A=\int dA=\iint dydz \qquad (9.11)$$

なので，これを(9.10)式に代入すると，

$$U=\frac{1}{2}\iiint\sigma\varepsilon dxdydz \qquad (9.12)$$

のような一般的な表現を得ることができる．この式は，

$$U=\frac{1}{2}\times\iint\sigma dydz\times\int\varepsilon dx$$

のように変形して，微小部分に作用する力 $\sigma dydz$（応力 σ×断面積 $dydz$）と，変形 εdx（ひずみ ε×長さ dx）の積の 1/2 で表される．

(9.12)式は，その一般的な表現ゆえに容易に 3 次元物体に適用できる．いま，立方体の微小要素を考えると，x，y，z 方向の垂直応力 σ_x，σ_y，σ_z があり，せん断応力 τ_{xy}，τ_{yz}，τ_{zx} が作用し，それぞれのひずみとして，垂直ひずみ ε_x，ε_y，ε_z，せん断ひずみ γ_{xy}，γ_{yz}，γ_{zx} を生ずる．これらすべての応力とひずみによって U を定義すると次式のようになる．

$$U=\frac{1}{2}\iiint(\sigma_x\varepsilon_x+\sigma_y\varepsilon_y+\sigma_z\varepsilon_z+\tau_{xy}\gamma_{xy}+\tau_{yz}\gamma_{yz}+\tau_{zx}\gamma_{zx})\,dxdydz \qquad (9.13)$$

すなわち，内力仕事 U はすべての応力とそれによって生ずるひずみの積を部材全体または構造物全体で合計したものの 1/2 となる．

外力仕事 W と内力仕事 U は等しいので，

$$\frac{1}{2}\sum P_i\delta_i=\frac{1}{2}\iiint(\sigma_x\varepsilon_x+\sigma_y\varepsilon_y+\sigma_z\varepsilon_z+\tau_{xy}\gamma_{xy}+\tau_{yz}\gamma_{yz}+\tau_{zx}\gamma_{zx})\,dxdydz \qquad (9.14)$$

となり，これが構造物のエネルギーのつり合いを示す式となる．

9.2 カスティリアノの定理による変形の算定

ひずみエネルギー U を用いて変形 $\varDelta$ を算定する方法に，カスティリアノの定理（Castigliano's theorem）によるものがあり，これは次式で表される[注2]．

$$\varDelta = \frac{\partial U}{\partial P} \tag{9.15}$$

つまり，U が外力 P によって表されていれば，変形 $\varDelta$ は，U を P で偏微分することによって計算できる．変形角 θ を算定する場合は，

$$\theta = \frac{\partial U}{\partial M} \tag{9.16}$$

となる．ここで，U は曲げモーメント M によって表されている必要がある．いま，ひずみエネルギー U は，(9.13)式のように表されることがわかっている．

$$U = \frac{1}{2}\iiint(\sigma_x\varepsilon_x + \sigma_y\varepsilon_y + \sigma_z\varepsilon_z + \tau_{xy}\gamma_{xy} + \tau_{yz}\gamma_{yz} + \tau_{zx}\gamma_{zx})\,dxdydz \tag{9.13}再$$

(9.13)式において，(9.7)式から(9.9)式に示す操作と同様に，ひずみエネルギーを断面力と部材の剛性により表現すると，(9.17)式を得る．

$$U = \int\frac{N^2}{2EA}dx + \int\frac{M^2}{2EI}dx + k\int\frac{Q^2}{2GA}dx \tag{9.17}$$

たとえば，軸力 N のみが作用する場合は，

$$\frac{\partial U}{\partial N} = \int\frac{N}{EA}dx = \int\varepsilon dx = \varDelta \tag{9.18}$$

のように(9.15)式が成り立つことがわかる．また，曲げモーメント M のみが作用する場合を例にとると，

$$\frac{\partial U}{\partial M} = \int\frac{M}{EI}dx = \frac{dy}{dx} = \theta \tag{9.19}$$

が得られ，(9.16)式が成り立つことがわかる．

ここで，偏微分の操作がもたらす意味について考える．いま，外力仕事 W を表す(9.6)式を再掲する．

$$W = \Sigma\frac{1}{2}P_i\varDelta_i \tag{9.6}再$$

ここで，$\varDelta_i$ は，P_i の関数であるので，たとえば，ばね係数を k_i として次のように書くことができる．

$$W = \Sigma\frac{1}{2}\frac{P_i^2}{k_i} \tag{9.20}$$

両辺をある特定の P_1 で偏微分すると，

$$\frac{\partial W}{\partial P_1} = \frac{P_1}{k_1} = \varDelta_1 \tag{9.21}$$

が得られる．つまり，線形和で示された外力仕事 W を任意の外力 P_1 で偏微分することは，P_1 に対応する $\varDelta_1$ を抽出する操作を行っていることになる．いま，外力仕事 W と内力仕事 U は等しいので，カスティリアノの定理は，次のようにまとめることができる[注3]．

$$\varDelta = \frac{\partial U}{\partial P} = \frac{\partial W}{\partial P} \tag{9.22}$$

【例題 9.1】 図 9.3 に示す静定トラスの節点 A の鉛直変位 v_A をカスティリアノの定理を用いて求めよ．

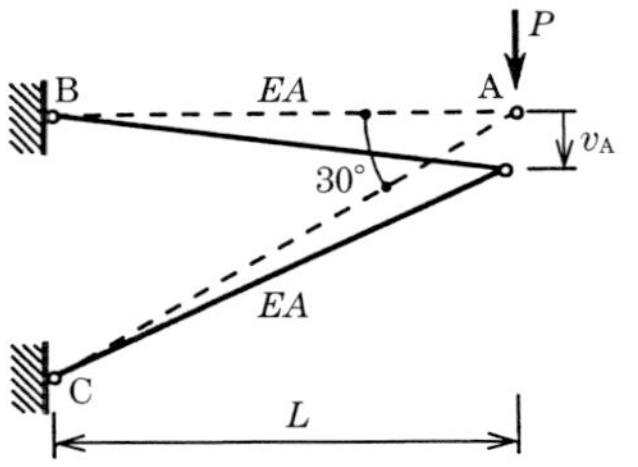

図 9.3 トラスの変位

［解答］ 加力点の鉛直変位 v_A は，(9.15)式を用いて次のように表すことができる．

$$v_A = \frac{\partial U}{\partial P} = \frac{\partial}{\partial P}\int_s\frac{N^2}{2EA}ds = \frac{\partial}{\partial P}\left\{\frac{(\sqrt{3}P)^2L}{2EA} + \frac{(-2P)^2(2L/\sqrt{3})}{2EA}\right\}$$

これを解くと，

$$v_A = \frac{2\sqrt{3}P\sqrt{3}L}{2EA} + \frac{2(-2P)\times(-2)(2L/\sqrt{3})}{2EA}$$

注 2）この式は，正確にはカスティリアノの第 2 定理と呼ばれており，右辺のひずみエネルギー U の代わりにコンプリメンタリーひずみエネルギー（もしくは，補ひずみエネルギー）U^* を用いて表現される．しかし本書では，U と U^* を区別しなくてもよい線形弾性体についてのみ解説しているため，便宜上 U を用いた表現としている．

注 3）ここでも(9.15)式と同様に，正確な表現には，外力仕事 W の代わりにコンプリメンタリー外力仕事 W^* を用いる．しかし本書では，W と W^* を区別しなくてもよい線形弾性体についてのみ解説しているため，便宜上 W を用いた表現としている．

$$=\frac{PL}{EA}\left(3+\frac{8\sqrt{3}}{3}\right)$$

が得られる．これは，既出の例題 7.5 および例題 8.6 と同じであり，それぞれの解が一致していることがわかる．カスティリアノの定理による計算は，例題 7.5 のウィロットの変位図法に比して計算量が少なくてすむことがわかる．■

【例題 9.2】 **図 9.4**(a)に示す片持梁の自由端の鉛直変位 v およびたわみ角 θ をカスティリアノの定理を利用して求めよ．

［解答］ 荷重 P に対する曲げモーメントを(b)図に示すように求める．このときの部材のひずみエネルギー U は，(9.9)式から次のように表せる．

$$U=\int_0^L \frac{M^2}{2EI}ds=\int_0^L \frac{(Ps)^2}{2EI}ds=\frac{P^2L^3}{6EI}$$

カスティリアノの定理より，変位 v は，

$$v=\frac{\partial U}{\partial P}=\frac{d}{dP}\left(\frac{P^2L^3}{6EI}\right)=\frac{PL^3}{3EI}$$

次に，たわみ角 θ は対応する外力が作用していないので，ひずみエネルギーが求められない．そこで，(c)図のように仮の外力（モーメント荷重）X を作用させる．このときの曲げモーメント M は(d)図に示すとおりで，ひずみエネルギー U は次のようになる．

$$U=\int_0^L \frac{(Ps+X)^2}{2EI}ds=\frac{P^2L^3}{6EI}+\frac{XPL^2}{2EI}+\frac{X^2L}{2EI}$$

カスティリアノの定理から，

$$\theta=\frac{\partial U}{\partial X}=\frac{PL^2}{2EI}+\frac{XL}{EI}$$

X は仮の荷重であるから 0 と置くと，たわみ角 θ は次のように与えられる．

$$\theta=\frac{PL^2}{2EI}$$ ■

【例題 9.3】 **図 9.5**(a)に示す両端固定梁の曲げモーメントをカスティリアノの定理を利用して求めよ．

［解答］ 不静定であるので，つり合い条件だけでは曲げモーメントが決定できない．そこで，ピン

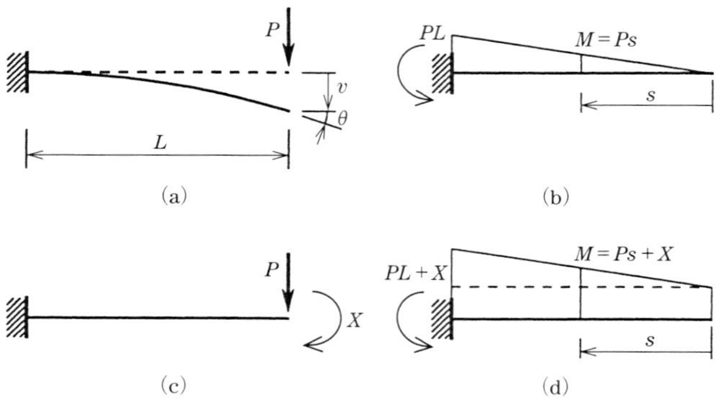

図 9.4　片持梁の変位

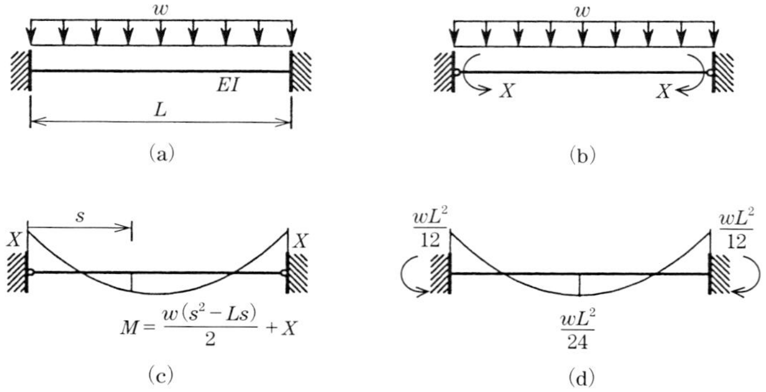

図 9.5　両端固定梁の曲げモーメント

を挿入して静定架構をつくることを考える．(b)図に示すように梁の両端にピンを挿入し，そこに作用していた曲げモーメントを X と置く．外力を等分布荷重 w と材端のモーメント荷重 X として，梁の曲げモーメントを求めると図 9.5(c)のようになる．この曲げモーメント図に対するひずみエネルギーは，次式で与えられる．

$$U=\int_0^L \frac{\left(\dfrac{ws^2}{2}-\dfrac{wLs}{2}+X\right)^2}{2EI}ds$$

カスティリアノの定理を適用すると，ピンの回転角 θ は，

$$\theta=\frac{\partial U}{\partial X}=\frac{1}{EI}\int_0^L\left(\frac{ws^2}{2}-\frac{wLs}{2}+X\right)ds$$
$$=\frac{1}{EI}\left(\frac{wL^3}{6}-\frac{wL^3}{4}+XL\right)$$

上の計算では，積分より微分を先に行っている．このほうが計算しやすくなる．現実の両端はピンではなく固定端であるから，θ は 0 でなければならない．上式の左辺を 0 とおいて，X について解くと，

$$X=\frac{wL^2}{12}$$

X が求められたので，両端固定梁の曲げモーメントが図 9.5(d)に示すように確定する．■

次に**図 9.6** のように，曲げモーメント M のみを受ける部材の変形を考える．

梁の C 点の鉛直変位 v をカスティリアノの定理により求めてみる．この場合，中央点には荷重が作用していないので，図 9.6 において実際には作用していない荷重 P を作用させて式をたてる．

$$v=\frac{\partial U}{\partial P}=\frac{\partial}{\partial P}\int_s \frac{M^2}{2EI}ds$$
$$=\frac{2\partial}{\partial P}\int_0^{L/2}\frac{\left(M+\dfrac{P}{2}x\right)^2}{2EI}dx$$

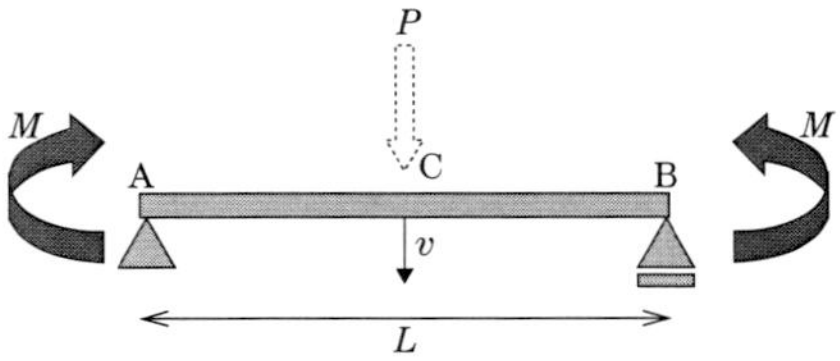

図 9.6　曲げモーメントを受ける部材の変形

$$=\int_0^{L/2}\frac{x(M+Px)}{EI}dx=\frac{1}{EI}\left[\frac{x^2}{2}M+\frac{x^3}{3}P\right]_0^{L/2}$$

ここでは，積分の前に偏微分を実行した．このほうが容易に計算できる．いま，荷重 P は 0 なので，

$$v=\frac{ML^2}{8EI}$$

が得られる．カスティリアノの定理は，8 章の仮想ではなく実仕事（実エネルギー）に注目したものである．もし，仮想という概念が親しみにくいと感じるのであれば，上記の若干技巧的な解法を習得したうえで，カスティリアノの定理を利用して変位の計算を行えばよい．

9.3　ポテンシャルエネルギー最小の原理

これまでは，構造力学における変形の算定法について主に説明を行ってきた．本章の最後にエネルギーを用いて構造物の状態に関する考察を行う[注4)]．内力仕事 U を表す(9.17)式を再掲する．

$$U=\int\frac{N^2}{2EA}dx+\int\frac{M^2}{2EI}dx+k\int\frac{Q^2}{2GA}dx \qquad (9.17)再$$

図 9.1 のつり合い状態を考えると，この式の軸力のみの項が残る．そのうえで，次のように変形する．

$$U=\int\frac{EA\varepsilon^2}{2}dx \qquad (9.23)$$

ここで，ε は軸ひずみである．一方，外力仕事 W を表す(9.5)式を再掲する．

$$W=\frac{1}{2}P_1\varDelta_1 \qquad (9.5)再$$

次に，外力仕事 W と補外力仕事 W^* を足し合わせた外力ポテンシャルエネルギー V_p を定義する．

$$V_p=W+W^*=P_1y_1 \qquad (9.24)$$

これは図 9.1 のつり合い状態までに失った位置エネルギーに相当する．ここで新たに，

$$C=U-V_p \qquad (9.25)$$

を定義する．これは，おもりとばねを包含した系（構造モデル）のエネルギーの総和を示しており，

注 4)　本節は若干高度な内容であるため，難解と感じるかもしれない．その場合は，ポテンシャルエネルギーの概略のみを理解すればよい．

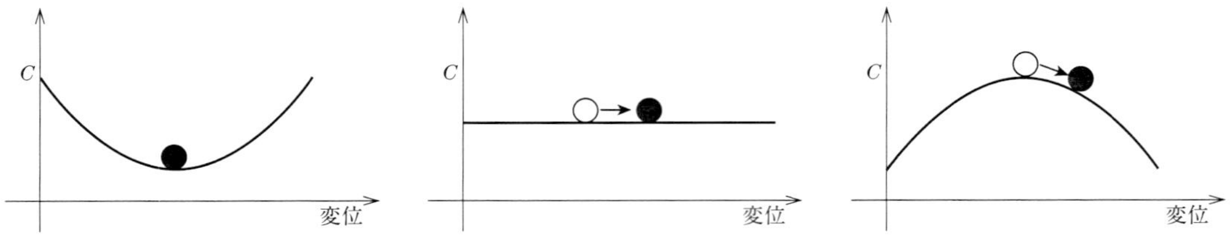

(a)　安定なつり合い　(b)　中立安定なつり合い　(c)　不安定なつり合い

図 9.7　つり合いの不安定とポテンシャルエネルギー

これをポテンシャルエネルギーという．いま，図9.1のつり合った状態から仮想変位 $\bar{\Delta}_i$ によるポテンシャルエネルギーの微小変化量 ΔC を式で表すと，

$$\begin{aligned}\Delta C&=\Delta(U-V_p)\\&=\int\frac{EA(\varepsilon+\bar{\varepsilon})^2}{2}dx-\Sigma P_i(\delta_i-\bar{\delta}_i)-\int\frac{EA\varepsilon^2}{2}dx\\&\quad+\Sigma P_i\delta_i\\&=\left\{\int EA\varepsilon\bar{\varepsilon}dx-\Sigma P_i\bar{\delta}_i\right\}+\int\frac{EA\bar{\varepsilon}^2}{2}dx\\&=\left\{\int\frac{N\bar{N}}{EA}dx-\Sigma P_i\bar{\delta}_i\right\}+\int\frac{EA\bar{\varepsilon}^2}{2}dx\end{aligned}\tag{9.26}$$

ここで，$\bar{\varepsilon}$ は仮想変位 $\bar{\Delta}_i$ によって生じる仮想ひずみである．(9.26)式の右辺の｛ ｝で括った項は，前出の仮想仕事式より0となる．すなわち，

$$\Delta C=\int\frac{EA\bar{\varepsilon}^2}{2}dx\tag{9.27}$$

が得られる．よって，ΔC は0よりも大きいことがわかる．また，$\bar{\varepsilon}$ が十分小さくなる（$\bar{\varepsilon}\to 0$）と ΔC はほぼ0となる．これは，ポテンシャルエネルギーの微小変化量 ΔC は，0に近い正の値であることを示している．つまり，ポテンシャルエネルギーはつり合いの状態から微小変化するとわずかに値が大きくなるので，つり合い状態のポテンシャルエネルギーは最小となっていることがわかる．これを図示したのが**図 9.7**(a)である．

また，(9.25)式を次のような形で表現してみる．

$$\begin{aligned}C|_{y_1}&=U-V_p=\frac{1}{2}ky_1^2-P_1y_1\\&=\frac{1}{2}k\left(y_1-\frac{P_1}{k}\right)^2-\frac{P_1^2}{2k}\end{aligned}\tag{9.28}$$

これは，$y_1=P_1/k=(1/2)ky_1^2$ のとき極値をもつ下に凸の放物線なので，(9.28)式からもつり合い状態にあるときポテンシャルエネルギー C が最小となっていることがわかる．

図9.1のおもりは，手で支えて静かにつり合い状態まで変化させた．もしも途中で手を離すと，$y_1=P_1/k$ を中心として上下に振動することが図9.7(a)と(9.28)式から予測できる．図9.1のおもりが振動している状況を観測するよりも，図9.7(a)や(9.28)式の表現のほうが $y_1=P_1/k$ を中心としておもりが振動するようすをよく理解できる．

振動状態となっても，たとえば空気抵抗や摩擦などの減衰効果がある場合は，$y_1=P_1/k$ の状態で静止する．つまり，図9.1のような構造モデルは運動状態になっても静的なつり合い状態を回復する．これを安定なつり合い状態という．$y_1=P_1/k$ のような表現は単なる力のつり合いを示しているにとどまるが，ポテンシャルエネルギーを調べることでつり合いを保っているその状態についても考察できるところに注目すべきである．

これまで図9.1のようなおもりとばねの単純な関係で説明を行ってきたが，上記の(9.28)式で示されるポテンシャルエネルギー最小の原理は，変位が非常に小さい場合（微小変形の仮定が成り立つ場合）において，一般に成立する．微小変形の仮定が成り立たない場合は，図9.7(b)や(c)のようなさまざまなつり合い状態が起こりうる．

つり合い状態の安定性を調べるには，上述のポテンシャルエネルギーについて考察すればよい[注5)]．図9.7は，ポテンシャルエネルギー関数が描く曲線とつり合い点●の関係を示している

注 5)　図9.7(b)や図9.7(c)の状態が出てきて初めてポテンシャルエネルギーの有用性が示される．しかしながら，本書では大変形問題については触れていないので，ポテンシャルエネルギーの簡単な紹介にとどめた．

が，これは関数を地表面とし，つり合い点をボールと考えた力学モデルとみなしてよい．ポテンシャルエネルギーをグラフに描くことで，視覚的につり合いの安定性が理解できる．

演 習 問 題

9.1 **図 9.8** に示す梁のポテンシャルエネルギーを求めよ．次にポテンシャルエネルギー最小の原理を確かめよ．

9.2 **図 9.9** に示すトラスの点 A の鉛直方向変位をカスティリアノの定理を利用して求めよ．

9.3 **図 9.10** に示す梁の曲げモーメントをカスティリアノの定理を利用して求めよ．

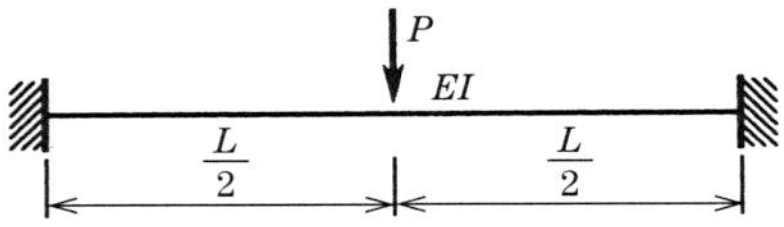

図 9.8

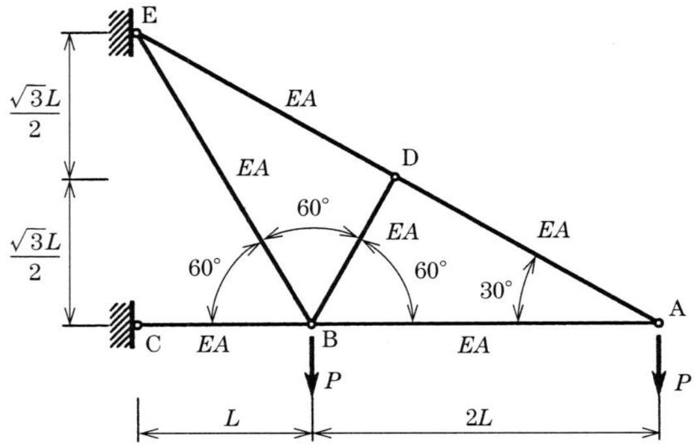

図 9.9

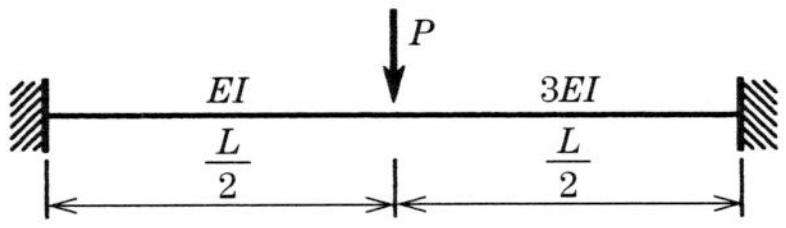

図 9.10

10. 仮想仕事法による架構の解析

10.1 単位仮想荷重法による不静定架構の解析

10.1.1 不静定トラス

図 10.1(a)は1次不静定トラスであり，部材の軸力 N_1, N_2, N_3 はつり合いだけからは決定できない．そこで，図 10.1(b)に示すように部材 AD を点 E で切断し，切断する前に存在していた軸力を X_1 として両切断面に作用させる．切断された架構は静定構造であり，静定基本構と呼ぶ．切断によって顕在化した応力 X_1 は不静定力あるいは不静定余力と呼ばれる．これは，大きさは不明であるが，両断面の相対変位 δ が 0 となる条件を満足しなければならない．

図 10.1(b)の応力状態は，荷重 P だけが作用した図 10.1(c)の応力状態と図 10.1(d)のように切断面に単位の荷重を作用し，それを X_1 倍した応力状態を重ね合わせたものに等しい．

図 10.1(c)と図 10.1(d)の切断面の相対変位をそれぞれ $\delta^{(10)}$, $\delta^{(11)}$ とすれば，実際の切断面の相対変位 δ は 0 でなければならないから，次式が成立する．

$$\delta=\delta^{(10)}+\delta^{(11)}X_1=0 \qquad (10.1)$$

これより，X_1 は次式で表される．

$$X_1=\frac{-\delta^{(10)}}{\delta^{(11)}} \qquad (10.2)$$

上式中の $\delta^{(10)}$, $\delta^{(11)}$ は，図 10.1(c)および(d)を参照して単位仮想荷重法（8.4 節の(8.17)式）を用いて計算できる．

$$\delta^{(10)}=\sum_{i=1}^{n}\frac{N_i^{(0)}N^{(1)}L_i}{EA_i}$$
$$\delta^{(11)}=\sum_{i=1}^{n}\frac{N_i^{(1)}N^{(1)}L_i}{EA_i} \qquad (10.3)$$

以上から，X_1 を用いてトラスの軸力は次式で求められる．

$$N_1=N_1^{(0)}+N_1^{(1)}X_1$$
$$N_2=N_2^{(0)}+N_2^{(1)}X_1 \qquad (10.4)$$
$$N_3=N_3^{(0)}+N_3^{(1)}X_1$$

【例題 10.1】 **図 10.2**(a)に示す1次不静定トラスの各部材の軸力を求めよ．

[解答] 各部材はすべて同じ軸剛性 EA をもつ．点 A に荷重 P が作用している．ここでは，部材 AD の材端 A を切断したものを静定基本構とする．これに荷重 P が作用した場合の軸力 $N^{(0)}$ は，図 10.2(b)に示すとおりとなる．静定基本構の切

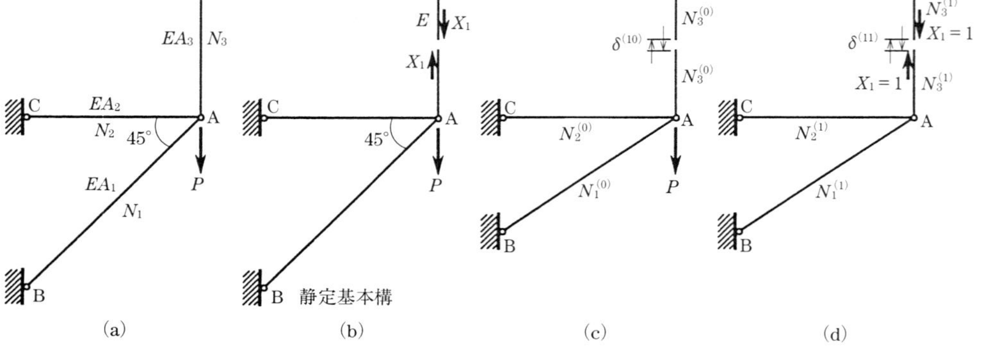

図 10.1 不静定トラスの解法

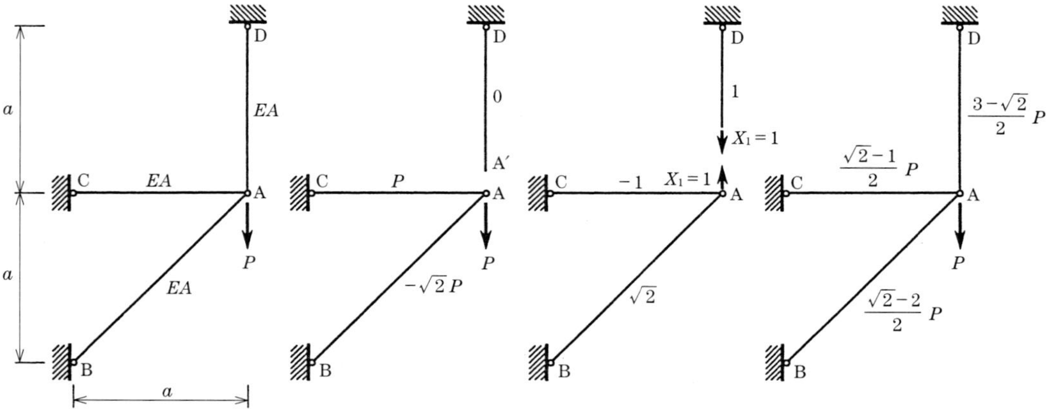

(a)　(b)　$N^{(0)}$図　(c)　$N^{(1)}$図　(d)　N図

図 10.2　不静定トラスの軸力

表 10.1　不静定トラスの計算

部　材	$\frac{L}{EA}$	$N^{(0)}$	$N^{(1)}$	$\frac{N^{(0)}N^{(1)}L}{EA}$	$\frac{N^{(1)}N^{(1)}L}{EA}$	$N=N^{(0)}+N^{(1)}X$
AB	$\frac{\sqrt{2}a}{EA}$	$-\sqrt{2}P$	$\sqrt{2}$	$\frac{-2\sqrt{2}Pa}{EA}$	$\frac{2\sqrt{2}a}{EA}$	$\frac{\sqrt{2}-2}{2}P$
AC	$\frac{a}{EA}$	P	-1	$\frac{-Pa}{EA}$	$\frac{a}{EA}$	$\frac{\sqrt{2}-1}{2}P$
AD	$\frac{a}{EA}$	0	1	0	$\frac{a}{EA}$	$\frac{3-\sqrt{2}}{2}P$
Σ				$\delta^{(10)}=\frac{-(1+2\sqrt{2})Pa}{EA}$	$\delta^{(11)}=\frac{2(1+\sqrt{2})a}{EA}$	

断面に単位の仮想荷重を作用させた場合の軸力 $N^{(1)}$ は，図 10.2(c)のとおりとなる．以上を(10.3)式に代入すると $\delta^{(10)}$，$\delta^{(11)}$ が得られる．この計算は，**表 10.1** に示すように表形式で求めると便利である．不静定力 X_1 は，(10.2)式から次式で与えられる．

$$X=\frac{-\delta^{(10)}}{\delta^{(11)}}=\frac{(3-\sqrt{2})P}{2}$$

各部材の真の軸力 W は，(10.4)式を用いると図 10.2(d)のようになる．■

10.1.2　不静定ラーメン

図 10.3(a)は 1 次不静定ラーメンである．静定基本構の作成には，図 10.3(b)，(c)に示すように，ピンを挿入して曲げモーメントを不静定力にしたり，ピン支持をローラー支持にして反力を不静定力にするなど各種考えられる．ここでは，図 10.3(d)に示すように点 E にピンを挿入した静定基本構を考える．まず，これに荷重 P が作用した場合の曲げモーメント $M^{(0)}$ を求める．次に，図 10.3(e)に示すようにピン E に接続する部材に単位の仮想荷重（仮想モーメント荷重）を作用した場合の曲げモーメント $M^{(1)}$ を求める．ピンの相対回転角 δ が 0 でなければならない条件は(10.1)式であり，X_1 は(10.2)式で求められる．部材の軸方向変形が無視できる場合は，単位仮想荷重法（(8.15)式）から，$\delta^{(10)}$，$\delta^{(11)}$ は次式で求められる．

$$\delta^{(10)}=\int_s\frac{M^{(0)}M^{(1)}}{EI}ds \qquad \delta^{(11)}=\int_s\frac{M^{(1)}M^{(1)}}{EI}ds \qquad (10.5)$$

以上から，ラーメンの曲げモーメントは次式によって求められる（図 10.3(f)）．

$$M=M^{(0)}+M^{(1)}X_1 \qquad (10.6)$$

また，軸力やせん断力については真の曲げモー

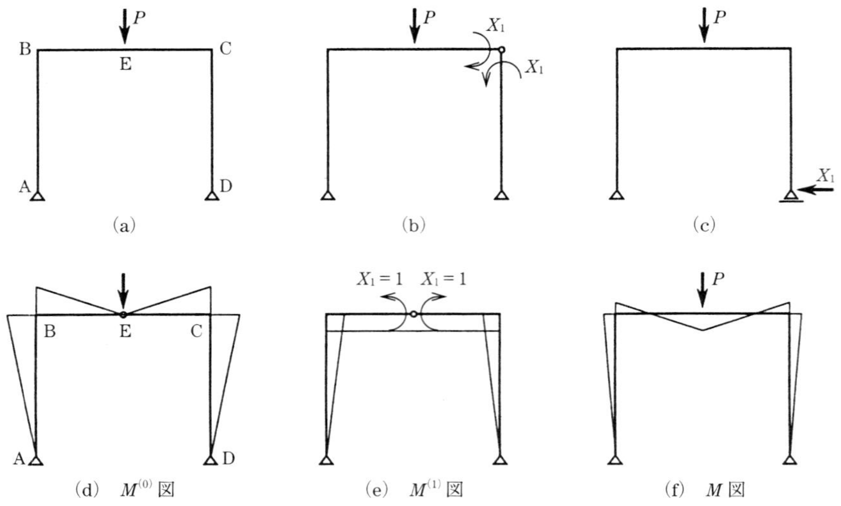

図 10.3　不静定ラーメンの解法

メント分布（図 10.3(f)）を参照して求めることもできるし，図 10.3(d)と(e)の静定基本構の曲げモーメントを参照して求めたもの（$N^{(0)}$，$Q^{(0)}$ および $N^{(1)}$，$Q^{(1)}$）を次式に代入して求めることもできる．

$$N = N^{(0)} + N^{(1)}X_1, \quad Q = Q^{(0)} + Q^{(1)}X_1 \tag{10.7}$$

【例題 10.2】　**図 10.4**(a)の 1 次不静定ラーメンの曲げモーメントを求めよ．

［解答］　静定基本構は，点 C にピンを挿入したものとする．図 10.4(b)に示すように，分布荷重 w が作用したときの曲げモーメントは，ラーメンの外側に現れる場合を正値とすれば，次式で表される．

部材 AB，CD：$M^{(0)} = 0$

部材 BC：$M^{(0)} = \dfrac{-ws(L-s)}{2}$

次に，図 10.4(c)のように，ピン C に単位の仮

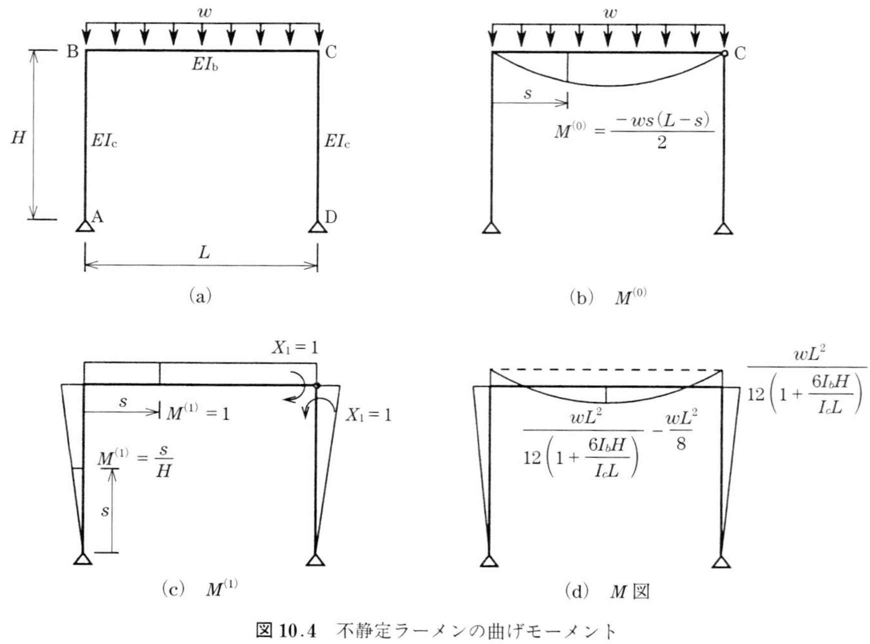

図 10.4　不静定ラーメンの曲げモーメント

想モーメントを作用した場合の曲げモーメントは，次のようになる．

部材AB，CD：$M^{(1)}=\dfrac{s}{H}$

部材BC：$M^{(1)}=1$

これらを(10.5)式に代入すると，$\delta^{(10)}$，$\delta^{(11)}$ は次のように計算できる．

$$\delta^{(10)}=\int_s \frac{M^{(0)}M^{(1)}}{EI}ds=\int_0^L \frac{\left(-\dfrac{ws(L-s)}{2}\right)\cdot(1)}{EI_b}ds$$
$$=-\frac{wL^3}{12EI_b}$$

$$\delta^{(11)}=\int_s \frac{M^{(1)}M^{(1)}}{EI}ds=\int_0^L \frac{(1)^2}{EI_b}ds+2\int_0^H \frac{\left(\dfrac{s}{H}\right)^2}{EI_c}ds$$
$$=\frac{L}{EI_b}+\frac{2H}{3EI_c}$$

以上を(10.2)式に代入すると，不静定力 X_1 は次のようになる．

$$X_1=-\frac{\delta^{(10)}}{\delta^{(11)}}=\frac{wL^2}{12\left(1+\dfrac{2I_bH}{3I_cL}\right)}$$

(10.6)式から，真の曲げモーメントが図10.4(d)のように求められる．

10.1.3　合成構造

ここでいう合成構造は，ラーメンとトラスが組み合わされた架構である．この構造では，トラス部材に軸方向変形を考慮するのは当然であるが，ラーメン部材にも軸力が大きくなるので軸方向変形を考慮する必要がある．したがって，$\delta^{(10)}$，$\delta^{(11)}$ は次式で計算する．

$$\delta^{(10)}=\int_s \frac{M^{(0)}M^{(1)}}{EI}ds+\sum_{i=1}^{n}\frac{N_i^{(0)}N_i^{(1)}L_i}{EA_i}$$
$$\delta^{(11)}=\int_s \frac{M^{(1)}M^{(1)}}{EI}ds+\sum_{i=1}^{n}\frac{N_i^{(1)}N_i^{(1)}L_i}{EA_i} \qquad (10.8)$$

【例題10.3】 図10.5(a)に示す合成構造の曲げモーメントと軸力を求めよ．

［解答］ 部材ABの中点を切断した静定基本構を考える．図10.5(b)は，荷重 $2P$ が作用したときの $M^{(0)}$ 図，(c)は $N^{(0)}$ 図である．次に，切断面に単位の不静定力 $X_1=1$ を作用した場合の $M^{(1)}$ と $N^{(1)}$ を図10.5(d)，(e)のように求める．これらを用いて，$\delta^{(10)}$ と $\delta^{(11)}$ は次式で与えられる．

$$\delta^{(10)}=\int_s \frac{M^{(0)}M^{(1)}}{EI}ds+\sum_{i=1}^{n}\frac{N_i^{(0)}N_i^{(1)}L_i}{EA_i}$$
$$=2\int_0^{2a/\sqrt{3}} \frac{(-\sqrt{3}Ps/2)\cdot(s/2)}{E_i}ds$$

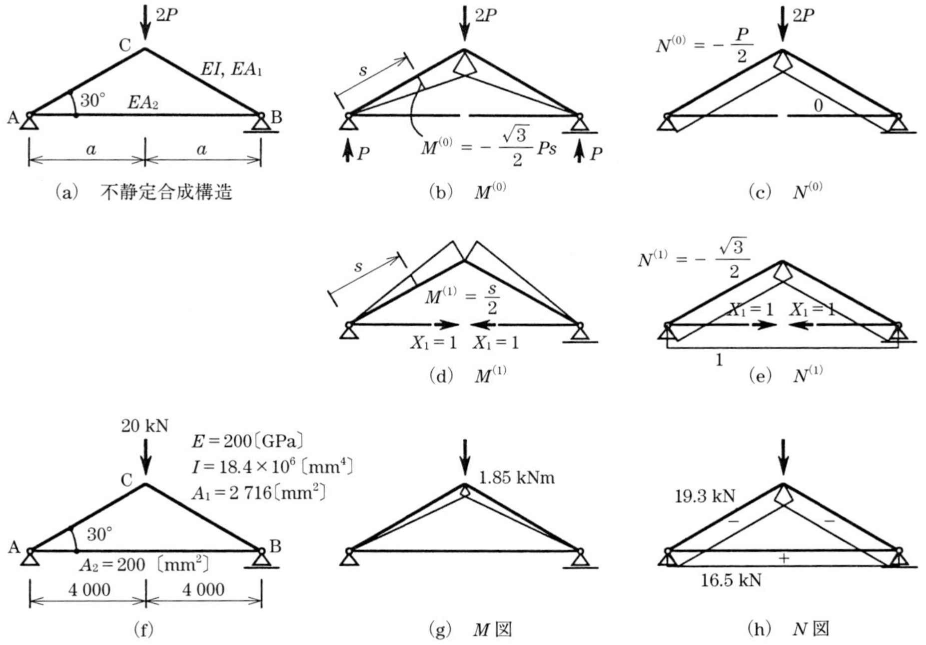

図10.5　不静定合成構造の応力

$$+2\frac{(-P/2)\cdot(-\sqrt{3}/2)\cdot(2a/\sqrt{3})}{EA_i}$$

$$\delta^{(11)}=\int_s\frac{M^{(1)}M^{(1)}}{EI}ds+\sum_{i=1}^{n}\frac{N_i^{(1)}N_i^{(1)}L_i}{EA_i}$$

$$=2\int_0^{2a/\sqrt{3}}\frac{\left(\frac{s}{2}\right)^2}{EI}ds+\frac{\left(-\frac{\sqrt{3}}{2}\right)^2\cdot\left(\frac{2a}{\sqrt{3}}\right)}{EA_1}\times2$$

$$+\frac{(1)^2\times(2a)}{EA_2}$$

不静定力 X_1 は次式で与えられる．

$$X_1=-\frac{\delta^{(10)}}{\delta^{(11)}}=\frac{\frac{4Pa^2}{9EI}-\frac{P}{EA_1}}{\frac{4\sqrt{3}a^2}{27EI}+\frac{\sqrt{3}}{EA_1}+\frac{2}{EA_2}}$$

具体的に，図 10.5(f)に示すように，荷重 $P=10$〔kN〕，スパン $a=4\,000$〔mm〕，合掌材には H 形鋼 H-200×100×5.5×8，水平材には外径 16 mm の丸鋼を使用した場合を計算してみる．これらの部材の断面性能は，$A_1=2\,716$〔mm^2〕，$I=18\,400\,000$〔mm^4〕，$A_2=200$〔mm^2〕である．ここで，ヤング係数 E は 200 000〔MPa〕とする．以上の条件の場合，不静定力 X_1 は次のようになる．

$$X_1=1.65P=16.5\text{〔kN〕}$$

部材 AC，BC の軸力を N_1，部材 AB の軸力を N_2，項点 C の曲げモーメントを M_c とすれば，

$$N_1=N_1^{(0)}+N_1^{(1)}X_1=-\frac{P}{2}-\frac{\sqrt{3}}{2}\times1.65P$$

$$=-19.3\text{〔kN〕}$$

$$N_2=N_2^{(0)}+N_2^{(1)}X_1=0+1\times1.65P=16.5\text{〔kN〕}$$

$$M_c=M_c^{(0)}+M_c^{(1)}X_1=-Pa+\frac{a}{\sqrt{3}}\times1.65P$$

$$=-1.89\text{〔kNm〕}$$

以上の結果を図 10.5(g)，(h)に示す．もし，水平材 AB がないとしたら合掌材の項点の曲げモーメント M_c は図 10.5(b)を参照して次のように与えられる．

$$M_c=M_c^{(0)}=-Pa=-40\text{〔kNm〕}$$

以上から，架構の項点の曲げモーメントは，水平材を取り除くと 20 倍以上に増加することがわかる．つまり水平材は，トラス効果によって合掌材の曲げモーメントを減少させることに大きな効果がある．■

10.1.4　不静定構造物の変位

不静定構造物の変位は，仮想仕事式（単位仮想荷重法）を適用すると静定構造物とまったく同様の手順で求められる．

$$\Delta=\int_s\frac{N\bar{N}}{EA}ds+\int_s\frac{M\bar{M}}{EI}ds \qquad (10.9)$$

ここで，M と N は実荷重によって生じた実断面力であり，$\bar{M}$ と $\bar{N}$ は単位の仮想荷重を作用させたときの仮想の断面力である．このときの仮想断面力は，不静定構造物に対して得られる断面力である必要はなく，静定基本構に対するものでよい．その理由は，仮想仕事式では仮想断面力は仮想荷重とつり合っていなければならないという以外に制限がないからである．

【例題 10.4】　**図 10.6**(a)に示す合成構造の点 C の鉛直変位 v_C および点 B の水平変位 u_B を求めよ．

［解答］　同架構の軸力と曲げモーメントは，すでに例題 10.3 で得られている．ここで，静定基本構は点 C にピンを挿入したトラスとする．したがって，静定基本構には軸力だけしか生じない．点 C の鉛直変位 v_C を求めるには，単位の仮想荷重を点 C 鉛直下方に作用させて仮想の軸力 $\bar{N}$ を図 10.6(b)のように求める．この結果と図 10.5(h)の軸力 N を用いると v_C が次のように求め

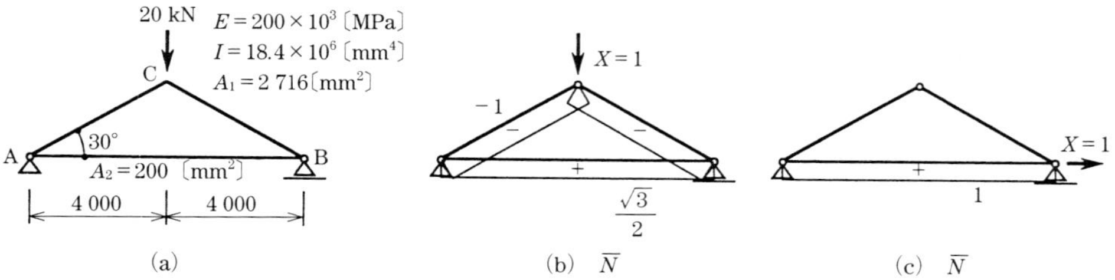

図 10.6　不静定構造の変位

られる．

$$v_C=\sum_{i=1}^{n}\frac{N_i\bar{N}_iL_i}{EA_i}=2\frac{(-19.3\times10^3)\times-1\times\dfrac{2\times4\,000}{\sqrt{3}}}{200\times10^3\times2\,716}$$

$$+\frac{16.5\times10^3\times\dfrac{\sqrt{3}}{2}\times8\,000}{200\times10^3\times200}$$

$$=0.33+2.86=3.19\ \text{〔mm〕}$$

次に，点Bの水平変位 u_B を求めるには，図10.6(c)に示すように節点Bに単位の仮想荷重を水平方向に作用させる．やはり，図10.5(h)を用いて，

$$u_B=\sum_{i=1}^{n}\frac{N_i\bar{N}_iL_i}{EA_i}=\frac{16.5\times10^3\times1\times8\,000}{200\times10^3\times200}$$

$$=3.3\ \text{〔mm〕}$$

■

10.1.5　高次不静定構造

不静定構造は不静定次数だけ不静定力がある．**図10.7**(a)は3次不静定ラーメンなので，3つの不静定力を顕在化する必要がある．ここでは，図10.7(b)のように3つのピンを挿入することによって静定基本構をつくる．ピンにはそれぞれ曲げモーメント（不静定力）が存在していたはずで，これらを X_1，X_2 および X_3 とする．図10.7(c)～(f)は，それぞれ荷重 P および単位の不静定力 X_1，X_2，X_3 が作用したときの曲げモーメントを表す．真の曲げモーメントあるいは真の変形状態はこれらを重ね合わせて求められる．ピンの相対回転角をそれぞれ δ_1，δ_2，δ_3 とすれば，これらは次式で与えられる．

$$\delta_1=\delta^{(10)}+\delta^{(11)}X_1+\delta^{(12)}X_2+\delta^{(13)}X_3$$

$$\delta_2=\delta^{(20)}+\delta^{(21)}X_1+\delta^{(22)}X_2+\delta^{(23)}X_3$$

$$\delta_3=\delta^{(30)}+\delta^{(31)}X_1+\delta^{(32)}X_2+\delta^{(33)}X_3$$

ここで，$\delta^{(10)}$ は荷重 P が作用したときの i 番目のピンの相対回転角，$\delta^{(ij)}$ は X_j $(j=1,2,3)$ を単位の荷重1として作用したときの i 番目のピンの相対回転角を表す．これらは，単位仮想荷重法によって次式で求められる．

$$\delta^{(ij)}=\int_s\frac{M^{(i)}M^{(j)}}{EI}ds \tag{10.10}$$

軸方向変形も考慮する必要があるときは，

$$\delta^{(ij)}=\int_s\frac{M^{(i)}M^{(j)}}{EI}ds+\sum_{k=1}^{n}\frac{N^{(i)}{}_kN^{(j)}{}_kL_k}{EA_k} \tag{10.11}$$

δ_1，δ_2，δ_3 は実際は0のはずなので次の方程式が得られる．

$$\left.\begin{aligned}\delta^{(11)}X_1+\delta^{(12)}X_2+\delta^{(13)}X_3&=-\delta^{(10)}\\ \delta^{(21)}X_1+\delta^{(22)}X_2+\delta^{(23)}X_3&=-\delta^{(20)}\\ \delta^{(31)}X_1+\delta^{(32)}X_2+\delta^{(33)}X_3&=-\delta^{(30)}\end{aligned}\right\} \tag{10.12}$$

X_1，X_2，X_3 は，連立1次方程式を解くことによって求められる．これらを用いてラーメンの断

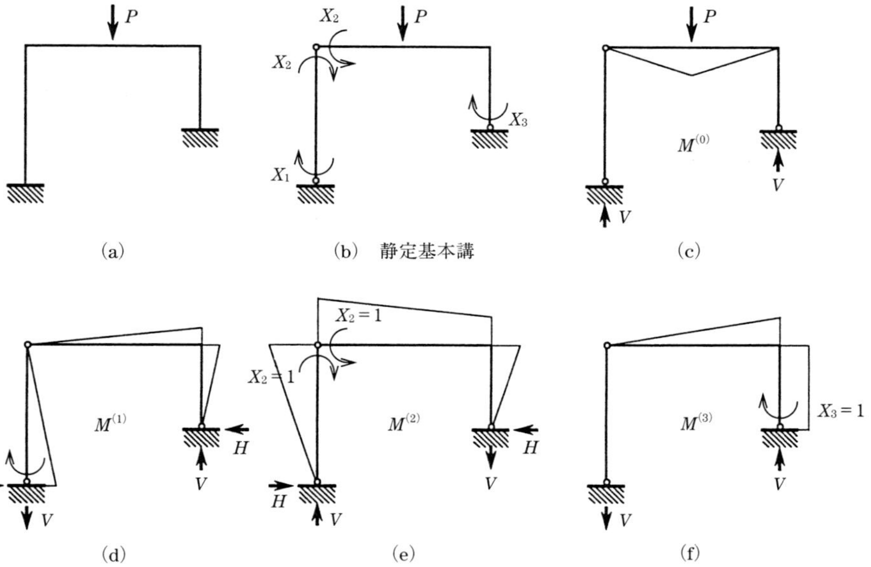

図10.7　高次不静定ラーメンの解法

面力は次式で得られる.

$$\left.\begin{aligned} M&=M^{(0)}+M^{(1)}X_1+M^{(2)}X_2+M^{(3)}X_3\\ N&=N^{(0)}+N^{(1)}X_1+N^{(2)}X_2+N^{(3)}X_3\\ Q&=Q^{(0)}+Q^{(1)}X_1+Q^{(2)}X_2+Q^{(3)}X_3 \end{aligned}\right\}\quad(10.13)$$

10.1.6　相 反 定 理

図 10.8(a)は，点 i に荷重 P_i が作用して曲げモーメント $M^{(i)}$ が生じているようすを表し，図 10.8(b)はその変形状態を表す．図 10.8(c)は，点 j に P_j が作用して $M^{(j)}$ が生じており，図 10.8(d)はその変形状態を表す．ここで，(a)図のつり合い状態に対して，(d)図の変形状態を仮想変位と考えて仮想仕事式をたてる．

$$P_i\delta^{(ji)}=\int_s M^{(i)}\phi^{(j)}ds=\int_s\frac{M^{(i)}M^{(j)}}{EI}ds$$

ここで，$\delta^{(ij)}$ は，荷重 P_j が作用したときの点 i の変位，$\phi^{(j)}$ は荷重 P_j が作用したときの曲率分布を表す．次に，(c)図のつり合い状態に対して，(b)図の変形状態を仮想変位と考えて仮想仕事式をたてる．

$$P_j\delta^{(ji)}=\int_s M^{(j)}\phi^{(i)}ds=\int_s\frac{M^{(j)}M^{(i)}}{EI}ds$$

上の 2 式の右辺は等しいので次式が成り立つ．

$$P_i\delta^{(ij)}=P_j\delta^{(ji)}\qquad(10.14)$$

上式は「弾性体において，荷重 P_i による変位を $\delta^{(ji)}$ とし，P_j によるものを $\delta^{(ij)}$ とするとき荷重 P_i と $\delta^{(ij)}$ による仮想仕事は，荷重 P_j と $\delta^{(ji)}$ による仮想仕事に等しい」ことを表している．これを**ベッティの定理**（Betti's law）という．(10.12)式において，荷重が単位荷重の場合は次式となる．

$$\delta^{(ij)}=\delta^{(ji)}\qquad(10.15)$$

上式は「弾性体において，点 i に単位荷重が作用したときの点 j の変位は，点 j に単位荷重が作用したときの点 i の変位に等しい」ことを示しており，**マックスウェルの定理**（Maxwell's law）という．両定理はまとめて**相反定理**（Reciprocal theorem）と呼ばれる．(10.11)式をマトリックスの形式にして再掲すると次式となる．

$$\begin{bmatrix}\delta^{(11)}&\delta^{(12)}&\delta^{(13)}\\ \delta^{(21)}&\delta^{(22)}&\delta^{(23)}\\ \delta^{(31)}&\delta^{(32)}&\delta^{(33)}\end{bmatrix}\begin{Bmatrix}X_1\\X_2\\X_3\end{Bmatrix}=\begin{Bmatrix}-\delta^{(10)}\\-\delta^{(20)}\\-\delta^{(30)}\end{Bmatrix}\qquad(10.16)$$

マックスウェルの定理は，上式の左辺のマトリックスが対称であることを示している．$\delta^{(ij)}$ は単位荷重に対する変位を表しており，これを成分にもつマトリックスを**柔性マトリックス**と呼ぶ．この逆マトリックスの成分は単位の変位に対する力を表しており，**剛性マトリックス**（13 章で詳述）と呼ぶ．対称マトリックスの逆マトリックスは対称なので，剛性マトリックスも対称である．

10.2　架構の各種の解析法

10.2.1　構造解析の基本 3 条件

一般に，構造物の応力や変形を求めるには，次の 3 つの条件が必要である．

①力のつり合い条件

②変形の適合条件

③力と変形の関係

構造物が荷重を受けて静止している場合は，力のつり合い条件が，構造物に作用する荷重と反力，構造物を任意に切り出した自由物体に作用する荷重と断面力，さらにミクロ的には，物体内の任意の微小部分の自由物体に作用する応力（垂直応力とせん断応力）のいずれの場合についても成

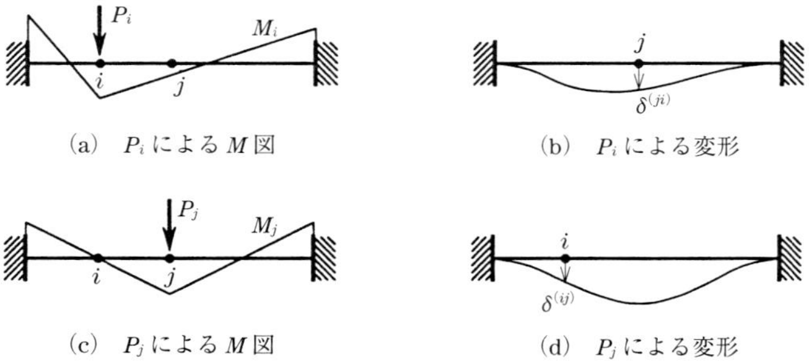

(a)　P_i による M 図　(b)　P_i による変形
(c)　P_j による M 図　(d)　P_j による変形

図 10.8　両端固定梁の曲げモーメント

立している．

変形の適合条件とは，構造物の内部で変形が連続しなければならない条件である．力と変形の関係は，弾性構造物についてはフックの法則のことである．結局，構造解析は荷重と支持条件，つまり力と変位の境界条件のもとで，前記の3つの条件を満たすような応力および変位を求めることである．

10.2.2　各種の解析法

ここで，構造解析の分類について述べよう．応力と変位は，力と変形の関係からどちらかが決まれば残りが決まる．上記の仮想仕事法では，不静定力を未知数とした．一般に，未知数が不静定力の場合の解析法を**応力法**と呼ぶ．一方，本章で述べるたわみ角法や11章で述べる固定法は，節点の変位を未知数として解く方法で**変位法**と呼ばれる．

次に，解析モデルによる分類では，梁の微分方程式を直接利用する解析や仮想仕事法は，梁を材軸に沿って連続体として取り扱う**連続体モデル**の解析である．しかしたとえば，単純梁に材端モーメントが作用したときの材端の回転角は，梁の微分方程式から前もって材端モーメントと材端の回転角の関係を求めておけば直ちにわかることで，梁内部の応力や変位を毎回調べる必要はない．つまり，材端に注目すれば，材端以外は一種のブラックボックスのばねと考えてもよいことになる．

この考えに基づけば，多数の部材で構成される骨組架構の節点における力や変位は，節点をばねで結合したモデルによって求められることがわかる．この場合のモデルを**離散モデル**と呼ぶ．たわみ角法や固定法，さらに後章で述べるマトリックス構造解析法は，離散モデルに基づく解析法である．離散モデルの場合，部材内部の応力や変位が必要であれば，材端の力と変位を境界条件として，部材に対して連続体モデルの解析をすればよい．

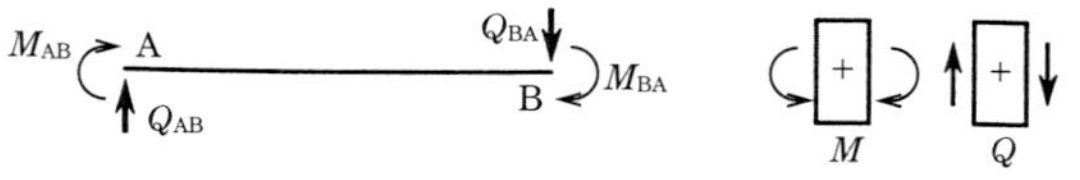

図 10.9　材端モーメントと断面力

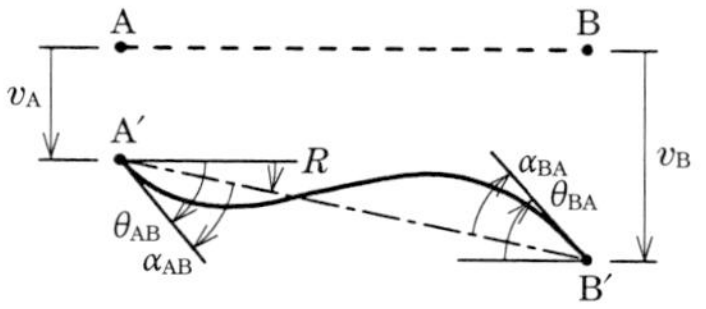

図 10.10　材端変位

10.3　たわみ角法の基本式の誘導

10.3.1　材端力と材端変位

たわみ角法では，部材の両端A，Bでの材端モーメント M_{AB}，M_{BA} の正値を**図 10.9** に示すように定義する．曲げモーメント M とせん断力 Q は，図の向きを正値とすれば，それぞれ材端モーメントあるいは材端のせん断力と次の関係がある．

$$M = M_{BA} = -M_{AB} \tag{10.17}$$

$$Q = \frac{-(M_{AB} + M_{BA})}{L} = Q_{BA} = -Q_{AB} \tag{10.18}$$

図 10.10 は，材端モーメントによって部材が変形した様子を示す．ここで，α_{AB}，α_{BA} は，材軸から測った材端の回転角で，材端たわみ角と呼ばれる．また，θ_{AB}，θ_{BA} は節点回転角，R は部材角と呼ばれる．これらの正値は図 10.10 に示すとおりとする．これらの間には，次の関係がある．

$$\alpha_{AB} = \theta_{AB} - R, \quad \alpha_{BA} = \theta_{BA} - R \tag{10.19}$$

部材角 R は材端変位 v_A，v_B と次の関係がある．

$$R = \frac{v_B - v_A}{L} \tag{10.20}$$

10.3.2　材端モーメントと材端たわみ角の関係

図 10.11(a)に示すように，単純支持された梁

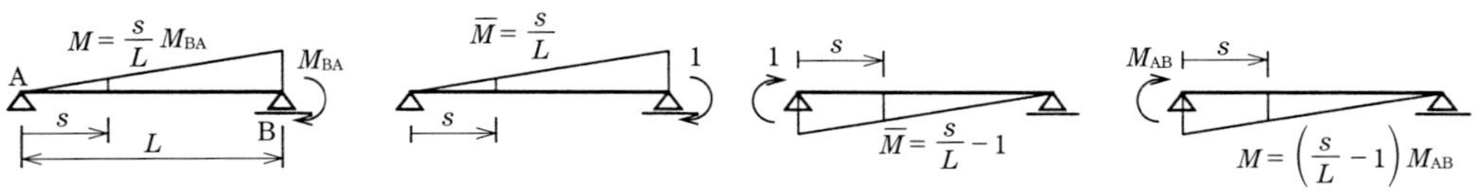

(a)　M 図　(b)　$\overline{M}$ 図　(c)　$\overline{M}$ 図　(d)　M 図

図 10.11　材端モーメント-材端たわみ角関係の導出

ABの材端BにM_{BA}だけが作用した場合を考える．このときの材端Bの材端たわみ角α_{BA}は，図10.11(b)に示すように，その点に単位の仮想モーメントを作用させることによって，単位仮想荷重法で求められる．

$$\alpha_{BA}=\int_0^L \frac{\left(\frac{s\cdot M_{BA}}{L}\right)\cdot\left(\frac{s}{L}\right)}{EI}ds=\frac{L}{3EI}M_{BA}$$

次に材端Aの材端たわみ角α_{AB}は，図10.11(c)のように仮想モーメントを与えて，次式で求められる．

$$\alpha_{AB}=\int_0^L \frac{\left(\frac{s\cdot M_{BA}}{L}\right)\cdot\left(\frac{s}{L}-1\right)}{EI}ds=\frac{-L}{6EI}M_{BA}$$

次に，材端Aに材端モーメントM_{AB}が作用した場合の材端たわみ角は，同様にして次式のように表される．

$$\alpha_{BA}=\frac{-L}{6EI}M_{AB},\quad \alpha_{AB}=\frac{L}{3EI}M_{AB}$$

材端モーメントM_{AB}，M_{BA}が同時に作用した場合，重合わせの原理によって次式が得られる．

$$\alpha_{AB}=\frac{L}{6EI}(2M_{AB}-M_{BA}),$$

$$\alpha_{BA}=\frac{L}{6EI}(-M_{AB}+2M_{BA})$$

上の2式を材端モーメントについて解くと，(10.21)式が得られる．

$$M_{AB}=\frac{2EI}{L}(2\alpha_{AB}-\alpha_{BA}),$$

$$M_{BA}=\frac{2EI}{L}(-\alpha_{AB}+2\alpha_{BA})\quad(10.21)$$

10.3.3　たわみ角法基本式

図10.12(a)では，単純支持された梁に材端モーメントM_{AB}，M_{BA}と中間荷重wが同時に作用している．これに対して，図10.12(b)に示すように両端を固定した状態の梁に中間荷重だけを作用する場合を考える．このとき，両端にはそれぞれ反力のモーメントC_{AB}，C_{BA}が生じ，これらは固定端モーメントと呼ばれる．

次に，図10.12(c)のように単純支持された梁にM_{AB}，M_{BA}からそれぞれ固定端モーメントC_{AB}，C_{BA}を差し引いたものを作用してみる．(b)図と(c)図の荷重条件を重ね合わせると，図10.12(a)の荷重条件に等しいことがわかる．それぞれの荷重条件に対応する変形が図10.12(d)，(e)，(f)であり，材端たわみ角だけに注目すると，(d)図は(f)図と一致している．つまり，梁の内部の変形を別にすれば，材端に（$M_{AB}-C_{AB}$），（$M_{BA}-C_{BA}$）を作用すると，中間荷重が作用した場合と同じ材端たわみ角α_{AB}，α_{BA}が得られることがわかる．したがって，中間荷重が作用した場合には，(10.21)式を次のように書き換えて材端たわみ角を求めることができる．

$$M_{AB}-C_{AB}=\frac{2EI}{L}(2\alpha_{AB}+\alpha_{BA})$$

$$M_{BA}-C_{BA}=\frac{2EI}{L}(2\alpha_{AB}+\alpha_{BA})$$

次に，図10.10に示すように梁全体が剛体的に回転する場合は，上式に(10.19)式を代入した次式で表すことができる．

$$\left.\begin{aligned}M_{AB}&=\frac{2EI}{L}(2\theta_{AB}+\theta_{BA}-3R)+C_{AB}\\ M_{BA}&=\frac{2EI}{L}(\theta_{AB}+2\theta_{BA}-3R)-C_{BA}\end{aligned}\right\}\quad(10.22)$$

上式が，たわみ角法基本式である．ここで注意しなければいけないのは，たわみ角法基本式は曲

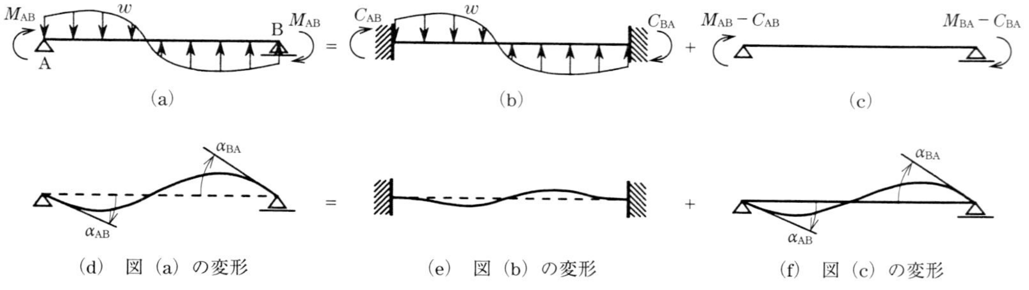

図10.12　中間荷重の取扱い

表 10.2　梁の固定端モーメント C_{AB}，C_{BA}，単純梁の最大モーメント M_0

荷　重	C_{AB}	C_{BA}	M_0
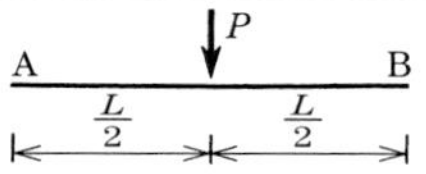	$-\frac{PL}{8}$	$\frac{PL}{8}$	$\frac{PL}{4}$
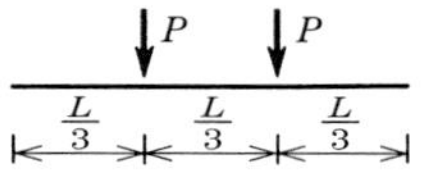	$-\frac{PL}{9}$	$\frac{PL}{9}$	$\frac{PL}{3}$
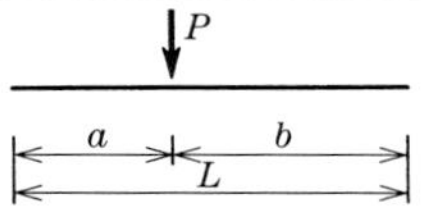	$-\frac{Pab^2}{L^2}$	$\frac{Pa^2b}{L^2}$	$\frac{Pab}{L}$
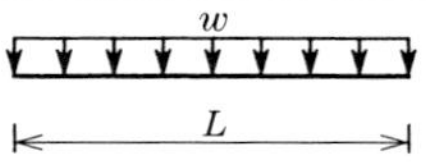	$-\frac{wL^2}{12}$	$\frac{wL^2}{12}$	$\frac{wL^2}{8}$
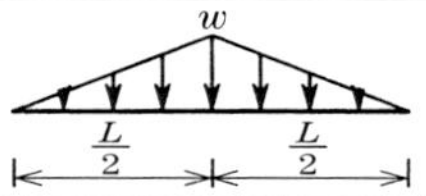	$-\frac{5wL^2}{96}$	$\frac{5wL^2}{96}$	$\frac{wL^2}{12}$
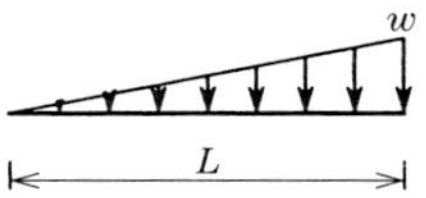	$-\frac{wL^2}{30}$	$\frac{wL^2}{20}$	$\frac{wL^2}{9\sqrt{3}}$ $\left(x=\frac{L}{\sqrt{3}}\right)$

げモーメントによる変形のみが考慮されていて，軸力あるいはせん断力による変形は無視されていることである．したがって，たわみ角法は，曲げモーメントによる変形が卓越するような架構に対してのみ正確な結果を与える．(10.22)式をマトリックスの形式で表現すると次式になる．

$$\begin{Bmatrix} M_{AB} \\ M_{BA} \end{Bmatrix} = \frac{2EI}{L}\begin{bmatrix} 2 & 1 \\ 1 & 2 \end{bmatrix}\begin{Bmatrix} \theta_{AB}-R \\ \theta_{BA}-R \end{Bmatrix} + \begin{Bmatrix} C_{AB} \\ C_{BA} \end{Bmatrix} \tag{10.23}$$

(10.22)式あるいは(10.23)式の C_{AB}，C_{BA} を荷重項という．これらは両端固定梁の固定端モーメントであるから，単位仮想荷重法あるいはモールの定理などで求めることができる．このうち，よく使用されるものを**表 10.2** に示す．

10.4　節点が移動しないラーメン

節点が移動しなければ，ラーメンのどの部材にも部材角が生じない．したがって，(10.22)式は，次のようになる．

$$\begin{Bmatrix} M_{AB} \\ M_{BA} \end{Bmatrix} = \frac{2EI}{L}\begin{bmatrix} 2 & 1 \\ 1 & 2 \end{bmatrix}\begin{Bmatrix} \theta_{AB} \\ \theta_{BA} \end{Bmatrix} + \begin{Bmatrix} C_{AB} \\ C_{BA} \end{Bmatrix} \tag{10.23}$$

節点では，それに接続する部材の材端モーメントと節点に作用するモーメントがつり合っていなければならない．M_{ij} を節点 i に接続する部材 ij の i 端の材端モーメント，M_i を節点 i に作用する外力のモーメントとすれば，節点に関するつり合い条件は一般に次式で表される．

$$\sum_{j=1}^{m} M_{ij} = M_i \tag{10.24}$$

上式を節点方程式と呼ぶ．ここで，m は節点 i に剛節される部材数を表す．(10.24) 式の左辺に (10.23)式を代入すると，材端回転角 θ_{ij}，つまり節点回転角 θ_i に関する方程式が得られる．これを解いて(10.23)式に代入すると，各部材の材端モーメントが得られる．これがたわみ角法の解法手順である．

【例題 10.5】　**図 10.13**(a)に示すラーメンの曲げモーメントを求めよ．

［解答］　例題を解く前に，剛度と剛比の概念を導入しよう．図 10.13 に示すラーメンの梁と柱は，断面 2 次モーメントがそれぞれ I_b，I_c である．このとき，次式で定義される K_b，K_c をそれぞれ梁と柱の**剛度**と呼ぶ．

$$K_b = \frac{I_b}{L},\quad K_c = \frac{I_c}{H} \tag{10.25}$$

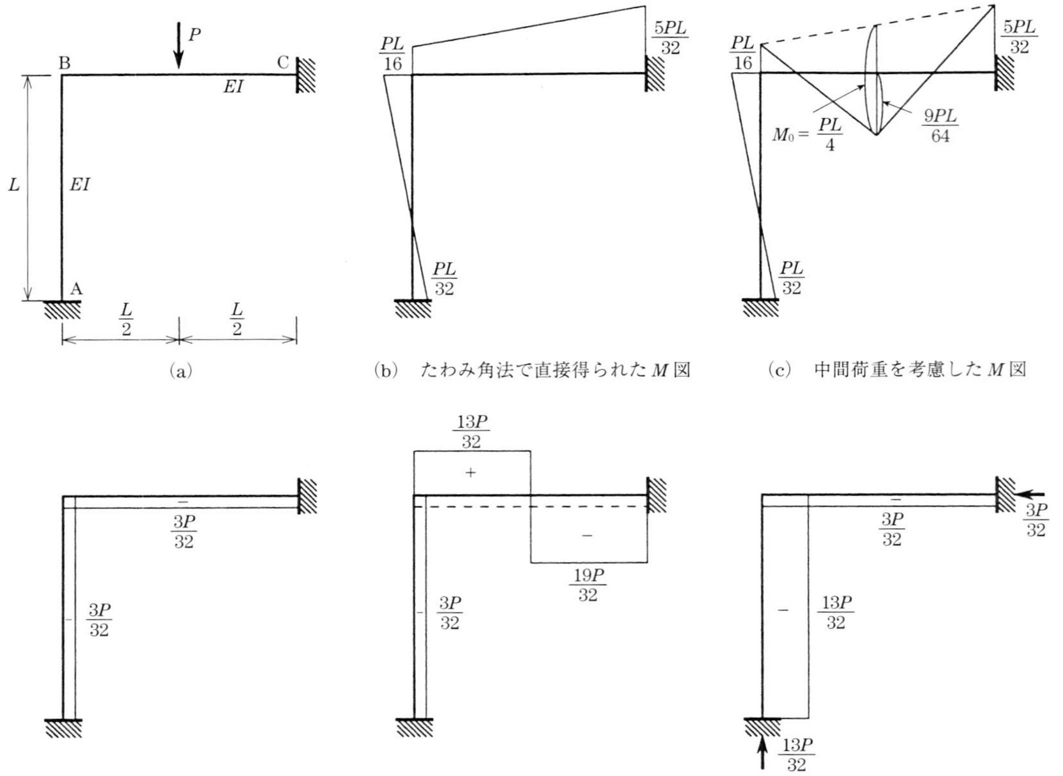

(a)　(b) たわみ角法で直接得られた M 図　(c) 中間荷重を考慮した M 図

(d) たわみ角法で直接得られた Q 図　(e) 中間荷重を考慮した Q 図　(f) N 図

図 10.13 不静定ラーメン

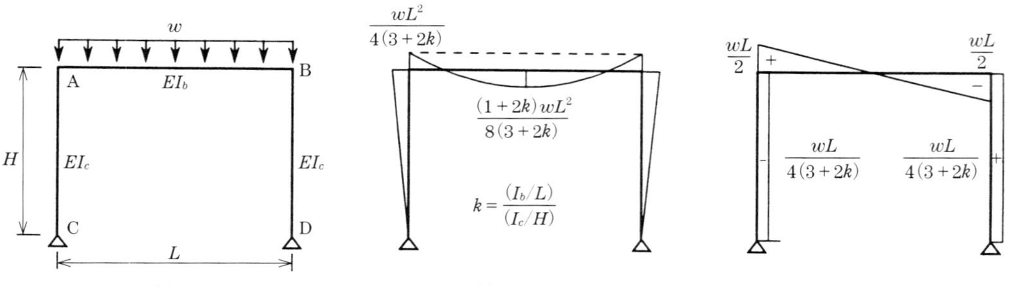

(a)　(b) M 図　(c) Q 図

図 10.14 不静定ラーメン

さらに，柱の剛度 K_c を K_0 としてそれに対する梁の剛度の比を k で表すことにする．

$$K_b = k \cdot K_0 \qquad (10.26)$$

上式の K_0 を基準剛度，k を剛比と呼ぶ．

図 10.14(a)に示すラーメンは架構も荷重も左右対称であるから，変形も左右対称のはずである．したがって，節点回転角には次の関係がある．

$$\theta_{CA} = -\theta_{DB} = \theta_C$$

$$\theta_{AC} = \theta_{AB} = \theta_A$$

$$\theta_{BA} = \theta_{BD} = -\theta_A$$

左右対称の変形であるから，節点 A，B の水平移動はなく，どの部材も部材角は 0 である．以上の条件のもとで柱の剛度を基準剛度 K_0，梁の剛比を k とすれば，たわみ角法基本式は次のようになる．

$$\begin{Bmatrix} M_{CA} \\ M_{AC} \end{Bmatrix} = 2EK_0 \begin{bmatrix} 2 & 1 \\ 1 & 2 \end{bmatrix} \begin{Bmatrix} \theta_C \\ \theta_A \end{Bmatrix}$$

$$\begin{Bmatrix} M_{AB} \\ M_{BA} \end{Bmatrix} = 2EK_0k \begin{bmatrix} 2 & 1 \\ 1 & 2 \end{bmatrix} \begin{Bmatrix} \theta_A \\ -\theta_A \end{Bmatrix} + \begin{Bmatrix} -wL^2/12 \\ wL^2/12 \end{Bmatrix}$$

$$\begin{Bmatrix} M_{BD} \\ M_{DB} \end{Bmatrix} = 2EK_0 \begin{bmatrix} 2 & 1 \\ 1 & 2 \end{bmatrix} \begin{Bmatrix} -\theta_A \\ -\theta_C \end{Bmatrix}$$

$$K_0 = K_c = \frac{I_c}{H}, \quad k = \frac{K_b}{K_0} = \frac{I_b H}{I_c L}$$

ここで，荷重項は，部材 AB の等分布荷重 w の固定端モーメントである．左右対称であるから，架構の左半分だけを考え，節点 A，C について節点方程式をたてる．

$$M_{CA} = 2EK_0(2\theta_C + \theta_A) = 0$$

$$M_{AC} + M_{AB} = 2EK_0(\theta_C + 2\theta_A) + 2EK_0k(2\theta_A - \theta_A) - \frac{wL^2}{12} = 0$$

以上を整理すると，θ_A，θ_C についての連立方程式が得られる．

$$2\theta_C + \theta_A = 0, \quad \theta_C + (2+k)\theta_A = \frac{wL^2}{24EK_0}$$

上式を解くと，

$$\theta_A = \frac{wL^2}{12(3+2k)EK_0}, \quad \theta_C = \frac{-wL^2}{24(3+2k)EK_0}$$

以上をたわみ角法基本式に代入すると，

$$M_{AC} = \frac{wL^2}{4(3+2k)}, \quad M_{AB} = \frac{-wL^2}{4(3+2k)}$$

以上の材端曲げモーメントの計算結果には，剛比だけが現れている．つまり，各部材の曲げモーメントの分担割合は，剛比によって決定される．これが剛比を用いる理由である．部材 AB には中間荷重による曲げモーメントを重ね合わせる．等分布荷重が単純梁に作用するときの材中央の最大曲げモーメント M_0 は，次式で与えられる．

$$M_0 = \frac{wL^2}{8}$$

以上を用いて，図 10.13(b)の曲げモーメント分布が得られる．図 10.13(c)は，せん断力分布である．この場合も部材 AB については，中間荷重によるせん断力分布を重ね合わせる．等分布荷重が単純支持梁に作用するときの材端でのせん断力は次式で与えられる．

$${}_0Q_{BC} = \frac{wL}{2}, \quad {}_0Q_{CB} = \frac{-wL}{2}$$

以上では，節点方程式を節点 A と C について考えたが，部材端がピン接合されている場合は前もってその節点の回転角を消去する方法もある．この場合は，部材 AC のたわみ角基本式から，

$$M_{CA} = 2EK_0(2\theta_C + \theta_A) = 0 \quad \therefore \theta_C = -\frac{1}{2}\theta_A$$

したがって，部材 AC の材端 A 側の基本式は，

$$M_{AC} = 2EK_0(1.5\theta_A) \qquad (10.27)$$

上式を用いれば，節点 C の節点方程式は考えなくてよい．■

10.5　節点移動があるラーメン（層方程式）

節点の移動がない場合は，節点回転角だけが未知数となった．これに対して，節点方程式は節点の数だけあるので，未知数と方程式の数が一致して方程式が解けたわけである．一方，節点が移動する場合は，新たに部材角 R が未知数として追加される．したがって，節点方程式のほかに部材角を求めるための方程式が必要になる．

図 10.15(a)，(c)，(f)は，ラーメン架構の変形後の部材角を示している．図に示すように，各部材角はすべてが独立ではない．

長方形ラーメンでは，各層で 1 つの柱の部材角を決めると，残りの柱の部材角は自動的に決まる．このように任意に決められる部材の部材角を**独立部材角**，残りを**従属部材角**と呼ぶ．

図 10.15(b)，(d)，(e)，(g)のように各層を切断して自由物体をつくると，自由物体に関する外力と層のせん断力とのつり合う式が得られる．これが独立部材角を求めるための方程式で，**層方程式**あるいは**せん断力方程式**と呼ばれる．独立部材角が n_f 個ある場合は，n_f 個の層方程式が必要である．

【例題 10.6】　**図 10.16**(a)のラーメン架構の曲げモーメントを求めよ．また，節点 B の水平変位を求めよ．

［解答］　このラーメン架構は非対称であるから，部材 AB には部材角が生じる．これを R とする．架構の支持条件と接合条件から次の関係がある．

$$\theta_{AB} = 0, \quad \theta_{BA} = \theta_{BC} = \theta_B, \quad \theta_{CB} = \theta_C, \quad M_{CB} = 0$$

以上の条件のもとで，たわみ角法基本式は次のようになる．

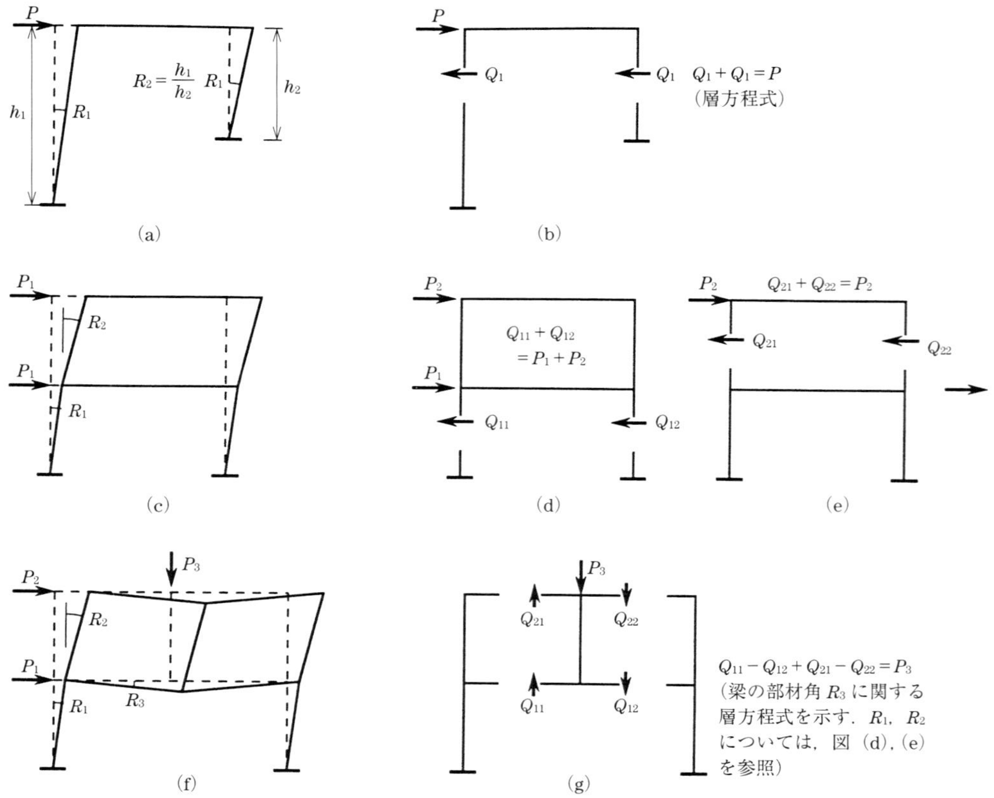

図 10.15　独立部材角と層方程式

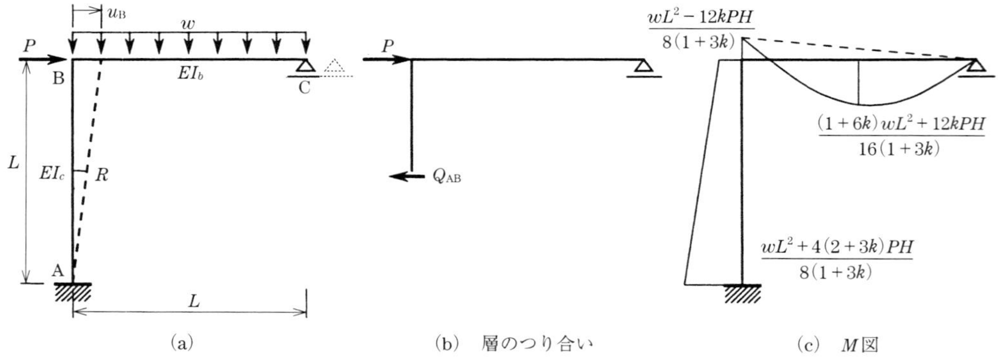

図 10.16　節点移動があるラーメン

$$\begin{Bmatrix} M_{AB} \\ M_{BA} \end{Bmatrix} = 2EK_0 \begin{bmatrix} 2 & 1 \\ 1 & 2 \end{bmatrix} \begin{Bmatrix} 0-R \\ \theta_B-R \end{Bmatrix}$$

$$\begin{Bmatrix} M_{BC} \\ M_{CB} \end{Bmatrix} = 2EK_0k \begin{bmatrix} 2 & 1 \\ 1 & 2 \end{bmatrix} \begin{Bmatrix} \theta_B \\ \theta_C \end{Bmatrix} + \begin{Bmatrix} C_{BC} \\ C_{CB} \end{Bmatrix}$$

まず，M_{CB} が 0 である条件から，θ_C を消去することを考える．M_{CB} に関するたわみ角法基本式から，次の関係が導かれる．

$$\theta_C = -\frac{1}{2}\theta_B - \frac{1}{4EK_0k}C_{CB}$$

これを M_{BC} の基本式に代入すると次式を得る．

$$M_{BC} = 2EK_0k(1.5\theta_B) + H_{BC} = 0 \tag{10.28}$$

$$H_{BC} = C_{BC} - \frac{C_{CB}}{2} \tag{10.29}$$

例題の C_{BC}，C_{CB} は等分布荷重 w の固定端モ

ーメントであるから，

$$H_{BC}=1.5C_{BC}=\frac{-wL^2}{8}$$

節点方程式は，節点Bだけについて考えればよいから，次式となる．

$$M_{BA}+M_{BC}=0$$

次に部材ABを切断した自由物体の層方程式は，水平荷重 P と部材ABのせん断力 Q_{AB} のつり合い条件によって次のように表される．

$$P=Q_{AB}=\frac{-(M_{AB}+M_{BA})}{H}$$

節点方程式と層方程式から節点回転角 θ_C と部材角 R に関する連立方程式が次のように得られる．

$$(4+3k)\theta_B-6R=\frac{wL^2}{8EK_0},\quad \theta_B-2R=\frac{-PH}{6EK_0}$$

以上を解くと，

$$\theta_B=\frac{wL^2+4PH}{8(1+3k)EK_0},\quad R=\frac{3wL^2+4(4+3k)PH}{48(1+3k)EK_0}$$

以上をもとのたわみ角法公式に代入すると，

$$M_{AB}=-\frac{wL^2+4(2+3k)PH}{8(1+3k)},$$

$$M_{BA}=\frac{wL^2-12kPH}{8(1+3k)},\quad M_{BC}=-M_{BA}$$

これらを用いて，曲げモーメントが図10.16(c)のように求められる．

次に，節点Bの水平変位 u_B は，部材ABの部材角 R がラーメン架構の層間変形角であるから，これに階高 H を乗じて次のように求められる．

$$v_B=RH=\frac{3wL^2H+4(4+3k)PH^2}{48(1+3k)EK_0}$$ ■

10.6 異形ラーメン

長方形でないラーメンを異形ラーメンと呼ぶ．異形ラーメンの解法は，長方形ラーメンの解法と本質的に差はないが，独立部材角と従属部材角の関係が単純ではなくなるうえに，層方程式も自由物体のつり合いから求めることが困難になってくる．したがって，これらを求めるために工夫された方法を知っておく必要がある．

10.6.1 部材角相互の関係

一般に，部材角相互の関係は節点をピンに置き換えた置換トラスの運動を調べればよい．置換トラスの独立部材角の数が n_f 個であれば，置換トラスは n_f 次不安定である．したがって，6.2.2項の静定・不静定の判別式（(6.1)式）を変形した次式を利用して，独立な部材角の数を調べることができる．

$$n_f=2n-r-m \qquad (10.30)$$

ここで，n は節点数，r は反力数，m は部材数を表す．異形ラーメンでは，部材角相互の関係を求めるのに直角変位図あるいは部材角方程式を利用するのが便利である．

【例題10.7】 図10.17(a)に示す異形ラーメンの部材角相互の関係を直角変図によって求めよ．

［解答］ 図10.17(a)の異形ラーメンについて(10.30)式を適用すると，

$$n_f=2\times4-2\times2-3=1$$

つまり，独立部材角の数は1であるので，部材ABの R_1 を独立部材角に選び，部材BC，CDの R_2，R_3 を従属部材角とする．簡単のために R_1 を1としたときの R_i を φ_{i1} とする．こうすると，実際の部材角は次式で表される．

$$R_i=\varphi_{i1}\cdot R_1 \qquad (10.31)$$

R_1 を1としたときの直角変位図は，図10.17(b)に示すとおりで，これから φ_{i1} が求められる．

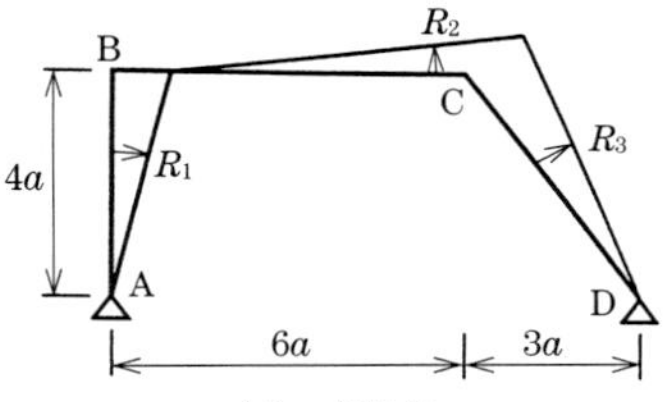

(a) 部材角

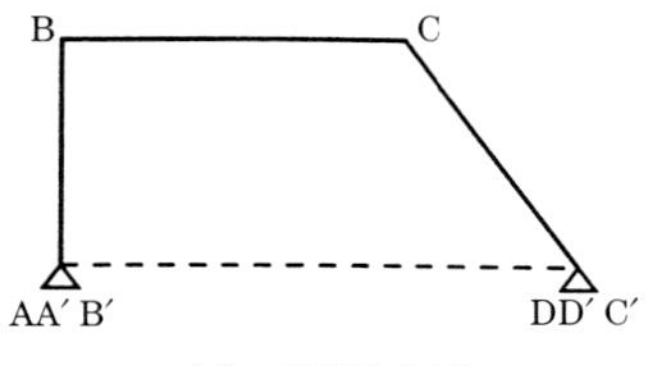

(b) 直角変位図

図10.17 異形ラーメンの部材角

$$\varphi_{11}=1,\quad \varphi_{21}=1-\frac{\overline{B'C'}}{\overline{BC}}=1-\frac{9a}{6a}=-\frac{1}{2},$$

$$\varphi_{31}=1-\frac{\overline{C'D'}}{\overline{CD}}=1-\frac{0}{5a}=1$$

以上から，実際の部材角は次式で表される．

$$R_2=-\frac{1}{2}R_1,\quad R_3=R_1$$ ■

10.6.2　仮想仕事法による層方程式

図 10.18(a)の異形ラーメンに対して，節点を強調して描いたのが図 10.18(b)である．図 10.18(b)に示すように，この異形ラーメンの各部材端にピンを挿入する．ただし，このピンは外力につり合う曲げモーメントを伝えることができるものとする．

この状態の異形ラーメンに対して，節点は回転させずに，ピンだけが回転するような仮想変位を与える．こうすると，内力の仮想仕事は，ピンの回転だけによってなされることになる．図 10.18(c)に示すように，ピンに作用するモーメントは，作用反作用の法則から部材の材端モーメントと向きが逆である．ピンの回転角は部材角に等しく，ピンに作用するモーメントと向きが逆であることに注意すると，仮想仕事式が次のように与えられる．

$$-\sum_i R_i\cdot(M^L{}_i+M^K{}_i)=\sum_k P_k\cdot\delta_k \qquad (10.32)$$

上式が層方程式である．右辺の外力の仮想仕事は，直角変位図を利用すれば，直角変位点回りのモーメントとして求められる．

【例題 10.8】　**図 10.19**(a)に示す異形ラーメンの曲げモーメント図と加力点の鉛直方向変位 v_B および水平方向変位 u_B を求めよ．

［解答］　架構の剛比 k は全部材とも 1 である．架構の置換トラスの自由度は 1 であるから，部材 AB の部材角 R_1 を独立部材角とし，部材 BC，CD の部材角をそれぞれ従属部材角 R_2，R_3 とする．ここで，R_1 を 1 だけ回転させたときの R_2，R_3 を φ_{21}，φ_{31} とすれば，これらは直角変位図（図 10.19(b)）から次のように求められる．

$$\varphi_{21}=1-\frac{\overline{B'C'}}{\overline{BC}}=-1,\quad \varphi_{31}=1-\frac{\overline{C'D'}}{\overline{CD}}=1$$

上式から，部材角相互の関係は次のようになる．

$$R_2=-R_1,\quad R_3=R_1$$

支持条件および各部材の接続関係から次の関係が成り立つ．

$$\theta_{BA}=\theta_{BC}=\theta_B,\quad \theta_{CB}=\theta_{CD}=\theta_C,\quad M_{AB}=0,\quad M_{DC}=0$$

部材 AB の材端 A がピン接合なので θ_A を消去することを考える．ここで，ヤング率を E，基準剛度を K_0 とすると，部材 AB に対するたわみ角法基本式は次式で表される．

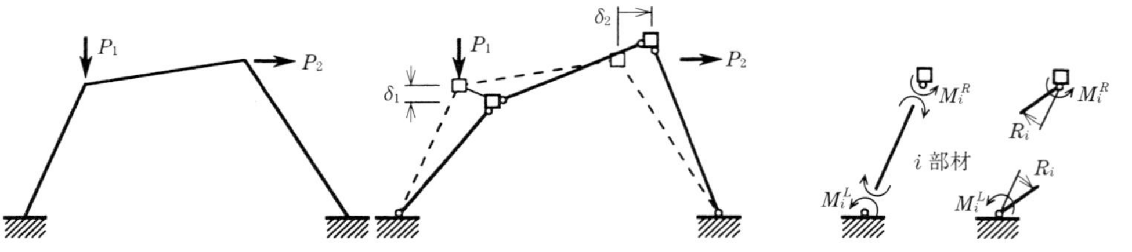

(a)　(b)　(c)

図 10.18　仮想仕事式による層方程式

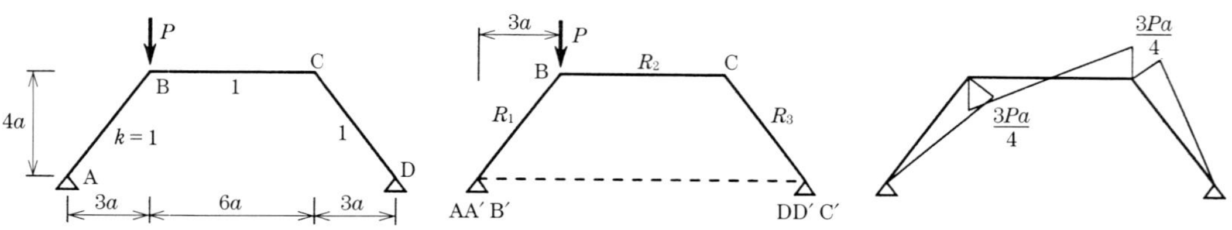

(a)　(b)　直角変位図　(c)　M 図

図 10.19　異形ラーメンの応力

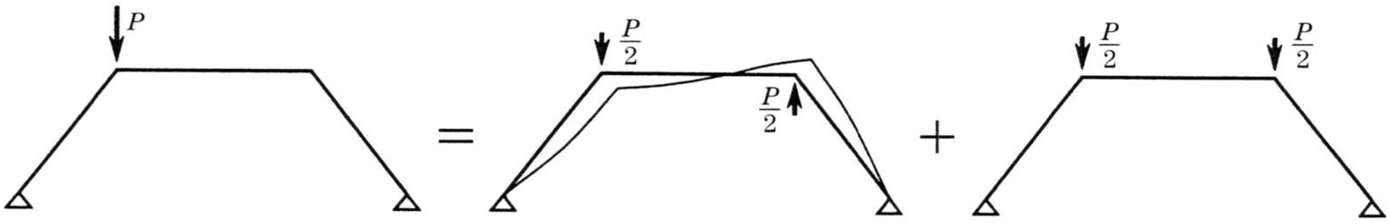

(a)　荷重　　(b)　逆対称荷重　　(c)　対称荷重

図 10.20　逆対称荷重と対称荷重

$$\begin{Bmatrix} 0 \\ M_{BA} \end{Bmatrix} = 2EK_0k \begin{bmatrix} 2 & 1 \\ 1 & 2 \end{bmatrix} \begin{Bmatrix} \theta_A - R_1 \\ \theta_B - R_1 \end{Bmatrix}$$

上式から θ_A を消去すると，

$$M_{BA} = 2EK_0k(1.5\theta_B - 1.5R_1) \qquad (10.33)$$

残りの部材の基本式は，次のとおりである．

$$\begin{Bmatrix} M_{BC} \\ M_{CB} \end{Bmatrix} = 2EK_0k \begin{bmatrix} 2 & 1 \\ 1 & 2 \end{bmatrix} \begin{Bmatrix} \theta_B - R_1 \\ \theta_C - R_1 \end{Bmatrix}$$

$$M_{CD} = 2EK_0k(1.5\theta_C - 1.5R_1)$$

ここで，部材 CD については(10.33)式に準じて θ_D を消去している．節点方程式は，

$$M_{BA} + M_{BC} = 0, \quad M_{CB} + M_{CD} = 0$$

層方程式は，仮想仕事式（(10.32)式）によって，

$$-1 \times M_{BA} - (-1) \times (M_{BC} + M_{CB}) - 1 \times M_{CD} = P \times 3a$$

ここで，荷重 P のなす仮想仕事は直角変位点 B′ 回りのモーメントである．たわみ角法基本式を節点方程式および層方程式に代入すると，θ_B，θ_C，R_1 を未知数とする連立方程式が次のように得られる．

$$7\theta_B + 2\theta_C + 3R_1 = 0, \quad 2\theta_B + 7\theta_C + 3R_1 = 0,$$

$$3\theta_B + 3\theta_C + 18R_1 = \frac{3Pa}{EK_0k}$$

上式を解くと，

$$\theta_B = \theta_C = \frac{-Pa}{16EK_0k}, \quad R_1 = \frac{3Pa}{16EK_0k}$$

以上をたわみ角法基本式に代入すれば，全部材の材端モーメントが次のように得られる．

$$M_{BA} = \frac{-3Pa}{4}, \quad M_{BC} = M_{CB} = \frac{3Pa}{4},$$

$$M_{CD} = \frac{-3Pa}{4}$$

したがって，架構の曲げモーメントは図 10.19(c)のようになる．得られた曲げモーメント分布は，左右逆対称になっていることがわかる．そこで**図 10.20** に示すように，荷重 P を左右逆対称な荷重成分と左右対称な荷重成分に分解してみる．このうち対称な荷重成分は，たわみ角法が部材の伸縮を無視しているために架構を変形させない．

つまり，この架構は作用荷重のうち左右逆対称な成分による左右逆対称な変形だけが生じるのである．このことに気が付けば，架構の半分だけを考えて応力を求めることもできる．まず，節点回転角は，

$$\theta_C = \theta_B$$

上の関係を用いると，部材 BC の材端 B のたわみ角法基本式は次のように与えられる．

$$M_{BC} = 2EK_0k(3\theta_B + 3R_1) \qquad (10.34)$$

節点方程式と層方程式は，

$$M_{BA} + M_{BC} = 0, \quad -1.2M_{BA} - (-1) \times 2M_{BC} = P \times 3a$$

連立方程式は，

$$3\theta_B + R = 0, \quad \theta_B + 3R_1 = \frac{Pa}{2EK_0k}$$

以上から，図 10.19(c)とまったく同じ曲げモーメントが得られる．

最後に，節点 B の変位は，部材 AB の部材角 R_1 を利用して次のように求められる．

$$u_B = R_1 \times y_1 = \frac{3Pa}{16EK_0k} \times 4a = \frac{3Pa^2}{4EK_0k}$$

$$v_B = R_1 \times x_1 = \frac{3Pa}{16EK_0k} \times 3a = \frac{9Pa^2}{16EK_0k}$$ ■

演 習 問 題

10.1　**図 10.21**(a)，(b)に示す不静定トラスの軸力を求めよ．

10.2　**図 10.22**(a)，(b)に示す不静定ラーメンの曲げモーメントを求めよ．

10.3　**図 10.23** に示す合成部材の部材 AB，BC，CD

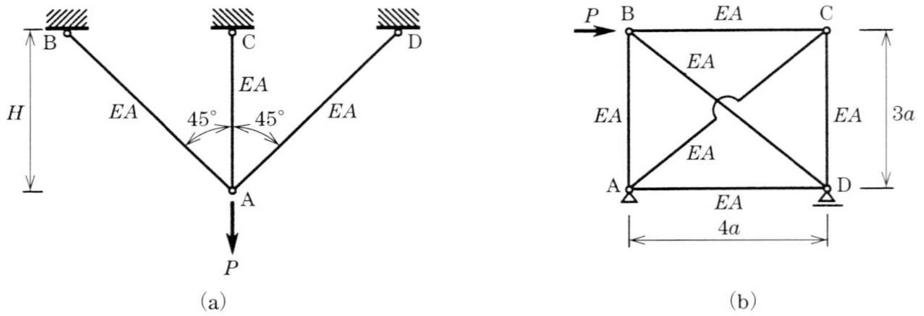

図 10.21

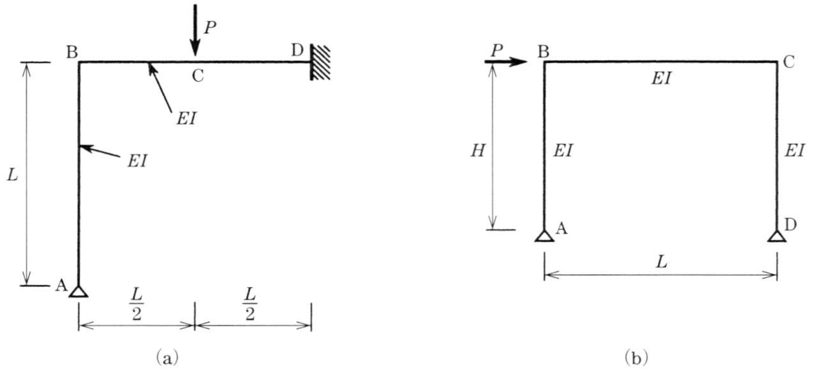

図 10.22

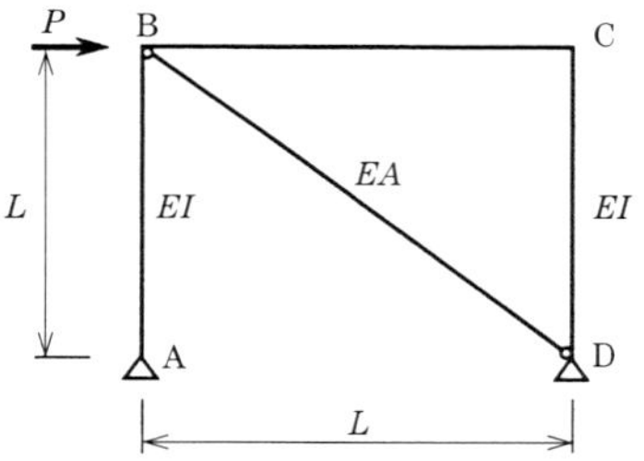

図 10.23

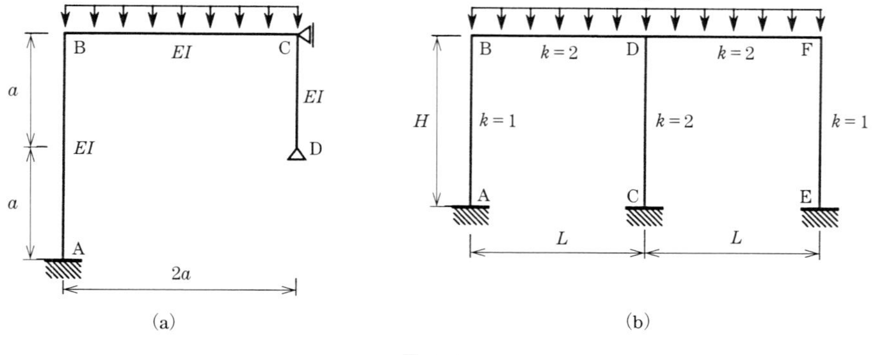

図 10.24

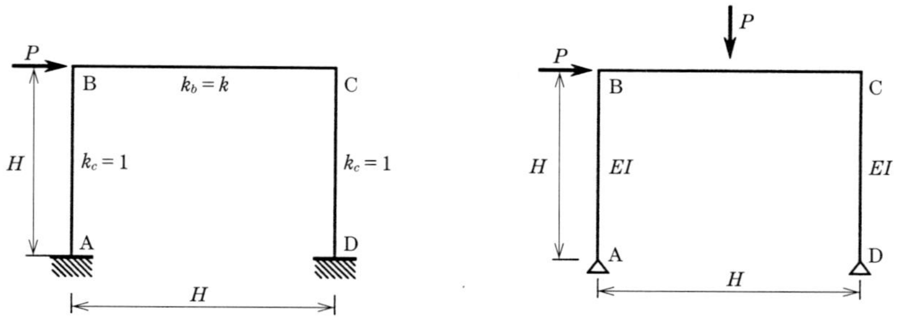

(a) (b)

図 10.25

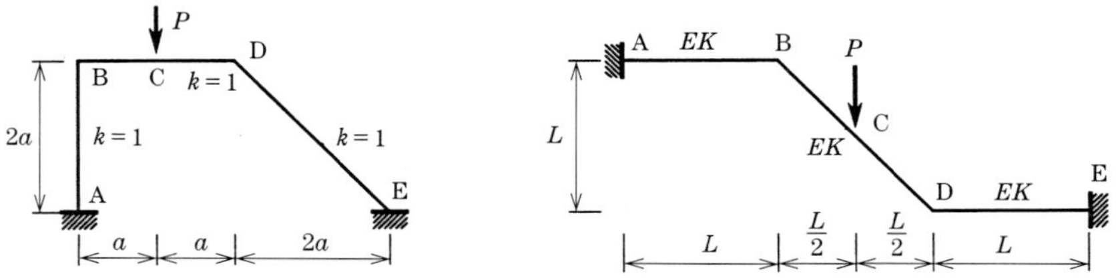

(a) (b)

図 10.26

の曲げモーメントと部材 BD の軸力を求めよ．ただし，部材 AB，BC，CD の軸方向変形は無視できるとする．

10.4 **図 10.24**(a)，(b)に示すラーメンの曲げモーメント，せん断力および軸力を求めよ．

10.5 **図 10.25**(a)，(b)に示す節点移動があるラーメンの曲げモーメントを求め，さらに節点 B の水平変位を求めよ．

10.6 **図 10.26**(a)，(b)に示す異形ラーメンの曲げモーメントを求めよ．

11. 固定法による骨組の解法

11.1 固定法の解法原理

固定法は，比較的大規模なラーメン架構が手計算で解ける実用的な解法である．図 11.1(a)に示す連続梁に鉛直荷重 P が作用する場合を考える．まず，節点 A を固定した梁に P が作用すると，図 11.1(b)に示すような曲げモーメント分布が得られる．節点 A が固定されているため，節点 A には反力モーメントが生じている．節点 A は，実際には固定されているわけではないので，固定を解除すれば，反力モーメント F は不つり合いモーメントになる．不つり合いを解消するためには，固定を解除した梁の節点 A に，F とは逆向きのモーメント荷重 $M_A(=-F)$ を，作用した図 11.1(c)の曲げモーメントを図 11.1(b)の結果に重ね合わせればよい．これが，**固定法の解法原理**である．

F は梁の固定端モーメントであるから容易に求められる．そこで，M_A を作用させたときの曲げモーメントの求め方を考える．M_A を作用させたときの部材 AB，AC の節点 A の材端モーメント M_{AB}，M_{AC} は，たわみ角法基本式によって次のようになる．

$$M_{AB}=2EK_{AB}(2\theta_A)=4EK_{AB}\theta_A$$
$$M_{AC}=2EK_{AC}(2\theta_A)=4EK_{AC}\theta_A \qquad (11.1)$$

ここで，K_{AB}，K_{AC} は部材 AB，AC の剛度，θ_A は節点 A の回転角を表す．節点 A に関する節点方程式は，

$$M_{AB}+M_{AC}=M_A$$

基本式を節点方程式に代入し，θ_A に関する方程式を解いて，材端モーメントについて求めると次のようになる．

$$M_{AB}=\frac{K_{AB}}{K_{AB}+K_{AC}}M_A$$
$$M_{AC}=\frac{K_{AC}}{K_{AB}+K_{AC}}M_A$$

同様に，3 つ以上の部材が接合する場合には，次式が成立する．

$$M_{ij}=\mu_{ij}M_i \qquad (11.2)$$

$$\mu_{ij}=\frac{K_{ij}}{\sum_{k=1}^{m}K_{ik}} \qquad (11.3)$$

ここで，M_i は節点 i に作用するモーメント荷重で，M_{ij} は部材 i-j の材端 i の材端モーメントである．μ_{ij} は**分配率**と呼ばれ，各部材の材端モーメントがそれぞれの部材の剛度 K_{ij} に比例して分配されることを示している．基準剛度を定めて各部材の剛度を剛比 k_{ij} で表すと，分配率は剛比によっても同様な形式で表される．

$$\mu_{ij}=\frac{k_{ij}}{\sum_{k=1}^{m}k_{ik}} \qquad (11.4)$$

再び図 11.1(c)に戻って，部材 AB の固定端 B の材端モーメントをたわみ角法で求めてみる．

$$M_{BA}=2EK_{AB}(\theta_A)=\frac{1}{2}M_{AB}$$

部材 AC の固定端 C の材端モーメントに関しても同様で，一般に次式が成立する．

$$M_{ji}=cM_{ij}, \quad c=0.5 \qquad (11.5)$$

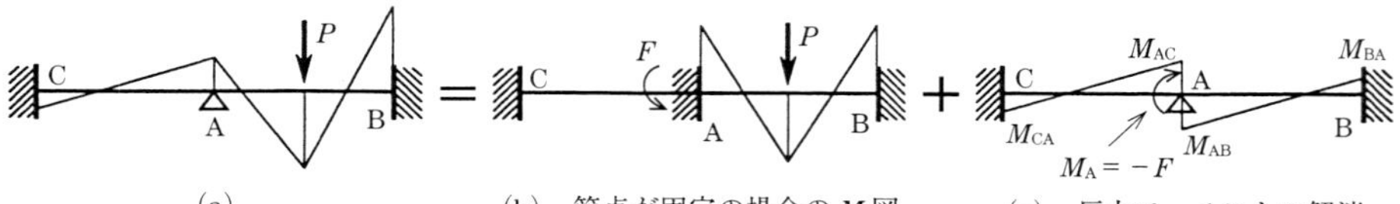

(a)　(b) 節点が固定の場合の M 図　(c) 反力モーメントの解消

図 11.1 固定法の解法原理

ここで，c は**到達率**と呼ばれ，その値は常に 0.5 である．つまり，節点 i で分配された曲げモーメントの 1/2 が，回転が固定されている他端 j に到達することがわかる．

固定法の計算手順は次のとおりである．

①すべての節点を固定した架構に荷重を作用し，曲げモーメント分布を求める．この場合の材端モーメントは固定端モーメントである．

②節点の固定を解除し，不つり合いモーメントを解消する．解除する節点は 1 つずつとし，それ以外の節点は固定のままとする．こうすれば，節点の固定解除に伴う曲げモーメントが分配率と到達率を用いて効率よく計算できる．

一度，不つり合いモーメントを解消した節点でも，隣り合う節点の解除によって，再び不つり合いモーメントが現れる．すべての節点の不釣合いモーメントが 0 に近くなるまで，②の操作を繰り返す．

【例題 11.1】 図 11.2(a)の連続梁の曲げモーメントを固定法によって求めよ．

［解答］ まず節点 B を固定し，荷重 P に対する曲げモーメント分布を求める（図 11.2(b)）．その結果，節点 B に不つり合いモーメント F_1 が生じる．そこで，節点 B の固定を解除した梁の節点 B に $-F_1$ を作用する（図 11.2(c)）．そうすると，今度は節点 A に不釣合いモーメント F_2 が生じる．そこで節点 A の固定を解除した梁（節点 B は固定にする）に同様な操作を行う（図 11.2(d)）．そうすると一度，不つり合いモーメントを解消した節点 B に再び不つり合いモーメント F_3 が生じる．これを再び解消する．図 11.2(e)，(f)に示すように，節点の不つり合いモーメントは際限なく生じるが，その大きさは急速に減少するので，実用的な近似解が得られることになる．

表 11.1 はこの計算を表形式で行ったものである．表の横列は材端モーメント M_{CA}，M_{AC}，M_{AB}，…を架構の順番に並べている．表の縦列の各項は，DF が分配率，FEM が固定端モーメントを表す．D_1，C_1は第 1 回目の固定解除および他端への到達モーメントの計算である．以下，D_1, C_2, D_3, C_3, …はそれぞれ第 2, 第 3, …の計算を表す．表の計算でわかるとおり，2～3 回の固定解除で実用上十分な精度が得られる．実際の曲げモーメントは，図 11.2(b)～(f)を重ね合わせる

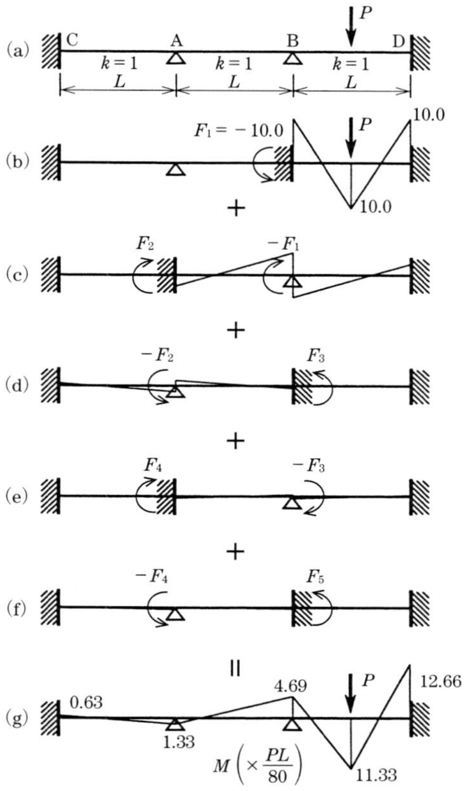

図 11.2　連続梁の曲げモーメント

表 11.1　連続梁の計算法（図 11.2 の架構）

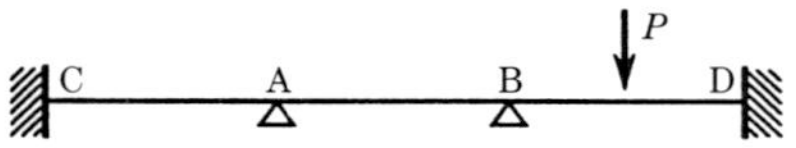

	CA	AC	AB	BA	BD	DB	
DF	−	0.50	0.50	0.50	0.50	−	
FEM					−10.00	10.00	(b)
	$-F_1 = 10.00$						
D_1				5.00	5.00		(c)
C_1			2.50			2.50	
	$-F_2 = -2.50$						
D_2		−1.25	−1.25				(d)
C_2	−0.63			−0.63			
	$-F_3 = 0.63$						
D_3				0.31	0.31		(e)
C_3			0.16			0.16	
	$-F_4 = -0.16$						
D_4		−0.08	−0.08				
Σ	−0.63	−1.33	1.33	4.69	−4.69	12.66	(f)

$M\left(\times \frac{PL}{80}\right)$

ことにより，あるいは表の各縦列を総和することにより，図 11.2(g)のように求められる．■

11.2 節点が移動しないラーメン

固定法は架構の図上で計算を進める．長方形ラーメンの場合の図上計算の記載法は，**図 11.3** に示すように各節点に材端モーメントを記すための 4 つの枠をとる．枠は左から左（左梁），下（下柱），上（上柱），右（右梁）とするのが一般的である．さらに，各枠は表 11.1 と同様に，上から $DF, FEM, D_1, C_1, D_2, C_2, \cdots$，最後は D_n とし，総計 Σ の欄をつくる．

【例題 11.2】 **図 11.4**(a)に示すラーメン架構の曲げモーメントを求めよ．

［解答］ **図 11.5** のように架構に表を作成する．荷重 w による部材 AD の固定端モーメントは，次のように与えられる．

$$C_{AD}=-\frac{wL^2}{12},\quad C_{DA}=\frac{wL^2}{12}$$

節点 A での分配率 $DF(\mu)$ は，(11.4)式から次式で与えられる．

$$\mu_{AB}=\frac{1}{1+1+1+2}=\frac{1}{5}=0.2,\quad \mu_{AE}=\frac{2}{5}=0.4,$$

$$\mu_{AC}=\frac{1}{5}=0.2,\quad \mu_{AD}=\frac{1}{5}=0.2$$

以上を表に記入して計算を行う．ただし，表では計算が楽なように，$[wL^2/120]$ を曲げモーメントの単位としている．解除される節点が 1 個に限られると，不つり合いモーメントが 1 回で解消される．以上から，曲げモーメント図は，図 11.4(b)のようになる．ただし，部材 AD には分布荷重 w による単純梁の曲げモーメントを付加する必要がある．■

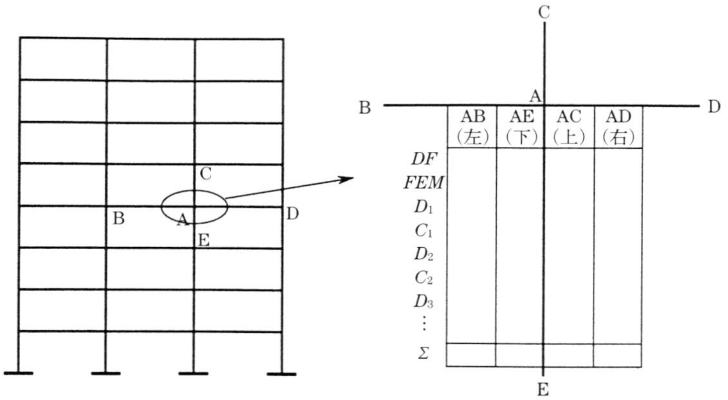

図 11.3 図上計算の記載法

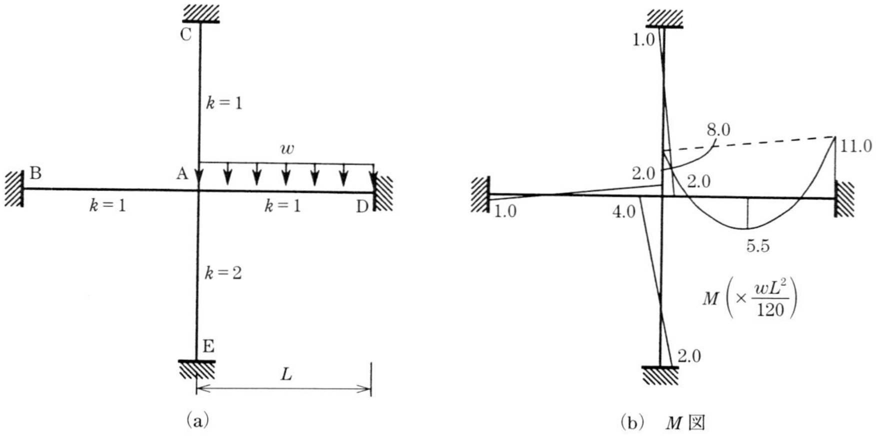

図 11.4 ラーメン架構の曲げモーメント

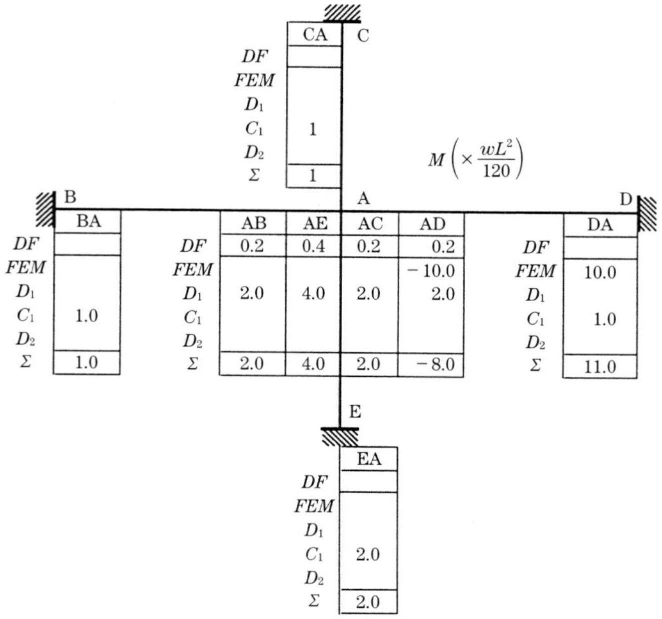

図 11.5　図 11.4 のラーメン架構の図上計算

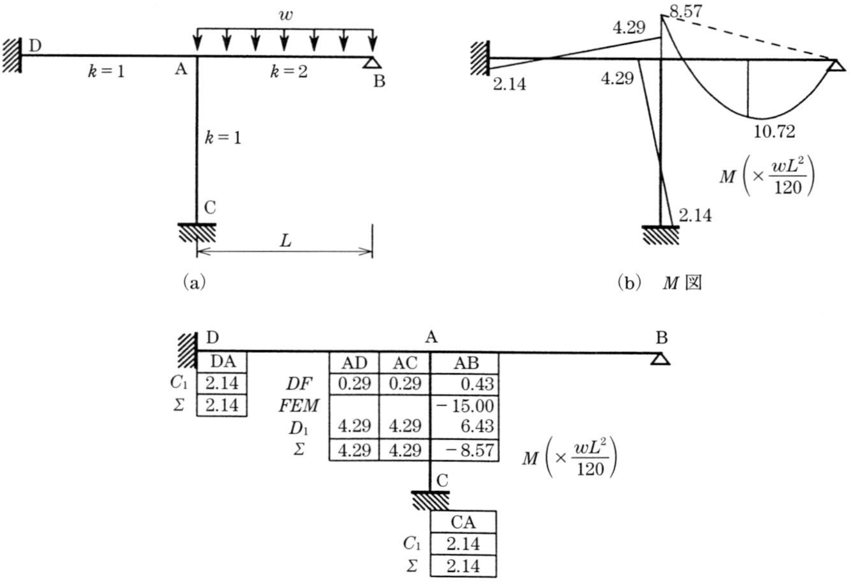

図 11.6　ピン支持されたラーメン架構

【例題 11.3】　**図 11.6**(a)に示すラーメン架構の曲げモーメントを求めよ．

［解答］　部材 AB の材端 B がピン支持になっている．M_{BA} が 0 であることを利用して θ_{BA} を消去すると，たわみ角法基本式から次式を得る．

$$M_{BA}=4EK_0k_e\theta_{AB}+H_{AB},\quad k_e=0.75,$$

$$H_{AB}=C_{AB}-\frac{C_{BA}}{2} \tag{11.6}$$

ここで，k_e と H_{AB} は他端ピン材に対する有効剛比および固定端モーメントである．剛比 k の代わりに有効剛比 k_e を用いることで他端固定部材と同様に取り扱える．k_e を用いた分配率と H_{AB}

の例題に対する値は次のようになる．

$$\mu_{AB}=\frac{0.75\times2}{1+1+0.75\times2}=\frac{1.5}{3.5}=0.43,$$

$$\mu_{AC}=\frac{1}{3.5}=0.286,\quad \mu_{CD}=\frac{1}{3.5}=0.29$$

$$H_{AB}=\frac{-wL^2}{12}-\frac{1}{2}\times\frac{wL^2}{12}=1.5\times\frac{-wL^2}{12}$$

$$=\frac{-wL^2}{8}$$

以上から，図 11.6(c)のように計算表を作成し，解を求める．ただし，［$wL^2/120$］を曲げモーメントの単位としている．曲げモーメントは，図 11.6(b)に示すとおりである．■

11.3　節点移動があるラーメン

節点移動がある場合は部材角が生じるので，たわみ角法の場合と同様に層方程式が必要になる．固定法では，独立部材角の数だけ計算表が必要になるので，この数が多い架構に対しては計算が煩雑になる．ここでは，部材角の自由度が 1 の場合に限って例題を用いて解法を示す．

【例題 11.4】　**図 11.7**(a)に示す左右非対称なラーメン架構の曲げモーメントを求めよ．

［解答］　架構が左右非対称なので，荷重が左右対称でも柱に部材角 R が生じる．まず，図 11.7

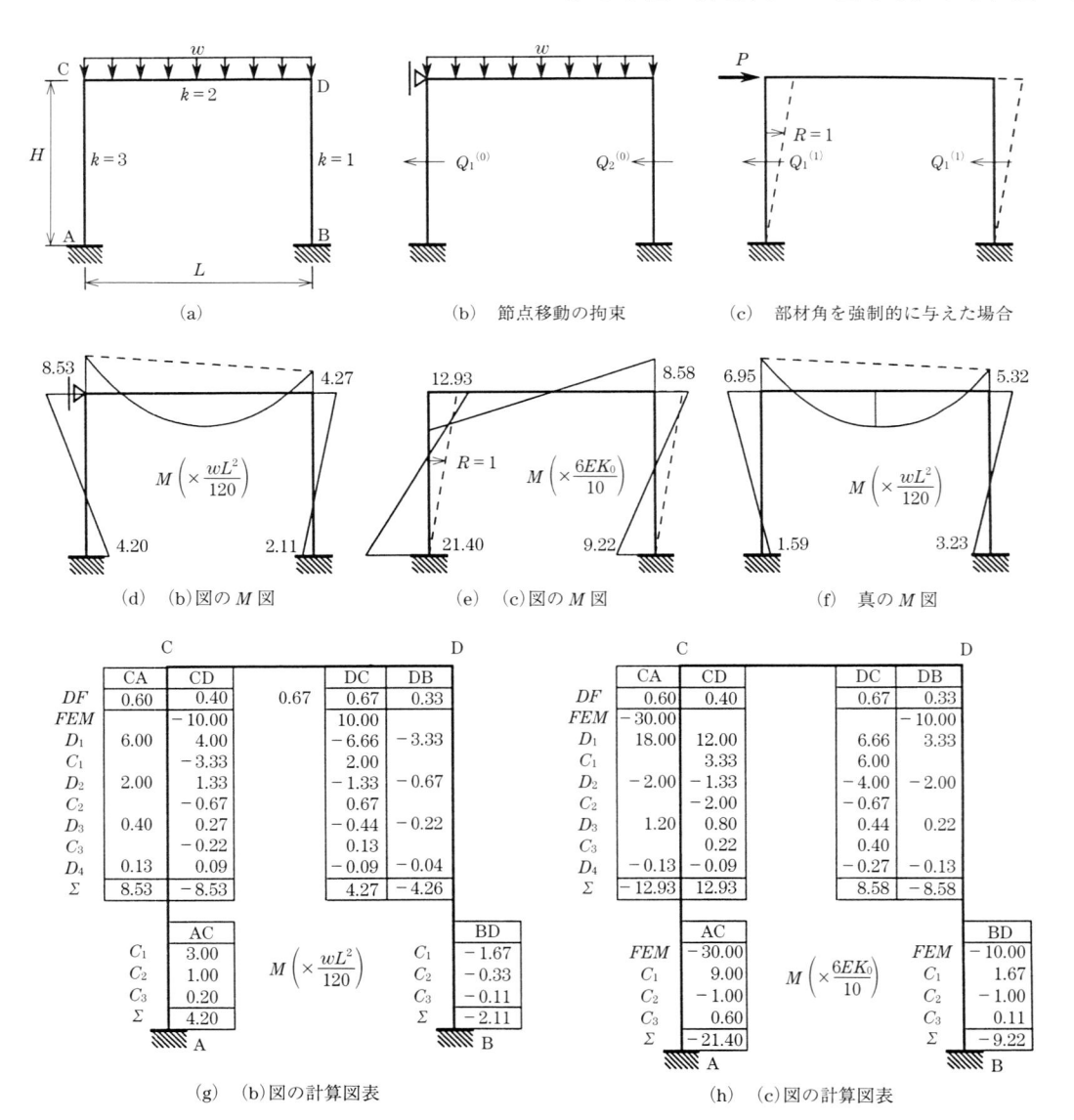

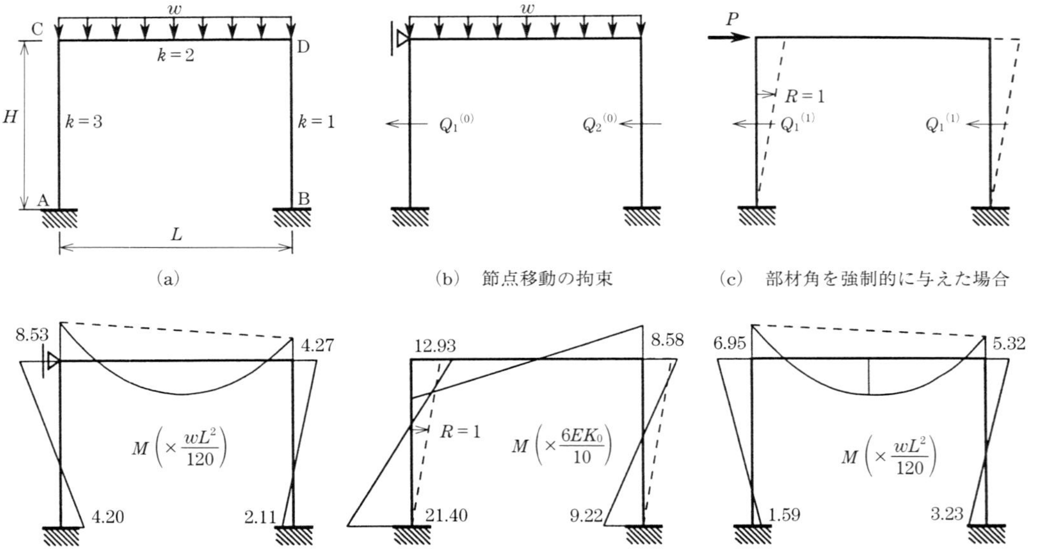

(a)　(b)　節点移動の拘束　(c)　部材角を強制的に与えた場合

(d)　(b)図の M 図　(e)　(c)図の M 図　(f)　真の M 図

$M\left(\times\frac{wL^2}{120}\right)$

	CA	CD		DC	DB
DF	0.60	0.40	0.67	0.67	0.33
FEM		−10.00		10.00	
D_1	6.00	4.00		−6.66	−3.33
C_1		−3.33		2.00	
D_2	2.00	1.33		−1.33	−0.67
C_2		−0.67		0.67	
D_3	0.40	0.27		−0.44	−0.22
C_3		−0.22		0.13	
D_4	0.13	0.09		−0.09	−0.04
Σ	8.53	−8.53		4.27	−4.26

	AC	BD
C_1	3.00	−1.67
C_2	1.00	−0.33
C_3	0.20	−0.11
Σ	4.20	−2.11

(g)　(b)図の計算図表

$M\left(\times\frac{6EK_0}{10}\right)$

	CA	CD	DC	DB
DF	0.60	0.40	0.67	0.33
FEM	−30.00			−10.00
D_1	18.00	12.00	6.66	3.33
C_1		3.33	6.00	
D_2	−2.00	−1.33	−4.00	−2.00
C_2		−2.00	−0.67	
D_3	1.20	0.80	0.44	0.22
C_3		0.22	0.40	
D_4	−0.13	−0.09	−0.27	−0.13
Σ	−12.93	12.93	8.58	−8.58

	AC	BD
FEM	−30.00	−10.00
C_1	9.00	1.67
C_2	−1.00	−1.00
C_3	0.60	0.11
Σ	−21.40	−9.22

(h)　(c)図の計算図表

図 11.7　節点移動があるラーメン

(b)に示すように，節点Cの水平移動を拘束した場合の応力を求める．次に，図11.7(c)に示すように，柱の部材角 R が1のときの応力を求める．この応力に真の柱の部材角 R を乗じて，(b)図の応力に重ね合わせると真の応力が得られる．部材の真のせん断力 $Q^{(0)}$，$Q^{(1)}$ は，(b)図と(c)図に対応するせん断力 $Q^{(0)}$，$Q^{(1)}$ によって次式で与えられる．

$$Q=Q^{(0)}+Q^{(1)}\times R$$

例題では水平荷重が作用していないので，柱のせん断力の総和は0でなければならない．

$$\sum Q_C=\sum Q_C^{(0)}+\sum Q_C^{(1)}\times R=0 \qquad (11.7)$$

上式は柱の部材角 R に関する層方程式で，R について解くと，

$$R=\frac{-\sum Q_C^{(0)}}{\sum Q_C^{(1)}} \qquad (11.8)$$

得られた R を用いて，真の曲げモーメントが次式で与えられる．

$$M=M^{(0)}+M^{(1)}\times R \qquad (11.9)$$

節点Cを拘束したときの曲げモーメントは，図11.7(d)のように求められる．このときの計算表は図11.7(g)に示すとおりである．ただし，曲げモーメントの単位は［$wL^2/120$］としている．次に，柱部材AC，BDに単位の部材角 $R=1$ を強制的に与えたときの固定端モーメントは，たわみ角法基本式から次のようになる．

$$C_{AC}^{(1)}=C_{CA}^{(1)}=-6EK_0k_{AC}R=-6EK\times3\times1$$
$$=-3\times(6EK_0)$$
$$C_{BC}^{(1)}=C_{DB}^{(1)}=-1\times(6EK_0)$$

図11.7(h)に示すように，計算表は上記を記入したほかは，節点移動がない場合とまったく同じ手続きで行う．得られた曲げモーメントを図11.7(e)に示す．ただし，曲げモーメントの単位は［$6EK_0/10$］としている．真の部材角 R は，(11.9)式に上記の結果を代入することによって，次のように与えられる．

$$R=\frac{-(Q_{AC}^{(0)}+Q_{BD}^{(0)})}{Q_{AC}^{(1)}+Q_{BD}^{(1)}}=0.122\times\frac{\frac{wL^2}{120}}{\frac{6EK_0}{10}}$$

(11.10)式に以上の結果を代入すれば，真の曲げモーメントが図11.7(f)のように得られる．■

演 習 問 題

11.1 **図11.8**に示すラーメンの曲げモーメントを求めよ．

11.2 **図11.9**に示すラーメンの曲げモーメントを求めよ．

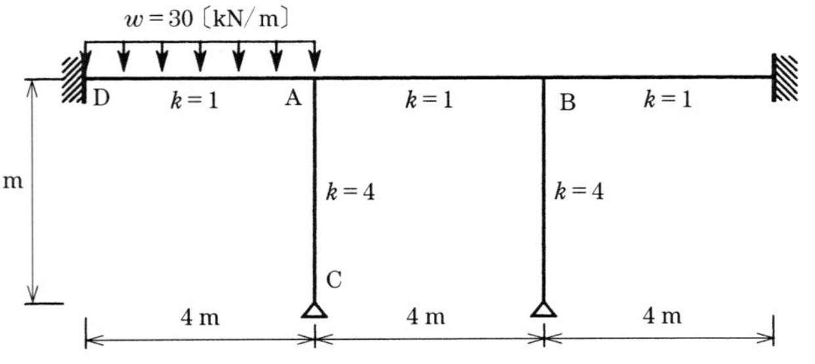

図11.8

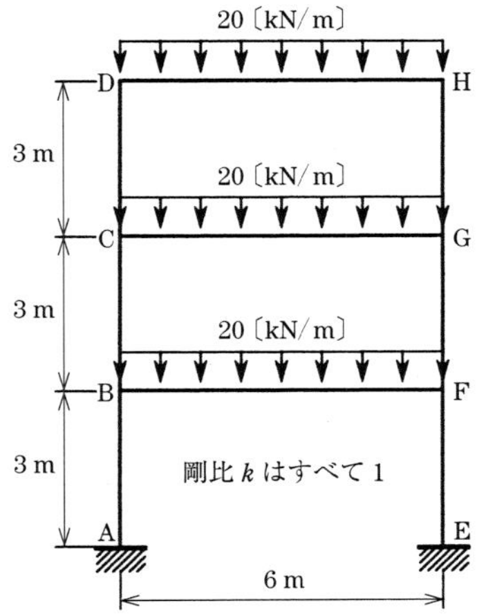

図11.9

12. マトリックス構造解析法の基礎

12.1 マトリックス変位法

前章までは，主として構造力学の基礎原理を理解するための，いわば古典的な解法を説明してきた．そのためには手計算を実行し，場合によっては大きな連立方程式を解くことが要求される．ある程度の大きさ（10元ぐらい）までならば，手計算でも連立方程式を解くテクニックもあるが，実際に構造物を設計する場合には，手計算で解けそうもない大きな連立方程式に出会うことが多い．身近になった現在のコンピュータ環境のなかでは，たわみ角法でも組織的に基礎式を組み立てさえすれば，相当大きな構造物の解析が可能である．

一方で，たわみ角法やその他のこれまで学んできた解法には，本来手計算で解析できるように，構造形態や支持条件によっては未知数をできるだけ減らす簡略化や工夫が取り入れられている．これらの工夫は，力学の基本原理と外力を受ける構造物の変形や変位を理解するうえで重要な役割を果たしている．しかしながら，構造形態や支持条件にかかわらず，同じ計算手順で構造物を解くことができれば，解法の汎用性は格段に向上する．また，同じ手順を繰り返すことを得意とするコンピュータを利用するうえでも有利である．

本章以降では，コンピュータ利用を前提としたマトリックス構造解析理論（matrix method of structural analysis）の初歩に触れる．ここでは，実際の数値計算そのものはコンピュータがやってくれることを想定しているので，簡単な例題を解く場合を除いて，読者はコンピュータに解かせるための基礎式の原理とその手順を学ぶことに集中してほしい．しかしながら，マトリックス構造解析の基礎理論を理解するためには，マトリックス演算とその表記法の規則についてマトリックス代数学の初歩的な知識が必要である．本書は，読者が大学初学年程度の数学で習うマトリックス代数学の知識を修得しているものとして話を進めるが，参考に巻末付録で簡単な解説を行っている．

前章までに述べた解法も，基本的には連立方程式をマトリックス表示して整理することができるが，構造力学でいう「マトリックス構造解析法」は，単にマトリックス表示を使っているだけではなく，その基礎式の作成に独特の概念を用いている．マトリックス構造解析の考え方は，有限要素法や境界要素法などの高度な理論へと発展していくが，本書ではこれらには触れない．

また，マトリックス構造解析法は，変位を未知数とした**変位法**(displacement method)と応力を未知数に論理を組み立てる**応力法**(force method)とに大別されるが，応力法については触れていない．もっぱら，マトリックス変位法の基本原理とその利点を解説する．特に，前述したように構造形式や形態にとらわれることなく，解析の進め方の画一性と汎用的なコンピュータプログラミングのつくりやすさの原点となっている**直接剛性法**(direct stiffness method）の利点を強調するように心がけた．

マトリックス構造解析法に関する書籍は国内外に数多いが，筆者の知る限り最もやさしい解説書はH.C.マーチン著のテキスト[注1)]である．残念ながら，この著書は現在絶版である．本章では，その出発点として，最も簡単な直接剛性法の基礎をばねモデルを使って説明していくが，随所でこの著書を参考にしている．

注1) H.C.マーチン著，吉織雅夫監訳：マトリックス法による構造力学の解法，培風館，1967

12.2　剛性影響係数

構造解析の出発点は，与えられた情報が何かを整理し，これから未知変位や断面力など，求めたい情報を得るためにはどのような基礎式をつくればよいか，ということである．与えられた情報とは，構造物の形態や支持条件，柱や梁の断面の大きさや長さ，どのような外力がどこに作用しているかなどである．一般に求めたいものは，与えられた外力のもとでの構造物の支持反力や柱・梁の曲げモーメントやせん断力あるいは軸力といった部材の断面力であったり，変形あるいは変位である．

構造解析は構造設計を行うための部材の断面力を求めるのが最も大きな目標であるが，与えられた外力に対する構造物の変形が求まれば，各部材の断面力を求めるのは簡単である．まず，既知外力と未知変位の関係を考えてみよう．

たとえば，**図 12.1** のように1本の弾性ばねの両側の節点に軸方向にのみ外力が作用しているとする．力 X と変位 u の正の向きを図 12.1 のように決め，ばね定数を k とする．ここでは，与えられた情報はばね定数 k と外力 X_1，X_2 である．節点1と節点2に作用する力が X_1 と X_2 で，これに対応する節点の変位が u_1 と u_2 とすると，これらが線形関係にあるということを考慮して，力と変位の関係を，

$$\left.\begin{array}{l} X_1 = k_{11}\cdot u_1 + k_{12}\cdot u_2 \\ X_2 = k_{21}\cdot u_1 + k_{22}\cdot u_2 \end{array}\right\} \qquad (12.1)$$

と表せる．ここで，たとえば与えられた支持条件として，$u_1=1$，$u_2=0$ のときは，$X_1=k_{11}$ および $X_2=k_{21}$ を(12.1)式から得るが，k_{11} と k_{21} は変形状態として $u_1=1$，$u_2=0$ を生じさせるのに必要な外力 X_1 と X_2 の値を意味する．同様に k_{12} と k_{22} の意味付けができる．

このように考えると，係数 k_{11}，k_{12}，k_{21}，k_{22} が単位当たりの変位を起こさせるのに密接な関係

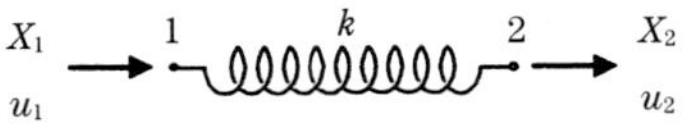

図 12.1　単一ばね

のある力であることがわかる．k_{11} などの係数は力と変位を結び付ける剛性のような意味をもつ係数で，これらを**剛性影響係数** (stiffness influence coefficients) と呼ぶ．

マトリックス表示を使って，(12.1)式を表すと，

$$\begin{Bmatrix} X_1 \\ X_2 \end{Bmatrix} = \begin{bmatrix} k_{11} & k_{12} \\ k_{21} & k_{22} \end{bmatrix} \begin{Bmatrix} u_1 \\ u_2 \end{Bmatrix} \qquad (12.2)$$

となる．この表示は，ばねがもっとたくさん並んで節点数が増えても，次式のようにマトリックスの行と列数が増えるだけで基本的な考え方は同じである．

$$\begin{Bmatrix} X_1 \\ X_2 \\ \vdots \\ X_n \end{Bmatrix} = \begin{bmatrix} k_{11} & k_{12} & \cdots & k_{1n} \\ k_{21} & k_{22} & \cdots & k_{2n} \\ \vdots & \vdots & \ddots & \vdots \\ k_{n1} & k_{n2} & \cdots & k_{nn} \end{bmatrix} \begin{Bmatrix} u_1 \\ u_2 \\ \vdots \\ u_n \end{Bmatrix} \qquad (12.3)$$

しかし，マトリックス要素の明示を省略するために，以下のような表示も用いる．

$$\boldsymbol{X} = \boldsymbol{K}\boldsymbol{u} \qquad (12.4)$$

以後，$\begin{Bmatrix} X_1 \\ X_2 \end{Bmatrix}$ や $\boldsymbol{X}$ を節点力ベクトル，$\begin{Bmatrix} u_1 \\ u_2 \end{Bmatrix}$ や $\boldsymbol{u}$ を**節点変位ベクトル**と呼ぶ．また，$\boldsymbol{K}$ を**剛性マトリックス** (stiffness matrix)，(12.2)式や(12.3)式および(12.4)式を**剛性方程式** (stiffeness equation) と呼ぶ．節点変位 $\boldsymbol{u}$ が与えられれば，節点力 $\boldsymbol{X}$ が(12.3)式から求められ，逆に節点力が与えられれば，連立方程式(12.3)式を解いて未知変位が求められる．次節以降では，構造物の剛性マトリックスのつくり方と剛性方程式の解き方の基本を学ぶ．

12.3　単一ばねの剛性マトリックス

マトリックス方程式(12.2)式の係数マトリックス，

$$\begin{bmatrix} k_{11} & k_{12} \\ k_{21} & k_{22} \end{bmatrix} \qquad (12.5)$$

の各要素を具体的に求めてみよう．

(1)　$u_1=u_1$，$u_2=0$ の場合

この場合，$u_2=0$ は節点2が固定支持であることを意味するので，(12.1)式において，節点力 X_1 は外力，節点力 X_2 は支持反力になる．した

がって，

$$X_1=k_{11}\cdot u_1 \quad \therefore k_{11}=\frac{X_1}{u_1}=k \tag{12.6}$$

(12.6)式は，ばね定数の定義そのものである．力のつり合いから，

$$X_2=-X_1=-k_{11}\cdot u_1=k_{21}\cdot u_1$$

$$\therefore k_{21}=-k_{11}=-k \tag{12.7}$$

（2）　$u_1=0$，$u_2=u_2$ の場合

節点1を固定支持とすると，節点変位 $u_1=0$ が自明なので，ばね定数の定義から，

$$X_2=k_{22}\cdot u_2 \quad \therefore k_{22}=\frac{X_2}{u_2}=k \tag{12.8}$$

力のつり合いから，

$$X_1=-X_2=-k_{22}\cdot u_2=k_{12}\cdot u_2$$

$$\therefore k_{12}=-k_{22}=-k \tag{12.9}$$

(12.6)式，(12.7)式，(12.8)式および(12.9)式を(12.2)式に代入すると，

$$\begin{Bmatrix} X_1 \\ X_2 \end{Bmatrix}=\begin{bmatrix} k & -k \\ -k & k \end{bmatrix}\begin{Bmatrix} u_1 \\ u_2 \end{Bmatrix} \tag{12.10}$$

となる．すなわち，1本のばねの力と変位を結び付ける係数マトリックス(12.5)式は，

$$\boldsymbol{K}=\begin{bmatrix} k & -k \\ -k & k \end{bmatrix} \tag{12.11}$$

となる．この係数マトリックスを**単一ばねの剛性マトリックス**と呼び，このような剛性マトリクスを $\boldsymbol{K}$ で示すことにする．

12.4　複合ばねの剛性マトリックス

次に，**図12.2**のように，それぞれのばね定数 k_a と k_b をもつ2本のばねが直列につながった複合ばねを考えよう．節点力が X_1，X_2，X_3 の3つ，対応する節点変位が u_1，u_2，u_3 の3つあるので，これらの関係を表す連立方程式をマトリックス表示すると，

$$\begin{Bmatrix} X_1 \\ X_2 \\ X_3 \end{Bmatrix}=\begin{bmatrix} k_{11} & k_{12} & k_{13} \\ k_{21} & k_{22} & k_{23} \\ k_{31} & k_{32} & k_{33} \end{bmatrix}\begin{Bmatrix} u_1 \\ u_2 \\ u_3 \end{Bmatrix} \tag{12.12}$$

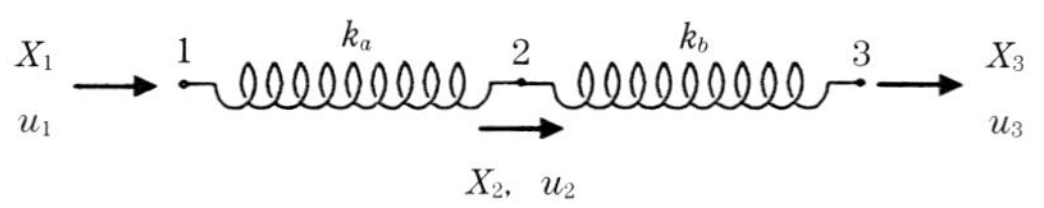

図12.2　複合ばね

となる．この場合の係数マトリックス，すなわち剛性マトリックスは3×3の正方マトリックスになる．

前節と同じように考えて，係数マトリックスの中身を求めてみよう．

（1）　$u_1=u_1$，$u_2=u_3=0$ の場合

この場合，u_2 と u_3 は固定支持となり，X_1 は外力，X_2 と X_3 は支持反力になる．ばね k_b は変形しない．したがって，

$$X_1=k_{11}\cdot u_1 \quad \therefore k_{11}=\frac{X_1}{u_1}=k_a \tag{12.13}$$

$$X_2=-X_1=-k_{11}\cdot u_1=k_{21}\cdot u_1$$

$$\therefore k_{21}=-k_{11}=-k_a \tag{12.14}$$

$$X_3=k_{31}\cdot u_1=0 \quad \therefore k_{31}=0 \tag{12.15}$$

である．

（2）　$u_1=0$，$u_2=u_2$，$u_3=0$ の場合

この場合，u_1 と u_3 は固定支持となり，X_1 と X_3 は支持反力，X_2 は外力になる．ばねは直列につないだ状態なので，

$$X_2=k_{22}\cdot u_2=(k_a+k_b)\cdot u_2$$

$$\therefore k_{22}=\frac{X_2}{u_2}=k_a+k_b \tag{12.16}$$

節点2で変位が連続していることとばねの伸び縮みの方向を考慮して，

$$X_1=k_{12}\cdot u_2=-k_a\cdot u_2 \quad \therefore k_{12}=-k_a \tag{12.17}$$

$$X_3=k_{32}\cdot u_2=-k_b\cdot u_2 \quad \therefore k_{32}=-k_b \tag{12.18}$$

（3）　$u_1=u_2=0$，$u_3=u_3$ の場合

この場合，u_1 と u_2 が固定支持となり，X_1 と X_2 は支持反力，X_3 が外力になり，ばね k_a は変形しない．したがって，

$$X_3=k_{33}\cdot u_3 \quad \therefore k_{33}=\frac{X_3}{u_3}=k_b \tag{12.19}$$

$$X_2=-X_3=-k_{33}\cdot u_3=k_{23}\cdot u_3$$

$$\therefore k_{23}=-k_{33}=-k_b \tag{12.20}$$

$$X_1=k_{13}\cdot u_3=0 \quad \therefore k_{13}=0 \tag{12.21}$$

となる．これまでの結果をまとめると，(12.12)式は，

$$\begin{Bmatrix} X_1 \\ X_2 \\ X_3 \end{Bmatrix} = \begin{bmatrix} k_a & -k_a & 0 \\ -k_a & k_a+k_b & -k_b \\ 0 & -k_b & k_b \end{bmatrix} \begin{Bmatrix} u_1 \\ u_2 \\ u_3 \end{Bmatrix} \tag{12.22}$$

となる．すなわち，図 12.2 の複合ばねの剛性マトリックスは，

$$\begin{bmatrix} k_a & -k_a & 0 \\ -k_a & k_a+k_b & -k_b \\ 0 & -k_b & k_b \end{bmatrix} \tag{12.23}$$

となる．

12.5　剛性方程式の基本解法

剛性マトリックスを求める前節の方法は，手順が増えるけれども，ばねが 3 つ以上つながっても同じように応用できる．しかし以下では，個々のばねの剛性マトリックスを重ね合わせることで，非常に少ない手順で上と同じ結果を得ることを示そう．

(12.11)式より，ばね k_a と k_b のそれぞれの剛性マトリックスは，節点位置との対応がわかるように示すと，

$$\boldsymbol{K}_a = \begin{matrix} & u_1 & u_2 \\ X_1 & \left[k_a \right. & \left. -k_a \right] \\ X_2 & \left[-k_a \right. & \left. k_a \right] \end{matrix}, \quad \boldsymbol{K}_b = \begin{matrix} & u_2 & u_3 \\ X_2 & \left[k_b \right. & \left. -k_b \right] \\ X_3 & \left[-k_b \right. & \left. k_b \right] \end{matrix} \tag{12.24}$$

である．このままでは，各要素がそれぞれの節点位置に対応していないために，剛性マトリックスの個々の要素を重ね合わせることはできない．そこで，個々のばねにもう 1 本の架空のばねが存在する状態を想像してみよう．この場合，ばね k_a では節点 3 の変位に影響されないから，u_3 に対応する行と列に 0 を入れればよい．同様にばね k_b は変位 u_1 に影響されない．

したがって，それぞれのばねを，

$$\boldsymbol{K}_a = \begin{matrix} & u_1 & u_2 & u_3 \\ X_1 & k_a & -k_a & 0 \\ X_2 & -k_a & k_a & 0 \\ X_3 & 0 & 0 & 0 \end{matrix}, \quad \boldsymbol{K}_b = \begin{matrix} & u_1 & u_2 & u_3 \\ X_1 & 0 & 0 & 0 \\ X_2 & 0 & k_b & -k_b \\ X_3 & 0 & -k_b & k_b \end{matrix} \tag{12.25}$$

と拡張して表し，対応するそれぞれの行と列の各要素を直接加えることで，全体の剛性マトリックスを以下のように得ることができる．

$$\boldsymbol{K} = \begin{matrix} & u_1 & u_2 & u_3 \\ X_1 & k_a & -k_a & 0 \\ X_2 & -k_a & k_a+k_b & -k_b \\ X_3 & 0 & -k_a & k_b \end{matrix} \tag{12.26}$$

12.1 節で剛性影響係数が単位長さ当たりの力を意味することを説明したが，上式の結果は力の重ね合わせの原理の応用であることがわかる．この結果は，(12.23)式と同じである．

すなわち，節点力ベクトルと節点変位ベクトルを結び付ける構造物全体の剛性マトリックスを求めるとき，個々のばねの剛性マトリックスを対応する節点変位および節点力の要素位置に仮想的に拡張し，それぞれ対応する要素を加え合わせることによって，全体の剛性マトリックスを得ることができる．

この方法は**直接剛性法**と呼ばれているが，文字通り直接的で非常に簡単である．また，この方法は基本的に変位を未知数としているので，**マトリックス変位法**とも呼ばれている．ここでは，最低限必要な情報は 1 本のばねの剛性マトリックスの基本形だけである．

全体の剛性マトリックスがわかれば，未知変位や反力は簡単に求めることができる．図 12.2 の複合ばねにおいて，節点 3 が固定されているとしよう．この場合，$u_3=0$ となり，未知変位は u_1 と u_2 である．また，X_3 は反力になり，X_1 と X_2 が（既知）外力になるので，剛性方程式を以下のように，既知部分と未知部分に分けて表現することができる．

$$\begin{Bmatrix} X_1 \\ X_2 \\ \hline X_3 \end{Bmatrix} = \left[\begin{array}{cc|c} k_a & -k_a & 0 \\ -k_a & k_a+k_b & -k_b \\ \hline 0 & -k_b & k_b \end{array}\right] \begin{Bmatrix} u_1 \\ u_2 \\ \hline u_3=0 \end{Bmatrix} \tag{12.27}$$

(12.27)式はマトリックス演算規則から，次の 2 つに分けて書くことができる．

$$\begin{Bmatrix} X_1 \\ X_2 \end{Bmatrix} = \begin{bmatrix} k_a & -k_a \\ -k_a & k_a+k_b \end{bmatrix} \begin{Bmatrix} u_1 \\ u_2 \end{Bmatrix} \tag{12.28}$$

$$\{X_3\}=[0 \quad -k_b]\begin{Bmatrix} u_1 \\ u_2 \end{Bmatrix} \tag{12.29}$$

(12.28)式は2元連立方程式である．これを解いて，

$$\begin{Bmatrix} u_1 \\ u_2 \end{Bmatrix}=\begin{bmatrix} k_a & -k_a \\ -k_a & k_a+k_b \end{bmatrix}^{-1}\begin{Bmatrix} X_1 \\ X_2 \end{Bmatrix}$$

$$=\begin{bmatrix} \dfrac{1}{k_a}+\dfrac{1}{k_b} & \dfrac{1}{k_b} \\ \dfrac{1}{k_b} & \dfrac{1}{k_b} \end{bmatrix}\begin{Bmatrix} X_1 \\ X_2 \end{Bmatrix}$$

$$=\begin{Bmatrix} \dfrac{1}{k_a}X_1+\dfrac{1}{k_b}(X_1+X_2) \\ \dfrac{1}{k_b}(X_1+X_2) \end{Bmatrix} \tag{12.30}$$

を得る．(12.30)式を(12.29)式に代入して，未知反力が以下のように求まる．

$$\{X_3\}=[0 \quad -k_b]\begin{bmatrix} \dfrac{1}{k_a}+\dfrac{1}{k_b} & \dfrac{1}{k_b} \\ \dfrac{1}{k_b} & \dfrac{1}{k_b} \end{bmatrix}\begin{Bmatrix} X_1 \\ X_2 \end{Bmatrix}$$

$$=\{-X_1-X_2\} \tag{12.31}$$

(12.31)式は外力と反力の力のつり合いを示している．

節点変位が求まったので，以下のようにばねに生じている内力が求まる．たとえば，ばね k_a について，その両端の変位は u_1 と u_2 であるから，ばねの内力を S_a とすると，

$$S_a=k_a(u_2-u_1) \tag{12.32}$$

である．(12.30)式を(12.32)式に代入して，

$$S_a=-X_1 \tag{12.33}$$

となる．同様にばね S_b について，

$$S_b=k_b(u_3-u_2)=-k_b\cdot u_2=-(X_1+X_2) \tag{12.34}$$

となる．

12.6 剛性方程式の一般解法と応力マトリックス

複合ばねの剛性方程式を解く前節の解法は，どのような構造物にも適用することができる．部材個々の剛性マトリックスが既知であれば，構造全体の剛性マトリックスを直接剛性法で求められ，全体の剛性方程式は，

$$\boldsymbol{X}=\boldsymbol{K}\boldsymbol{u} \tag{12.35}$$

で表される．節点力ベクトル $\boldsymbol{X}$ は，作用荷重などの既知の外力 $\boldsymbol{X}_\alpha$ と反力などの未知外力 $\boldsymbol{X}_\beta$ に分けることができる．同様に節点変位ベクトル $\boldsymbol{u}$ は，未知変位 $\boldsymbol{u}_\alpha$ と支持条件や境界条件などで与えられる既知変位 $\boldsymbol{u}_\beta$ に分けることができる．

このようにすると，$\boldsymbol{X}_\alpha$，$\boldsymbol{X}_\beta$ と $\boldsymbol{u}_\alpha$，$\boldsymbol{u}_\beta$ に対応した剛性マトリックスの要素を部分マトリックスにまとめて，以下のように書くことができる．

$$\begin{Bmatrix} \boldsymbol{X}_\alpha \\ \boldsymbol{X}_\beta \end{Bmatrix}=\begin{bmatrix} \boldsymbol{K}_{\alpha\alpha} & \boldsymbol{K}_{\alpha\beta} \\ \boldsymbol{K}_{\beta\alpha} & \boldsymbol{K}_{\beta\beta} \end{bmatrix}\begin{Bmatrix} \boldsymbol{u}_\alpha \\ \boldsymbol{u}_\beta \end{Bmatrix} \tag{12.36}$$

未知変位と既知変位あるいは未知反力と既知外力は，必ずしも(12.36)式のように最初から分離しているわけではないので，$\boldsymbol{X}$ と $\boldsymbol{u}$ の各要素を入れ替え，これに合わせて全体剛性マトリックス $\boldsymbol{K}$ の要素も入れ替えなければならない．

この手順は前節の解法例を参考にできるはずである．計算手順は難しくないが，実際の計算プログラム作成のとき，プログラム初心者にはやや難解なアルゴリズムに感じるかもしれない．脚注の参考書[注2)]にはこのあたりがわかりやすく解説されている．

(12.36)式を展開すると，

$$\boldsymbol{X}_\alpha=\boldsymbol{K}_{\alpha\alpha}\boldsymbol{u}_\alpha+\boldsymbol{K}_{\alpha\beta}\boldsymbol{u}_\beta \tag{12.37}$$

$$\boldsymbol{X}_\beta=\boldsymbol{K}_{\beta\alpha}\boldsymbol{u}_\alpha+\boldsymbol{K}_{\beta\beta}\boldsymbol{u}_\beta \tag{12.38}$$

となる．(12.37)式から未知変位は，

$$\boldsymbol{u}_\alpha=\boldsymbol{K}_{\alpha\alpha}^{-1}(\boldsymbol{X}_\alpha-\boldsymbol{K}_{\alpha\beta}\boldsymbol{u}_\beta) \tag{12.39}$$

で与えられる．このとき未知反力は，(12.38)式と(12.39)式から，

$$\boldsymbol{X}_\beta=\boldsymbol{K}_{\beta\alpha}\boldsymbol{K}_{\alpha\alpha}^{-1}\boldsymbol{X}_\alpha-(\boldsymbol{K}_{\beta\alpha}\boldsymbol{K}_{\alpha\alpha}^{-1}\boldsymbol{K}_{\alpha\beta}-\boldsymbol{K}_{\beta\beta})\boldsymbol{u}_\beta \tag{12.40}$$

となる．また，支持条件が固定のときは，$\boldsymbol{u}_\beta=\boldsymbol{0}$ となり，(12.39)式は，

$$\boldsymbol{u}_\alpha=\boldsymbol{K}_{\alpha\alpha}^{-1}\boldsymbol{X}_\alpha \tag{12.41}$$

となる．支持反力は (12.40)式より，

$$\boldsymbol{X}_\beta=\boldsymbol{K}_{\beta\alpha}\boldsymbol{K}_{\alpha\alpha}^{-1}\boldsymbol{X}_\alpha \tag{12.42}$$

となる．以上の一般的解法は，マトリックス法による構造解析の最も基本となるもので，先にも述

注 2) 三本木茂夫，吉村信敏：有限要素法による構造解析プログラム，コンピュータによる構造工学講座，鋼構造協会，培風館，1970

べたように，この手順はどのような構造物にも適用できる．

一般に，すべての節点変位が求まれば部材の変形計算ができる．その部材の変形は，その部材の両端に等価な節点力が作用した結果生じたと考えることもできる．この等価節点力を $\boldsymbol{X}^e$ で表すと，個々の部材について次の剛性方程式が成り立つはずである．

$$\boldsymbol{X}^e=\boldsymbol{K}_l\boldsymbol{u}^l \tag{12.43}$$

ここで，$\boldsymbol{K}_l$ は部材の剛性マトリックス，$\boldsymbol{u}^l$ はその部材の節点変位である．節点 i，j 間のばねがばね定数 k_l をもつ場合には，(12.43)式は，

$$\begin{Bmatrix} X_i^e \\ X_j^e \end{Bmatrix}=\begin{bmatrix} k_l & -k_l \\ -k_l & k_l \end{bmatrix}\begin{Bmatrix} u_i \\ u_j \end{Bmatrix} \tag{12.44}$$

であるから，この式より，

$$X_i^e=[k_l \quad -k_l]\begin{Bmatrix} u_i \\ u_j \end{Bmatrix}=-X_j^e \tag{12.45}$$

となる．節点力の方向を考慮すると，X_j^e が正のとき，ばねは引張り，負のとき圧縮を意味する．したがって，ばねの力 S_l は X_j^e の方向に一致し，次式，

$$S_l=X_i^e=[-k_l \quad k_l]\begin{Bmatrix} u_i \\ u_j \end{Bmatrix}=\boldsymbol{S}_l\boldsymbol{u}^l \tag{12.46}$$

で求められる．$\boldsymbol{S}_l$ を部材 l の**応力マトリックス** (stress matrix) と呼ぶ．

演習問題

12.1 **図 12.3** の全体剛性マトリックスを 12.3 節の手順で求めよ．

12.2 図 12.3 の全体剛性マトリックスを直接剛性法で求めよ．

12.3 **図 12.4** の全体剛性マトリックスを直接剛性法で求めよ．

12.4 **図 12.5** の全体剛性マトリックスを直接剛性法で求めよ．

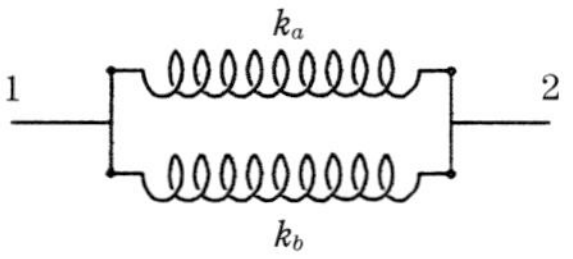

図 12.3

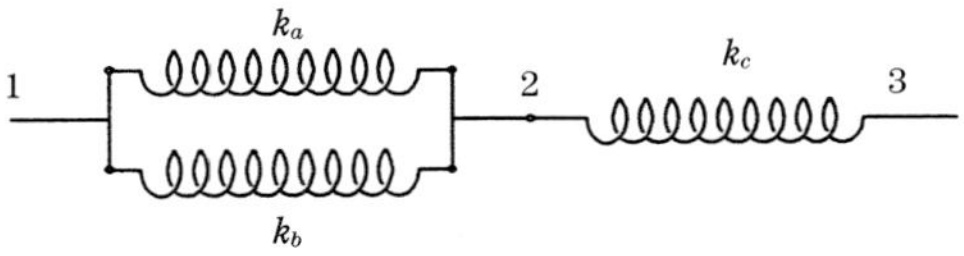

図 12.4

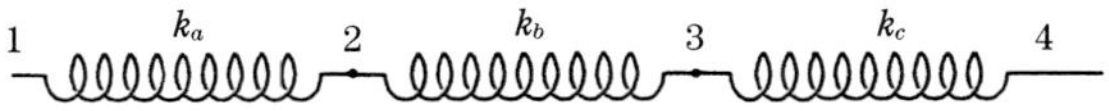

図 12.5

13. 直接剛性法による平面トラスの解法

前章では，ばねを使って直接剛性法の基本を解説した．本章以降では，具体的な構造部材を用いる．マトリックス構造解析法では，構造部材を**構造要素**（structuralelement）と呼ぶ．本章では，**トラス部材**（truss member）について説明する．

13.1 平面棒要素モデルの剛性マトリックス

ピン結合のトラス部材は，**棒要素**（bar）とも呼ばれる．**図 13.1** に平面トラス構造に用いられる棒要素の節点力と節点変位を示す．軸方向に直角な成分が加わっているのが，ばね要素の場合と異なる．実際には，いくつかのばねを組み合わせて架構を組み立てるときには，ばね要素にも図 13.1 と同様な節点力や節点変位の設定が必要であるが，前節ではこの説明を省略した．

図 13.1 の棒要素の剛性マトリックスを求めてみよう．求め方は，ばねのときとまったく同じであるが，軸方向と直角方向に節点力と節点変位の成分を加えて考える．この場合には，部材の剛性マトリックスは 4×4 の正方マトリックスになるので，棒要素の節点力と節点変位を結ぶ剛性方程式は，

$$\begin{Bmatrix} X_1 \\ Y_1 \\ X_2 \\ Y_2 \end{Bmatrix} = \begin{bmatrix} k_{11} & k_{12} & k_{13} & k_{14} \\ k_{21} & k_{22} & k_{23} & k_{24} \\ k_{31} & k_{32} & k_{33} & k_{34} \\ k_{41} & k_{42} & k_{43} & k_{44} \end{bmatrix} \begin{Bmatrix} u_1 \\ v_1 \\ u_2 \\ v_2 \end{Bmatrix} \tag{13.1}$$

となる．

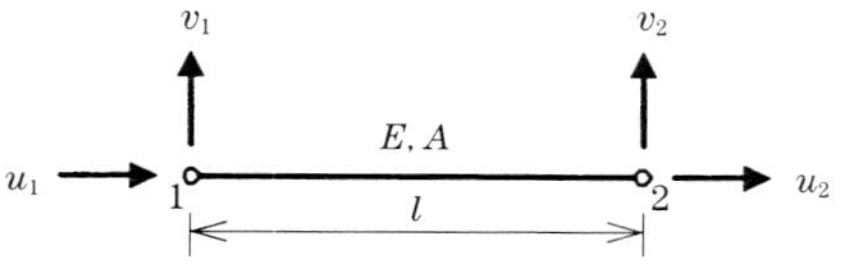

図 13.1　棒要素

（1）　$u_1=u_1$，$v_1=u_2=v_2=0$ のとき

$$X_1=k_{11}\cdot u_1,\quad k_{11}=\frac{X_1}{u_1} \tag{13.2}$$

これは棒要素の軸方向剛性を意味するので，

$$\therefore k_{11}=\frac{AE}{l} \tag{13.3}$$

となる．ここで，A は棒要素の断面積，E はヤング係数，l は長さである．軸方向の力のつり合いから，

$$X_2=k_{31}\cdot u_1=-X_1=-k_{11}\cdot u_1$$

$$\therefore k_{31}=-k_{11}=-\frac{AE}{l} \tag{13.4}$$

u 方向の変位は Y 方向の力には無関係なので，

$$Y_1=k_{21}\cdot u_1=0\quad \therefore k_{21}=0 \tag{13.5}$$

$$Y_2=k_{41}\cdot u_1=0\quad \therefore k_{41}=0 \tag{13.6}$$

（2）　$u_2=u_2$，$u_1=v_1=v_2=0$ のとき

$$X_2=k_{21}\cdot u_2,\quad k_{22}=\frac{X_2}{u_2} \tag{13.7}$$

これは，棒要素の軸方向剛性を意味するので，

$$\therefore k_{22}=\frac{AE}{l} \tag{13.8}$$

となる．軸方向の力のつり合いから，

$$X_1=k_{13}\cdot u_2=-X_2=-k_{22}\cdot u_2$$

$$\therefore k_{13}=-k_{22},\quad \therefore k_{13}=--=\frac{AE}{l} \tag{13.9}$$

u 方向の変位は Y 方向の力には無関係なので，

$$Y_1=k_{23}\cdot u_2=0\quad \therefore k_{23}=0 \tag{13.10}$$

$$Y_2=k_{43}\cdot u_2=0\quad \therefore k_{43}=0 \tag{13.11}$$

（3）　$u_1=u_2=0$ で，$v_1=v_1$ あるいは $v_2=v_2$ のとき

軸方向直角方向の変位に対しては，ピン結合のトラス部材は剛体運動になり，このときの影響係数はすべて 0 になる．

$$k_{12}=k_{22}=k_{32}=k_{42}=0 \tag{13.12}$$

$$k_{14}=k_{24}=k_{34}=k_{44}=0 \qquad (13.13)$$

以上の結果より，**棒要素（トラス部材）の剛性方程式**は，

$$\begin{Bmatrix} X_1 \\ Y_1 \\ X_2 \\ Y_2 \end{Bmatrix}=\frac{AE}{l}\begin{bmatrix} 1 & 0 & -1 & 0 \\ 0 & 0 & 0 & 0 \\ -1 & 0 & 1 & 0 \\ 0 & 0 & 0 & 0 \end{bmatrix}\begin{Bmatrix} u_1 \\ v_1 \\ u_2 \\ v_2 \end{Bmatrix} \qquad (13.14)$$

となる．したがって，**剛性マトリックス**は，

$$\boldsymbol{K}=\frac{AE}{l}\begin{bmatrix} 1 & 0 & -1 & 0 \\ 0 & 0 & 0 & 0 \\ -1 & 0 & 1 & 0 \\ 0 & 0 & 0 & 0 \end{bmatrix} \qquad (13.15)$$

となる．

13.2　座標変換マトリックス

トラス部材を使って構造物を組み立てると，軸方向がそれぞれ異なる棒要素が現れる．したがって，構造物全体の剛性マトリックスを組み立てる場合，図 13.1 に示す剛性マトリックスのままでは，各部材ごとに節点力や節点変位の方向が異なるので，各部材の剛性マトリックスの直接重合わせができない．もっと一般的に，ある座標を基準にした**図 13.2** のような棒要素の任意配置のときの剛性マトリックスが必要である．すなわち，1 つの座標を各部材で共通に使い，この座標上での剛性マトリックスを重ね合わせて，構造物の架構全体の剛性マトリックスを求める．各部材に共通の座標を**全体座標**あるいは**基準座標**（reference coordinates）と呼ぶ．これに対して，図 13.1 のように部材の軸方向を x，y 軸にした座標を**部材座標**あるいは**局所座標**（local coordinates）と呼ぶ．

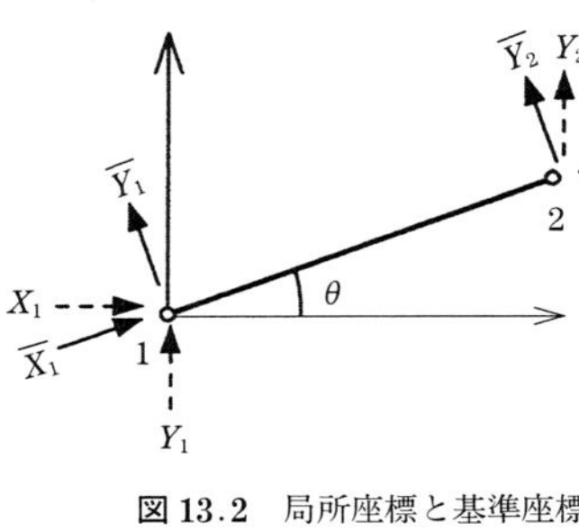

図 13.2　局所座標と基準座標

前節までの部材の剛性マトリックスは，局所座標での剛性マトリックスである．以後，局所座標での剛性マトリックスを**部材の基本剛性マトリックス**と呼ぶことにする．基本剛性マトリックスを求めた前節の方法を使って，全体座標での各部材の剛性マトリックスを求めることも可能であるが，この方法は構造形態によっては非常に複雑になる．以下では，局所座標と基準座標との座標変換の関係を用いた方法を示そう．

図 13.2 において，基準座標での節点 1 の節点力成分のベクトル合成を使うと，局所座標での節点力成分は次式で表せる．

$$\left.\begin{aligned} \bar{X}_1&=X_1\cos\theta+Y_1\sin\theta \\ \bar{Y}_1&=-X_1\sin\theta+Y_1\cos\theta \end{aligned}\right\} \qquad (13.16)$$

ここで，$\bar{X}$ のように文字の上にバーが付いたものを局所座標に関する成分とし，バーが付かない X を基準座標に関する成分とする．節点 2 についても同様な関係があるので，まとめて表すと，

$$\begin{Bmatrix} \bar{X}_1 \\ \bar{Y}_1 \\ \bar{X}_2 \\ \bar{Y}_2 \end{Bmatrix}=\begin{bmatrix} \cos\theta & \sin\theta & 0 & 0 \\ -\sin\theta & \cos\theta & 0 & 0 \\ 0 & 0 & \cos\theta & \sin\theta \\ 0 & 0 & -\sin\theta & \cos\theta \end{bmatrix}\begin{Bmatrix} X_1 \\ Y_1 \\ X_2 \\ Y_2 \end{Bmatrix} \qquad (13.17)$$

となる．この関係はベクトルである変位成分についても成り立つ．改めて，ベクトル記号で表すと，

$$\bar{\boldsymbol{X}}=\boldsymbol{X}\cdot\boldsymbol{T} \qquad (13.18)$$

$$\bar{\boldsymbol{u}}=\boldsymbol{T}\cdot\boldsymbol{u} \qquad (13.19)$$

と書ける．ここに，$\boldsymbol{T}$ を**座標変換マトリックス**（coordinates transformation matrix）と呼び，

$$\boldsymbol{T}=\begin{bmatrix} \cos\theta & \sin\theta & 0 & 0 \\ -\sin\theta & \cos\theta & 0 & 0 \\ 0 & 0 & \cos\theta & \sin\theta \\ 0 & 0 & -\sin\theta & \cos\theta \end{bmatrix} \qquad (13.20)$$

で定義する．

局所座標での剛性方程式，

$$\bar{\boldsymbol{X}}=\bar{\boldsymbol{K}}\cdot\bar{\boldsymbol{u}} \qquad (13.21)$$

に，(13.18)式と (13.19)式を代入すると，

$$\boldsymbol{TX}=\bar{\boldsymbol{K}}\boldsymbol{Tu} \qquad (13.22)$$

または，

$$\boldsymbol{T}^{-1}=\boldsymbol{T}' \qquad (13.23)$$

であることを考慮して，

$$X = T'\bar{K}Tu \qquad (13.24)$$

である．ここに，T^{-1} は T の逆マトリックス，T' は転置マトリックスである．したがって，

$$K = T'\bar{K}T \qquad (13.25)$$

とすれば，(13.25)式は基準座標での剛性マトリックスを意味することがわかる．つまり，局所座標での剛性マトリックスがあらかじめわかっていれば，任意の座標に対する剛性マトリックスは(13.25)式を用いて求められる．座標変換マトリックスは部材の節点位置の座標だけで決まり，(13.25)式を用いて基準座標での剛性マトリックスを求めることは容易であり，個々の支持条件について考察する 13.1 節の方法を任意座標に適用するより簡単である．(13.25)式は(13.15)式と(13.20)式から，

$$K = \frac{AE}{l}\begin{bmatrix} \lambda^2 & \lambda\mu & -\lambda^2 & -\lambda\mu \\ \lambda\mu & \mu^2 & -\lambda\mu & -\mu^2 \\ -\lambda^2 & -\lambda\mu & \lambda^2 & \lambda\mu \\ -\lambda\mu & -\mu^2 & \lambda\mu & \mu^2 \end{bmatrix} \qquad (13.26)$$

となる．ここに，

$$\lambda = \cos\theta, \quad \mu = \sin\theta \qquad (13.27)$$

である．

$\theta = 0$ のときは，$K = \bar{K}$ となる．

13.3　平面トラス架構の全体剛性方程式

直接剛性法による平面トラス構造物の一般的解法を**図 13.3** に示す静定トラス構造物を例に説明しよう．各部材の断面積を A，ヤング係数を E とする．

まず，各節点に節点番号を付けることから始め，各部材の局所座標での基本剛性マトリックスを求める．ここでは図 13.3 の節点番号に従うものとする．

各部材の基本剛性マトリックスは，

$$\bar{K}_{1\text{-}2} = \frac{AE}{l}\begin{bmatrix} 1 & 0 & -1 & 0 \\ 0 & 0 & 0 & 0 \\ -1 & 0 & 1 & 0 \\ 0 & 0 & 0 & 0 \end{bmatrix} \qquad (13.28)$$

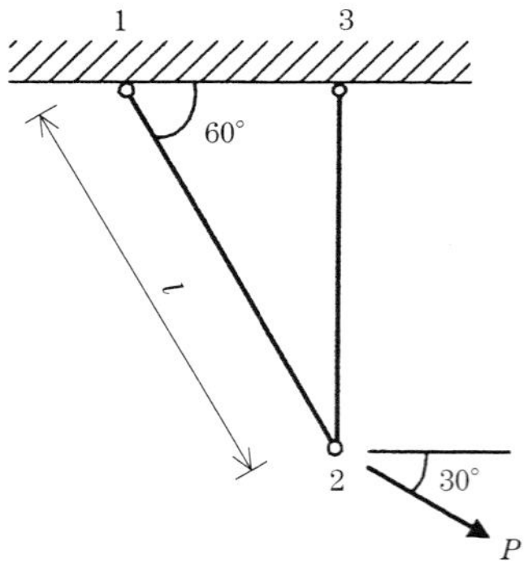

図 13.3　簡単なトラス構造

$$\bar{K}_{2\text{-}3} = \frac{2AE}{\sqrt{3}l}\begin{bmatrix} 1 & 0 & -1 & 0 \\ 0 & 0 & 0 & 0 \\ -1 & 0 & 1 & 0 \\ 0 & 0 & 0 & 0 \end{bmatrix} \qquad (13.29)$$

である．

各部材の座標変換マトリックスは，(13.20)式を参照して，

1-2 部材（$\theta = -60°$，$\lambda = \cos\theta = 1/2$，$\mu = \sin\theta = -\sqrt{3}/2$）

$$T_{1\text{-}2} = \begin{bmatrix} 1/2 & -\sqrt{3}/2 & 0 & 0 \\ \sqrt{3}/2 & 1/2 & 0 & 0 \\ 0 & 0 & 1/2 & -\sqrt{3}/2 \\ 0 & 0 & \sqrt{3}/2 & 1/2 \end{bmatrix} \qquad (13.30)$$

2-3 部材（$\theta = 90°$，$\lambda = \cos\theta = 0$，$\mu = \sin\theta = 1$）

$$T_{2\text{-}3} = \begin{bmatrix} 1 & 1 & 0 & 0 \\ -1 & 0 & 0 & 0 \\ 0 & 0 & 0 & 1 \\ 0 & 0 & -1 & 0 \end{bmatrix} \qquad (13.31)$$

となる．

したがって，各部材の基準座標での剛性マトリックスは，(13.25)式を参考に(13.28)式，(13.29)式，(13.30)式，(13.31)式より，あるいは直接的に(13.26)式から，

$$K_{1\text{-}2} = T'_{1\text{-}2}\bar{K}_{1\text{-}2}T_{1\text{-}2}$$

$$= \frac{AE}{l}\begin{bmatrix} 1/4 & -\sqrt{3}/4 & -1/4 & \sqrt{3}/4 \\ -\sqrt{3}/4 & 3/4 & \sqrt{3}/4 & -3/4 \\ -1/4 & \sqrt{3}/4 & 1/4 & -\sqrt{3}/4 \\ \sqrt{3}/4 & -3/4 & -\sqrt{3}/4 & 3/4 \end{bmatrix} \qquad (13.32)$$

$$\boldsymbol{K}_{2\text{-}3}=\boldsymbol{T}'_{2\text{-}3}\overline{\boldsymbol{K}}_{2\text{-}3}\boldsymbol{T}_{2\text{-}3}$$
$$=\frac{AE}{l}\begin{bmatrix} 0 & 0 & 0 & 0 \\ 0 & 2/\sqrt{3} & 0 & -\sqrt{2}/3 \\ 0 & 0 & 0 & 0 \\ 0 & -2/\sqrt{3} & 0 & -2/\sqrt{3} \end{bmatrix} \tag{13.33}$$

となる．

(13.32)式と(13.33)式の各要素の対応する節点位置を考慮して直接重ね合せ，全体剛性マトリックスを組み立てると(13.34)式となる．したがって，全体の剛性方程式は(13.35)式となる．

境界条件 $u_1=v_1=u_3=v_3=0$ を考慮して，(12.37)式のように分解すると(13.36)式となる．したがって，

$$\begin{Bmatrix} X_2 \\ Y_2 \end{Bmatrix}=\frac{AE}{l}\begin{bmatrix} 1/4 & -\sqrt{3}/4 \\ -\sqrt{3}/4 & (9+8\sqrt{3})/12 \end{bmatrix}\begin{Bmatrix} u_2 \\ v_2 \end{Bmatrix} \tag{13.37}$$

を解いて，未知変位は，

$$\begin{Bmatrix} u_2 \\ v_2 \end{Bmatrix}=\frac{l}{AE}\begin{bmatrix} 1/4 & -\sqrt{3}/4 \\ -\sqrt{3}/4 & (9+8\sqrt{3})/12 \end{bmatrix}^{-1}\begin{Bmatrix} X_2 \\ Y_2 \end{Bmatrix}$$
$$=\frac{l}{AE}\begin{bmatrix} 4+3\sqrt{3}/2 & 3/2 \\ 3/2 & \sqrt{3}/2 \end{bmatrix}\begin{Bmatrix} X_2 \\ Y_2 \end{Bmatrix} \tag{13.38}$$

となる．

この問題では，

$$X_2=P\cos 30^\circ=\frac{\sqrt{3}}{2}P,\quad Y_2=-P\sin 30^\circ=-\frac{1}{2}P \tag{13.39}$$

であるので，結局，節点 2 の変位は(13.38)式より，

$$\begin{Bmatrix} u_2 \\ v_2 \end{Bmatrix}=\frac{Pl}{AE}\begin{Bmatrix} \dfrac{3}{2}+2\sqrt{3} \\ \sqrt{3}/2 \end{Bmatrix} \tag{13.40}$$

となる．また反力は(13.36)式より，

$$\begin{Bmatrix} X_1 \\ Y_1 \\ X_3 \\ Y_3 \end{Bmatrix}=\frac{AE}{l}\begin{Bmatrix} -1/4 & \sqrt{3}/4 \\ \sqrt{3}/4 & -3/4 \\ 0 & 0 \\ 0 & -2\sqrt{3}/3 \end{Bmatrix}\begin{Bmatrix} u_2 \\ v_2 \end{Bmatrix}$$

(13.34)式，(13.35)式，(13.36)式

$$\boldsymbol{K}=\begin{array}{c|cccccc|} & u_1 & v_1 & u_2 & v_2 & u_3 & v_3 \\ X_1 & 1/4 & -\sqrt{3}/4 & -1/4 & \sqrt{3}/4 & 0 & 0 \\ Y_1 & -\sqrt{3}/4 & 3/4 & \sqrt{3}/4 & -3/4 & 0 & 0 \\ X_2 & -1/4 & \sqrt{3}/4 & 1/4 & -\sqrt{3}/4 & 0 & 0 \\ Y_2 & \sqrt{3}/4 & -3/4 & -\sqrt{3}/4 & (9+8\sqrt{3})/12 & 0 & -2\sqrt{3}/3 \\ X_3 & 0 & 0 & 0 & 0 & 0 & 0 \\ Y_3 & 0 & 0 & 0 & -2\sqrt{3}/3 & 0 & -2\sqrt{3}/3 \end{array}\frac{AE}{l} \tag{13.34}$$

$$\begin{Bmatrix} X_1 \\ Y_1 \\ X_2 \\ Y_2 \\ X_3 \\ Y_3 \end{Bmatrix}=\frac{AE}{l}\begin{bmatrix} 1/4 & -\sqrt{3}/4 & -1/4 & \sqrt{3}/4 & 0 & 0 \\ -\sqrt{3}/4 & 3/4 & \sqrt{3}/4 & -3/4 & 0 & 0 \\ -1/4 & \sqrt{3}/4 & 1/4 & -\sqrt{3}/4 & 0 & 0 \\ \sqrt{3}/4 & -3/4 & -\sqrt{3}/4 & (9+8\sqrt{3})/12 & 0 & -2\sqrt{3}/3 \\ 0 & 0 & 0 & 0 & 0 & 0 \\ 0 & 0 & 0 & -2\sqrt{3}/3 & 0 & -2\sqrt{3}/3 \end{bmatrix}\begin{Bmatrix} u_1 \\ v_1 \\ u_2 \\ v_2 \\ u_3 \\ v_3 \end{Bmatrix} \tag{13.35}$$

$$\begin{Bmatrix} X_2 \\ Y_2 \\ \hdashline X_1 \\ Y_1 \\ X_3 \\ Y_3 \end{Bmatrix}=\frac{AE}{l}\left[\begin{array}{cc:cccc} 1/4 & -\sqrt{3}/4 & -1/4 & \sqrt{3}/4 & 0 & 0 \\ -\sqrt{3}/4 & (9+8\sqrt{3})/12 & \sqrt{3}/4 & -3/4 & 0 & -2\sqrt{3}/3 \\ \hdashline -1/4 & \sqrt{3}/4 & 1/4 & -\sqrt{3}/4 & 0 & 0 \\ \sqrt{3}/4 & -3/4 & -\sqrt{3}/4 & 3/4 & 0 & 0 \\ 0 & 0 & 0 & 0 & 0 & 0 \\ 0 & -2\sqrt{3}/3 & 0 & 0 & 0 & 2\sqrt{3}/4 \end{array}\right]\begin{Bmatrix} u_2 \\ v_2 \\ u_1=0 \\ v_1=0 \\ u_3=0 \\ v_3=0 \end{Bmatrix} \tag{13.36}$$

$$=P\begin{Bmatrix} -\sqrt{3}/2 \\ 3/2 \\ 0 \\ -1 \end{Bmatrix} \tag{13.41}$$

となる．

13.4 断面力の計算

13.6 節のばねのところで応力マトリックスを定義したように，(12.44)式と同様に棒要素の断面力を求める部材剛性方程式，

$$\boldsymbol{X}^e=\boldsymbol{K}_l\boldsymbol{u}^l \tag{13.42}$$

を求めよう．

ばねと同じように部材力は，**等価節点力**で与えられる．等価節点力は，両端の節点変位から計算されるその部材の節点力に等価な外力と見ることができるが，全体剛性方程式における節点力そのものではない．たとえば，**図 13.4** に示すように，節点 j での節点力 j と，これに接合する部材 i-j の等価節点力 $(X_j^e)_{i\text{-}j}$ と部材 j-k の等価節点力 $(X_j^e)_{j\text{-}k}$ には，以下の関係がある．

$$X_j=(X_j^e)_{i\text{-}j}+(X_j^e)_{j\text{-}k} \tag{13.43}$$

一方，(13.26)式で与えられる棒要素の基準座標での剛性マトリックス $\boldsymbol{K}$ より，**図 13.5** に示す節点 2 の等価節点力は，

$$\begin{Bmatrix} X_2^e \\ Y_2^e \end{Bmatrix}=\frac{AE}{l}\begin{bmatrix} -\lambda^2 & -\lambda\mu & \lambda^2 & \lambda\mu \\ -\lambda\mu & -\mu^2 & \lambda\mu & \mu^2 \end{bmatrix}\begin{Bmatrix} u_1 \\ v_1 \\ u_2 \\ v_2 \end{Bmatrix} \tag{13.44}$$

となる．この式は，基準座標に関するもので，部材軸力 $S_{1\text{-}2}$ との関係は図 13.5 より，

$$S_{1\text{-}2}=X_2^e\cos\theta+Y_2^e\sin\theta$$

$$=X_2^e\lambda+Y_2^e\mu=[\lambda\ \ \mu]\begin{Bmatrix} X_2^e \\ Y_2^e \end{Bmatrix} \tag{13.45}$$

が得られる．上式に(13.44)式を代入して，

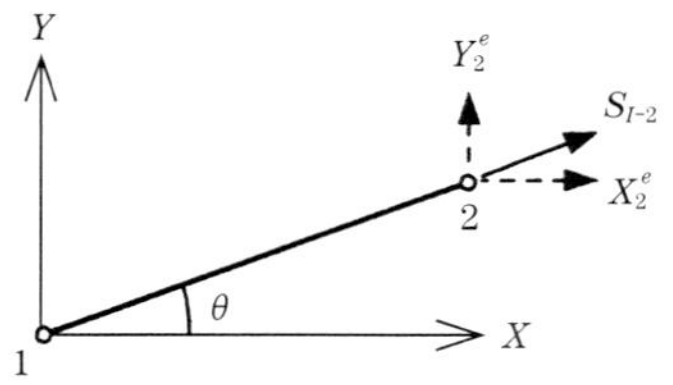

図 13.5 等価節点力と部材内力の関係

$$S_{1\text{-}2}=\frac{AE}{l}[\lambda\ \ \mu]\begin{bmatrix} -\lambda^2 & -\lambda\mu & \lambda^2 & \lambda\mu \\ -\lambda\mu & -\mu^2 & \lambda\mu & \mu^2 \end{bmatrix}\begin{Bmatrix} u_1 \\ v_1 \\ u_2 \\ v_2 \end{Bmatrix} \tag{13.46}$$

となる．$\lambda^2+\mu^2=1$ であることを考慮すると，(13.46)式は，

$$S_{1\text{-}2}=\frac{AE}{l}[-\lambda\ \ -\mu\ \ \lambda\ \ \mu]\begin{Bmatrix} u_1 \\ v_1 \\ u_2 \\ v_2 \end{Bmatrix} \tag{13.47}$$

$$=\frac{AE}{l}[\lambda\ \ \mu]\begin{Bmatrix} u_2-u_1 \\ v_2-v_1 \end{Bmatrix} \tag{13.48}$$

となる．任意の部材の軸力 $S_{i\text{-}j}$ に対しては節点 1,2 を i,j に置き換えて，

$$S_{i\text{-}j}=\left(\frac{AE}{l}\right)_{ij}[-\lambda\ \ -\mu\ \ \lambda\ \ \mu]_{ij}\begin{Bmatrix} u_i \\ v_i \\ u_j \\ v_j \end{Bmatrix} \tag{13.49}$$

$$=\left(\frac{AE}{l}\right)_{ij}[\lambda\ \ \mu]_{ij}\begin{Bmatrix} u_j-u_i \\ v_j-v_i \end{Bmatrix} \tag{13.50}$$

となる．(13.49)式や(13.50)式の右辺の変位ベクトルにかかる係数が棒要素の応力マトリックスである．

13.5 構造物の安定性

13.4 節の例題において，支持条件を入れなければ，全体剛性マトリックスは剛体運動が可能と

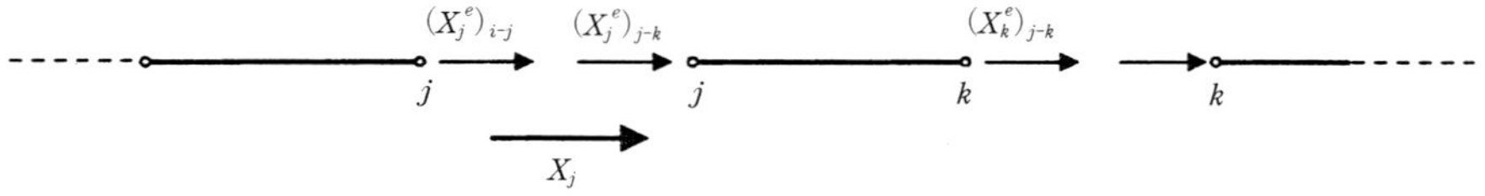

図 13.4 節点力と等価節点力の関係

なり，全体剛性マトリックスの逆行列が存在しない．それでは，支持条件を設定し，剛体運動をしないようにすれば，全体剛性マトリックスの逆行列は必ず存在するであろうか．

図 13.6 に示すトラス構造を考えてみよう．この構造物の全体剛性マトリックスは，前節の手順と同じようにして求めることができるが，結果を示すと(13.51)式になる．

この構造物から，部材 2-3 を取り除くと不安定構造になることは明白である．このときの全体剛性マトリックス $\boldsymbol{K}_{II}$ は，(13.51)式から部材剛性マトリックス，

$$\begin{matrix} & u_2 & v_2 & u_3 & v_3 \end{matrix}$$

$$\boldsymbol{K}_{2\text{-}3}=\frac{AE}{\sqrt{2}l}\begin{bmatrix} 1/2 & & & SYM. \\ -1/2 & 1/2 & & \\ -1/2 & 1/2 & 1/2 & \\ 1/2 & -1/2 & -1/2 & -1/2 \end{bmatrix} \tag{13.52}$$

を引くことによって得られる．これを $\boldsymbol{K}_{II}$ と表

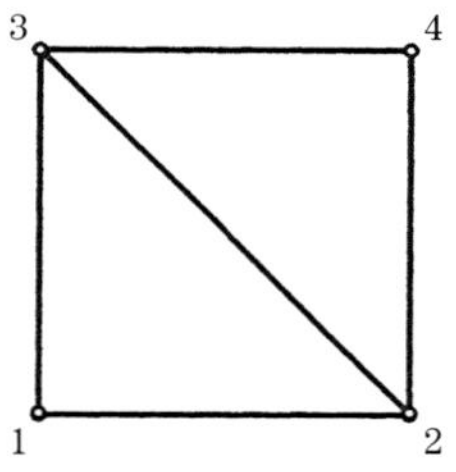

図 13.6 安定なトラス構造

すことにすると，

$$\begin{matrix} & u_1 & v_1 & u_2 & v_2 & u_3 & v_3 & u_4 & v_4 \end{matrix}$$

$$\boldsymbol{K}_{II}=\begin{bmatrix} 1 & & & & & & & \\ 0 & 1 & & & & SYM. & & \\ -1 & 0 & 1 & & & & & \\ 0 & 0 & 0 & 1 & & & & \\ 0 & 0 & 0 & 0 & 1 & & & \\ 0 & -1 & 0 & 0 & 0 & 1 & & \\ 0 & 0 & 0 & 0 & -1 & 0 & 1 & \\ 0 & 0 & 0 & -1 & 0 & 0 & 0 & 1 \end{bmatrix} \tag{13.53}$$

となる．

いま，節点 1 と 2 を支持し，剛体運動しないようにする．したがって，$u_1=v_1=u_2=v_2=0$ として，節点 3 と 4 の未知変位は，$\boldsymbol{K}_{II}$ の部分マトリックス $\boldsymbol{K}_{\alpha\alpha}$ の逆行列から求められる．しかしながら，以下のマトリックス $\boldsymbol{K}_{\alpha\alpha}$，

$$\begin{matrix} & u_3 & v_3 & u_4 & v_4 \end{matrix}$$

$$\boldsymbol{K}_{\alpha\alpha}=\frac{AE}{l}\begin{bmatrix} 1 & 0 & -1 & 0 \\ 0 & 1 & 0 & 0 \\ -1 & 0 & 1 & 0 \\ 0 & 0 & 0 & 1 \end{bmatrix} \tag{13.54}$$

は，その行列式が 0 となり，逆行列が存在しない．これは，構造物が不安定であることによる．剛性法におけるこの性質は，構造物の不安定性を調べるのに使うことができる．

(13.51)式 --

$$\begin{matrix} & u_1 & v_1 & u_2 & v_2 & u_3 & v_3 & u_4 & v_4 \end{matrix}$$

$$\boldsymbol{K}=\frac{AE}{l}\begin{bmatrix} 1 & & & & & & & \\ 0 & 1 & & & SYM. & & & \\ -1 & 0 & 1+\frac{1}{2\sqrt{2}} & & & & & \\ 0 & 0 & -\frac{1}{2\sqrt{2}} & 1+\frac{1}{2\sqrt{2}} & & & & \\ 0 & 0 & -\frac{1}{2\sqrt{2}} & \frac{1}{2\sqrt{2}} & 1+\frac{1}{2\sqrt{2}} & & & \\ 0 & -1 & \frac{1}{2\sqrt{2}} & -\frac{1}{2\sqrt{2}} & -\frac{1}{2\sqrt{2}} & 1+\frac{1}{2\sqrt{2}} & & \\ 0 & 0 & 0 & 0 & -1 & 0 & 1 & \\ 0 & 0 & 0 & -1 & 0 & 0 & 0 & 1 \end{bmatrix} \tag{13.51}$$

13.6　不静定トラス

図 13.7 は図 13.6 の静定トラスに対角部材を加えた不静定トラスである．簡単のため全部材で AE を一定とする．また，1-4 部材と 2-3 部材の交点には節点を設けないことにする．図 13.7 の全体剛性マトリックスは，図 13.6 の全体剛性マトリックスに対角部材 4-1 の剛性マトリックスを加えることによって簡単に求められる．対角部材 1-4 は $\lambda=\mu=1/\sqrt{2}$，長さ $\sqrt{2}l$ であるから，剛性マトリックスは次式になる．

$$\boldsymbol{K}_{1\text{-}4}=\frac{AE}{\sqrt{2}l}\begin{array}{c} \begin{matrix} u_1 & v_1 & u_4 & v_4 \end{matrix} \\ \begin{bmatrix} 1/2 & & & SYM. \\ 1/2 & 1/2 & & \\ -1/2 & -1/2 & 1/2 & \\ -1/2 & -1/2 & 1/2 & 1/2 \end{bmatrix} \end{array} \tag{13.55}$$

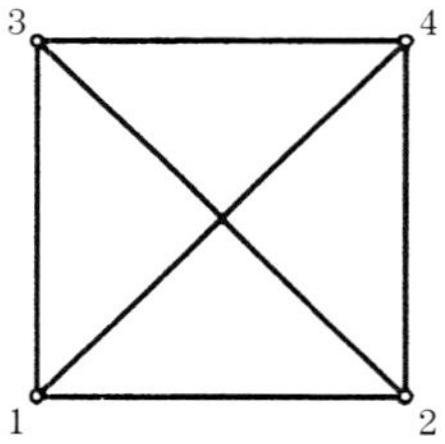

図 13.7　不静定トラス構造

上式を(13.51)式と重ね合わせると，(13.56)式が得られる．いま，図 13.7 において，節点 1 と 2 を支持点とする．12.6 節で示した一般的解法に沿って，この構造物を解いてみよう．(12.36)式を改めて示すと，

$$\left\{\begin{array}{c} \boldsymbol{X}_\alpha \\ \hline \boldsymbol{X}_\beta \end{array}\right\}=\left[\begin{array}{c|c} \boldsymbol{K}_{\alpha\alpha} & \boldsymbol{K}_{\alpha\beta} \\ \hline \boldsymbol{K}_{\beta\alpha} & \boldsymbol{K}_{\alpha\beta} \end{array}\right]\left\{\begin{array}{c} \boldsymbol{u}_\alpha \\ \hline \boldsymbol{u}_\beta=\boldsymbol{0} \end{array}\right\} \tag{13.57}$$

である．支持条件に合わせて(13.56)式をこの式に対応するように書き換えて，$\boldsymbol{K}_{\alpha\alpha}$ を求めれば，未知変位は，

$$\boldsymbol{u}_\alpha=\boldsymbol{K}_{\alpha\alpha}^{-1}\boldsymbol{X}_\alpha \tag{13.58}$$

すなわち，(13.59)式より求められる．

未知反力 $\boldsymbol{X}_\beta$ は(12.42)式から，

$$\boldsymbol{X}_\beta=\boldsymbol{K}_{\beta\alpha}\boldsymbol{u}_\alpha=\boldsymbol{K}_{\beta\alpha}\boldsymbol{K}_{\alpha\alpha}^{-1}\boldsymbol{X}_\alpha \tag{13.60}$$

であるから，$\boldsymbol{K}_{\beta\alpha}$ を(13.56)式から取り出すと，

$$\boldsymbol{K}_{\beta\alpha}=\frac{AE}{l}\begin{bmatrix} 0 & 0 & -\frac{1}{2\sqrt{2}} & -\frac{1}{2\sqrt{2}} \\ 0 & -1 & -\frac{1}{2\sqrt{2}} & -\frac{1}{2\sqrt{2}} \\ -\frac{1}{2\sqrt{2}} & -\frac{1}{2\sqrt{2}} & 0 & 0 \\ \frac{1}{2\sqrt{2}} & -\frac{1}{2\sqrt{2}} & 0 & -1 \end{bmatrix} \tag{13.61}$$

である．

たとえば，外力が $X_3=0$，$Y_3=P$，$X_4=P$，$Y_4=$

(13.56)式 --

$$\boldsymbol{K}=\frac{AE}{l}\begin{array}{c} \begin{matrix} u_1 & v_1 & u_2 & v_2 & u_3 & v_3 & u_4 & v_4 \end{matrix} \\ \begin{bmatrix} 1+\frac{1}{2\sqrt{2}} & & & & & & & \\ \frac{1}{2\sqrt{2}} & 1+\frac{1}{2\sqrt{2}} & & & SYM. & & & \\ -1 & 0 & 1+\frac{1}{2\sqrt{2}} & & & & & \\ 0 & 0 & -\frac{1}{2\sqrt{2}} & 1+\frac{1}{2\sqrt{2}} & & & & \\ 0 & 0 & -\frac{1}{2\sqrt{2}} & \frac{1}{2\sqrt{2}} & 1+\frac{1}{2\sqrt{2}} & & & \\ 0 & -1 & \frac{1}{2\sqrt{2}} & -\frac{1}{2\sqrt{2}} & -\frac{1}{2\sqrt{2}} & 1+\frac{1}{2\sqrt{2}} & & \\ -\frac{1}{2\sqrt{2}} & -\frac{1}{2\sqrt{2}} & 0 & 0 & -1 & 0 & 1+\frac{1}{2\sqrt{2}} & \\ -\frac{1}{2\sqrt{2}} & -\frac{1}{2\sqrt{2}} & 0 & -1 & 0 & 0 & \frac{1}{2\sqrt{2}} & 1+\frac{1}{2\sqrt{2}} \end{bmatrix} \end{array} \tag{13.56}$$

$$\begin{Bmatrix} u_3 \\ v_3 \\ u_4 \\ v_4 \end{Bmatrix} = \frac{l}{AE} \begin{bmatrix} 1+\dfrac{1}{2\sqrt{2}} & -\dfrac{1}{2\sqrt{2}} & -1 & 0 \\ -\dfrac{1}{2\sqrt{2}} & 1+\dfrac{1}{2\sqrt{2}} & 0 & 0 \\ -1 & 0 & 1+\dfrac{1}{2\sqrt{2}} & \dfrac{1}{2\sqrt{2}} \\ 0 & 0 & \dfrac{1}{2\sqrt{2}} & 1+\dfrac{1}{2\sqrt{2}} \end{bmatrix}^{-1} \begin{Bmatrix} X_3 \\ Y_3 \\ X_4 \\ Y_4 \end{Bmatrix}$$

$$= \frac{\dfrac{l}{AE}}{3+4\sqrt{2}} \begin{bmatrix} 2(5+3\sqrt{2}) & & & SYM. \\ 2(1+\sqrt{2}) & 2(1+2\sqrt{2}) & & \\ 9+4\sqrt{2} & 1+2\sqrt{2} & 2(5+3\sqrt{2}) & \\ -(1+2\sqrt{2}) & -1 & -2(1+\sqrt{2}) & 2(1+2\sqrt{2}) \end{bmatrix} \begin{Bmatrix} X_3 \\ Y_3 \\ X_4 \\ Y_4 \end{Bmatrix} \qquad (13.59)$$

(13.59)式 --

0 の場合には，反力は(13.59)式と(13.61)式より，

$$\begin{Bmatrix} X_1 \\ Y_1 \\ X_2 \\ Y_2 \end{Bmatrix} = \boldsymbol{K}_{\beta\alpha}\boldsymbol{K}_{\alpha\alpha}^{-1} \begin{Bmatrix} X_3=0 \\ Y_3=P \\ X_4=P \\ Y_4=0 \end{Bmatrix}$$

$$= \boldsymbol{K}_{\beta\alpha} \begin{Bmatrix} 9+4\sqrt{2} \\ 1+2\sqrt{2} \\ 2(5+3\sqrt{2}) \\ -2(1+\sqrt{2}) \end{Bmatrix} \frac{\dfrac{Pl}{AE}}{2+4\sqrt{2}}$$

$$= \frac{P}{3+4\sqrt{2}} \begin{Bmatrix} -2-2\sqrt{2} \\ -3-4\sqrt{2} \\ -1-2\sqrt{2} \\ 3+4\sqrt{2} \end{Bmatrix} \qquad (13.62)$$

となる．

これらの反力は，つり合い条件，

$$\sum_i X_i = 0, \quad \sum_i Y_i = 0 \qquad (13.63)$$

を満足していることがわかる．

部材力は，たとえば部材 2-3 については，$\lambda = -1/\sqrt{2}$，$\mu = 1/\sqrt{2}$，長さ$=\sqrt{2}l$ であるので，応力マトリックス(13.50)式から，

$$S_{2\text{-}3} = \frac{AE}{\sqrt{2}l} \begin{bmatrix} -\dfrac{1}{\sqrt{2}} & \dfrac{1}{\sqrt{2}} \end{bmatrix} \begin{Bmatrix} u_3 - u_2 \\ v_3 - v_2 \end{Bmatrix} \qquad (13.64)$$

であるが，$u_2 = v_2 = 0$ であり，(13.59)式から求められる u_3，v_3 の値を用いると，結局，

$$S_{2\text{-}3} = -\frac{4+\sqrt{2}}{3+4\sqrt{2}} P \qquad (13.65)$$

となる．

以上のように，不静定構造物の解法は静定構造物の場合と何ら変わらない．これは，剛性方程式そのものが，力のつり合いと変形の連続条件を含んでいるからである．さらに，次節で見るように，不静定次数が高次になればなるほど，$\boldsymbol{K}_{\alpha\alpha}$ のマトリックス次数は小さくなり，むしろ変形計算においては未知数が少なくなる．

図 13.8 に示すような全部材が同じ AE をもつ不静定トラスを考えよう．この構造物の全体剛性マトリックスは 12×12 の次数となるが，未知変位は u_1 と v_1 の 2 つであるので，必要な逆マトリックスの次数は 2×2 である．全体の剛性マトリックス $\boldsymbol{K}$ を示すのは省略するが，未知変位を求める剛性方程式は対応する $\boldsymbol{K}_{\alpha\alpha}$ を用いて，以下のようになる．

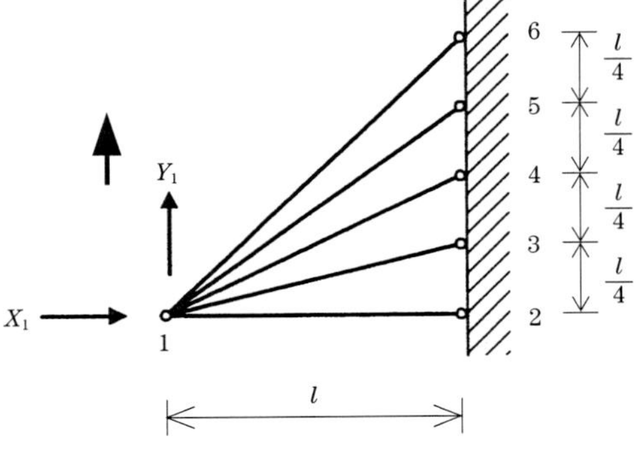

図 13.8 高次不静定トラス

$$\begin{Bmatrix} X_1 \\ Y_1 \end{Bmatrix} = \boldsymbol{K}_{\alpha\alpha} \begin{Bmatrix} u_1 \\ v_1 \end{Bmatrix} = \begin{bmatrix} k_{11} & k_{12} \\ k_{21} & k_{22} \end{bmatrix} \begin{Bmatrix} u_1 \\ v_1 \end{Bmatrix} \quad (13.66)$$

ここに，剛性マトリックスの要素は次式で得られる．

$$\left.\begin{aligned} k_{11} &= \sum_{i=1}^{5} \frac{AE}{l_i} \lambda_i^2 \\ k_{12} = k_{21} &= \sum_{i=1}^{5} \frac{AE}{l_i} \lambda_i \mu_i \\ k_{22} &= \sum_{i=1}^{5} \frac{AE}{l_i} \mu_i^2 \end{aligned}\right\} \quad (13.67)$$

ここで $\sum_{i=1}^{5}$ は全部材についての総和を意味する．

各部材で

$$\left.\begin{aligned} &\text{1-2 部材：} l_{1\text{-}2} = l,\ \lambda_{1\text{-}2} = 1,\ \mu_{1\text{-}2} = 0 \\ &\text{1-3 部材：} l_{1\text{-}3} = \sqrt{17}\,l/4,\ \lambda_{1\text{-}3} = 4/\sqrt{17}, \\ &\qquad \mu_{1\text{-}3} = 1/\sqrt{17} \\ &\text{1-4 部材：} l_{1\text{-}4} = \sqrt{5}\,l/2,\ \lambda_{1\text{-}4} = 2/\sqrt{5}, \\ &\qquad \mu_{1\text{-}4} = 1/\sqrt{5} \\ &\text{1-5 部材：} l_{1\text{-}5} = 5l/4,\ \lambda_{1\text{-}5} = 4/5,\ \mu_{1\text{-}5} = 3/5 \\ &\text{1-6 部材：} l_{1\text{-}6} = \sqrt{2}\,l,\ \lambda_{1\text{-}6} = 1/\sqrt{2},\ \mu_{1\text{-}6} = 1/\sqrt{2} \end{aligned}\right\} \quad (13.68)$$

であるから，これらを(13.67)式に代入して，

$$\left.\begin{aligned} k_{11} &= 3.49\,\frac{AE}{l} \\ k_{12} &= 1.32\,\frac{AE}{l} \\ k_{22} &= 0.87\,\frac{AE}{l} \end{aligned}\right\} \quad (13.69)$$

を得る．(13.69)式を(13.66)式に代入して，節点変位，

$$\begin{Bmatrix} u_1 \\ v_1 \end{Bmatrix} = \frac{l}{AE} \begin{bmatrix} 3.49 & 1.32 \\ 1.32 & 0.87 \end{bmatrix}^{-1} \begin{Bmatrix} X_1 \\ Y_1 \end{Bmatrix}$$

$$\frac{l}{AE} \begin{bmatrix} 0.67 & -1.02 \\ -1.02 & 2.69 \end{bmatrix}^{-1} \begin{Bmatrix} X_1 \\ Y_1 \end{Bmatrix} \quad (13.70)$$

となる．

演　習　問　題

13.1　**図 13.9** のトラスの全体剛性マトリックスを求めよ．ただし，全部材とも AE は同じものとする．

13.2　図 13.9 のトラスの節点 2 の変位と節点 1 と 3 の反力を求めよ．

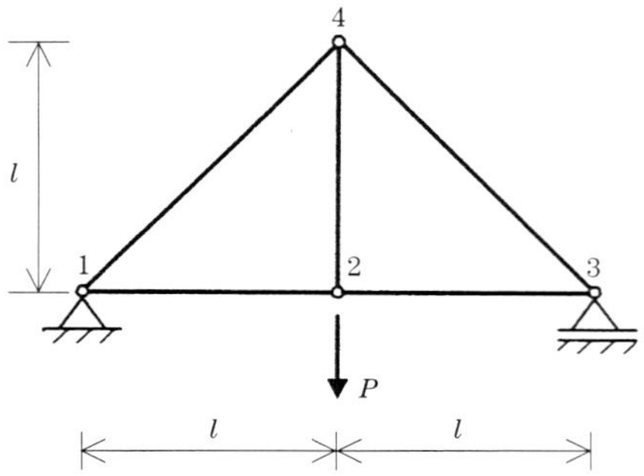

図 13.9

14. 直接剛性法による平面ラーメンの解法

14.1 平面梁要素モデルの剛性マトリックス

この章では，剛性法による平面梁の曲げを考えよう．基本的な考え方を習得するために，軸方向剛性を無視した場合の梁部材の基本剛性マトリックスを解説し，梁部材からなる構造物の基本剛性方程式の解法が，前章の平面トラスの一般的解法と同じことを示す．

図 14.1 に局所座標での梁要素の節点力と節点変位を示す．節点 1 と 2 には，節点力 Y とモーメント M およびそれぞれに対応する変位 v と回転角 θ がある．正の方向を図 14.1 に示すようにとる．梁要素の曲げ剛性 EI は，その全長 l にわたって一定であるとする．以下に，棒要素のときと同じ手順で基本剛性マトリックスを求めていく．

（1） $v_2=\theta_2=0$ の場合

このような境界条件での変位は，節点 2 で固定された片持梁であるから，梁理論より，

$$\left.\begin{aligned} v_1&=\frac{Y_1l^3}{3EI}+\frac{M_1l^2}{2EI} \\ \theta_1&=\frac{Y_1l^2}{2EI}+\frac{M_1l}{EI} \end{aligned}\right\} \tag{14.1}$$

である．(14.1)式において，節点力を左辺にしてマトリックスで整理すると，

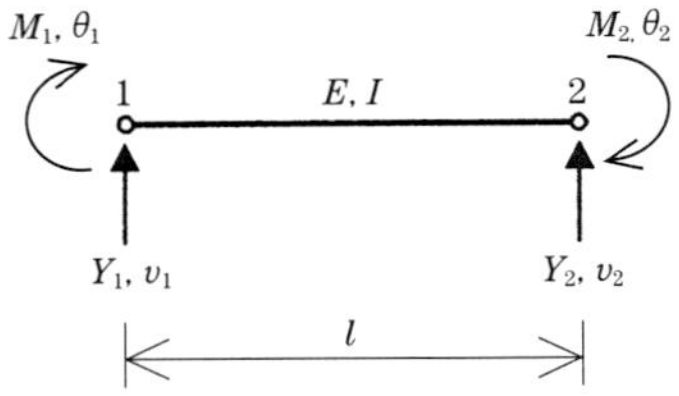

図 14.1 梁要素での節点力と節点変位

$$\begin{Bmatrix} Y_1 \\ M_1 \end{Bmatrix}=EI\begin{bmatrix} \dfrac{12}{l^3} & -\dfrac{6}{l^2} \\ -\dfrac{6}{l^2} & \dfrac{4}{l} \end{bmatrix}\begin{Bmatrix} v_1 \\ \theta_1 \end{Bmatrix}=\boldsymbol{K}_{11}\begin{Bmatrix} v_1 \\ \theta_1 \end{Bmatrix} \tag{14.2}$$

このときの反力は，力のつり合いより，

$$\left.\begin{aligned} \sum F_y&=Y_1+Y_2=0 \\ \sum M&=Y_1l+M_1+M_2=0 \end{aligned}\right\} \tag{14.3}$$

であるから，

$$\begin{Bmatrix} Y_2 \\ M_2 \end{Bmatrix}=\begin{bmatrix} -1 & 0 \\ -l & -1 \end{bmatrix}\begin{Bmatrix} Y_1 \\ M_1 \end{Bmatrix} \tag{14.4}$$

となる．(14.2)式を(14.4)式に代入して，

$$\begin{Bmatrix} Y_2 \\ M_2 \end{Bmatrix}=EI\begin{bmatrix} \dfrac{12}{l^3} & -\dfrac{6}{l^2} \\ -\dfrac{6}{l^2} & \dfrac{4}{l} \end{bmatrix}\begin{Bmatrix} v_1 \\ \theta_1 \end{Bmatrix}=\boldsymbol{K}_{21}\begin{Bmatrix} v_1 \\ \theta_1 \end{Bmatrix} \tag{14.5}$$

となる．

（2） $v_1=\theta_1=0$ の場合

この場合は，節点 1 で固定された片持梁となる．したがって，

$$\left.\begin{aligned} v_2&=\frac{Y_2l^3}{3EI}-\frac{M_2l^2}{2EI} \\ \theta_2&=-\frac{Y_2l^2}{2EI}+\frac{M_2l}{EI} \end{aligned}\right\} \tag{14.6}$$

上式のマトリックス表示は，

$$\begin{Bmatrix} Y_2 \\ M_2 \end{Bmatrix}=EI\begin{bmatrix} \dfrac{12}{l^3} & \dfrac{6}{l^2} \\ \dfrac{6}{l^2} & \dfrac{4}{l} \end{bmatrix}\begin{Bmatrix} v_2 \\ \theta_2 \end{Bmatrix}=\boldsymbol{K}_{22}\begin{Bmatrix} v_2 \\ \theta_2 \end{Bmatrix} \tag{14.7}$$

となる．

同様に，このときの反力は力のつり合いより，

$$\begin{Bmatrix} Y_1 \\ M_1 \end{Bmatrix}=\begin{bmatrix} -1 & 0 \\ l & -1 \end{bmatrix}\begin{Bmatrix} Y_2 \\ M_2 \end{Bmatrix} \tag{14.8}$$

となる．(14.7)式を(14.8)式に代入して，

$$\begin{Bmatrix} Y_1 \\ M_1 \end{Bmatrix} = EI\begin{bmatrix} -\dfrac{12}{l^3} & -\dfrac{6}{l^2} \\ \dfrac{6}{l^2} & \dfrac{2}{l} \end{bmatrix}\begin{Bmatrix} v_2 \\ \theta_2 \end{Bmatrix} = \boldsymbol{K}_{12}\begin{Bmatrix} v_1 \\ \theta_1 \end{Bmatrix} \tag{14.9}$$

を得る．

以上の(14.2)式，(14.5)式，(14.7)式，および(14.9)式をまとめてマトリックス表示すると，

$$\begin{Bmatrix} Y_1 \\ M_1 \\ Y_2 \\ M_2 \end{Bmatrix} = EI\begin{bmatrix} \dfrac{12}{l^3} & -\dfrac{6}{l^2} & -\dfrac{12}{l^3} & -\dfrac{6}{l^2} \\ -\dfrac{6}{l^2} & \dfrac{4}{l} & \dfrac{6}{l^2} & \dfrac{2}{l} \\ -\dfrac{12}{l^3} & \dfrac{6}{l^2} & \dfrac{12}{l^3} & \dfrac{6}{l^2} \\ -\dfrac{6}{l^2} & \dfrac{2}{l} & \dfrac{6}{l^2} & \dfrac{4}{l} \end{bmatrix}\begin{Bmatrix} v_1 \\ \theta_1 \\ v_2 \\ \theta_2 \end{Bmatrix} \tag{14.10}$$

となる．

梁要素の剛性マトリックスは，棒要素に比べて複雑に見えるが，以下のように変位ベクトルを書き換えると見やすくなる．

$$\begin{Bmatrix} Y_1 \\ \dfrac{M_1}{l} \\ Y_2 \\ \dfrac{M_2}{l} \end{Bmatrix} = \frac{EI}{l^3}\begin{bmatrix} 12 & -6 & -12 & -6 \\ -6 & 4 & 6 & 2 \\ -12 & 6 & 12 & 6 \\ -6 & 2 & 6 & 4 \end{bmatrix}\begin{Bmatrix} v_1 \\ \theta_1 l \\ v_2 \\ \theta_2 l \end{Bmatrix} \tag{14.11}$$

この表現は，剛性マトリックスの各要素を共通因数 EI/l^3 でくくりだした形になっている．

ところで，図 14.1 には，材軸に平行な成分が表現されていない．一般に，曲げ材として梁要素を見る場合には，材軸方向の変形を無視することが行われる．しかしながら，次節での基準座標での剛性マトリックスを考える準備として，材軸に平行な節点力成分 X_1，X_2 および変位成分 u_1，u_2 を加え，対応する要素位置に 0 を付加して拡張した剛性マトリックスを示しておく（(14.12)式）．

14.2　梁要素の応力マトリックス

1 つの梁要素 ij に注目すると，その断面力は節点 i，j の変位成分 v，θ によって与えられる．棒要素の場合と同様に，節点力は(14.10)式から(14.13)式で与えられる．

節点 i から x の位置でのせん断力 Q と曲げモーメント M は図 14.1 を参照して次式で求められることがわかる．

$$\begin{Bmatrix} Q \\ M \end{Bmatrix} = \begin{Bmatrix} Y_i^e \\ Y_i^e x + M_i^e \end{Bmatrix} = \begin{bmatrix} 1 & 0 \\ x & 1 \end{bmatrix}\begin{Bmatrix} Y_i^e \\ M_i^e \end{Bmatrix} \tag{14.14}$$

したがって，(14.13)式と(14.14)式から(14.15)式となる．(14.15)式の係数マトリックス S は梁

(14.12)式，(14.13)式

$$\begin{Bmatrix} X_1 \\ Y_1 \\ M_1 \\ X_2 \\ Y_2 \\ M_2 \end{Bmatrix} = EI\begin{bmatrix} 0 & 0 & 0 & 0 & 0 & 0 \\ 0 & \dfrac{12}{l^3} & -\dfrac{6}{l^2} & 0 & -\dfrac{12}{l^3} & -\dfrac{6}{l^2} \\ 0 & -\dfrac{6}{l^2} & \dfrac{4}{l} & 0 & \dfrac{6}{l^2} & \dfrac{2}{l} \\ 0 & 0 & 0 & 0 & 0 & 0 \\ 0 & -\dfrac{12}{l^3} & \dfrac{6}{l^2} & 0 & \dfrac{12}{l^3} & \dfrac{6}{l^2} \\ 0 & -\dfrac{6}{l^2} & \dfrac{2}{l} & 0 & \dfrac{6}{l^2} & \dfrac{4}{l} \end{bmatrix}\begin{Bmatrix} u_1 \\ v_1 \\ \theta_1 \\ u_2 \\ v_2 \\ \theta_2 \end{Bmatrix} \tag{14.12}$$

（列ラベル：u_1　v_1　θ_1　u_2　v_2　θ_2）

$$\begin{Bmatrix} Y_i \\ M_i \end{Bmatrix} = \begin{Bmatrix} Y_i^e \\ M_i^e \end{Bmatrix} = EI\begin{bmatrix} \dfrac{12}{l^3} & -\dfrac{6}{l^2} & -\dfrac{12}{l^3} & -\dfrac{6}{l^2} \\ -\dfrac{6}{l^2} & \dfrac{4}{l} & \dfrac{6}{l^2} & \dfrac{2}{l} \end{bmatrix}\begin{Bmatrix} v_i \\ \theta_i \\ v_j \\ \theta_j \end{Bmatrix} \tag{14.13}$$

$$\begin{Bmatrix} Q \\ M \end{Bmatrix} = EI \begin{bmatrix} \frac{12}{l^3} & -\frac{6}{l^2} & -\frac{12}{l^3} & -\frac{6}{l^2} \\ \frac{12x}{l^3}-\frac{6}{l^2} & -\frac{6x}{l^2}+\frac{4}{l} & -\frac{12x}{l^3}+\frac{6}{l^2} & -\frac{6x}{l^2}+\frac{2}{l} \end{bmatrix} \begin{Bmatrix} v_i \\ \theta_i \\ v_j \\ \theta_j \end{Bmatrix} = \boldsymbol{Su} \qquad (14.15)$$

(14.15)式 ……………………………………………………………………

要素の応力マトリックスである．

14.3　連続梁の全体剛性方程式

図 14.2 に示す不静定梁を直接剛性法で解いてみよう．各要素には，EI と長さ l が与えられている．

図 14.2 に示す梁は，**図 14.3** に示すように 2 つの梁要素で構成されていると考えることができる．軸方向の節点力を無視して考えると，節点数が 3 であるから全体剛性マトリックスは 6×6 となり，(14.10)式を参考にして各部材の剛性マトリックスをつくり，全体剛性マトリックスの次数に合わせて拡張すると(14.16)式，(14.17)式となる．

$$\begin{array}{cccccc} v_1 & \theta_1 & v_2 & \theta_2 & v_3 & \theta_3 \end{array}$$

$$\boldsymbol{K}_a = EI_a \begin{bmatrix} \frac{12}{l^3} & & & & & SYM. \\ -\frac{6}{l^2} & \frac{4}{l_a} & & & & \\ -\frac{12}{l_a^3} & \frac{6}{l_a^2} & \frac{12}{l^3} & & & \\ -\frac{6}{l_a^2} & \frac{2}{l_a} & \frac{6}{l_a^2} & \frac{4}{l_a} & & \\ 0 & 0 & 0 & 0 & 0 & \\ 0 & 0 & 0 & 0 & 0 & 0 \end{bmatrix} \qquad (14.16)$$

$$\begin{array}{cccccc} v_1 & \theta_1 & v_2 & \theta_2 & v_3 & \theta_3 \end{array}$$

$$\boldsymbol{K}_b = EI_b \begin{bmatrix} 0 & & & & & SYM. \\ 0 & 0 & & & & \\ 0 & 0 & \frac{12}{l_b^3} & & & \\ 0 & 0 & -\frac{6}{l_b^2} & \frac{4}{l_b} & & \\ 0 & 0 & -\frac{12}{l_b^3} & \frac{6}{l_b^2} & \frac{12}{l_b^3} & \\ 0 & 0 & -\frac{6}{l_b^2} & \frac{2}{l_b} & \frac{6}{l_b^2} & \frac{4}{l_b} \end{bmatrix} \qquad (14.17)$$

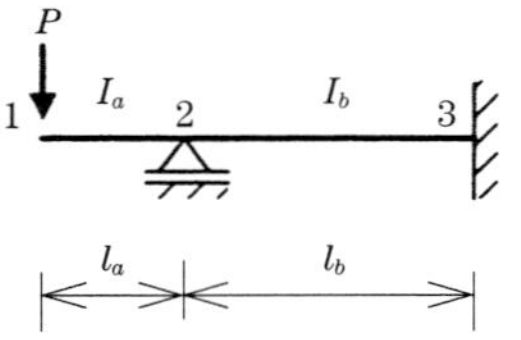

図 14.2　張出しのある梁

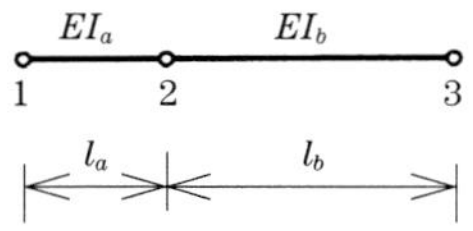

図 14.3　2 つの梁要素の組合せ

(14.18)式 ……………………………………………………………………

$$\begin{array}{cccccc} v_1 & \theta_1 & v_2 & \theta_2 & v_3 & \theta_3 \end{array}$$

$$\boldsymbol{K} = \begin{bmatrix} \frac{12EI_a}{l_a^3} & & & & & \\ -\frac{6EI_a}{l_a^2} & \frac{4EI_a}{l_a} & & & SYM. & \\ -\frac{12EI_a}{l_a^3} & \frac{6EI_a}{l_a^2} & \frac{12EI_a}{l_a^3}+\frac{12EI_b}{l_b^3} & & & \\ -\frac{6EI_a}{l_a^2} & \frac{2EI_a}{l_a} & \frac{6EI_a}{l_a^2}-\frac{6EI_b}{l_b^2} & \frac{4EI_a}{l_a}+\frac{4EI_a}{l_a} & & \\ 0 & 0 & -\frac{12EI_b}{l_b^3} & \frac{6EI_b}{l_b^2} & \frac{12EI_b}{l_b^3} & \\ 0 & 0 & -\frac{6EI_b}{l_b^2} & \frac{2EI_b}{l_b} & \frac{6EI_b}{l_b^2} & \frac{4EI_b}{l_b} \end{bmatrix} \qquad (14.18)$$

$\boldsymbol{K}_a$ と $\boldsymbol{K}_b$ を重ね合せることによって，図 14.3 の構造全体の剛性マトリックスを得る．すなわち，(14.18)式となる．

次に，境界条件を考慮して，剛性方程式を解いてみよう．ただし，図 14.2 に与えられた条件を簡略化のため下記のように設定する．

$$\left.\begin{array}{l} v_2=v_3=\theta_3=0 \ (\text{境界条件}) \\ Y_1=-P \ (\text{外荷重}) \\ l_b=l_a=l \\ EI_a=EI_b=EI \end{array}\right\} \quad (14.19)$$

このとき，構造全体の剛性方程式は(14.18)式を用いて(14.20)式となるが，境界条件(14.19)式を考慮すると(14.21)式のように書ける．

したがって，未知変位は，

$$\begin{Bmatrix} v_1 \\ \theta_1 \\ \theta_2 \end{Bmatrix}=\frac{1}{EI}\begin{bmatrix} 12/l^3 & -6/l^2 & -6/l^2 \\ -6/l^2 & 4/l^2 & 2/l \\ -6/l^2 & 2/l & 8/l \end{bmatrix}^{-1}\begin{Bmatrix} -P \\ 0 \\ 0 \end{Bmatrix} \quad (14.22)$$

を解いて，すなわち 3×3 の逆行列を解いて求められる．ただし，この場合には，(14.21)式から

$$\{-P\}=\frac{EI}{l^3}[12]\{v_1\}+\frac{EI}{l^2}[-6 \ \ -6]\begin{Bmatrix} \theta_1 \\ \theta_2 \end{Bmatrix} \quad (14.23)$$

$$\begin{Bmatrix} 0 \\ 0 \end{Bmatrix}=\frac{EI}{l^2}\begin{bmatrix} -6 \\ -6 \end{bmatrix}\{v_1\}+\frac{EI}{l}\begin{bmatrix} 4 & 2 \\ 2 & 8 \end{bmatrix}\begin{Bmatrix} \theta_1 \\ \theta_2 \end{Bmatrix} \quad (14.24)$$

であるから，後の(14.24)式から，

$$\begin{Bmatrix} \theta_1 \\ \theta_2 \end{Bmatrix}=-\frac{1}{l}\begin{bmatrix} 4 & 2 \\ 2 & 8 \end{bmatrix}^{-1}\begin{bmatrix} -6 \\ -6 \end{bmatrix}\{v_1\}=\frac{3}{7l}\begin{Bmatrix} 3 \\ 1 \end{Bmatrix}\{v_1\} \quad (14.25)$$

である．さらに，これを前の(14.23)式に代入して，

$$\{-P\}=\frac{EI}{l^3}[12]\{v_1\}+\frac{EI}{l^2}[-6 \ \ -6]\frac{3}{7l}\begin{Bmatrix} 3 \\ 1 \end{Bmatrix}\{v_1\}$$
$$=\frac{12EI}{7l^3}\{v_1\} \quad (14.26)$$

を得る．したがって，

$$v_1=-\frac{7Pl^3}{12EI} \quad (14.27)$$

となる．これを(14.25)式に代入して，

$$\begin{Bmatrix} \theta_1 \\ \theta_2 \end{Bmatrix}=\frac{Pl^2}{4EI}\begin{Bmatrix} 3 \\ 1 \end{Bmatrix} \quad (14.28)$$

を得る．

反力は，(14.21)式に(14.27)式と(14.28)式を代入して，

$$\begin{Bmatrix} Y_2 \\ Y_3 \\ M_3 \end{Bmatrix}=EI\begin{bmatrix} -12/l^3 & 6/l^2 & 0 \\ 0 & 0 & 6/l^2 \\ 0 & 0 & 2/l \end{bmatrix}\begin{Bmatrix} v_1 \\ \theta_1 \\ \theta_2 \end{Bmatrix}$$
$$=\frac{Pl^2}{12}\begin{bmatrix} -12/l^3 & 6/l^2 & 0 \\ 0 & 0 & 6/l^2 \\ 0 & 0 & 2/l \end{bmatrix}\begin{Bmatrix} 7l \\ 9 \\ 3 \end{Bmatrix}$$
$$=\begin{Bmatrix} 5P/2 \\ -3P/2 \\ -Pl/2 \end{Bmatrix} \quad (14.29)$$

(14.20)式，(14.21)式

$$\begin{Bmatrix} Y_1 \\ M_1 \\ Y_2 \\ M_2 \\ Y_3 \\ M_3 \end{Bmatrix}=EI\begin{bmatrix} 12/l^3 & & & & & \\ -6/l^2 & 4/l & & & \text{SYM.} & \\ -12/l^3 & 6/l^2 & 24/l^3 & & & \\ -6/l^2 & 2/l & 0 & 8/l & & \\ 0 & 0 & -12/l^3 & 6/l^2 & 12/l^3 & \\ 0 & 0 & -6/l^2 & 2/l & 6/l^2 & 4/l \end{bmatrix}\begin{Bmatrix} v_1 \\ \theta_1 \\ v_2 \\ \theta_2 \\ v_3 \\ \theta_3 \end{Bmatrix} \quad (14.20)$$

$$\begin{Bmatrix} Y_1=-P \\ M_1=0 \\ M_2=0 \\ \hdashline Y_2 \\ Y_3 \\ M_3 \end{Bmatrix}=EI\left[\begin{array}{ccc:ccc} 12/l^3 & & & & & \\ -6/l^2 & 4/l & & & \text{SYM.} & \\ -6/l^2 & 2/l & 8/l^3 & & & \\ \hdashline -12/l^3 & 6/l^2 & 0 & 24/l & & \\ 0 & 0 & 6/l^3 & -12/l^2 & 12/l^3 & \\ 0 & 0 & 2/l^2 & -6/l & 6/l^2 & 4/l \end{array}\right]\begin{Bmatrix} v_1 \\ \theta_1 \\ \theta_2 \\ \hdashline v_2=0 \\ v_3=0 \\ \theta_3=0 \end{Bmatrix} \quad (14.21)$$

となる．これは力のつり合い

$$\left.\begin{array}{l} Y_1+Y_2+Y_3=0 \quad (Y\text{ 方向の力のつり合い}) \\ -Y_1(2l)-Y_2 l+M_3=0 \\ \quad (\text{節点 3 での力のモーメントのつり合い}) \end{array}\right\} \tag{14.30}$$

を満足することがわかる．

また，断面力は(14.15)式あるいは(14.14)式から，

$$\left.\begin{array}{l} Q_{1-2}=Y_1=-P \\ M_{1-2}=Y_1 x+M_1=-Px \\ Q_{2-3}=Y_2=3P/2 \\ M_{2-3}=Y_2 x+M_2=-Pl+3Px/2 \end{array}\right\} \tag{14.31}$$

であるから，

$$\left.\begin{array}{l} (Q_1)_{1-2}=-P \\ (M_2)_{1-2}=-Pl, \quad (Q_2)_{2-3}=3P/2 \\ (M_2)_{2-3}=-Pl, \quad (M_3)_{2-3}=Pl/2 \end{array}\right\} \tag{14.32}$$

となる．断面力の符号の定義を思い出すと，等価節点力とは必ずしも符号が一致しない．

14.4　分布荷重の設定法

図 14.4 のように，分布荷重を受ける長さ $4l$ の単純梁を考えよう．いままで用いてきた(14.10)式は集中荷重を想定した剛性方程式であり，この式を分布荷重の場合に適用する簡単な方法は，分布荷重を適当に分割して集中化することである．ただし，節点を各集中力の作用点に設定しなければならない．

図 14.4 の中央点たわみを求めるために，中央点に節点を設定できるように荷重分布域を 4 分割すると，端部節点を除いて荷重は pl になる．端部節点には $pl/2$ が配分されるが，さらに腕の長さ $l/4$ を考慮して，モーメント $pl^2/8$ を外力として導入しなければならない．ただし，反力には支持点に直接作用する外力を付加しなければならない．

全体剛性方程式は，

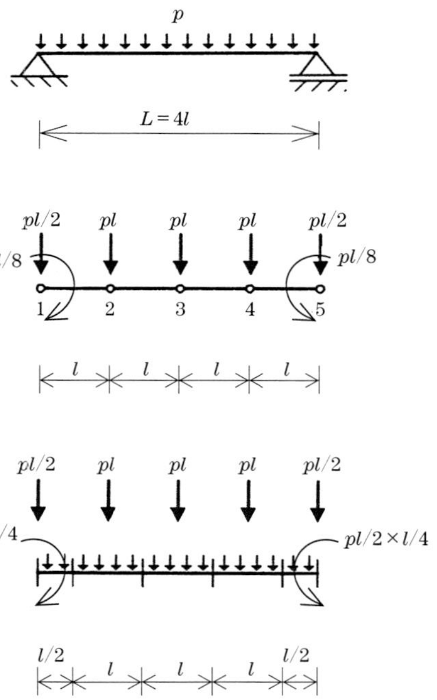

図 14.4　分布荷重を受ける単純梁

$$\begin{Bmatrix} pl \\ pl^2/8 \\ -pl \\ 0 \\ -pl \\ 0 \\ -pl \\ 0 \\ -pl \\ -pl^2/8 \end{Bmatrix} = \boldsymbol{K} \begin{Bmatrix} v_1 \\ \theta_1 \\ v_2 \\ \theta_2 \\ v_3 \\ \theta_3 \\ v_4 \\ \theta_4 \\ v_5 \\ \theta_5 \end{Bmatrix} \tag{14.33}$$

となる．ここで，$\boldsymbol{K}$ は全体剛性マトリックスで(14.34)式である．境界条件 $v_1=v_5=0$ から，変位を求める剛性方程式は(14.35)式となる．

さらに，変形状態の対称性から，$v_2=v_4$，$\theta_1=-\theta_5$，$\theta_2=-\theta_4$，$\theta_3=0$ を考慮して，(14.35)式を展開すると，

$$
\boldsymbol{K}=EI\begin{array}{c} \begin{array}{cccccccccc} v_1 & \theta_1 & v_2 & \theta_2 & v_3 & \theta_3 & v_4 & \theta_4 & v_5 & \theta_5 \end{array} \\ \left[\begin{array}{cccccccccc}
\frac{12}{l^3} & & & & & & & & & \\
-\frac{6}{l^2} & \frac{4}{l} & & & & & & & SYM. & \\
-\frac{12}{l^3} & \frac{6}{l^2} & \frac{24}{l^3} & & & & & & & \\
-\frac{6}{l^2} & \frac{2}{l} & 0 & \frac{8}{l} & & & & & & \\
0 & 0 & -\frac{12}{l^3} & \frac{6}{l^2} & \frac{24}{l^3} & & & & & \\
0 & 0 & -\frac{6}{l^2} & \frac{2}{l} & 0 & \frac{8}{l} & & & & \\
0 & 0 & 0 & 0 & -\frac{12}{l^3} & \frac{6}{l^2} & \frac{24}{l^3} & & & \\
0 & 0 & 0 & 0 & -\frac{6}{l^2} & \frac{2}{l} & 0 & \frac{8}{l} & & \\
0 & 0 & 0 & 0 & 0 & 0 & -\frac{12}{l^3} & \frac{6}{l^2} & \frac{12}{l^3} & \\
0 & 0 & 0 & 0 & 0 & 0 & -\frac{6}{l^2} & \frac{2}{l} & \frac{6}{l^2} & \frac{4}{l}
\end{array}\right]\end{array} \tag{14.34}
$$

$$
\begin{Bmatrix} pl^2/8 \\ -pl \\ 0 \\ -pl \\ 0 \\ -pl \\ 0 \\ -pl^2/8 \end{Bmatrix}
=EI\begin{array}{c} \begin{array}{cccccccc} \theta_1 & v_2 & \theta_2 & v_3 & \theta_3 & v_4 & \theta_4 & \theta_5 \end{array} \\ \left[\begin{array}{cccccccc}
\frac{4}{l} & & & & & & & \\
\frac{6}{l^2} & \frac{24}{l^3} & & & & & SYM. & \\
\frac{2}{l} & 0 & \frac{8}{l} & & & & & \\
0 & -\frac{12}{l^3} & \frac{6}{l^2} & \frac{24}{l^3} & & & & \\
0 & -\frac{6}{l^2} & \frac{2}{l} & 0 & \frac{8}{l} & & & \\
0 & 0 & 0 & -\frac{12}{l^3} & \frac{6}{l^2} & \frac{24}{l^3} & & \\
0 & 0 & 0 & -\frac{6}{l^2} & \frac{2}{l} & 0 & \frac{8}{l} & \\
0 & 0 & 0 & 0 & 0 & -\frac{6}{l^2} & \frac{2}{l} & \frac{4}{l}
\end{array}\right]\end{array}
\begin{Bmatrix} \theta_1 \\ v_2 \\ \theta_2 \\ v_3 \\ \theta_3 \\ v_4 \\ \theta_4 \\ \theta_5 \end{Bmatrix} \tag{14.35}
$$

$$
\begin{Bmatrix} pl^2/8 \\ -pl \\ 0 \\ -pl \end{Bmatrix}
=EI\begin{array}{c} \begin{array}{cccc} \theta_1 & v_2 & \theta_2 & v_3 \end{array} \\ \left[\begin{array}{cccc}
\frac{4}{l} & \frac{6}{l^2} & \frac{2}{l} & 0 \\
\frac{6}{l^2} & \frac{24}{l^3} & 0 & -\frac{12}{l^3} \\
\frac{2}{l} & 0 & \frac{8}{l} & \frac{6}{l^2} \\
0 & -\frac{24}{l^3} & \frac{12}{l^2} & \frac{24}{l^3}
\end{array}\right]\end{array}
\begin{Bmatrix} \theta_1 \\ v_2 \\ \theta_2 \\ v_3 \end{Bmatrix} \tag{14.36}
$$

となる．(14.36)式を解いて，$l=L/4$ を考慮すると，

$$\begin{Bmatrix} \theta_1 \\ v_2 \\ \theta_2 \\ v_3 \end{Bmatrix} = \frac{1}{EI} \begin{bmatrix} \frac{4}{l} & \frac{6}{l^2} & \frac{2}{l} & 0 \\ \frac{6}{l^2} & \frac{24}{l^3} & 0 & -\frac{12}{l^3} \\ \frac{2}{l} & 0 & \frac{8}{l} & \frac{6}{l^2} \\ 0 & -\frac{24}{l^3} & \frac{12}{l^2} & \frac{24}{l^3} \end{bmatrix}^{-1} \begin{Bmatrix} \frac{pl^2}{8} \\ -pl \\ 0 \\ -pl \end{Bmatrix}$$

$$= \frac{1}{EI} \begin{bmatrix} 2l & -\frac{3l^2}{2} & l & -l^2 \\ -\frac{3l^2}{2} & \frac{4l^3}{3} & -l^2 & \frac{11l^3}{12} \\ l & -l^2 & l & -\frac{3l^2}{4} \\ -2l^2 & \frac{11l^3}{6} & -\frac{3l^2}{2} & \frac{4l^3}{3} \end{bmatrix} \begin{Bmatrix} \frac{pl^2}{8} \\ -pl \\ 0 \\ -pl \end{Bmatrix} \tag{14.37}$$

$$= \frac{1}{EI} \begin{Bmatrix} \frac{11pl^3}{4} \\ -\frac{39pl^4}{16} \\ \frac{15pl^3}{8} \\ -\frac{41pl^4}{12} \end{Bmatrix} = \frac{1}{EI} \begin{Bmatrix} \frac{11pL^3}{256} \\ -\frac{3.656pL^4}{384} \\ \frac{7.5pL^3}{256} \\ -\frac{5.125pL^4}{384} \end{Bmatrix} \tag{14.38}$$

となる．梁理論による理論解は $v_3=-5pL^4/384EI$ である．分布荷重の集中力化は理論解より大きめの値を与えることがわかる．

節点力 Y_1，M_1 は(14.33)式と(14.34)式および(14.38)式を用いて，

$$\left. \begin{aligned} Y_1 &= \frac{3pl}{2} = \frac{3pL}{8} \\ M_1 &= \frac{pl^2}{8} = \frac{pL^2}{128} \end{aligned} \right\} \tag{14.39}$$

となる．ここで，M_1 の値は節点1に作用したモーメントである．Y_1 には直接作用した荷重 $pl/2$ を付加して，節点の鉛直反力として $2pl$ を得るが，これは厳密解に等しい．

以上述べた方法とは別に，付加節点を設けなくても厳密に分布荷重を扱う方法[注1)]もあるが，本書では触れない．

注1)　例えば，J.S. シェムニスキー著，山田嘉昭，川井忠彦共訳：マトリックス構造解析の基礎理論，培風館，1971.

14.5　基準座標での梁要素の剛性マトリックス

梁要素が架構を形成する，いわゆるラーメン構造へ直接剛性法を応用するためには，局所座標と基準座標との位置関係が重要になる．また，梁要素の軸方向変形，すなわち部材の伸び縮みを考慮するためには，前節で示した梁部材の剛性マトリックスの修正が必要になる．

平面内で任意の配置をもつ梁要素の基準座標での剛性マトリックスを求めるためには，これに対応する座標変換マトリックスが必要である．そのために**図 14.5** を考えよう．

座標変換マトリックス $\boldsymbol{T}$ は，棒要素と同様に考えることができる．すなわち，変位 u と v 成分は，棒要素の軸力成分と同じように考えることができ，曲げモーメント成分は回転角 θ による座標変換の影響を受けず，基準座標についても局所座標と同じである．以上のことを考慮すると，棒要素の座標変換マトリックス式((13.20)式)は梁要素に対して，以下のように拡張される．

$$\boldsymbol{T} = \begin{array}{c} \begin{matrix} u_1 & v_1 & \theta_1 & u_2 & v_2 & \theta_2 \end{matrix} \\ \begin{bmatrix} \cos\theta & \sin\theta & 0 & 0 & 0 & 0 \\ -\sin\theta & \cos\theta & 0 & 0 & 0 & 0 \\ 0 & 0 & 1 & 0 & 0 & 0 \\ 0 & 0 & 0 & \cos\theta & \sin\theta & 0 \\ 0 & 0 & 0 & -\sin\theta & \cos\theta & 0 \\ 0 & 0 & 0 & 0 & 0 & 1 \end{bmatrix} \end{array} \tag{14.40}$$

したがって，基準座標での剛性マトリックス $\boldsymbol{K}$ は，(14.12)式と(14.40)式および(14.25)式から，(14.41)式となる．ここで，λ と μ は棒要素と同じで $\lambda=\cos\theta$，$\mu=\sin\theta$ である．

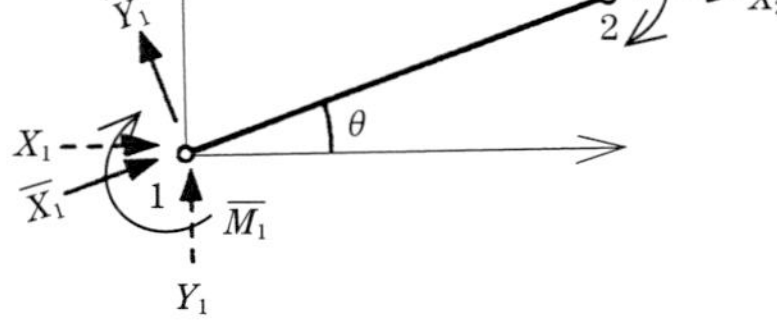

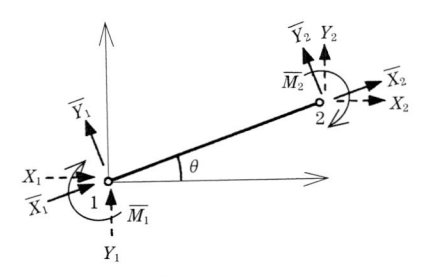

図 14.5　基準座標での梁要素

$$\begin{array}{cccccc} u_1 & v_1 & \theta_1 & u_2 & v_2 & \theta_2 \end{array}$$

$$\boldsymbol{K}=\boldsymbol{T}'\boldsymbol{K}\overline{\boldsymbol{T}}=EI\begin{bmatrix} \frac{12}{l^3}\mu^2 & & & & & \\ -\frac{12}{l^3}\lambda\mu & \frac{12}{l^3}\lambda^2 & & SYM. & & \\ \frac{6}{l^2}\mu & -\frac{6}{l^2}\lambda & \frac{4}{l} & & & \\ -\frac{12}{l^3}\mu^2 & \frac{12}{l^3}\lambda\mu & -\frac{6}{l^2}\mu & \frac{12}{l^3}\mu^2 & & \\ \frac{12}{l^3}\lambda\mu & -\frac{12}{l^3}\lambda^2 & \frac{6}{l^2}\lambda & -\frac{12}{l^3}\lambda\mu & \frac{12}{l^3}\lambda^2 & \\ \frac{6}{l^2}\mu & -\frac{6}{l^2}\lambda & \frac{2}{l} & -\frac{6}{l^2}\mu & \frac{6}{l^2}\lambda & \frac{4}{l} \end{bmatrix} \tag{14.41}$$

$$\begin{array}{cccccccccccc} u_1 & v_1 & \theta_1 & u_2 & v_2 & \theta_2 & u_3 & v_3 & \theta_3 & u_4 & v_4 & \theta_4 \end{array}$$

$$\boldsymbol{K}=E\begin{bmatrix} 12\frac{I_a}{l_a^3} & & & & & & & & & & & \\ 0 & 0 & & & & & & & & & & \\ 6\frac{I_a}{l_a^2} & 0 & 4\frac{I_a}{l_a} & & & & & & SYM. & & & \\ -12\frac{I_a}{l_a^3} & 0 & -6\frac{I_a}{l_a^2} & 12\frac{I_a}{l_a^3} & & & & & & & & \\ 0 & 0 & 0 & 0 & 12\frac{I_b}{l_b^3} & & & & & & & \\ 6\frac{I_a}{l_a^2} & 0 & 2\frac{I_a}{l_a} & -6\frac{I_a}{l_a^2} & -6\frac{I_b}{l_b^2} & 4\frac{I_a}{l_a}+4\frac{I_b}{l_b} & & & & & & \\ 0 & 0 & 0 & 0 & 0 & 0 & 12\frac{I_a}{l_a^3} & & & & & \\ 0 & 0 & 0 & 0 & -12\frac{I_b}{l_b^3} & 6\frac{I_b}{l_b^2} & 0 & 12\frac{I_b}{l_b^3} & & & & \\ 0 & 0 & 0 & 0 & -6\frac{I_b}{l_b^2} & 2\frac{I_b}{l_b} & -6\frac{I_a}{l_a^2} & 6\frac{I_b}{l_b^2} & 4\frac{I_a}{l_a}+4\frac{I_b}{l_b} & & & \\ 0 & 0 & 0 & 0 & 0 & 0 & 12\frac{I_a}{l_a^3} & 0 & 6\frac{I_a}{l_a^2} & 12\frac{I_a}{l_a^3} & & \\ 0 & 0 & 0 & 0 & 0 & 0 & 0 & 0 & 0 & 0 & 0 & \\ 0 & 0 & 0 & 0 & 0 & 0 & -6\frac{I_a}{l_a^2} & 0 & 2\frac{I_a}{l_a} & 6\frac{I_a}{l_a^2} & 0 & 4\frac{I_a}{l_a} \end{bmatrix} \tag{14.42}$$

(14.41)式，(14.42)式 --

14.6　軸方向剛性を考慮しない平面ラーメンの解法

図 14.6 に示す門形ラーメンを解いてみよう．部材数は 3 で，節点数は 4 であるので，全体剛性マトリックスの次数は 4×3＝12 である．全体の剛性マトリックスはこれまでと同様に求められる．すなわち，座標変換マトリックスを使って局

$$
\boldsymbol{K}=E\begin{bmatrix}
12\frac{I_a}{l_a^3} & & & & & SYM. \\
0 & 12\frac{I_b}{l_b^3} & & & & \\
-6\frac{I_a}{l_a^2} & -6\frac{I_b}{l_b^2} & 4\frac{I_a}{l_a}+4\frac{I_b}{l_b} & & & \\
0 & 0 & 0 & 12\frac{I_a}{l_a^3} & & \\
0 & -12\frac{I_b}{l_b^3} & 6\frac{I_b}{l_b^2} & 0 & 12\frac{I_b}{l_b^3} & \\
0 & -6\frac{I_b}{l_b^2} & 2\frac{I_b}{l_b} & -6\frac{I_a}{l_a^2} & 6\frac{I_b}{l_b^2} & 4\frac{I_a}{l_a}+4\frac{I_b}{l_b}
\end{bmatrix} \tag{14.43}
$$

（列：u_2, v_2, θ_2, u_3, v_3, θ_3）

(14.43)式

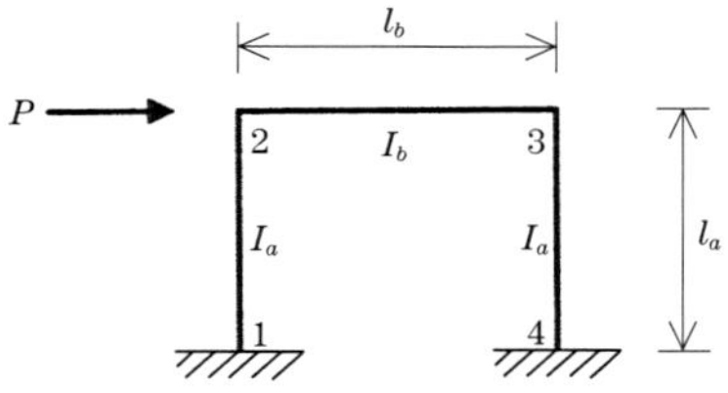

図 14.6　簡単な門型ラーメン

所座標での剛性マトリックスを基準座標へ変換し，あるいは(14.41)式を直接用いて，全体剛性マトリックスに重ね合わせていく手順をすべての部材に対して行う．途中の処理を示すのは省略するが，このようにしてつくった全体剛性マトリックスは(14.42)式のようになる．

図 14.6 の境界条件から，$u_1=v_1=\theta_1=u_4=v_4=\theta_4=0$ を考慮して，(14.42)式から対応する要素を除くと(14.43)式となる．しかしながら，(14.43)式の全体剛性マトリックスの行列式はゼロとなり，逆行列は存在しない．このことは，構造物が不安定であることを意味し，支持条件が不適当であるか，あるいは与えられた荷重を伝えるのに不適切な構造形式となっていることを示している．この場合は，部材の軸方向剛性が与えられていないことが原因である．このことについては，次節で詳しく触れる．

ここでは，図 14.6 において部材の曲げ変形のみを考慮し，軸方向変形を無視するものとして，

$$v_2=v_3=0 \tag{14.44}$$

とし，(14.44)式に対応する要素をさらに取り除けば，全体剛性マトリックスは，

$$
\boldsymbol{K}=E\begin{bmatrix}
12\frac{I_a}{l_a^3} & & & SYM. \\
-6\frac{I_a}{l_a^2} & 4\frac{I_a}{l_a}+4\frac{I_b}{l_b} & & \\
0 & 0 & 12\frac{I_a}{l_a^3} & \\
0 & 2\frac{I_b}{l_b} & -6\frac{I_a}{l_a^2} & 4\frac{I_a}{l_a}+4\frac{I_b}{l_b}
\end{bmatrix} \tag{14.45}
$$

（列：u_2, θ_2, u_3, θ_3）

となる．水平材の軸方向変形を無視しているので，荷重状態を $X_2=X_3=P/2$ とすれば，構造物の対称性から変形状態も対称となり，

$$u_2=u_3,\quad \theta_2=\theta_3 \tag{14.46}$$

とすることができる．

したがって，全体剛性方程式は，(14.47)式となる．(14.47)式を分解して，(14.48)式を得る．最終的に剛性マトリックスは 2×2 となる．

(14.48)式を解いて(14.49)式を得る．簡単な例として $I_a=I_b=I$，$l_a=l_b=l$ の場合，

$$u_2=\frac{5Pl^3}{84EI},\quad \theta_2=\frac{Pl^2}{28EI} \tag{14.50}$$

となる．各部材の等価節点力は，部材の剛性方程式から次のように得られる．

$$M_1^e=EI_a\left(-\frac{6}{l^2}u_2+\frac{2}{l}\theta_2\right)=-\frac{2Pl}{7}$$

$$(M_2)_{1\text{-}2}^e=EI_a\left(-\frac{6}{l^2}u_2+\frac{4}{l}\theta_2\right)=-\frac{3Pl}{14}$$

$$\begin{Bmatrix} X_2=\dfrac{P}{2} \\ M_2=0 \\ \hdashline X_3=\dfrac{P}{2} \\ M_3=0 \end{Bmatrix}=E\begin{bmatrix} 12\dfrac{I_a}{l_a^3} & & & SYM. \\ -6\dfrac{I_a}{l_a^2} & 4\dfrac{I_a}{l_a}+4\dfrac{I_b}{l_b} & & \\ 0 & 0 & 12\dfrac{I_a}{l_a^3} & \\ 0 & 2\dfrac{I_b}{l_b} & -6\dfrac{I_a}{l_a^2} & 4\dfrac{I_a}{l_a}+4\dfrac{I_b}{l_b} \end{bmatrix}\begin{Bmatrix} u_2 \\ \theta_2 \\ \hdashline u_3 \\ \theta_3 \end{Bmatrix} \tag{14.47}$$

（列見出し：u_2, θ_2, u_3, θ_3）

$$\begin{Bmatrix} X_2=\dfrac{P}{2} \\ M_2=0 \end{Bmatrix}=E\begin{bmatrix} 12\dfrac{I_a}{l_a^3} & -6\dfrac{I_a}{l_a^2} \\ -6\dfrac{I_a}{l_a^2} & 4\dfrac{I_a}{l_a}+4\dfrac{I_b}{l_b} \end{bmatrix}\begin{Bmatrix} u_2 \\ \theta_2 \end{Bmatrix}+E\begin{bmatrix} 0 & 0 \\ 0 & 2\dfrac{I_b}{l_b} \end{bmatrix}\begin{Bmatrix} u_3 \\ \theta_3 \end{Bmatrix}$$

$$=E\begin{bmatrix} 12\dfrac{I_a}{l_a^3} & -6\dfrac{I_a}{l_a^2} \\ -6\dfrac{I_a}{l_a^2} & 4\dfrac{I_a}{l_a}+6\dfrac{I_b}{l_b} \end{bmatrix}\begin{Bmatrix} u_2 \\ \theta_2 \end{Bmatrix} \tag{14.48}$$

$$\begin{Bmatrix} u_2 \\ \theta_2 \end{Bmatrix}=\frac{1}{E}\begin{bmatrix} 12\dfrac{I_a}{l_a^3} & -6\dfrac{I_a}{l_a^2} \\ -6\dfrac{I_a}{l_a^2} & 4\dfrac{I_a}{l_a}+6\dfrac{I_b}{l_b} \end{bmatrix}^{-1}\begin{Bmatrix} P/2 \\ 0 \end{Bmatrix}$$

$$=\frac{1}{E\left[\dfrac{12I_a}{l_a^3}\left(\dfrac{I_a}{l_a}+6\dfrac{I_b}{l_b}\right)\right]}\begin{bmatrix} 4\dfrac{I_a}{l_a}+6\dfrac{I_b}{l_b} & 6\dfrac{I_a}{l_a^2} \\ 6\dfrac{I_a}{l_a^2} & 12\dfrac{I_a}{l_a^3} \end{bmatrix}\begin{Bmatrix} P/2 \\ 0 \end{Bmatrix} \tag{14.49}$$

(14.47)式，(14.48)式，(14.49)式

$$(M_2)^e_{2\text{-}3}=EI_b\left(-\frac{4}{l}u_2+\frac{2}{l}\theta_2\right)=\frac{3Pl}{14} \tag{14.51}$$

骨組み内での断面力を考えてみよう．梁要素 i-j の節点 i での等価節点力 X_i^e，Y_i^e，M_i^e は部材の剛性マトリックス(14.41)式を用いて(14.52)式のように表される．

これらの等価節点力から，梁要素のせん断力 Q と曲げモーメント M は図 14.1 と図 14.5 を参考にして(14.53)式で求められる．

ここに，x，y はそれぞれ節点 i からの距離である．(14.52)式を(14.53)式に代入して，(14.54)式となる．

(14.50)式の場合は，

(14.52)式，(14.53)式

$$\begin{Bmatrix} X_i^e \\ Y_i^e \\ M_i^e \end{Bmatrix}=EI\begin{bmatrix} \dfrac{12}{l^3}\mu^2 & -\dfrac{12}{l^3}\lambda\mu & \dfrac{6}{l^2}\mu & -\dfrac{12}{l^3}\mu^2 & \dfrac{12}{l^3}\lambda\mu & \dfrac{6}{l^2}\mu \\ -\dfrac{12}{l^3}\lambda\mu & \dfrac{12}{l^3}\lambda^2 & -\dfrac{6}{l^2}\lambda & \dfrac{12}{l^3}\lambda\mu & -\dfrac{12}{l^3}\lambda^2 & -\dfrac{6}{l^2}\lambda \\ \dfrac{6}{l^2}\mu & -\dfrac{6}{l^2}\lambda & \dfrac{4}{l} & -\dfrac{6}{l^2}\mu & \dfrac{6}{l^2}\lambda & \dfrac{2}{l} \end{bmatrix}\begin{Bmatrix} u_i \\ v_i \\ \theta_i \\ u_j \\ v_j \\ \theta_j \end{Bmatrix} \tag{14.52}$$

$$\begin{Bmatrix} Q \\ M \end{Bmatrix}=\begin{Bmatrix} -X_i^e\mu+Y_i^e\lambda \\ -X_i^e y+Y_i^e x+M_i \end{Bmatrix}=\begin{bmatrix} -\mu & \lambda & 0 \\ -y & x & 1 \end{bmatrix}\begin{Bmatrix} X_i \\ Y_i \\ M_i \end{Bmatrix} \tag{14.53}$$

$$\begin{Bmatrix} Q \\ M \end{Bmatrix}=EI\left[\begin{matrix} -\frac{12}{l^3}\mu & \frac{12}{l^3}\lambda & -\frac{6}{l^2} \\ \left(-\frac{12}{l^3}\lambda\mu x-\frac{12}{l^3}\mu^2 y+\frac{6\mu}{l^2}\right) & \left(\frac{12}{l^3}\lambda^2 x+\frac{12}{l^3}\lambda\mu y-\frac{6\lambda}{l^2}\right) & \left(-\frac{6}{l^2}\lambda x-\frac{6}{l^2}\mu y+\frac{4}{l}\right) \end{matrix}\right.$$

$$\left.\begin{matrix} \frac{12}{l^3}\mu & -\frac{12}{l^3}\lambda & -\frac{6}{l^2} \\ \left(\frac{12}{l^3}\lambda\mu x+\frac{12}{l^3}\mu^2 y-\frac{6\mu}{l^2}\right) & \left(-\frac{12}{l^3}\lambda^2 x-\frac{12}{l^3}\lambda\mu y+\frac{6\lambda}{l^2}\right) & \left(-\frac{6}{l^2}\lambda x-\frac{6}{l^2}\mu y+\frac{2}{l}\right) \end{matrix}\right]\begin{Bmatrix} u_i \\ v_i \\ \theta_i \\ u_j \\ v_j \\ \theta_j \end{Bmatrix} \tag{14.54}$$

(14.54)式 --

$$Q_{1\text{-}2}=\frac{P}{2}$$

$$M_{1\text{-}2}=-\frac{2Pl}{7}+\frac{Py}{2}$$

$$Q_{2\text{-}3}=-\frac{3P}{14}$$

$$M_{2\text{-}3}=\frac{3P}{14}(l-2x)$$

$$Q_{3\text{-}4}=\frac{P}{2}$$

$$M_{3\text{-}4}=-\frac{P}{14}(3l+7y) \tag{14.55}$$

1-2 部材では，節点 1 を $x=0$，$y=0$，節点 2 を $x=0$，$y=l$，2-3 部材では節点 2 を $x=0$，$y=0$，節点 3 を $x=0$，$y=l$，3-4 部材では節点 3 を $x=0$，$y=0$，節点 4 を $x=0$，$y=l$ として，断面力を求めると，

$$(M_1)_{1\text{-}2}=-\frac{2Pl}{7}$$

$$(M_2)_{1\text{-}2}=-\frac{2Pl}{7}+\frac{Pl}{2}=\frac{3Pl}{14}$$

$$(M_2)_{2\text{-}3}=\frac{3P}{14}(l-2x)=\frac{3Pl}{14}$$

$$(M_3)_{2\text{-}3}=\frac{3P}{14}(l-2x)=-\frac{3Pl}{14}$$

$$(M_3)_{3\text{-}4}=-\frac{P}{14}(3l+7y)=-\frac{3Pl}{14}$$

$$(M_4)_{3\text{-}4}=-\frac{P}{14}(3l+7y)=\frac{2Pl}{7}$$

となる．ここでも，断面力は等価節点力とは必ずしも符号が一致しないことに注意せよ．

14.7　軸方向剛性を考慮した平面ラーメンの解法

部材の軸方向剛性を考慮して，前節の例題を考えてみよう．そのためには，14.1 節で示した平面梁要素の剛性マトリックスに 13 章で説明した棒要素の剛性マトリックスを重ね合わせればよい．**図 14.7** に示すように節点 1 において節点力 X_1，Y_1，M_1 と節点変位 u_1，v_1，θ_1 を，また節点 2 において節点力 X_2，Y_2，M_2 と節点変位 u_2，v_2，θ_2 を考えると，部材の基本剛性マトリックスは(13.15)式と(14.12)式より，(14.56)式となる．(14.56)式は，図 14.7 に示す局所座標における剛性マトリックスであるが，図 14.5 に示す基準座標での剛性マトリックスは，14.5 節で求めた座標変換マトリックス(14.40)式を用いることで簡単に求められる．

すなわち，(14.57)式となる．前節での図 14.6 の門型ラーメンにおいて，(14.57)式を用いて軸方向の剛性を考慮した場合の全体の剛性マトリックスを作成し，境界条件 $u_1=v_1=\theta_1=u_4=v_4=\theta_4$

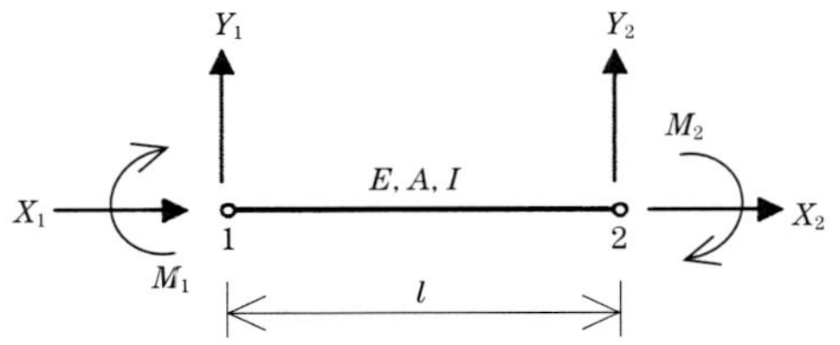

図 14.7　曲げと軸力を受ける梁要素

$$
\begin{array}{c}
\qquad u_1 \qquad\quad v_1 \qquad\quad \theta_1 \qquad u_2 \qquad v_2 \qquad \theta_2 \\
\boldsymbol{K}=\begin{bmatrix}
\dfrac{AE}{l} & & & & & \\
0 & \dfrac{12EI}{l^3} & & & & SYM. \\
0 & -\dfrac{6EI}{l^2} & \dfrac{4EI}{l} & & & \\
-\dfrac{AE}{l} & 0 & 0 & \dfrac{AE}{l} & & \\
0 & -\dfrac{12EI}{l^3} & \dfrac{6EI}{l^2} & 0 & \dfrac{12EI}{l^3} & \dfrac{6EI}{l^2} \\
0 & -\dfrac{6EI}{l^2} & \dfrac{2EI}{l} & 0 & \dfrac{6EI}{l^2} & \dfrac{4EI}{l}
\end{bmatrix}
\end{array}
\tag{14.56}
$$

$$
\begin{array}{c}
\qquad\qquad u_1 \qquad\qquad\qquad v_1 \qquad\qquad \theta_1 \qquad\quad u_2 \qquad\qquad v_2 \qquad\quad \theta_2 \\
\boldsymbol{K}=\boldsymbol{T}'\bar{\boldsymbol{K}}\boldsymbol{T}=\dfrac{E}{l}\begin{bmatrix}
A\lambda^2+12\dfrac{I}{l^2}\mu^2 & & & & & SYM. \\
\left(A-12\dfrac{I}{l^2}\right)\lambda\mu & A\mu^2+12\dfrac{I}{l^2}\lambda^2 & & & & \\
6\dfrac{I}{l}\mu & -6\dfrac{I}{l}\lambda & 4I & & & \\
-\left(A\lambda^2+12\dfrac{I}{l^2}\mu^2\right) & -\left(A-12\dfrac{I}{l^2}\right)\lambda\mu & -6\dfrac{I}{l}\mu & A\lambda^2+12\dfrac{I}{l^2}\mu^2 & & \\
-\left(A-12\dfrac{I}{l^2}\right)\lambda\mu & -\left(A\mu^2+12\dfrac{I}{l^2}\lambda^2\right) & 6\dfrac{I}{l}\lambda & \left(A-12\dfrac{I}{l^2}\right)\lambda\mu & A\mu^2+12\dfrac{I}{l^2}\lambda^2 & \\
6\dfrac{I}{l}\mu & -6\dfrac{I}{l}\lambda & 2I & -6\dfrac{I}{l}\mu & 6\dfrac{I}{l}\lambda & 4I
\end{bmatrix}
\end{array}
\tag{14.57}
$$

$$
\begin{array}{c}
\qquad u_2 \qquad\qquad v_2 \qquad\qquad \theta_2 \qquad\qquad u_3 \qquad\qquad v_3 \qquad\qquad \theta_3 \\
\boldsymbol{K}=E\begin{bmatrix}
12\,\dfrac{I_a}{l_a^3}+\dfrac{A}{l_b} & & & & & SYM. \\
0 & 12\,\dfrac{I_b}{l_b^3}+\dfrac{A}{l_a} & & & & \\
-6\,\dfrac{I_a}{l_a^2} & -6\,\dfrac{I_b}{l_b^2} & 4\,\dfrac{I_a}{l_a}+4\,\dfrac{I_b}{l_b} & & & \\
-\dfrac{A}{l_b} & 0 & 0 & 12\,\dfrac{I_a}{l_a^3}+\dfrac{A}{l_b} & & \\
0 & -12\,\dfrac{I_b}{l_b^3} & 6\,\dfrac{I_b}{l_b^2} & 0 & 12\,\dfrac{I_b}{l_b^3}+\dfrac{A}{l_a} & \\
0 & -6\,\dfrac{I_b}{l_b^2} & 2\,\dfrac{I_b}{l_b} & -6\,\dfrac{I_a}{l_a^2} & 6\,\dfrac{I_b}{l_b^2} & 4\,\dfrac{I_a}{l_a}+4\,\dfrac{I_b}{l_b}
\end{bmatrix}
\end{array}
\tag{14.58}
$$

(14.56)式，(14.57)式，(14.58)式

$=0$ を取り除くと，(14.58)式となる．(14.58)式の逆行列を求め，14.6 節での例題と同じように，$I_a=I_b=I$，$l_a=l_b=l$ の場合の節点変位を求めると，(14.59)式となる．軸方向変位を無視するには，断面積 A を無限大にすればよいから，(14.59)式において $A\to\infty$ とすれば(14.49)式と同じ結果を得る．

$$
\left\{\begin{matrix} u_2 \\ v_2 \\ \theta_2 \\ u_3 \\ v_3 \\ \theta_3 \end{matrix}\right\}
=\frac{1}{E}\begin{bmatrix}
\dfrac{216I^2l^3/A^2+84Il^5/A+5l^7}{12(72I^3/A^2+45I^2l^2/A+7Il^4)} & \cdots & \cdots \\
\dfrac{3l^3}{24I+7Al^2} & \cdots & \cdots \\
\dfrac{96I^2l^2/A^2+34Il^4/A+l^6}{288I^3/A^2+180I^2l^2/A+28Il^4} & \cdots & \cdots \\
\dfrac{72I^2l^3/A^2+42Il^5/A+5l^7}{12(72I^3/A^2+45I^2l^2/A+7Il^4)} & \cdots & \cdots \\
\dfrac{3l^3}{24I+7Al^2} & \cdots & \cdots \\
\dfrac{48I^2l^2/A^2+20Il^4/A+l^6}{288I^3/A^2+180I^2l^2/A+28Il^4} & \cdots & \cdots
\end{bmatrix}
\left\{\begin{matrix} P \\ 0 \\ 0 \\ 0 \\ 0 \\ 0 \end{matrix}\right\}
=\frac{P}{E}\begin{bmatrix}
\dfrac{216I^2l^3/A^2+84Il^5/A+5l^7}{12(72I^3/A^2+45I^2l^2/A+7Il^4)} \\
\dfrac{3l^3}{24I+7Al^2} \\
\dfrac{96I^2l^2/A^2+34Il^4/A+l^6}{288I^3/A^2+180I^2l^2/A+28Il^4} \\
\dfrac{72I^2l^3/A^2+42Il^5/A+5l^7}{12(72I^3/A^2+45I^2l^2/A+7Il^4)} \\
\dfrac{3l^3}{24I+7Al^2} \\
\dfrac{48I^2l^2/A^2+20Il^4/A+l^6}{288I^3/A^2+180I^2l^2/A+28Il^4}
\end{bmatrix}
\tag{14.59}
$$

(14.59)式 --

14.8 構造物の質点系モデル化への応用

図 14.8 のような高層建物の地震や風に対する応答を調べるときには，しばしば多質点系にモデル化された近似モデルが使用される．これは，もとの構造物をそのまま用いたのでは運動の自由度数が多すぎて，その解析が複雑になりすぎるので，簡略化を行うのが目的である．このような場合，剛性マトリックスと表裏の関係にあるたわみ性マトリックスの概念を用いるとマトリックス変位法が非常に有効な手段になる．図 14.8 の質点モデル化の方法を以下に概説しよう．

まず，もとの構造物の全体剛性マトリックスが $m\times m$ であったとして，これを質点数 n の多質点系にモデル化することを考えよう．その質点位置を **図 14.9** のように決め，各質点位置に相当する節点位置にのみ単位荷重を順次作用させたときの変位計算を行う．このとき得られる変位ベクトルを，$[u_{1i}\ u_{2i}\ u_{3i}\cdots u_{mi}]'$, $i=1,2,\cdots,n$ とする．

すなわち，

$$
\left\{\begin{matrix} 0 \\ \vdots \\ P_1=1 \\ 0 \\ \vdots \\ 0 \end{matrix}\right\}
=\boldsymbol{K}\left\{\begin{matrix} u_{11} \\ u_{21} \\ u_{31} \\ \vdots \\ u_{m1} \end{matrix}\right\}
$$

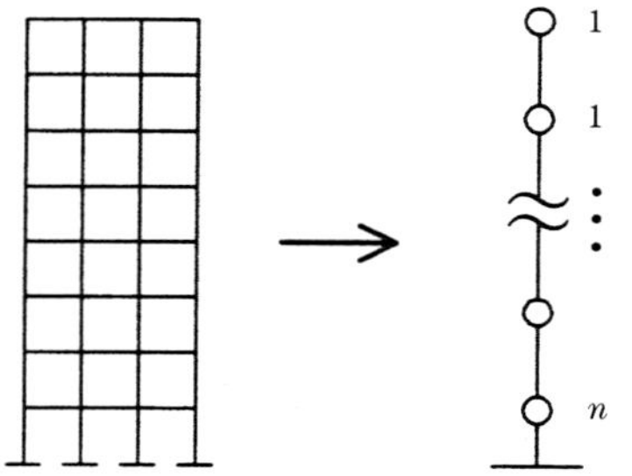

図 14.8 構造物の質点モデル化

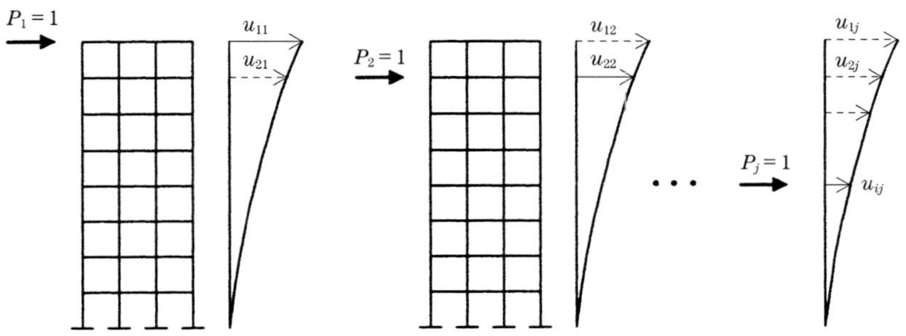

図 14.9 単位荷重ベクトルによる構造物の変形

$$
\begin{Bmatrix} \vdots \\ 0 \\ P_2=1 \\ 0 \\ \vdots \\ 0 \end{Bmatrix} = \boldsymbol{K} \begin{Bmatrix} u_{12} \\ u_{22} \\ u_{32} \\ \vdots \\ u_{m2} \end{Bmatrix}
$$

$$
\begin{Bmatrix} 0 \\ 0 \\ \vdots \\ P_j=1 \\ \vdots \\ 0 \end{Bmatrix} = \boldsymbol{K} \begin{Bmatrix} u_{1i} \\ u_{2i} \\ u_{3i} \\ \vdots \\ u_{mi} \end{Bmatrix} \qquad (14.60)
$$

$$
\begin{Bmatrix} 0 \\ 0 \\ 0 \\ \vdots \\ P_n=1 \\ \vdots \end{Bmatrix} = \boldsymbol{K} \begin{Bmatrix} u_{1n} \\ u_{2n} \\ u_{3n} \\ \vdots \\ u_{mn}v \end{Bmatrix}
$$

となる．ここに，$\boldsymbol{K}$ はもとの構造物の $m\times m$ の全体剛性マトリックスである．これらの連立方程式を解いて得られる変位ベクトルから，単位荷重の作用した節点変位（u_{ji}, j＝単位荷重を作用させた節点位置，$i=1,\cdots,n$）のみを取り出してマトリックス表示すると，これは単位荷重に対する多質点系モデルのたわみ性マトリックス $\boldsymbol{F}_{n\times n}$ になる．したがって，このマトリックス $\boldsymbol{F}$ の逆行列は，目標とする多質点系の剛性マトリックスを与える．これは，もとの構造物の剛性マトリックスの剛性特性を精度よく反映した質点モデルをつくるのに有効な方法である．

演 習 問 題

14.1　**図 14.10** の梁の荷重点位置（節点 1）の変位と各支持点の反力を求めよ．ただし，EI は全部材で同じとする．

14.2　**図 14.11** の荷重点をばね定数 k のばねで支えた図 14.11 の梁の荷重点の変位を求めよ．ただし，EI は全部材で同じとする．

14.3　**図 14.12** のラーメン構造の変位と支持反力を，対称性を利用して求めよ．

14.4　**図 14.13** のように，片持梁（部材 1-2）を棒要素（トラス部材 1-3）で補強した場合の荷重作用点（節点 1）の変位を求めよ．

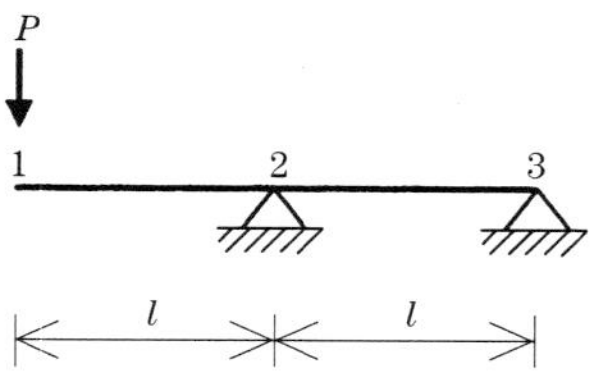

図 14.10

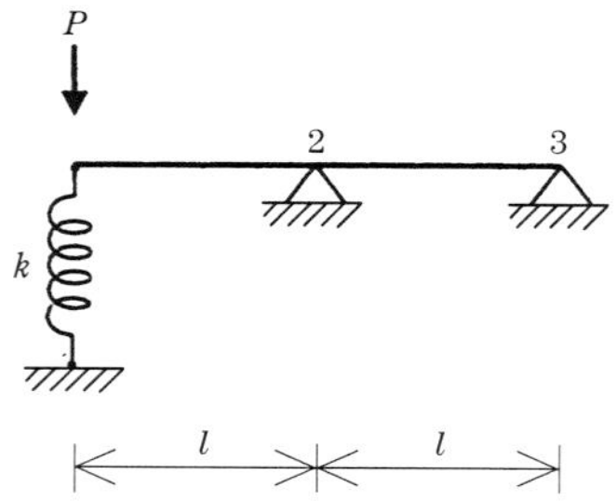

図 14.11

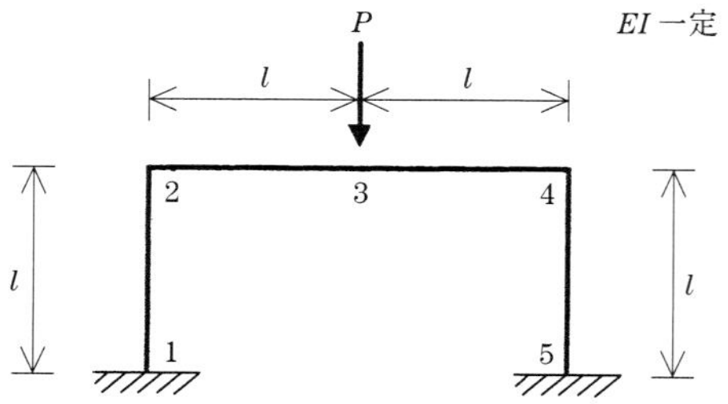

図 14.12

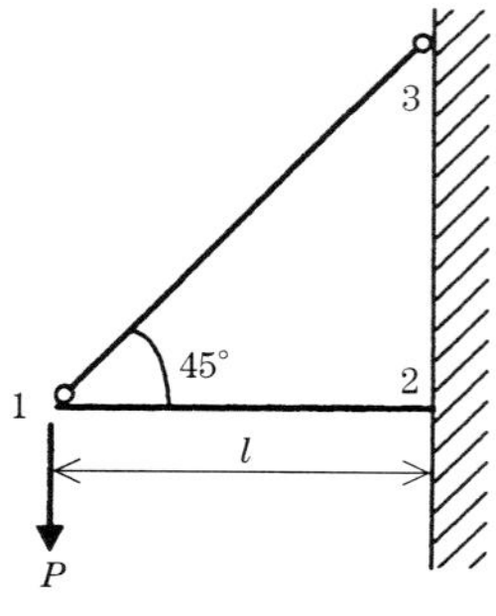

図 14.13

付録A　マトリックス算法の基礎

本書で必要な最小限のマトリックス算法の基礎を以下に列記する．詳しくは代数学のテキストを参照してほしい．

A.1　マトリックスの定義

次式のような要素の配列をマトリックスあるいは行列と呼ぶ．

$$A=\begin{bmatrix} a_{11} & a_{12} & a_{13} & \cdots & a_{1n} \\ a_{21} & a_{22} & a_{23} & \cdots & a_{2n} \\ a_{31} & a_{32} & a_{33} & \cdots & a_{3n} \\ \vdots & \vdots & \vdots & \ddots & \vdots \\ a_{m1} & a_{m2} & a_{m3} & \cdots & a_{mn} \end{bmatrix} \quad (A.1)$$

(A.1)式のマトリックスは m 行と n 列とからできているので，$m\times n$ 次のマトリックスという．m と n の次数によって

$$\left.\begin{array}{l} m,\ n>1,\ m\neq n：矩形マトリックス \\ m,\ n>1,\ m=n：正方マトリックス \\ m>1,\ n=1：列マトリックス(列ベクトル) \\ n>1,\ m=1：行マトリックス(行ベクトル) \end{array}\right\} \quad (A.2)$$

のように区別する．

列マトリックスと行マトリックスは，それぞれ括弧{ }および[ ]を用いて次のように表され，一般に列ベクトルおよび行ベクトルと呼ぶが，本書では小文字を用いることにしている．

$$a=\begin{Bmatrix} a_1 \\ a_2 \\ a_3 \\ \vdots \\ a_m \end{Bmatrix},\quad [a]=[a_1\ a_2\ a_3\ \cdots\ a_n] \quad (A.3)$$

A.2　マトリックスの特別な形

A.2.1　ゼロマトリックス

すべての要素がゼロである任意の次数のマトリックスとベクトルを，それぞれゼロマトリックスとゼロベクトルという．

A.2.2　対角マトリックス

正方マトリックスにおいて，主対角線上の要素 $(a_{11}, a_{22}, \cdots, a_{mm})$ 以外はすべてゼロであるものを対角マトリックスという．

$$A=\begin{bmatrix} a_{11} & 0 & 0 & \cdots & 0 \\ 0 & a_{22} & 0 & \cdots & 0 \\ 0 & 0 & a_{33} & \cdots & 0 \\ \vdots & \vdots & \vdots & \ddots & \vdots \\ 0 & 0 & 0 & \cdots & a_{mm} \end{bmatrix} \quad (A.4)$$

A.2.3　単位マトリックス

対角マトリックスにおいて，主対角線要素 $a_{11}, a_{22}, \cdots, a_{mm}$ がすべて1であるものを単位マトリックスといい，特に I で表す．

$$I=\begin{bmatrix} 1 & 0 & 0 & \cdots & 0 \\ 0 & 1 & 0 & \cdots & 0 \\ 0 & 0 & 1 & \cdots & 1 \\ \vdots & \vdots & \vdots & \ddots & \vdots \\ 0 & 0 & 0 & \cdots & 1 \end{bmatrix} \quad (A.5)$$

A.2.4　対称マトリックス

正方マトリックスにおいて，主対角線の要素 $a_{11}, a_{22}, \cdots, a_{mm}$ に関して対称な要素をもつものを対称マトリックスと呼ぶ．すなわち

$$a_{ij}=a_{ji} \quad (A.6)$$

マトリックス構造解析での剛性マトリックスは，対称マトリックスの例である．

A.2.5　転置マトリックス

あるマトリックス A の行と列の要素を入れ替えたものを元のマトリックスの転置マトリックスと呼び，A^T，あるいは A' で表す．

$$A=\begin{bmatrix} a_{11} & a_{12} & a_{13} & \cdots & a_{1n} \\ a_{21} & a_{22} & a_{23} & \cdots & a_{2n} \\ a_{31} & a_{32} & a_{33} & \cdots & a_{3n} \\ \vdots & \vdots & \vdots & \ddots & \vdots \\ a_{m1} & a_{m2} & a_{m3} & \cdots & a_{mn} \end{bmatrix},$$

$$A'=\begin{bmatrix} a_{11} & a_{21} & a_{31} & \cdots & a_{m1} \\ a_{12} & a_{22} & a_{32} & \cdots & a_{m2} \\ a_{13} & a_{23} & a_{33} & \cdots & a_{m3} \\ \vdots & \vdots & \vdots & \ddots & \vdots \\ a_{1m} & a_{2m} & a_{3m} & \cdots & a_{mn} \end{bmatrix} \quad (A.7)$$

$A=A'$ が成り立つとき，A は対称マトリックスである．

A.3　マトリックスの演算

A.3.1　マトリックスの和と差

2つのマトリックスは対応する行と列の要素がすべて等しければ相等しい．すなわち，このときにのみマトリックス等式が成り立つ．

マトリックスの和と差は，同じ次数のマトリックスの間でのみ定義され，対応する要素の和と差を計算して得られる．このとき，次の法則が成り立つ．

交換則：$\boldsymbol{A}+\boldsymbol{B}=\boldsymbol{B}+\boldsymbol{A}$　　(A.8)

結合則：$\boldsymbol{A}+(\boldsymbol{B}+\boldsymbol{C})=(\boldsymbol{A}+\boldsymbol{B})+\boldsymbol{C}$　　(A.9)

A.3.2　マトリックスと数（スカラー）の積

マトリックスと数（スカラー）の積は，マトリックスのすべての要素にその数を掛けることで得られる．

A.3.3　マトリックス積

マトリックス $\boldsymbol{A}$ とマトリックス $\boldsymbol{B}$ の積 $\boldsymbol{AB}$ は，$\boldsymbol{A}$ の列数が $\boldsymbol{B}$ の行数に等しい場合のみ存在する．$\boldsymbol{AB}=\boldsymbol{C}$ が得られる場合マトリックス積は次式で定義される．

$$c_{ij}=\sum_{k=1}^{n}a_{ik}b_{kj}\quad n \text{ は } \boldsymbol{A} \text{ の行数あるいは } \boldsymbol{B} \text{ の行数} \tag{A.10}$$

たとえば，

$$\boldsymbol{A}=\begin{bmatrix}1 & 2\\ 3 & 4\end{bmatrix},\qquad \boldsymbol{B}=\begin{bmatrix}1 & 2 & 3\\ 4 & 5 & 6\end{bmatrix} \tag{A.11}$$

のとき

$$\begin{aligned}\boldsymbol{AB}&=\begin{bmatrix}1 & 2\\ 3 & 4\end{bmatrix}\begin{bmatrix}1 & 2 & 3\\ 4 & 5 & 6\end{bmatrix}\\ &=\begin{bmatrix}1\cdot1+2\cdot4 & 1\cdot2+2\cdot5 & 1\cdot3+2\cdot6\\ 3\cdot1+4\cdot4 & 3\cdot2+4\cdot5 & 3\cdot3+4\cdot6\end{bmatrix}\\ &=\begin{bmatrix}9 & 12 & 15\\ 19 & 26 & 33\end{bmatrix}\end{aligned} \tag{A.12}$$

となる．本書ではこの計算規則を随所で用いている．

マトリックス $\boldsymbol{A}$ と $\boldsymbol{B}$ のどちらかがゼロマトリックスでなくても以下の例で見るように，その積がゼロマトリックスになることがある．

$$\boldsymbol{AB}=\begin{bmatrix}1 & 2\\ 3 & 6\end{bmatrix}\begin{bmatrix}2 & 2\\ -1 & -1\end{bmatrix}=\begin{bmatrix}0 & 0\\ 0 & 0\end{bmatrix} \tag{A.13}$$

上の式で掛ける順序を逆にすると

$$\boldsymbol{BA}=\begin{bmatrix}2 & 2\\ -1 & -1\end{bmatrix}\begin{bmatrix}1 & 2\\ 3 & 6\end{bmatrix}=\begin{bmatrix}8 & 16\\ -4 & -8\end{bmatrix} \tag{A.14}$$

となる，先の結果とは一致しない．このようにマトリックス積では，交換則は一般に成り立たない．さらに，$\boldsymbol{A}$ と $\boldsymbol{B}$ のそれぞれの行列数によっては積そのものが定義できない場合もある．すなわち

$$\boldsymbol{AB}\neq\boldsymbol{BA} \tag{A.15}$$

である．マトリックス積の定義から次の法則が成立することがわかる．

結合則：$(\boldsymbol{AB})\boldsymbol{C}=\boldsymbol{A}(\boldsymbol{BC})=\boldsymbol{ABC}$　　(A.16)

分配則：$(\boldsymbol{A}+\boldsymbol{B})\boldsymbol{C}=\boldsymbol{AC}+\boldsymbol{BC}$　　(A.17)

特に単位マトリックス $\boldsymbol{I}$ については次式が成り立つ．

$$\boldsymbol{AI}=\boldsymbol{IA}=\boldsymbol{A} \tag{A.18}$$

正方マトリックス $\boldsymbol{A}$ と同じ次数の正方マトリックス $\boldsymbol{B}$ の積が次式のように，単位マトリックスになるとき

$$\boldsymbol{AB}=\boldsymbol{BA}=\boldsymbol{I} \tag{A.19}$$

マトリックス $\boldsymbol{A}$ を $\boldsymbol{B}$ の逆マトリックス，あるいはマトリックス $\boldsymbol{B}$ を $\boldsymbol{A}$ の逆マトリックスと呼び，

$$\boldsymbol{A}=\boldsymbol{B}^{-1}\quad\text{または}\quad\boldsymbol{B}=\boldsymbol{A}^{-1} \tag{A.20}$$

と表す．逆マトリックスは元の正方マトリックスに対して存在しない場合がある．逆行列が存在しない正方マトリックスを特異マトリックスという．たとえば，不安定構造物の剛性マトリックスの逆マトリックスは存在しない．代数学的には，逆マトリックスが存在するためには，そのマトリックスの行列式が非ゼロでなければならない．これを正則という．すなわち

$$\left.\begin{array}{l}|A|=0 \text{ のとき，特異}\\ |A|\neq0 \text{ のとき，正則}\end{array}\right\} \tag{A.21}$$

である．$\boldsymbol{A}$ の逆行列 $\boldsymbol{A}^{-1}$ が存在するためには，$\boldsymbol{A}$ が正則でなければならない．

マトリックス積 $\boldsymbol{AB}$ の転置マトリックスは

$$(\boldsymbol{AB})'=\boldsymbol{B}'\boldsymbol{A}' \tag{A.22}$$

$$(\boldsymbol{ABC})'=\boldsymbol{C}'\boldsymbol{B}'\boldsymbol{A}' \tag{A.23}$$

で与えられる．

A.4　連立1次方程式と逆行列

n 個の未知数 $x_1, x_2, x_3, \cdots x_n$ に関する n 元1次連立方程式を考えてみよう．

$$\left.\begin{array}{l}a_{11}x_1+a_{12}x_2+a_{13}x_3+\cdots+a_{1n}x_n=b_1\\ a_{21}x_1+a_{22}x_2+a_{23}x_3+\cdots+a_{2n}x_n=b_2\\ \cdots\cdots\cdots\cdots\cdots\cdots\cdots\cdots\cdots\cdots\\ a_{n1}x_1+a_{n2}x_2+a_{n3}x_3+\cdots+a_{nn}x_n=b_n\end{array}\right\} \tag{A.24}$$

いま，式(A.24) をマトリックス表示すると

$$\boldsymbol{Ax}=\boldsymbol{b} \tag{A.25}$$

ここに

$$\boldsymbol{A}=\begin{Bmatrix}a_{11} & a_{12} & a_{13} & \cdots & a_{1n}\\ a_{21} & a_{22} & a_{23} & \cdots & a_{2n}\\ \cdots & \cdots & \cdots & \cdots & \cdots\\ a_{n1} & a_{n2} & a_{n3} & \cdots & a_{nn}\end{Bmatrix},$$

$$\boldsymbol{X}=\begin{Bmatrix} x_1 \\ x_2 \\ x_3 \\ \vdots \\ x_n \end{Bmatrix} \qquad \boldsymbol{b}=\begin{Bmatrix} b_1 \\ b_2 \\ b_3 \\ \vdots \\ b_n \end{Bmatrix} \tag{A.26}$$

である．

$\boldsymbol{A}$ の逆マトリックスが存在するものとして，式(A.25)の両辺に，左から $\boldsymbol{A}$ の逆マトリックスを掛けると

$$\boldsymbol{A}^{-1}\boldsymbol{A}\boldsymbol{x}=\boldsymbol{A}^{-1}\boldsymbol{b} \tag{A.27}$$

$$\boldsymbol{I}x=\boldsymbol{A}^{-1}\boldsymbol{b} \tag{A.28}$$

$$\boldsymbol{x}=\boldsymbol{A}^{-1}\boldsymbol{b} \tag{A.29}$$

として，未知数 $\boldsymbol{x}$ が解ける．

上の式は，係数マトリックス $\boldsymbol{A}$ の逆行列を求めて，これにベクトル $\boldsymbol{b}$ を掛ける手順にみえるが，実際には単に連立方程式を解いているだけである．コンピュータ用のライブラリには逆行列のみを求めるものもあるが，外力項 $\boldsymbol{b}$ を以下のように単位マトリックスとすれば，これを外力項にした連立方程式を求めることによって，逆行列が求められる．逆行列 $\boldsymbol{A}$ を以下のように設定すると

$$\boldsymbol{A}^{-1}=\begin{Bmatrix} x_{11} & x_{12} & x_{13} & \cdots & x_{1n} \\ x_{21} & x_{22} & x_{23} & \cdots & x_{2n} \\ \cdots & \cdots & \cdots & \cdots & \cdots \\ x_{n1} & x_{n2} & x_{n3} & \cdots & x_{nn} \end{Bmatrix} \tag{A.30}$$

逆行列の定義から

$$\boldsymbol{A}\boldsymbol{A}^{-1}=\boldsymbol{I} \tag{A.31}$$

$$\begin{bmatrix} a_{11} & a_{12} & \cdots & a_{1n} \\ a_{21} & a_{22} & \cdots & a_{2n} \\ a_{n1} & a_{n2} & \cdots & a_{nn} \end{bmatrix}\begin{bmatrix} x_{11} & x_{12} & \cdots & x_{1n} \\ x_{21} & x_{22} & \cdots & x_{2n} \\ x_{n1} & x_{n2} & \cdots & x_{nn} \end{bmatrix} =\begin{bmatrix} 1 & 0 & \cdots & 0 \\ 0 & 1 & \cdots & 0 \\ 0 & 0 & \cdots & 1 \end{bmatrix} \tag{A.32}$$

であるが，上式は n 個の n 元連立方程式をまとめて，マトリックス表示したのにほかならない．連立方程式の外力項がマトリックスになるのは，剛性方程式において，いくつかの荷重条件に対して一括して解析するのと同じことである．

マトリックス演算はコンピュータを利用すると非常に効率よく実行することができる．さらに最近は，要素に文字を含むマトリックス演算の記号演算が数値計算と同様に実行可能なコンピュータソフトがパソコンで手軽に利用できるようになっている．本書で示したマトリックス演算のほとんどは，Mathematica を利用している．

付　録　B

付表 1　断面の性質

A：断面積，I：断面 2 次モーメント，Z：断面係数，S：断面 1 次モーメント，o：図心，Y_g, Z_g：図心までの距離

断　面　形	図心回りの値	図心以外の値	本文参照
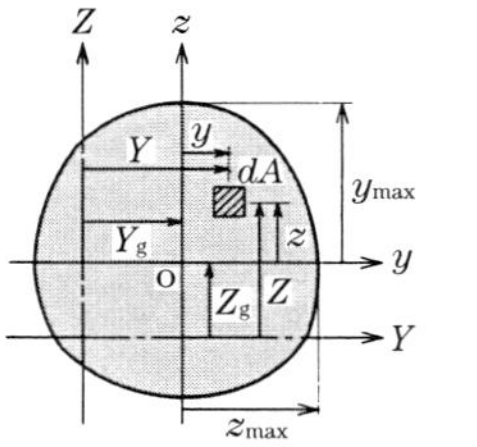	$I_y=\int_A z^2 dA \qquad I_z=\int_A y^2 dA$ (5.25) $I_y=I_Y-AZ_g^2, \qquad I_z=I_Z-AY_g^2$ $Z_y=\frac{I_y}{z_{\max}}, \qquad Z_z=\frac{I_z}{y_{\max}}$ (5.31)	$A=\int_A dA=\iint_A dydZ$ (5.16) $Y_g=\frac{S_z}{A}, \qquad Z_g=\frac{S_y}{A}$ (5.20) $S_Y=\int_A ZdA=\iint_A ZdYdZ$ (5.17) $S_Z=\int_A YdA=\iint_A YdYdZ$ (5.17) $I_Y=\int_A Z^2 dA \qquad I_Z=\int_A Y^2 dA$	5 章 (注)： (5.16)式， (5.17)式， (5.20)式の 記号は本文 の異なる．
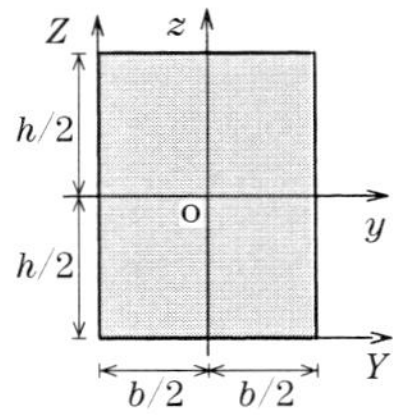	$I_y=\frac{bh^3}{12}, \qquad I_z=\frac{hb^3}{12}$ $Z_y=\frac{bh^2}{6}, \qquad Z_z=\frac{hb^2}{6}$	$I_Y=\frac{bh^3}{3}, \qquad I_Z=\frac{hb^3}{3}$	例題 5.3
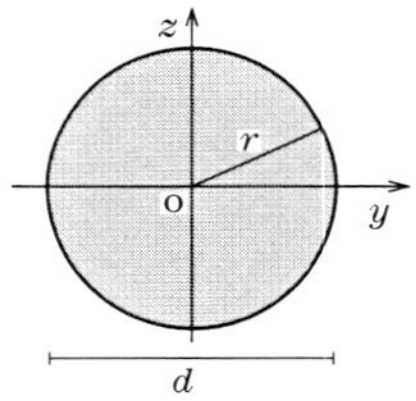	$I_y=I_z=\frac{\pi r^4}{4}=\frac{\pi d^4}{64}$ $Z_y=Z_z=\frac{\pi r^3}{4}=\frac{\pi d^3}{32}$		例題 5.5
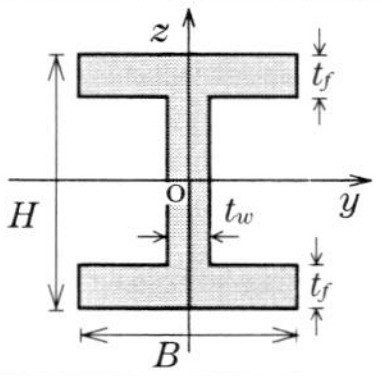	$I_y=\frac{BH^3}{12}-\frac{(B-t_w)(H-2t_f)^3}{12}$ $I_z=2\times\frac{t_f B^3}{12}+\frac{(H-2t_f)t_w^3}{12}$ $Z_y=\frac{I_y}{z_{\max}}=\frac{2I_y}{H}, \qquad Z_z=\frac{I_z}{y_{\max}}=\frac{2I_z}{B}$		例題 5.4
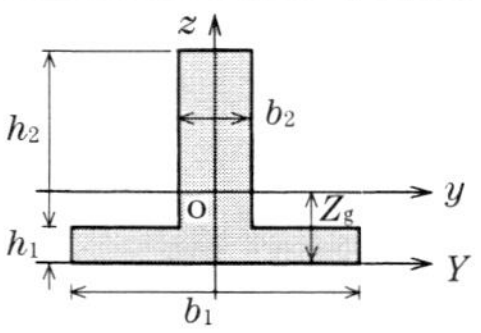	$I_y=I_Y-AZ_g^2$ $I_z=\frac{h_1 b_1^3+h_2 b_2^3}{12}$	$A=b_1h_1+b_2h_2$ $S_Y=\frac{(b_1-b_2)h_1^2+b_2(h_1+h_2)^2}{2}$ $Z_g=\frac{S_Y}{A}$ $I_Y=\frac{b_2(h_1+h_2)^3+(b_1-b_2)h_1^3}{3}$	
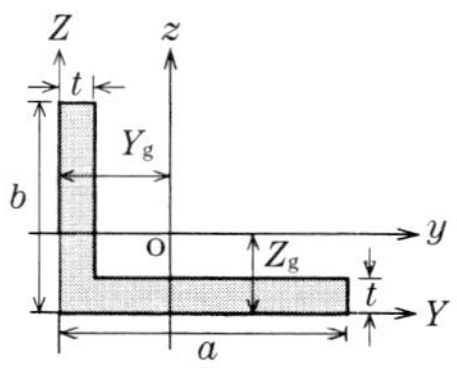	$I_y=I_Y-AZ_g^2$ $I_z=I_Z-AY_g^2$	$A=(a+b-t)t$ $S_Y=\frac{(a-t)t^2+b^2t}{2}$ $S_Z=\frac{a^2t+(b-t)t^2}{2}$ $Y_g=\frac{S_Z}{A}, \qquad Z_g=\frac{S_Y}{A}$ $I_Y=\frac{tb^3+(a-t)t^3}{3}$ $I_Z=\frac{ta^3+(b-t)t^3}{3}$	例題 5.6

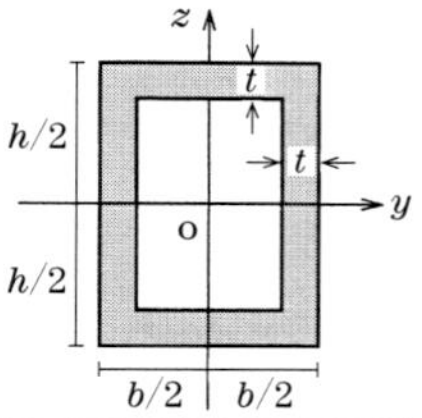	$I_y=\dfrac{bh^3-(b-2t)(h-2t)^3}{12}$ $I_z=\dfrac{hb^3-(h-2t)(b-2t)^3}{12}$		
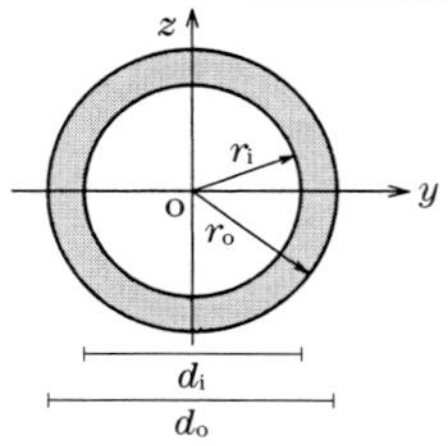	$I_y=I_z=\dfrac{\pi(r_o{}^4-r_i{}^4)}{4}=\dfrac{\pi(d_o{}^4-d_i{}^4)}{64}$		

付表 2　梁のせん断力図と曲げモーメント図と変形

E：ヤング係数，I：断面 2 次モーメント

梁の種類	せん断力図	曲げモーメント図	た わ み 角	た　わ　み	本文参照
 P; $L/2$, $L/2$	$\frac{P}{2}$ (+), $\frac{P}{2}$ (−)	$\frac{PL}{4}$	$\frac{PL^2}{16EI}$, $-\frac{PL^2}{16EI}$	$\frac{PL^3}{48EI}$	例題 6.8 例題 7.5
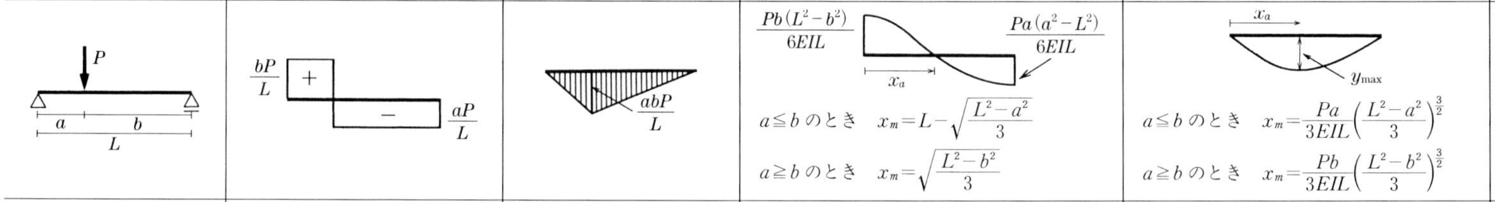 P; a, b, L	$\frac{bP}{L}$ (+), $\frac{aP}{L}$ (−)	$\frac{abP}{L}$	$\frac{Pb(L^2-b^2)}{6EIL}$, $\frac{Pa(a^2-L^2)}{6EIL}$, x_a $a \leqq b$ のとき　$x_m = L-\sqrt{\frac{L^2-a^2}{3}}$ $a \geqq b$ のとき　$x_m = \sqrt{\frac{L^2-b^2}{3}}$	x_a, $y_{\max}$ $a \leqq b$ のとき　$x_m = \frac{Pa}{3EIL}\left(\frac{L^2-a^2}{3}\right)^{\frac{3}{2}}$ $a \geqq b$ のとき　$x_m = \frac{Pb}{3EIL}\left(\frac{L^2-b^2}{3}\right)^{\frac{3}{2}}$	例題 7.5
 w; L	$\frac{wL}{2}$ (+), $\frac{wL}{2}$ (−)	$\frac{wL^2}{8}$	$\frac{wL^3}{24EI}$, $-\frac{wL^3}{24EI}$	$\frac{5wL^4}{384EI}$	例題 6.9 例題 7.6
 A, M, B, C; $L/2$, $L/2$	$\frac{M}{L}$ (−), $\frac{M}{L}$	$\frac{M}{2}$, $\frac{M}{2}$	$\frac{L}{\sqrt{12}}$, $\frac{ML}{12EI}$, $-\frac{ML}{24EI}$, $-\frac{ML}{24EI}$	$\frac{ML^2}{72\sqrt{3}EI}$	例題 6.14
 P; L	P (+)	PL	$\frac{PL^2}{2EI}$	$\frac{PL^3}{3EI}$	例題 6.11 例題 7.3
 w（単位長さ当たり）; L	wL (+)	$\frac{wL^2}{2}$	$\frac{wL^3}{6EI}$	$\frac{5wL^4}{384EI}$	例題 6.12 例題 7.4

付録 C　解法の解説と式の導出

C.1　連力図の作成方法（2.4 節）

図 C.1 は力の作用線が交わるので示力図を作成すれば合力を求めることができるが，この図を用いて連力図を説明する．最初に，(b)図の示力図で任意の点 O に対して A，B，C の各点から線を引く．次に，(c)図のように力 $\boldsymbol{F}_1$ を $\boldsymbol{F}_3$ と $\boldsymbol{F}_5$ に，力 $\boldsymbol{F}_2$ を $\boldsymbol{F}_6$ と $\boldsymbol{F}_4$ に分解する．線分 BO に沿う $\boldsymbol{F}_5$ と $\boldsymbol{F}_6$ は向きが逆で大きさが同じなので，その合力は 0 となる．したがって，$\boldsymbol{F}_1$ と $\boldsymbol{F}_2$ の合力 $\boldsymbol{F}$ は $\boldsymbol{F}_3$ と $\boldsymbol{F}_4$ の合力に等しい．そこで，(a)図の中で $\boldsymbol{F}_1$ と $\boldsymbol{F}_2$ の作用線を通るように線分 AO, BO, CO に平行な線を引き，力 $\boldsymbol{F}_1$ を $\boldsymbol{F}_3$ と $\boldsymbol{F}_5$ に，力 $\boldsymbol{F}_2$ を $\boldsymbol{F}_6$ と $\boldsymbol{F}_4$ に分解すると，$\boldsymbol{F}_5$ と $\boldsymbol{F}_6$ は同一作用線（線分 BO に平行な線）上に並ぶため打ち消し合うので，$\boldsymbol{F}_1$ と $\boldsymbol{F}_2$ の合力 $\boldsymbol{F}$ は $\boldsymbol{F}_3$ と $\boldsymbol{F}_4$ の合力として，線分 AO に平行な線と線分 CO に平行な線の交点を通ることが分かる．

$\boldsymbol{F}_1$ と $\boldsymbol{F}_2$ が平行な力の場合でも，平行でない $\boldsymbol{F}_3$ と $\boldsymbol{F}_4$ は作成できるので，同様に示力図と連力図を作成すれば合力を求めることができる．

この示力図と連力図を用いた力の合成方法は，3 つ以上の力を合成するときにも同様に適用できる．

C.2　応力に関する平衡方程式の導出（4.1.4 項）

弾性体内の微小な直方体に作用する応力を，平面応力を仮定して 2 次元で**図 C.2** のように考える．座標 (x, y) の位置における応力を $\sigma_x(x, y)$，$\tau_{xy}(x, y)$，$\tau_{yx}(x, y)$，$\sigma_y(x, y)$ と表す．

x 軸方向の応力の変化を考える．$(x+dx, y)$ での応力，$\sigma_x(x+dx, y)$，$\tau_{xy}(x+dx, y)$ をテーラー級数で表し，dx は微小なので 1 次の項までを考慮すると，

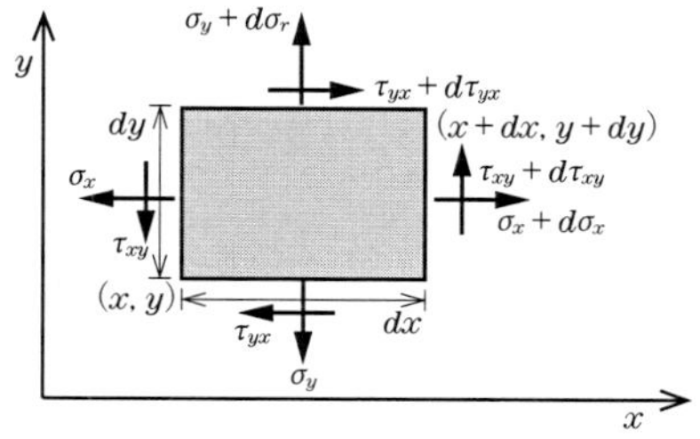

図 C.2　2 次元の応力

$$\sigma_x(x+dx, y) = \sigma_x(x, y) + \frac{\partial \sigma_x}{\partial x}dx + \frac{1}{2}\frac{\partial^2 \sigma_x}{\partial x^2}dx^2 + \cdots$$

$$\fallingdotseq \sigma_x(x, y) + \frac{\partial \sigma_x}{\partial x}dx \qquad (\text{C}.1)$$

$$\tau_{xy}(x+dx, y) = \tau_{xy}(x, y) + \frac{\partial \tau_{xy}}{\partial x}dx$$

$$+\frac{1}{2}\frac{\partial^2 \tau_{xy}}{\partial x^2}dx^2 + \cdots \fallingdotseq \tau_{xy}(x, y) + \frac{\partial \tau_{xy}}{\partial x}dx$$

$$(\text{C}.2)$$

同様に y 軸方向の応力の変化を考える．

$(x, y+dy)$ での応力，$\sigma_y(x, y+dy)$，$\tau_{yx}(x, y+dy)$ をテーラー級数で表し，dy は微小なので 1 次の項までを考慮すると，

$$\sigma_y(x, y+dy) = \sigma_y(x, y) + \frac{\partial \sigma_y}{\partial y}dy + \frac{1}{2}\frac{\partial^2 \sigma_y}{\partial y^2}dy^2 + \cdots$$

$$\fallingdotseq \sigma_y(x, y) + \frac{\partial \sigma_y}{\partial y}dy \qquad (\text{C}.3)$$

$$\tau_{yx}(x, y+dy) = \tau_{yx}(x, y) + \frac{\partial \tau_{yx}}{\partial y}dy$$

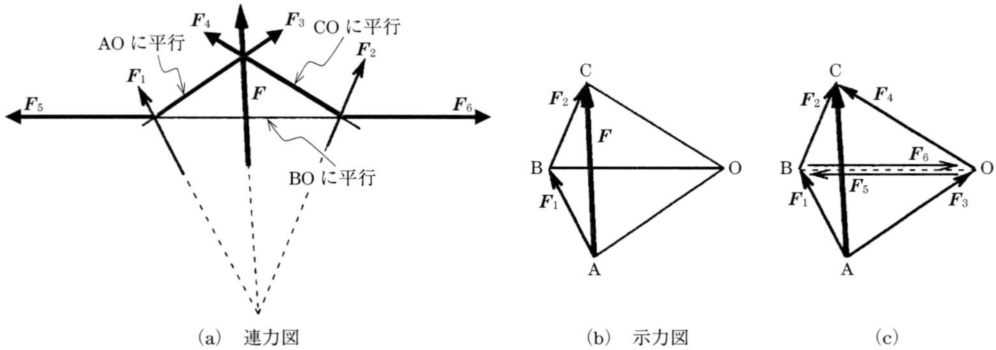

(a)　連力図　　(b)　示力図　　(c)

図 C.1　力の合成と連力図（力が 1 点に会さない場合にも解ける）

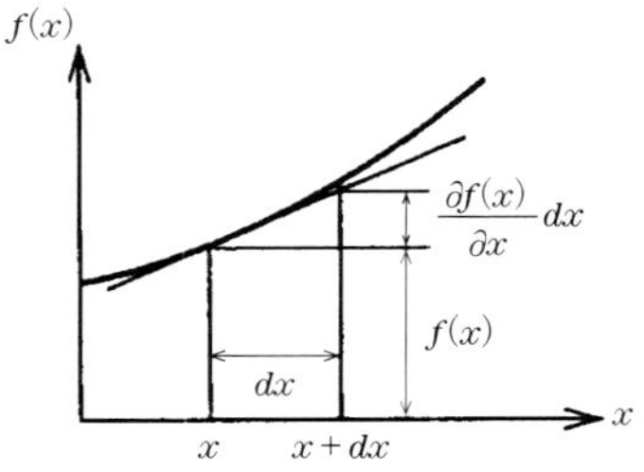

図 C.3　関数値の近似

$$+\frac{1}{2}\frac{\partial^2\tau_{yx}}{\partial y^2}dy^2+\cdots\fallingdotseq\tau_{yx}(x,y)+\frac{\partial\tau_{yx}}{\partial y}dy \qquad (\mathrm{C}.4)$$

以上の 4 つの式はテーラー級数の公式から得られるが，その意味は一般の微分可能な関数 $f(x)$ について表した図 **C.3** から理解できる．なお，常微分では d を，偏微分では ∂ を用いる．

次に図 **C.2** の自由物体に関する力のつり合いを考える．平衡方程式は力に関する式なので，応力にその面積を掛けて力に変換する必要がある．z 方向(厚さ方向)の長さは一定なので t とする（1 と仮定してもよい）．また，平面応力を仮定しているので z 方向の応用の変化はない．

このとき，x 方向の平衡方程式は，

$$\sigma_x(x+dx,y)\,tdy-\sigma_x(x,y)\,tdy+\tau_{yx}(x,y+dy)\,tdx-\tau_{yx}(x,y)\,tdx=0 \qquad (\mathrm{C}.5)$$

y 方向の平衡方程式は，

$$\sigma_y(x,y+dy)\,tdx-\sigma_y(x,y)\,tdx+\tau_{xy}(x+dx,y)\,tdy-\tau_{xy}(x,y)\,tdy=0 \qquad (\mathrm{C}.6)$$

(C.5)式，(C.6)式に(C.1)式から(C.4)式を代入すると，

$$\left.\begin{array}{ll}\boxed{\dfrac{\partial\sigma_x}{\partial x}+\dfrac{\partial\tau_{yx}}{\partial y}=0} & \text{(a)}\\[2ex] \boxed{\dfrac{\partial\sigma_y}{\partial y}+\dfrac{\partial\tau_{xy}}{\partial x}=0} & \text{(b)}\end{array}\right\} \qquad (\mathrm{C}.7)$$

となり，4.1.4 項の(4.8)式が得られる．

また，中央点 $(x+dx/2, y+dy/2)$ での力のモーメントに関する平衡方程式は，

$$\{\tau_{yx}(x,y+dy)+\tau_{yx}(x,y)\}\,tdxdy/2-\{\tau_{xy}(x+dx,y)+\tau_{xy}(x,y)\}\,tdydx/2=0 \qquad (\mathrm{C}.8)$$

と表せる．(C.8)式に(C.2)式と(C.4)式を代入し，dx，dy は微小なので，それらの 2 乗の項に比べて 3 乗の項を無視すると，

$$\boxed{\tau_{yx}=\tau_{xy}} \qquad (\mathrm{C}.9)$$

となり，4.1.4 項の(4.9)式が得られる．

C.3　ひずみの定義式の導出（4.2.1 項）

図 **C.4**(a)の部材を力 P で x 方向（材軸方向）に引っ張る，または圧縮する場合を考える．この場合，x 方向の面には垂直応力 σ_x が作用する．

座標 (x,y) の点の x 方向の変位を $u(x,y)$ として，$(x+dx,y)$ の点の変位 $u(x+dx,y)$ をテーラー級数で表し，dx は微小であるので 1 次の項までを考慮すると，

$$u(x+dx,y)=u(x,y)+\frac{\partial u}{\partial x}dx+\frac{1}{2}\frac{\partial^2 u}{\partial x^2}dx^2+\cdots$$

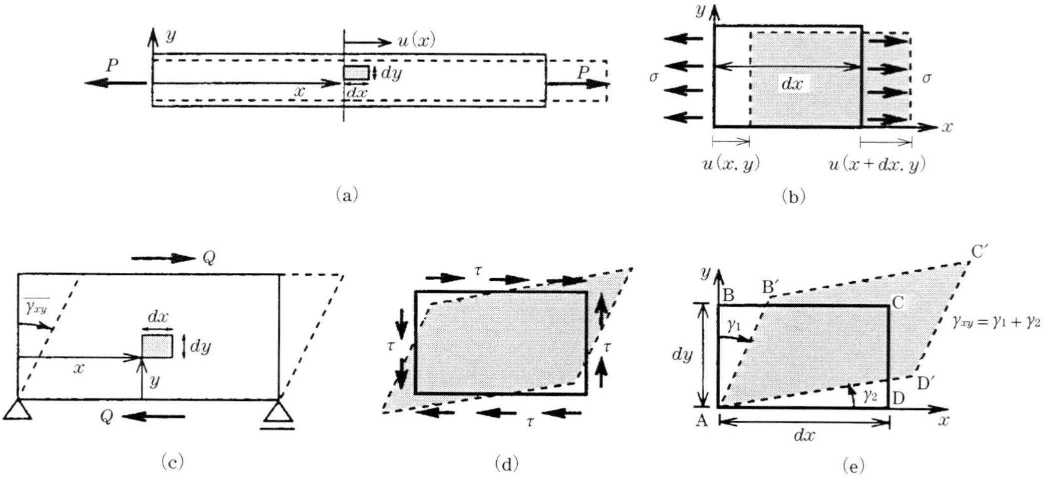

図 C.4　ひずみの定義

$$\fallingdotseq u(x, y)+\frac{\partial u}{\partial x}dx \qquad \text{(C.10)}$$

となる．このとき，x 方向の垂直ひずみ ε_x は，

$$\varepsilon_x=\frac{u(x+dx, y)-u(x, y)}{dx}=\frac{\partial u}{\partial x} \qquad \text{(C.11)}$$

と表せる．同様に，座標 (x, y) の点の y 方向の変位を $v(x, y)$ として，$(x, y+dy)$ の点の変位 $v(x, y+dy)$ をテーラー級数で表し，dy は微小であるので1次の項までを考慮すると，

$$v(x, y+dy)=v(x, y)+\frac{\partial v}{\partial y}dy+\frac{1}{2}\frac{\partial^2 v}{\partial y^2}dy^2+\cdots$$

$$\fallingdotseq v(x, y)+\frac{\partial v}{\partial y}dy \qquad \text{(C.12)}$$

となる．このとき，y 方向の垂直ひずみ ε_y は，

$$\varepsilon_y=\frac{v(x, y+dy)-v(x, y)}{dy}=\frac{\partial v}{\partial y} \qquad \text{(C.13)}$$

と表せる．

次に，図C.4(c)のせん断変形を考える．(e)図よりせん断ひずみ γ_{xy} は γ_1 と γ_2 の和となる．B点の x 方向の変位 $u(x, y+dy)$ とD点の y 方向の変位 $v(x+dx, y)$ をテーラー級数で表し，dx，dy は微小であるので1次の項までを考慮すると，

$$u(x, y+dy)\fallingdotseq u(x, y)+\frac{\partial u}{\partial y}dy \qquad \text{(C.14a)}$$

$$v(x+dx, y)\fallingdotseq v(x, y)+\frac{\partial v}{\partial x}dx \qquad \text{(C.14b)}$$

となる．このとき，せん断ひずみ γ_{xy} は次式で表せる．

$$\gamma_{xy}=\gamma_1+\gamma_2=\frac{u(x, y+dy)-u(x, y)}{dy}+\frac{v(x+dx, y)-v(x, y)}{dx}=\frac{\partial u}{\partial y}+\frac{\partial v}{\partial x} \qquad \text{(C.15)}$$

以上，2次元のひずみをまとめて表すと次のようになり，4.2.1項の（4.16）式が得られる．

$$\boxed{\varepsilon_x=\frac{\partial u}{\partial x},\quad \varepsilon_y=\frac{\partial v}{\partial y},\quad \gamma_{xy}=\frac{\partial u}{\partial y}+\frac{\partial v}{\partial x}} \qquad \text{(C.16)}$$

演習問題解答

2章

2.1

① 力のモーメントは物体を回転させようとする作用を表すもので，回転の方向と大きさで定義される．力のモーメントの大きさ（M）は，物体に力が働いて回転するときにその力がなす仕事（W）÷回転角（θ）である．$M=W/\theta$

② 力による仕事（W）は力の大きさ（P）×力が作用する方向に動いた距離（d）である．$W=Pd$

③ 力のモーメントによる仕事（W）は力のモーメントの大きさ（M）×回転角（θ）である．$W=M\theta$

④ 平衡とは物体に加速度が生じていない状態である．

⑤ 平衡方程式は，直交する 2 つの方向について，各方向の力の和が 0 となる式と，任意の点回りのモーメントが 0 となる式で表される．

⑥ SI 単位では力はニュートン〔N〕，質量はキログラム〔kg〕である．

日本で用いられてきた重力単位の一例は，力がトン〔tf〕，質量が〔$\mathrm{tf \cdot s^2/cm}$〕である．

2.2 （演習用のため解答省略）

2.3 合力は，$\boldsymbol{F}=\boldsymbol{F}_1+\boldsymbol{F}_2+\boldsymbol{F}_3+\boldsymbol{F}_4$

x 方向成分は，$F_1=3-1=2$，$F_2=4-2=2$，

$F_3=1-4=-3$，$F_4=5-0.5=4.5$，$F_x=5.5$

y 方向成分は，$F_1=4.5-0.5=4$，$F_2=3.5-1.5=2$，

$F_3=1.5-3.0=-1.5$，$F_4=1.5-2.0=-0.5$，

$F_y=4.0$

原点回りのモーメントは左回りを正とすると，

$M=xF_y-yF_x \quad M_1=1\times4-0.5\times2=3$

$M_2=2\times2-1.5\times2=1$

$M_3=-4\times1.5+3\times3=3$

$M_4=-0.5\times0.5-2\times4.5=-9.25$

$M=-2.25$

合力の始点を $(0,y)$ として，合力のモーメントが等しいとすると，$M=-y\times5.5=-2.25$, $y\fallingdotseq0.41$，これより，合力の始点は（0,0.41）で，終点は（5.5,4.41）

2.4

① A 点が θ 回転したときの仕事 W_1 は，

$W_1=3a\theta\times|\boldsymbol{F}_1|+5a\theta\times|\boldsymbol{F}_2|=3a\theta\times2F+5a\theta\times3F$

$=21aF\theta$

② 力 $\boldsymbol{F}$ は下向き，モーメント $\boldsymbol{M}$ は右回りとすると，鉛直方向の合力が等しい条件より，

$|\boldsymbol{F}|=|\boldsymbol{F}_1|+|\boldsymbol{F}_2|=2F+3F=5F$

A 点回りのモーメントが等しい条件より，

$|\boldsymbol{M}|=3a|\boldsymbol{F}_1|+5a|\boldsymbol{F}_2|=6aF+15aF=21aF$

$\boldsymbol{F}$ は大きさ $5F$ の下向きの力で，$\boldsymbol{M}$ は大きさ $21aF$ の右回りのモーメントである．

2.5 （演習用のため解答省略）

2.6 （b，d，f は演習用のため解答省略）

① 記号による解答

(a) 全体を自由物体と考える．平衡方程式は，

x 方向：$H_A=0$，y 方向：$V_A+V_B=0$

A 点回りのモーメント：$M-(a+b)\times V_B=0$

これより，$H_A=0$，$V_A=-M/(a+b)$，

$V_B=M/(a+b)$

(c) 全体を自由物体と考える．平衡方程式は，

x 方向：$H_A=0$，y 方向：$V_A+V_B-P-Q=0$

A 点回りのモーメント：

$aP+(2a+L)Q-2a\times V_B=0$

これより，$H_A=0$，$V_A=(aP-LQ)/(2a)$

$V_B=\{aP+(2a+L)Q\}/(2a)$

(e) 全体を自由物体と考える．平衡方程式は，

x 方向：$H_A+H_B=0$，y 方向：$V_A-P-Q=0$

A 点回りのモーメント：$2aP+aQ+2b\times H_B=0$

これより，$H_A=(2aP+aQ)/(2b)$

$H_B=-(2aP+aQ)/(2b)$

$V_A=P+Q$

② 数値解

(a) $H_A=0$，$V_A=-22.2$〔kN〕，$V_B=22.2$〔kN〕

(c) $H_A=0$，$V_A=-13.8$〔kN〕，$V_B=123.8$〔kN〕

(e) $H_A=68$〔kN〕，$H_B=-68$〔kN〕，$V_A=110$〔kN〕

3章

3.1

① 主構造部材は荷重に抵抗する主要な部材をいう．柱，梁，耐力壁，床，基礎などがそれにあたる．非構造部材は主構造部材以外の部材をいう．窓，カーテンウォール，間仕切壁などがそれにあたる．

② 以下の 3 種類にモデル化される．

・固定支持は移動も回転もできない．硬い地盤に杭で定着された鉄筋コンクリート構造の基礎は，その例である．

・ピン支持は移動はできないが回転はできる．柱と基礎の間に鋼製のピンがある場合は，その例である．

・ローラー支持は一方向には移動できるが，他の方向には移動できない．回転は自由にできる．柱と基礎の間にローラーベアリングとピンがある場合は，その例である．

③ 体積変化を伴う変形には引張や圧縮による変形がある．体積変化を伴わない変形にはせん断変形やねじり変形がある．

④ ピン接合は力は伝えられるがモーメントは伝えられない接合部のモデルである．剛接合は力もモーメントも伝えられる接合部のモデルである．

3.2 (a，b，f は演習用のため解答省略)

反力を含めた自由物体図を **3.2 解答図** (c)，(d)，(e) に示す．(d-2) 図と (e-2) 図は解答の過程で利用する．

① 記号による解答

(c) $H_A=-P$，$V_A=Q-Ph/(4a)$，
$V_B=Q+Ph/(4a)$

(d) $H_A=0$，$V_A=3P/2$，$M_A=-2Pa-M$，$V_B=P/2$

(e) $H_A=0$，$V_A=-P/2-M/(4a)$，
$V_B=3P/2-M/(4a)$，$V_C=M/(2a)$

② 数値解

(c) $H_A=-80$〔kN〕，$V_A=-21.2$〔kN〕，
$V_B=61.2$〔kN〕

(d) $H_A=0$，$V_A=120$〔kN〕，$M_A=-302$〔kNm〕，
$V_B=40$〔kN〕

(e) $H_A=0$，$V_A=-44.4$〔kN〕，$V_B=116$〔kN〕，
$V_C=8.82$〔kN〕

3.3 (b，e，g，i，j，k は演習用のため解答省略)

反力を含めた自由物体図を **3.3 解答図**に示す．

① 記号による解答

(a) 反力は 3 つで静定構造物である．
$H_A=0$，$V_A=3P/4-M/(4a)$，
$V_B=P/4+M/(4a)$

(c) 反力は 3 つで静定構造物である．
$H_A=0$，$V_A=P$，$M_A=-Pb-M$

(d) 反力は 5 つで不静定構造物である．

(f) 反力は 4 つであるがピン接合の条件より静定構造物である．
$H_A=0$，$V_A=P/3-M/(3a)$，
$V_B=2P/3+M/(3a)$，
$M_A=-Pa/3+M/3$

(h) 反力は 4 つで不静定構造物である．ただし，次

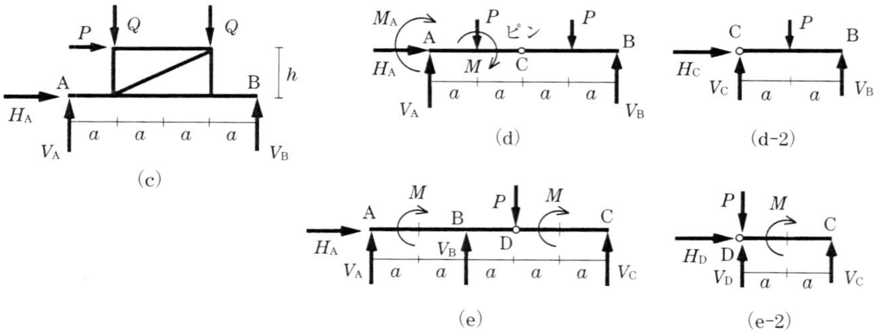

3.2 解答図

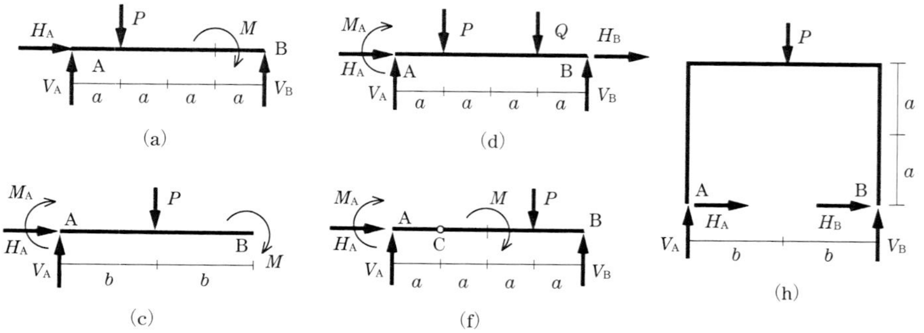

3.3 解答図

の反力は決まる．

$V_A = V_B = P/2$

② 数値解

(a) $H_A=0$, $V_A=24.8$〔kN〕, $V_B=20.3$〔kN〕

(c) $H_A=0$, $V_A=45$〔kN〕, $M_A=-225$〔kNm〕

(f) $H_A=0$, $V_A=3$〔kN〕, $M_A=-7.5$〔kNm〕, $V_B=42$〔kN〕

(h) $V_A=V_B=22.5$〔kN〕

4章

4.1

① 荷重を受けて変形している物体を仮想の断面で2つの部分に分けたとき，一方の部分が他方の部分に及ぼしている単位面積当たりの力を応力という．断面に垂直な方向の応力を垂直応力，断面に平行な方向の応力をせん断応力という．

② $\sigma_x=\tau_{xx}$ は x 面に作用する x 方向の垂直応力である．$\sigma_y=\tau_{yy}$ は y 面に作用する y 方向の垂直応力である．τ_{xy} は x 面に作用する y 方向のせん断応力である．

③ 応力は面の方向によって大きさが変わる．最大または最小の垂直応力を主応力という．2つの主応力は直交する．主応力面でのせん断応力は0である．

④ ひずみは微小な部分の変形を表すもので，単位長さ当たりの変形で定義される．

垂直ひずみは面に垂直な方向のひずみである．垂直応力を受けると垂直ひずみが生じる．

せん断ひずみは形のゆがみを表すものである．せん断応力を受けるとせん断ひずみが生じる．

⑤ $\varepsilon_x=\varepsilon_{xx}$ は x 面に生じる x 方向の垂直ひずみである．$\varepsilon_y=\varepsilon_{yy}$ は y 面に生じる y 方向の垂直ひずみである．$\gamma_{xy}=2\varepsilon_{xy}$ は xy 平面に生じるせん断ひずみで，角度の変化（形のゆがみ）を表す．

⑥ 弾性とは応力とひずみが比例し，応力を0に戻すとひずみが0になる性質をいう．

塑性とは応力やひずみが弾性範囲を超えて両者が比例しなくなり，この状態から応力を0に戻してもひずみが0にならない性質をいう．

⑦ 弾性範囲で応力とひずみが比例関係にあることをいう．

4.2 （演習用のため解答省略）

4.3 降伏ひずみは，$\varepsilon_y=\sigma_y/E$

材の伸びは，$\Delta L=L\varepsilon_y$

① $\varepsilon_y=30\times10^6/(210\times10^9)=1.43\times10^{-4}$

$\Delta L=5\times(1.43\times10^{-4})=7.15\times10^{-4}$〔m〕

$=0.0715$〔cm〕

② $\varepsilon_y=2.4/2\,100=1.14\times10^{-3}=0.114$〔%〕

$\Delta L=500\times(1.14\times10^{-3})=0.57$〔cm〕

4.4

① x 方向の垂直応力は，$\sigma_x=P/A=P/(Bt)$

x 方向の垂直ひずみは，$\varepsilon_x=\sigma_x/E$

y 方向の垂直ひずみは，$\varepsilon_y=-\nu\sigma_x/E$

z 方向の垂直ひずみは，$\varepsilon_z=-\nu\sigma_x/E$

② x 方向の伸びは，$\Delta L_x=L\varepsilon_x$

y 方向の伸びは，$\Delta L_y=B\varepsilon_y$

z 方向の伸びは，$\Delta L_z=t\varepsilon_z$

（1） $\sigma_x=200\times10^3/(0.2\times0.02)=50\times10^6$〔Pa〕$=50$〔MPa〕, $\varepsilon_x=50\times10^6/20.6\times10^9=2.43\times10^{-3}$,

$\varepsilon_y=\varepsilon_z=-0.3\times2.43\times10^{-3}=-7.29\times10^{-4}$,

$\Delta L_x=6\times2.43\times10^{-3}=0.0146$〔m〕$=14.6$〔mm〕

$\Delta L_y=0.2\times(-7.29\times10^{-4})=-1.46\times10^{-4}$〔m〕

$=-0.146$〔mm〕

$\Delta L_z=0.02\times(-7.29\times10^{-4})=-1.46\times10^{-5}$〔m〕

$=-0.0146$〔mm〕

（正は伸びで負は縮み）

（2） $\sigma_x=50/(20\times2)=1.25$〔$tf/cm^2$〕,

$\varepsilon_x=1.25/2\,100=5.95\times10^{-4}=0.0595$〔%〕,

$\varepsilon_y=\varepsilon_z=-0.3\times(5.95\times10^{-4})=-1.79\times10^{-4}$

$\Delta L_x=600\times5.95\times10^{-4}=0.357$〔cm〕

$\Delta L_y=20\times(-1.79\times10^{-4})=-0.00358$〔cm〕

$\Delta L_z=2\times(-1.79\times10^{-4})=-0.000358$〔cm〕

（正は伸びで負は縮み）

4.5 （演習用のため解答省略）

5章

5.1

① 軸方向力 N は断面全体に作用する垂直応力 $\sigma(y)$ の

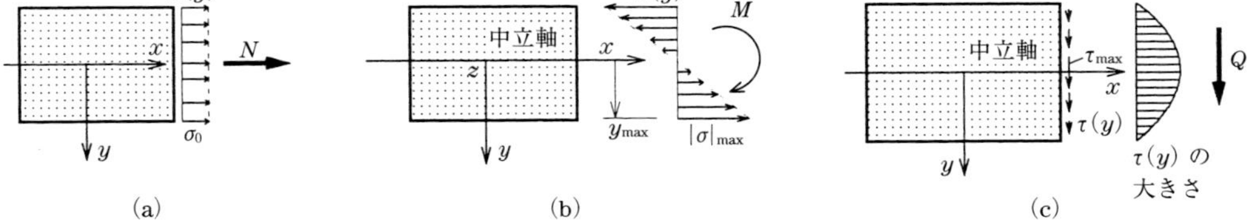

5.1 解答図

合力である．$N=\int_A \sigma(y)\,dA$

② 応力の分布を **5.1 解答図**(a)に示す．軸方向力による垂直応力は σ_0 で一定と仮定する．
最大の垂直応力 σ_{max} は σ_0 と等しいので，断面積を A とすれば，$\sigma_{max}=\sigma_0=N/A$

③ z 軸まわりの曲げモーメントを M_z とすれば，

$$M=M_z=-\int_A y\sigma(y)\,dA$$

④ 応力の分布を **5.1 解答図**(b)に示す．$|\sigma|_{max}$ は中立軸から最も離れた位置に生じる．中立軸からその位置までの距離を $y_{max}(>0)$，Z を断面係数とすると，
$|\sigma|_{max}=|M|/Z,\ \ Z=I/y_{max}$
ここで，I は断面 2 次モーメントである．

⑤ せん断力 Q は断面全体に作用するせん断応力 $\tau(y)$ の合力である．

$$Q=\int_A \tau(y)\,dA$$

⑥ 応力の分布を **5.1 解答図**(c)に示す．長方形断面に作用する $\tau(y)$ の大きさはパラボラ分布で，最大せん断応力 τ_{max} はせん断力を断面積で除して平均化した値の 1.5 倍となる．

$$\tau_{max}=1.5\times Q/A$$

⑦ $I_z=\int_A y^2 dA,\quad Z_z=I_z/y_{max}$

5.2　材の長方形断面の幅を b，せいを h とし，降伏応力を σ_y とする．これらの梁を曲げたときの応力分布は **5.2 解答図**のようになる．

(a)図のように単に上下に重ねた場合，材 1 本の断面 2 次モーメントを I_a，材 1 本の断面係数を Z_a とすると，降伏曲げモーメント M_{ay} は材 2 本分なので，

$I_a=bh^3/12,\ \ Z_a=I_a/(h/2)=bh^2/6,$
$M_{ay}=2Z_a\sigma_y=bh^2\sigma_y/3$

(b)図のように釘やボルトで一体化した場合の断面 2 次モーメントを I_b，断面係数を Z_b とすると，降伏曲げモーメント M_{by} は，

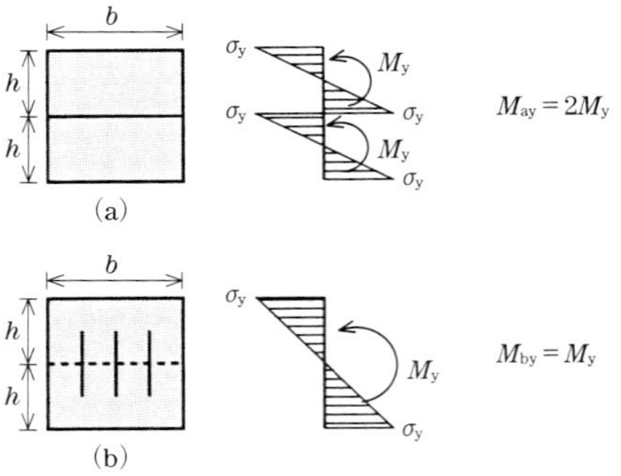

5.2 解答図

$I_b=b(2h)^3/12,\ \ Z_b=I_b/h=2bh^2/3,$
$M_{by}=Z_b\sigma_y=2bh^2\sigma_y/3$

これより，問題の(b)図の梁は(a)図の梁より曲げ耐力が 2 倍大きい．

5.3　(演習用のため解答省略)

5.4

① 断面積は，$A=0.9^2-0.7^2=0.32$〔m²〕，降伏軸力は，
$N_y=\sigma_y A=460\times10^6\times0.32=1.47\times10^8$〔N〕
$=147$〔MN〕

② 断面 2 次モーメント，断面係数，降伏曲げモーメントは，$I=(0.9^4-0.7^4)/12=0.0347$〔m⁴〕，
$Z=I/0.45=0.0771$〔m³〕，
$M_y=\sigma_y Z=460\times10^6\times0.0771$
$=3.55\times10^7$〔Nm〕$=35.5$〔MNm〕

5.5　(演習用のため解答省略)

5.6　各場合の垂直応力 σ の分布を **5.6 解答図**に示す．

① 引張力 P と曲げモーメント M を受けるとき，垂直応力の大きさの最大値 $|\sigma|_{max}$ は引張側に生じる．
$P>0$，M は正負の場合を考えると，
$|\sigma|_{max}=\sigma_0+\sigma_2=P/A+|M|/Z$

② 圧縮力 P と曲げモーメント M を受けるとき，垂直応力の大きさの最大値 $|\sigma|_{max}$ は圧縮側に生じる．
$P<0$，M は正負の場合を考えると，
$|\sigma|_{max}=|\sigma_0+\sigma_1|=-P/A+|M|/Z$

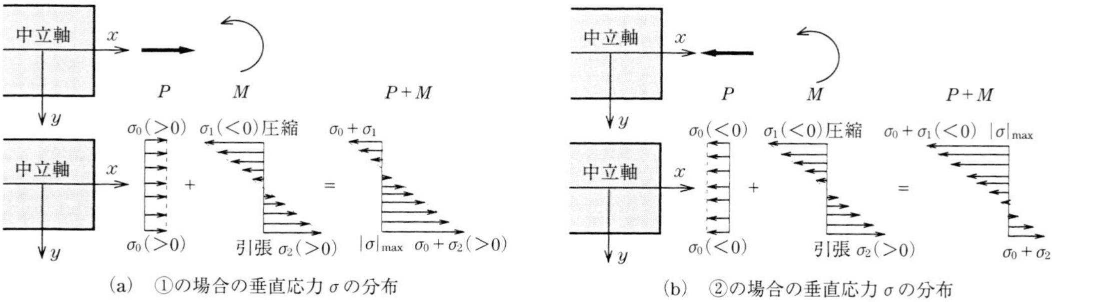

(a)　①の場合の垂直応力 σ の分布　　(b)　②の場合の垂直応力 σ の分布

5.6 解答図

5.7

(a)　平均の垂直応力 σ_0 は中立軸位置での応力で，$\sigma_0=0$ なので，軸力は，$N=\sigma_0 A=0$

曲げによる最外縁の垂直応力は $\sigma_y-\sigma_0=\sigma_y$ なので，曲げモーメントは，$M=\sigma_y Z=\sigma_y bh^2/6$

(b)　平均の垂直応力 σ_0 は中立軸位置での応力で，$\sigma_0=\sigma_y/2$ なので，軸力は，$N=\sigma_y A/2=\sigma_y bh/2$

曲げによる最外縁の垂直応力は $\sigma_y-\sigma_0=\sigma_y/2$ なので，$M=\sigma_y Z/2=\sigma_y bh^2/12$

① 断面積は，$A=bh=0.3\times0.45=0.135$〔m²〕，断面係数は，$Z=bh^2/6=0.3\times0.45^2/6$
$=1.01\times10^{-2}$〔m³〕

(a)　$N=0$，
$M=\sigma_y Z=20\times10^6\times1.01\times10^{-2}$
$=2.02\times10^5$〔Nm〕$=202$〔kNm〕

(b)　$N=\sigma_y A/2=20\times10^6\times0.135/2$
$=1.35\times10^6$〔N〕$=1.35$〔MN〕，
$M=\sigma_y Z/2=20\times10^6\times1.01\times10^{-2}/2$
$=1.01\times10^5$〔Nm〕$=101$〔kNm〕

② 断面積は，$A=bh=20\times35=700$〔cm²〕，断面係数は，$Z=bh^2/6=20\times35^2/6=4.08\times10^3$〔cm³〕

(a)　$N=0$，
$M=\sigma_y Z=0.25\times4.08\times10^3=1\,020$〔tfcm〕
$=10.2$〔tfm〕

(b)　$N=\sigma_y A/2=0.25\times700/2=87.5$〔tf〕，
$M=\sigma_y Z/2=0.25\times4.08\times10^3/2=510$〔tfcm〕
$=5.1$〔tfm〕

5.8

(a)　H 形断面

① 断面積は，$A=2\times(1\times6)+4\times0.8=15.2$〔cm²〕，対称形なので図心は中心で，$y_0=3.0$〔cm〕，$z_0=3.0$〔cm〕

② $I_y=(6^4-2\times2.6\times4^3)/12=80.3$〔cm⁴〕，
$Z_y=I_y/3=26.8$〔cm³〕，$i_y=\sqrt{I_y/A}=2.30$〔cm〕
$I_z=(2\times1\times6^3+4\times0.8^3)/12=36.2$〔cm⁴〕
$Z_z=I_z/3=12.1$〔cm³〕，$i_z=\sqrt{I_z/A}=1.54$〔cm〕
$I_p=I_y+I_z=117$〔cm⁴〕，$i_p=\sqrt{I_p/A}=2.77$〔cm〕

(b)　T 形断面

① 断面積は，$A=10\times90+50\times30=2\,400$〔cm²〕
図心を通る z 軸は対称軸となるので図心は Y 方向の中央にあり，$y_0=45$〔cm〕，$S_Y=10\times90\times55+50\times30\times25=8.70\times10^4$〔cm³〕，$z_0=S_Y/A=36.3$〔cm〕

② $I_y=(90\times10^3)/12+90\times10\times(55-36.3)^2+(30\times50^3)/12+30\times50\times(36.3-25)^2=8.26\times10^5$〔cm⁴〕
$Z_y=I_y/36.3=2.28\times10^4$〔cm³〕
$i_y=\sqrt{I_y/A}=18.6$〔cm〕
$I_z=(10\times90^3+50\times30^3)/12=7.20\times10^5$〔cm⁴〕
$Z_z=I_z/45=1.60\times10^4$〔cm³〕，$i_z=\sqrt{I_z/A}=17.3$〔cm〕
$I_p=I_y+I_z=1.55\times10^6$〔cm⁴〕
$i_p=\sqrt{I_p/A}=25.4$〔cm〕

(c)　L 形断面

① 断面積は，$A=1\times6+1\times7=13.0$〔cm²〕，
$S_Y=1\times6\times3+1\times7\times0.5=21.5$〔cm³〕，
$S_Z=1\times6\times0.5+1\times7\times4.5=34.5$〔cm³〕，
$y_0=S_z/A=2.65$〔cm〕，
$z_0=S_Y/A=1.65$〔cm〕

② $I_y=(1\times6^3)/12+1\times6\times(3-1.65)^2+(7\times1^3)/12+7\times1\times(1.65-0.5)^2=38.8$〔cm⁴〕
$Z_y=I_y/(6-1.65)=8.92$〔cm³〕
$i_y=\sqrt{I_y/A}=1.73$〔cm〕
$I_z=(6\times1^3)/12+6\times1\times(2.65-0.5)^2+(1\times7^3)/12+1\times7\times(4.5-2.65)^2=80.8$〔cm⁴〕
$Z_z=I_z/(8-2.65)=15.1$〔cm³〕
$i_z=\sqrt{I_z/A}=2.49$〔cm〕
$I_p=I_y+I_z=120$〔cm⁴〕，$i_p=\sqrt{I_p/A}=3.04$〔cm〕

(d)　箱形断面

① 断面積は，$A=7\times10-5\times8=30$〔cm²〕，対称形なので図心は中心で，$y_0=3.5$〔cm〕，$z_0=5.0$〔cm〕

② $I_y=(7\times10^3-5\times8^3)/12=370$〔cm⁴〕，
$Z_y=I_y/5=74.0$〔cm³〕，$i_y=\sqrt{I_y/A}=3.51$〔cm〕
$I_z=(10\times7^3-8\times5^3)/12=203$〔cm⁴〕
$Z_z=I_z/3.5=58.0$〔cm³〕
$i_z=\sqrt{I_z/A}=2.60$〔cm〕
$I_p=I_y+I_z=573$〔cm⁴〕
$i_p=\sqrt{I_p/A}=4.37$〔cm〕

(e)　円形断面

① 断面積は，$A=\pi(5^2-4^2)=28.3$〔cm²〕，対称形なので図心は中心で，$y_0=5.0$〔cm〕，$z_0=5.0$〔cm〕

② $I_y=I_z=\pi(5^4-4^4)/4=290$〔cm⁴〕，$Z_y=Z_z=I_y/5=58.0$〔cm³〕，$i_y=i_z=\sqrt{I_y/A}=3.20$〔cm〕
$I_p=I_y+I_z=580$〔cm⁴〕，$i_p=\sqrt{I_p/A}=4.53$〔cm〕

(f)　コ形断面

① 断面積は，$A=(1\times4)\times2+6\times1=14.0$〔cm²〕
図心を通る y 軸は対称軸となるので図心は Z 方向の中央にあり，$z_0=4.0$〔cm〕，$S_Z=(1\times4\times2)\times2+6\times1\times0.5=19.0$〔cm³〕，$y_0=S_Z/A=1.36$〔cm〕

② $I_y=(4\times8^3-3\times6^3)/12=117$〔cm⁴〕，

$Z_y = I_y/4 = 29.3$〔cm³〕, $i_y = \sqrt{I_y/A} = 2.89$〔cm〕

$I_z = (2\times1\times4^3)/12 + 2\times1\times4\times(2-1.36)^2 + (6\times1^3)/12 + 6\times1\times(1.36-0.5)^2 = 18.9$〔cm⁴〕,

$Z_z = I_z/(4-1.36) = 7.16$〔cm³〕,

$i_z = \sqrt{I_z/A} = 1.16$〔cm〕

$I_p = I_y + I_z = 136$〔cm⁴〕,

$i_p = \sqrt{I_p/A} = 3.12$〔cm〕

5.9 (演習用のため解答省略)

6章

6.1

① 安定構造物は荷重とつり合っているが, 不安定構造物は小さい荷重で大きく変形して崩壊する.

② 断面力が平衡方程式で求められるのが静定構造物で, 求められないのが不静定構造物である.

③ トラスは部材がピン接合で結合され, 軸力だけで抵抗する構造である.

ラーメンは部材が剛接合で結合され, 曲げモーメントと軸力で抵抗する構造である.

④ 1) 不静定構造物を反力や断面力を不静定力という外力に置き換えて静定構造物を作成する.

2) 不静定力の作用する方向の変位や回転角は0という適合条件から不静定力を求める.

3) 不静定力を荷重とすると静定構造物となるので平衡方程式から断面力が求められる.

6.2 (演習用のため解答省略)

6.3 (演習用のため解答省略)

6.4

(a) $m=11$, $r=3$, $\sum j=2$, $n=8$, $f=11+3+2-2\times8=0$, 静定構造である.

(b) $m=14$, $r=3$, $\sum j=1$, $n=9$, $f=14+3+1-2\times9=0$, 静定構造である.

(c) $m=9$, $r=3$, $\sum j=4$, $n=8$, $f=9+3+4-2\times8=0$, 静定構造である.

6.5

1) 3次の外的不静定構造である. B点の反力を不静定力, X_1, X_2, X_3 に置き換えて自由端とする.

2) 不静定力による変形を求める. 変形が0の条件から3つの方程式が得られる.

3) 平衡方程式より不静定力 X_1, X_2, X_3 を求める.

6.6 軸力は, $N_s + N_c = P$, $N_s = A_s\sigma_s$, $N_c = A_c\sigma_c$

鉄筋とコンクリートのひずみは等しいので $\varepsilon_s = \varepsilon_c$. 応力とひずみの関係は, $\sigma_s = E_s\varepsilon_s$, $\sigma_c = E_c\varepsilon_c$.

$P = A_sE_s\varepsilon_s + A_cE_c\varepsilon_c = 0.05A_c\times10E_c\times\varepsilon_c + A_cE_c\varepsilon_c = 1.5A_cE_c\varepsilon_c$

$\varepsilon_c = \dfrac{2P}{3A_cE_c}$, $\sigma_s = \dfrac{10E_c\times2P}{3A_cE_c} = \dfrac{20P}{3A_c}$, $\sigma_c = \dfrac{2P}{3A_c}$,

$N_s = \dfrac{20P\times A_s}{3A_c} = \dfrac{20P\times0.05A_c}{3A_c} = \dfrac{P}{3}$, $N_c = \dfrac{2P}{3}$

6.7 荷重 P を部材1は引張力 N_1 で, 部材2は圧縮力 N_2 で負担する. 変位を d とする.

$P = N_1 - N_2$, $N_1 = A_1\sigma_1 = A_1E_1d/a$,

$N_2 = -A_2\sigma_2 = -A_2E_2d/b$

$P = \dfrac{\alpha d}{ab}$, $d = \dfrac{abP}{\alpha}$, ここで, $\alpha = bA_1E_1 + aA_2E_2$

$N_1 = \dfrac{bA_1E_1P}{\alpha}$, $N_2 = -\dfrac{aA_2E_2P}{\alpha}$

6.8

① 全断面が同じ応力となるので断面が有効に使える.

② 引張力と圧縮力を受けるのでどちらにも強い材料が使われる. 具体的には木材や鋼材が使われる.

③ ケーブルは細いので圧縮力に抵抗できないがトラスは圧縮力にも抵抗できる.

④ 圧縮力を受ける細長い材は降伏荷重よりも小さい荷重で急に大きく変形して壊れる現象をいう.

6.9 (a, c, f, h, i は演習用のため解答省略, ①の数値解を示す) 平衡方程式は省略する. 記号 N_{AB} は部材ABの軸力である. 軸力は引張りを正, 圧縮を負とする.

(b)

1) 反力 $H_A=0$, $V_A = Pa/(a+c)$, $V_B = Pc/(a+c)$

2) 材長 $L_{AC} = (c^2+b^2)^{1/2}$, $L_{BC} = (a^2+b^2)^{1/2}$

3) 軸力 A点：$N_{AC} = PaL_{AC}/b(a+c)$, $N_{AB} = -Pac/b(a+c)$, B点：$N_{BC} = PcL_{BC}/b(a+c)$

① $L_{AC} = 3.91$〔m〕, $L_{BC} = 3.20$〔m〕, $N_{AC} = 1.88$〔kN〕, $N_{AB} = -1.44$〔kN〕, $N_{BC} = 2.30$〔kN〕

(d)

1) 反力 $H_A = P+2Q$, $H_B = -P-2Q$, $V_B = P+Q$

2) 軸力 F点：$N_{DF}=0$, $N_{EF}=Q$, E点：$N_{CE}=Q$, $N_{DE} = -\sqrt{2}Q$, D点：$N_{BD} = -Q$, $N_{CD} = P+Q$, C点：$N_{AC} = P+2Q$, $N_{BC} = -\sqrt{2}(P+Q)$, B点：$N_{AB}=0$

① $N_{DF}=0$, $N_{EF}=4$〔kN〕, $N_{CE}=4$〔kN〕, $N_{DE} = -5.66$〔kN〕, $N_{BD} = -4.0$〔kN〕, $N_{CD} = 7$〔kN〕, $N_{AC} = 11.0$〔kN〕, $N_{BC} = -9.9$〔kN〕, $N_{AB}=0$

(e)

1) 反力：$H_A = (P+2Q)b/a$, $H_B = -(P+2Q)b/a$, $V_A = P+Q$

2) 材長：$L_{AC} = (a^2+b^2)^{1/2}$, $L_{AD} = \{a^2+(2b)^2\}^{1/2}$

3) 軸力：D点：$N_{AD} = QL_{AD}/a$, $N_{CD} = -2Qb/a$, C

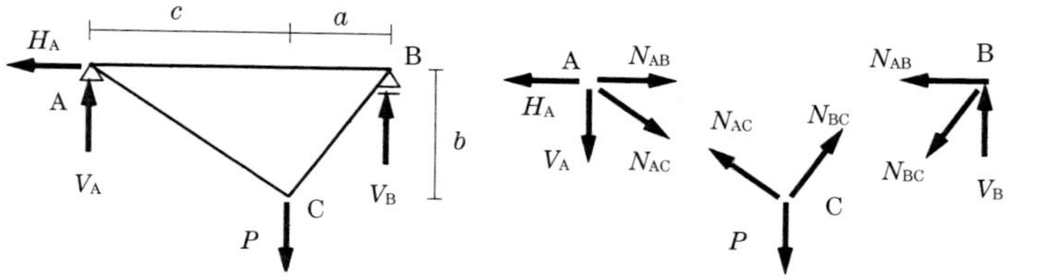

(b)

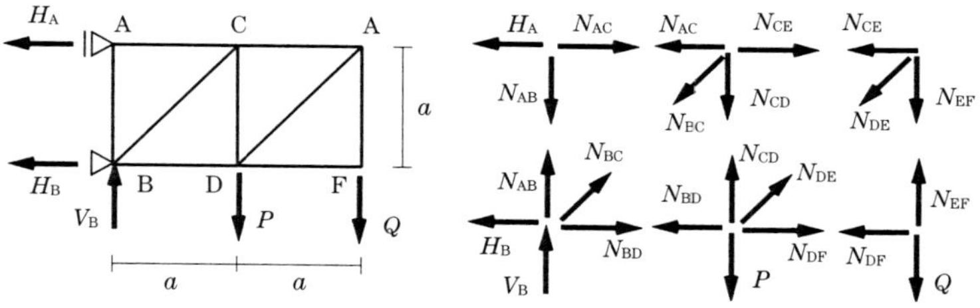

(d)

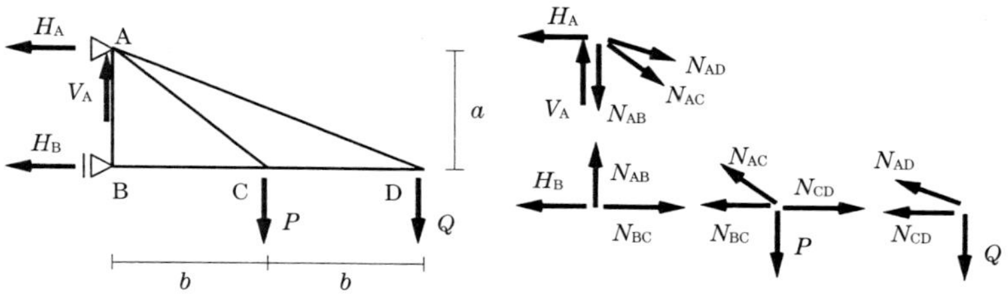

(e)

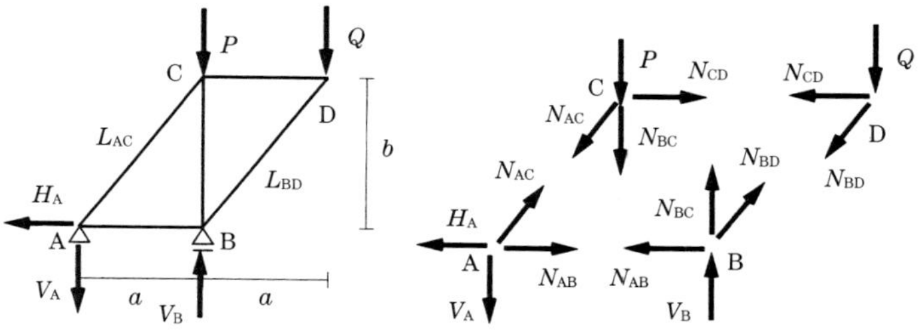

(g)

6.9 解答図

点：$N_{AC}=PL_{AC}/a$，$N_{BC}=-(P+2Q)b/a$，B 点：$N_{AB}=0$

① $L_{AC}=3.20$〔m〕，$L_{AD}=5.39$〔m〕，$N_{AD}=10.8$〔kN〕，$N_{CD}=-10.01$〔kN〕，$N_{AC}=4.8$〔kN〕，$N_{BC}=-13.8$〔kN〕，$N_{AB}=0$

(g)

1) 反力　$H_A=0$，$V_A=Q$，$V_B=P+2Q$

2) 材長　$L_{AC}=L_{BD}=(a^2+b^2)^{1/2}$

3) 軸力　A 点：$N_{AC}=AL_{AC}/b$，$N_{AB}=-Qa/b$，D 点：$N_{BD}=-QL_{BD}/b$，$N_{CD}=Qa/b$，B 点：$N_{BC}=-P-Q$

① $L_{AC}=L_{BD}=3.20$〔m〕，$N_{AC}=5.12$〔kN〕，$N_{AB}=-3.20$〔kN〕，$N_{BD}=-5.12$〔kN〕，$N_{CD}=3.20$〔kN〕，$N_{BD}=-7$〔kN〕

6.10　(①の数値解のみ示す)

(a)　$H_A=0$，$V_A=V_C=60$〔kN〕(上向き)，$N_{AD}=N_{CF}=-60$〔kN〕，$N_{AB}=N_{BC}=0$，$N_{BD}=N_{BF}=28.3$〔kN〕，$N_{DE}=N_{EF}=-20$〔kN〕，$N_{BE}=-40$〔kN〕

(b)　$H_A=0$，$V_A=90$〔kN〕(上向き)，$V_B=30$〔kN〕(上向き)，$N_{AB}=-40$〔kN〕，$N_{BD}=0$，$N_{AC}=50$〔kN〕，$N_{AD}=-70.7$〔kN〕，$N_{CD}=0$，$N_{CE}=50$〔kN〕，$N_{DE}=14.1$〔kN〕，$N_{DF}=-60$〔kN〕，$N_{EF}=-40$〔kN〕，$N_{FH}=-60$〔kN〕，$N_{EG}=30$〔kN〕，$N_{EH}=42.4$〔kN〕，$N_{GH}=0$，$N_{GI}=30$〔kN〕，$N_{HI}=-42.4$〔kN〕，$N_{HJ}=$

0，$N_{IJ}=0$

6.11　(①の数値解のみ示す)

(a)　$N_{CE}=0$，$N_{EF}=0$，$N_{DF}=-20$，$N_{CF}=28.3$，$N_{CD}=20$，$N_{BD}=-20$，$N_{AC}=60$，$N_{BC}=-56.6$〔kN〕

(b)　対称なので左半分を示す．$N_{AB}=-80$，$N_{BD}=0$，$N_{AC}=-60$，$N_{AD}=84.9$，$N_{CD}=-60$，$N_{CE}=-80$，$N_{CF}=28.3$，$N_{DF}=60$，$N_{EF}=-40$〔kN〕

6.12　(演習用のため解答省略)

6.13　(①の数値解のみ示す)

(a)　$H_A=0$，$V_A=60$〔kN〕(上向き)，$V_H=100$〔kN〕(上向き)，斜材の材長：$L=\sqrt{2}a$．$N_{AB}=-85$，$N_{AC}=60$，$N_{BC}=0$，$N_{CE}=60$，$N_{BE}=85$，$N_{BD}=-120$，$N_{DF}=-120$，$N_{DE}=0$，$N_{EG}=100$，$N_{EF}=28$，$N_{FG}=80$，$N_{GH}=100$，$N_{FH}=-141$〔kN〕

(b)　$H_A=0$，$V_A=60$〔kN〕(上向き)．$V_E=100$〔kN〕(上向き)，斜材の材長：$L=\sqrt{2}a$．$N_{AB}=85$，$N_{AC}=-60$，$N_{BC}=-85$，$N_{BD}=120$，$N_{CE}=-100$，$N_{CD}=-28$，$N_{DE}=141$〔kN〕

6.14　(演習用のため解答省略)

6.15　(演習用のため解答省略)

6.16　(①の数値解のみ示す)

(a)　A 点の反力は $H_A=2P$(左向き)，$V_A=5Pb/2a$(下向き)となる．解答図の自由物体を考える．E 点でのモーメント：$V_A\times a-N_{DH}\times 3b=0$．$N_{DH}=5P/65$，H 点でのモーメント：$N_{EI}\times 3b-H_A\times 3b+V_A\times a=0$，$N_{EI}=7P/6$

① の数値解：$N_{DH}=2.5$〔kN〕，$N_{EI}=3.5$〔kN〕

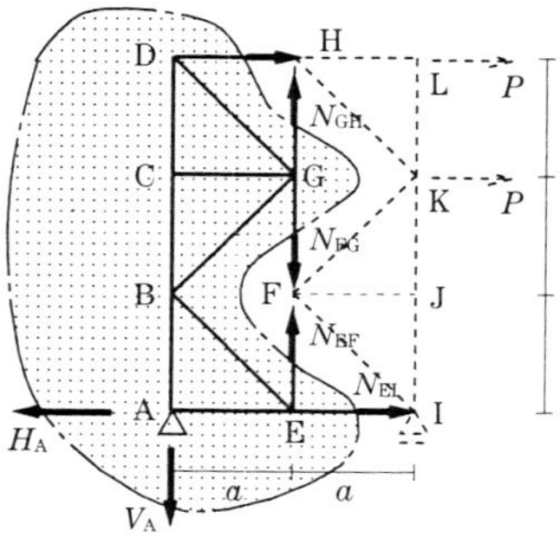

6.16(a)　解答図

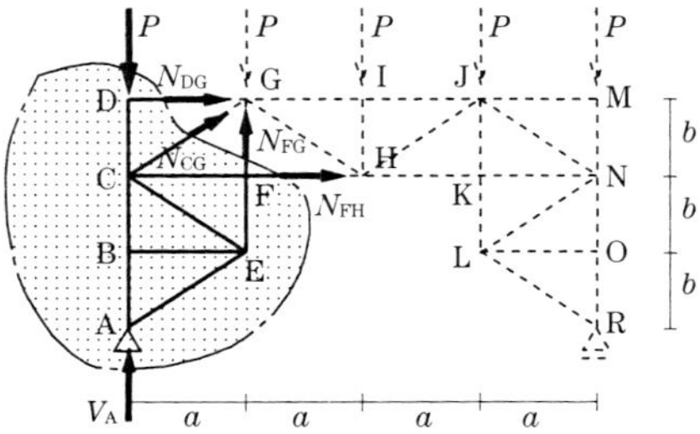

6.16(b)　解答図

(b)　対称架構なので A 点の反力は $V_A=2.5P$ となる．解答図の自由物体を考える．G 点でのモーメント：$V_A\times a-N_{FH}\times b-Pa=0$，$N_{FH}=1.5Pa/b$，F 点でのモーメント：$N_{CG}\times\dfrac{ab}{\sqrt{(a^2+b^2)}}+N_{DG}\times b-P\times a+V_A\times a=0$，D 点でのつり合いより，$N_{DG}=0$ なので，$N_{CG}=-1.5P(a^2+b^2)^{1/2}/b$

① の数値解：$N_{FH}=5.6$〔kN〕，$N_{CG}=-7.2$〔kN〕

6.17

① 単純張りの材端条件は，両端で変位が 0 である．両端の曲げモーメントは作用している力のモーメントに等しい．

片持梁の材端条件は，固定端で変位が 0 でかつ回転角が 0 である．自由端のせん断力は集中荷重に等しく，曲げモーメントは力のモーメントに等しい．

② せん断力は曲げモーメントの変化率に等しい．

③ 力のモーメントとはある点を回す力の量である．曲げモーメントとは断面のある軸回りに関する垂直応力の回す力の量である．

④ 建築では曲げモーメントの正負の定義に関係なく引張側に描く．

6.18　(a)～(f) を解答図に示す．

6.19　(a，c，e，g，i，k は演習用のため解答省略．ほかは記号解を示す)　解答図に示す．

6.20　(記号解を示す)　(a)～(f) を解答図に示す．

6.21　(a)，(b) を解答図に示す．

6.22

(a)　梁 BCD の自由物体図より平衡方程式は，上下方向：$V_B+V_C-6\times 3-6=0$，B 点のモーメント：$6\times 3\times 1.5+6\times 5-V_C\times 3=0$，∴ $V_B=5$〔kN〕，$V_C=19$〔kN〕．

せん断力：$Q_C-6+V_C=0$，∴ $Q_C=-13$〔kN〕．

曲げモーメント：$M_C+6\times 2=0$，∴ $M_C=-12$〔kNm〕

BC 間の極大曲げモーメントはせん断力が 0 の所で，$Q(x)=V_B-6\times x=0$，∴ $x=5/6=0.83$〔m〕，$M(x)=V_B\times x-6\times x\times x/2=25/12=2.08$〔kNm〕．

梁 AB の自由物体図より，上下方向：$V_A-V_B-6=0$，∴ $V_A=11$〔kN〕．

曲げモーメント：$M_A+6\times 1+V_B\times 2=0$，∴ $M_A=-16$〔kNm〕，$M_E+V_B\times 1=0$，∴ $M_E=-5$〔kNm〕．

(b)　由物体図より平衡方程式は，上下方向：$V_B+V_C-10-20-5\times 2=0$，B 点のモーメント：$-10\times 2+20\times 2+5\times 2\times 6-V_C\times 5=0$，∴ $V_B=24$〔kN〕，

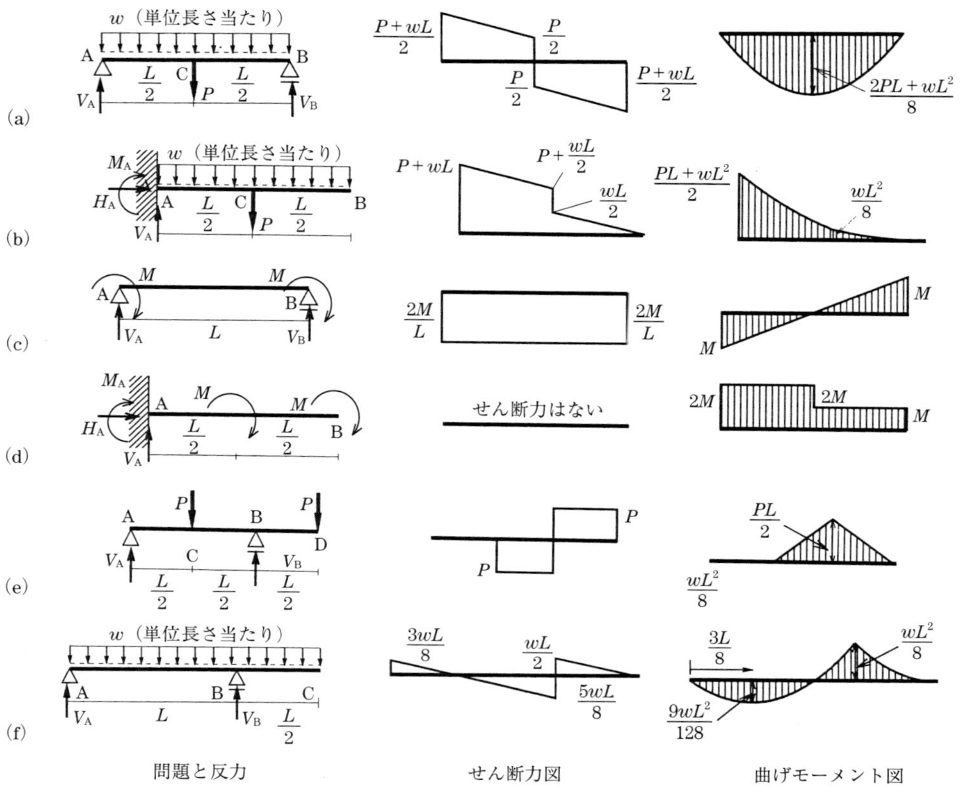

6.18 解答図

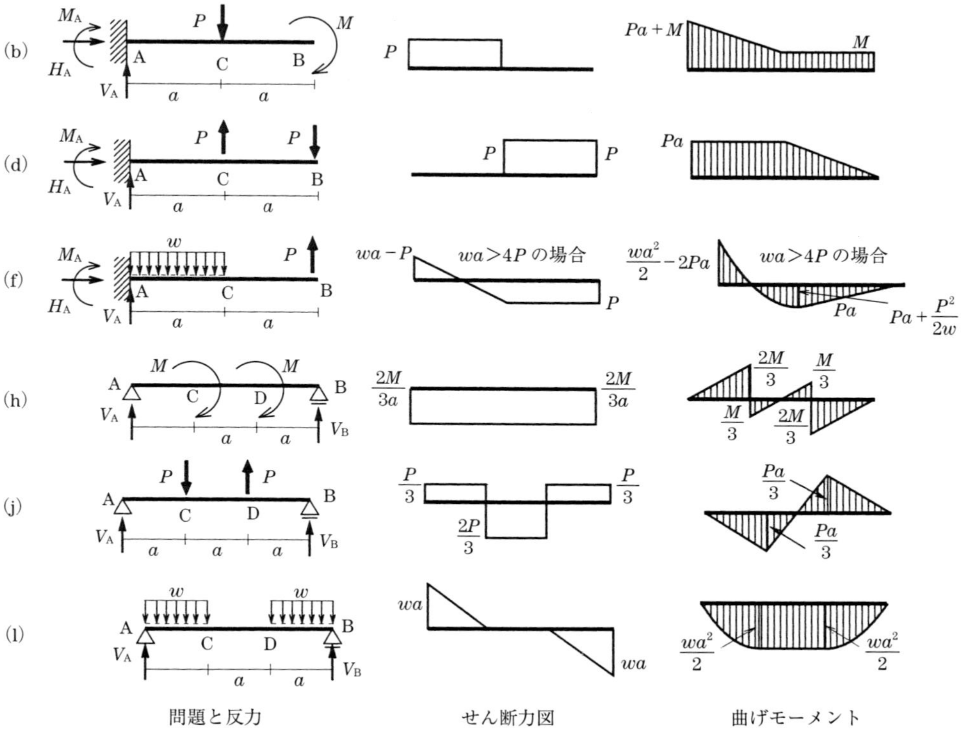

6.19 解答図

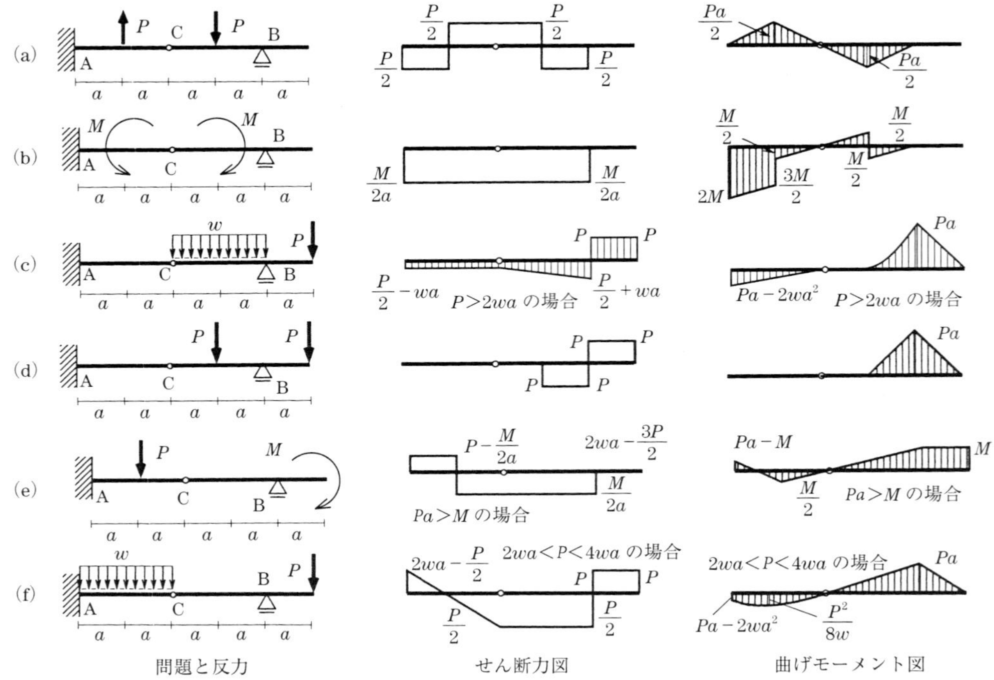

6.20 解答図

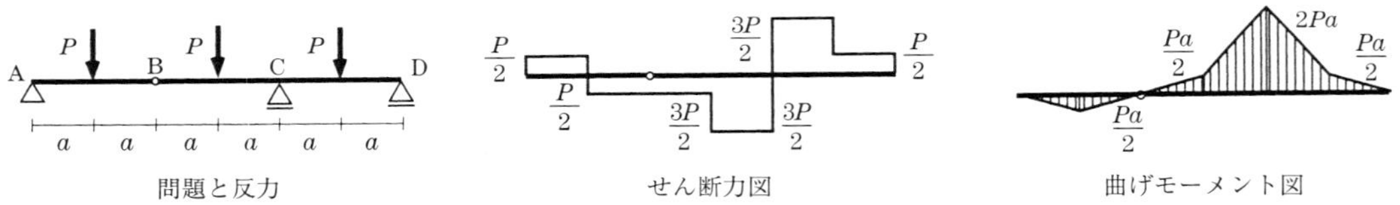

6.21(a)　解答図

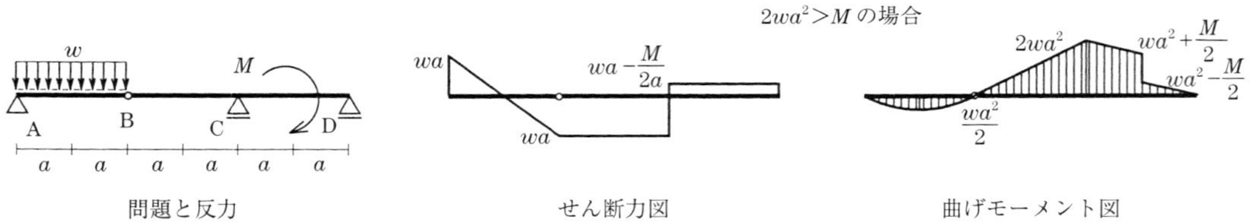

6.21(b)　解答図

$V_C=16$〔kN〕.

せん断力：(C 点の右側) $Q_{C,R}-5\times2=0$, $Q_{C,R}=-10$, (C 点の左側) $Q_{C,L}-5\times2+V_C=0$, $Q_{C,L}=6$. (B 点の右側) $-10+V_B-Q_{B,R}=0$, $Q_{B,R}=14$〔kN〕.

曲げモーメント：$-10\times2-M_B=0$, $M_B=-20$, $M_B+14\times2-M_E=0$, $M_E=8$, $M_E-6\times3-M_C=0$, $M_C=-10$〔kNm〕

6.23　(a)～(c) それぞれを解答図に示す．

6.24　単純梁が分布荷重を受けるときの最大曲げモーメントは $M_{max}=\omega L^2/8$ である．最大応力は $\sigma_{max}=M_{max}/Z$ で，断面係数は $Z=bh^2/6$ である．スパンが 2 倍になると最大曲げモーメントが 4 倍になるので，

① 断面係数は 4 倍にする必要がある．

② h は 2 倍にする必要がある．

③ b は 4 倍にする必要がある．

6.25　(a)～(f) を解答図に示す．

6.26　(b, c, d, e, h, i, k, o 演習用のため解答省略)

(a) (f) (g) (j) (l) (m) (n) を解答図に示す．

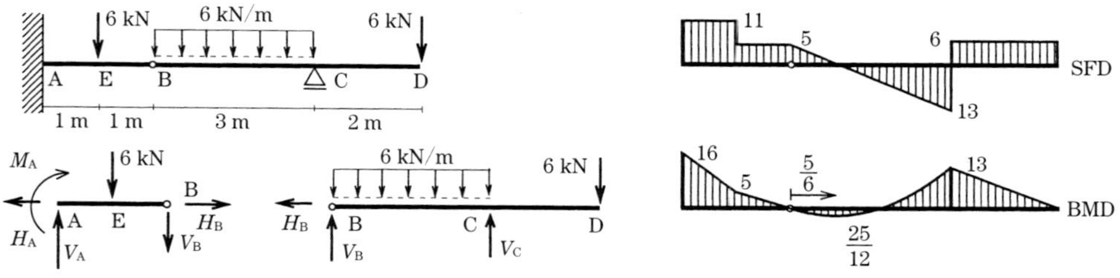

6.22(a) 解答図

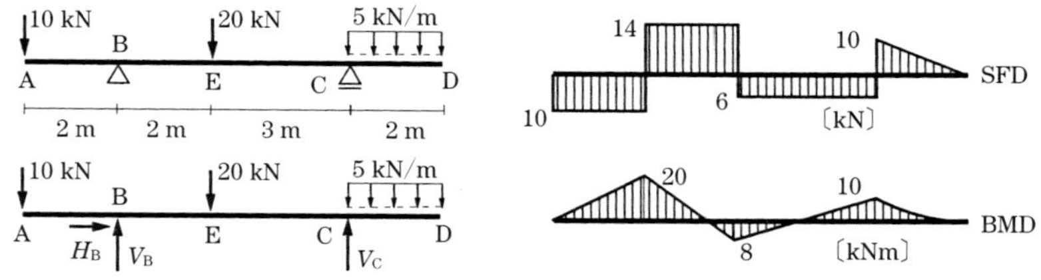

6.22(b) 解答図

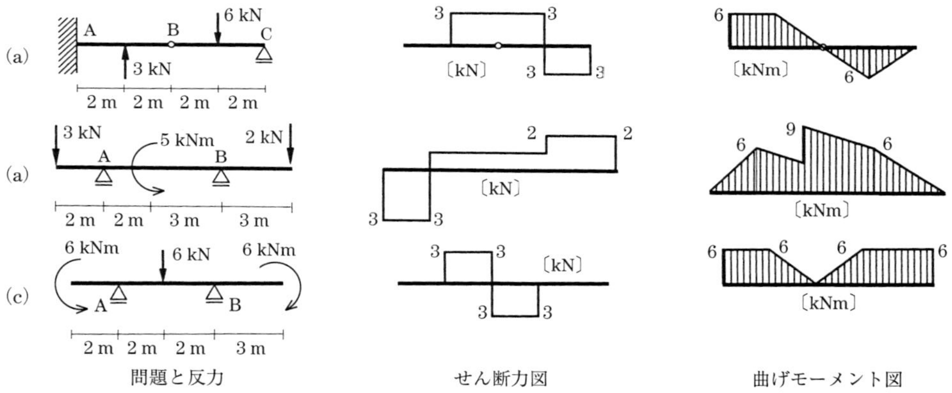

6.23 解答図

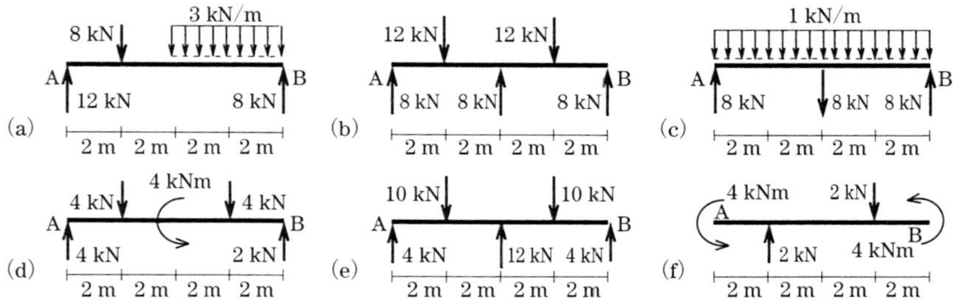

6.25 解答図

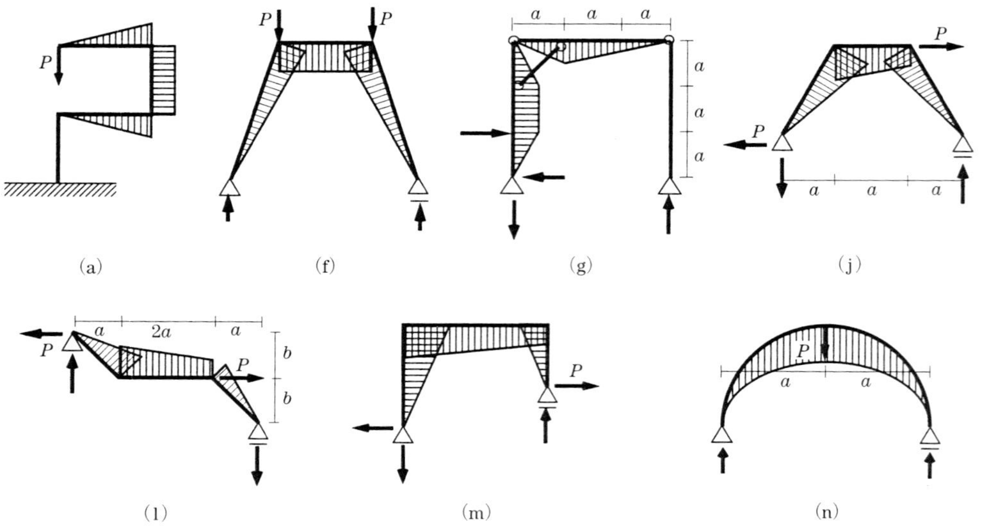

6.26 解答図

7章

7.1

① 曲げモーメントと曲率が比例することを表したものである．

② たわみが小さくて微小変形が仮定できる場合である．

③ 集中荷重が作用していない部分ではたわみは3次式となる．集中荷重点で3次式が変化する．

④ ヤング係数 E と断面2次モーメント I の積 EI で表される．

7.2 （演習用のため解答省略）

7.3 正方形断面の辺の長さを a とすると，断面2次モーメントは $I=a^4/12$，断面係数は $Z=a^3/6$．最大曲げモーメントを $M_{\max}$ とする．材長 L の梁に集中力 P または $\omega=P/L$ の分布荷重が加わるときの最大曲げモーメントは，一般に $M_{\max}=\alpha PL$ と表せる．

$$M_{\max}=\alpha PL\leqq Z\sigma_y,\quad Z=\frac{a^3}{6}\frac{M_{\max}}{\sigma_y},$$

$$a\geqq\left(\frac{6M_{\max}}{\sigma_y}\right)^{1/3}=\alpha^{1/3}\times\left(\frac{6PL}{\sigma_y}\right)^{1/3}$$

最大変形を $\delta_{\max}$ とする．材長 L の梁に集中力 P または $\omega=P/L$ の分布荷重が加わるときの最大変位は一般に $\delta_{\max}=\beta PL^3/EI$ と表せる．

$$\delta_{\max}=\beta\frac{PL^3}{EI}=\frac{12\beta PL^3}{Ea^4}\delta_a,\quad a\geqq\beta^{1/4}\left(\frac{12PL^3}{E\delta_a}\right)^{1/4}$$

片持梁：図(a) $M_{\max}=PL$，$\alpha=1.0$，
$\delta_{\max}=PL^3/3EI$，$\beta=0.33$

単純梁：図(b) $M_{\max}=PL/4$，$\alpha=0.25$，
$\delta_{\max}=PL^3/48EI$，$\beta=0.021$

片持梁：図(c) $M_{\max}=PL/2$，$\alpha=0.5$，
$\delta_{\max}=PL^3/8EI$，$\beta=0.125$

単純梁：図(d) $M_{\max}=PL/8$，$\alpha=0.125$，
$\delta_{\max}=5PL^3/384EI$，$\beta=0.013$

数値解

① (a) 15.6，(b) 7.8，(c) 12.2，(d) 6.9〔cm〕

② (a) 13.4，(b) 8.4，(c) 10.6，(d) 6.6〔cm〕

7.4

① スパン L の単純梁に等分布荷重 ω が作用するとき最大たわみは $\delta_{\max}=\dfrac{5\omega L^4}{384EI}$ と L の4乗に比例するので，スパンが2倍になると最大たわみは16倍になる．

② スパン L の片持梁に集中荷重 P が作用するときの最大たわみは $\delta_{\max}=PL^3/3EI$ と L の3乗に比例するので，スパンが2倍になると最大たわみは8倍になる（**注意**：ただし，上記は梁の自重が無視できる場合である）．

7.5

① $\delta=\dfrac{1}{EI}\left(-\dfrac{ML^2}{2}+\dfrac{PL^3}{3}\right)$

$\theta=\dfrac{1}{EI}\left(ML-\dfrac{PL^2}{2}\right)$

② $\delta=0$ のとき，$M=4EK\theta$，ここで，$K=I/L$（K は11章の剛度である）

③ $\theta=0$ のとき，$M=6EKR$，ここで，$R=\delta/L$（R は11章の部材角である）

7.6 （演習用のため解答省略）

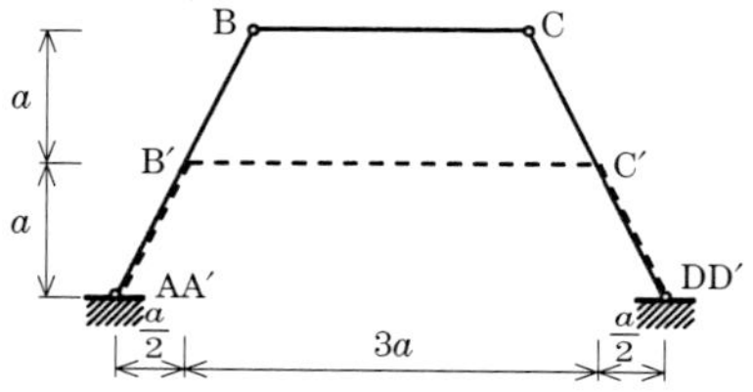

(a)

7.7 解答図

7.7 (b，c は演習用のため解答省略)

(a) $R_{AB}=1-\dfrac{A'B'}{AB}=1-\dfrac{1}{2}=\dfrac{1}{2}$

$R_{BC}=1-\dfrac{B'C'}{BC}=1-\dfrac{3}{2}=-\dfrac{1}{2}$

$R_{CD}=1-\dfrac{C'D'}{CD}=1-\dfrac{1}{2}=\dfrac{1}{2}$

$R_{AB}=-R_{BC}=R_{CD}$

7.8

(a) 不安定

(b) 安定

(c) 安定

(d) 不安定

8 章

8.1 (b は演習用のため解答省略)

(a) $Pa+\times 0.5a-N\times 1.5a=0$

$N=P$

8.2 (b 演習用のため解答省略)

(a) 点 A のつり合い：

$\sum y=-\dfrac{3}{5}N_{AD}+30=0$

$N_{AD}=50$〔kN〕

$\sum x=-N_{AB}-\dfrac{4}{5}N_{AD}=0$

$N_{AB}=-40$〔kN〕

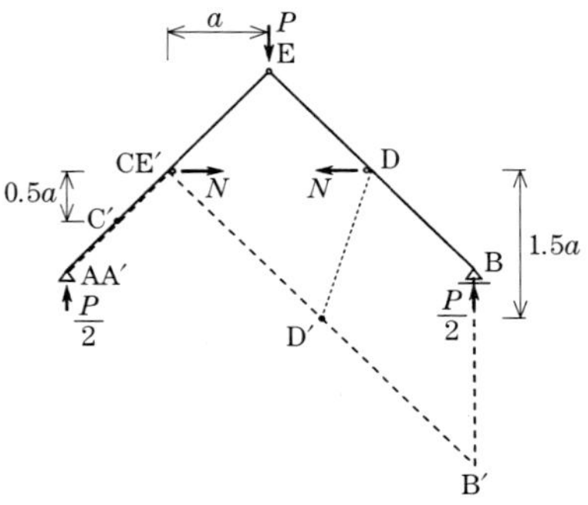

8.1 解答図

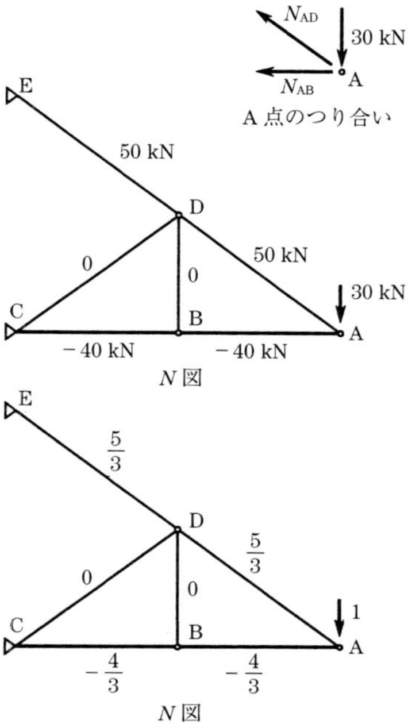

(a)

8.2 解答図

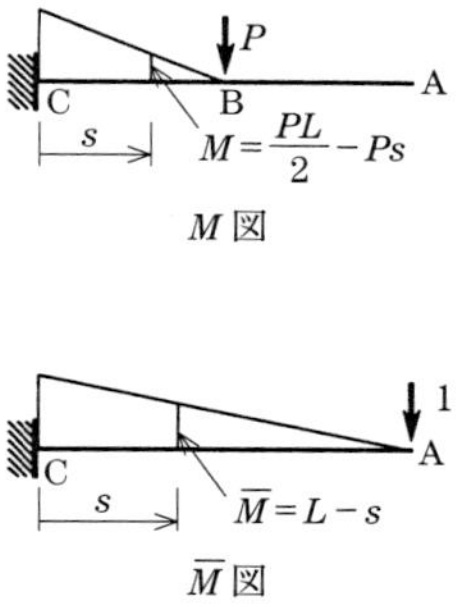

8.3 解答図

点 B，D のつり合い：

$N_{BD}=0$

$N_{BC}=N_{AB}=-40$〔kN〕

$N_{DC}=0$

$N_{DE}=N_{AD}=50$〔kN〕

$v_A=\sum_i \dfrac{N_i\overline{N}_iL_i}{EA_i}$

$=2\times\dfrac{50\times\dfrac{5}{3}\times 5\times 10^6}{EA}+2\times\dfrac{-40\times\left(-\dfrac{4}{3}\right)\times 4\times 10^6}{EA}$

$=\dfrac{(2\,500+1\,280)\times 10^6}{3\times 200\times 10^3\times 1\,000}=6.3$〔mm〕

8.3 (b，c は演習用のため解答省略)

(a) $v_A=\displaystyle\int_s \frac{M\overline{M}}{EI}ds$

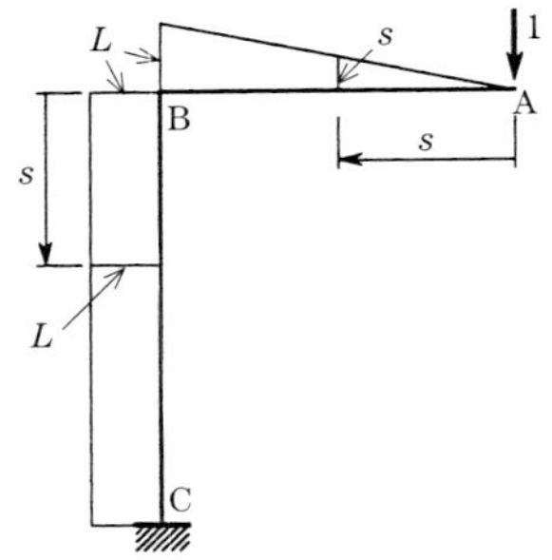

$\overline{M}$ 図

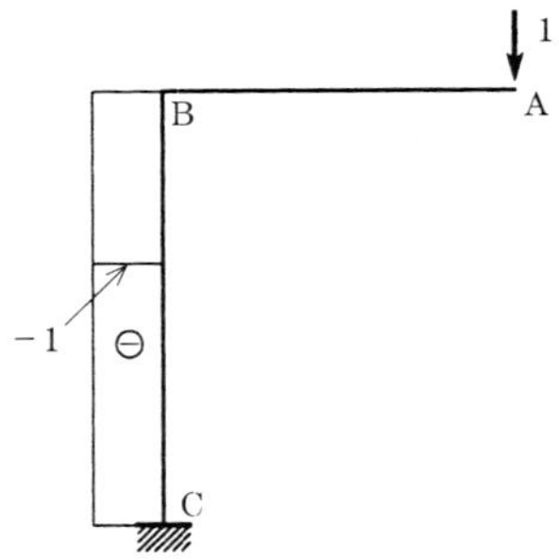

$\overline{N}$ 図

8.4 解答図

$$=\frac{1}{EI}\int_0^{\frac{L}{2}}\left(\frac{PL}{2}-Ps\right)(L-s)\,ds$$

$$=\frac{1}{EI}\int_0^{\frac{L}{2}}\left(\frac{PL^2}{2}-\frac{3PL}{2}s+Ps^2\right)ds$$

$$=\frac{5PL^3}{48EI}$$

8.4

$$v_A=\int_s \bar{N}\alpha t ds+\int_s \bar{M}\frac{\alpha\Delta t}{h}ds$$

$$=\int_0^H(-1)\cdot\alpha\cdot\left(\frac{20+0}{2}\right)ds+\int_0^L s\cdot\alpha\cdot\left(\frac{30-10}{h}\right)ds$$

$$+\int_0^H L\cdot\alpha\cdot\left(\frac{20-0}{h}\right)ds$$

$$=-10\cdot\alpha\cdot 2\,500+\alpha\cdot\frac{20}{100}\cdot\frac{2\,000^2}{2}$$

$$+2\,000\cdot\alpha\cdot\frac{20}{100}\cdot 2\,500$$

$$=-0.25+4+10$$

$$=13.75\ \text{〔mm〕}$$

9 章

9.1　(演習用のため解答省略)

9.2

$$U=\int_s\frac{N^2}{2EA}ds=\sum_{i=1}^{n}\frac{N^2L_i}{2EA}$$

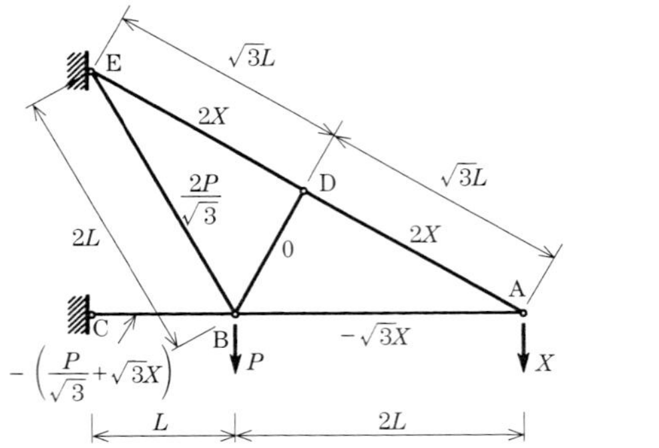

9.2 解答図

$$=2\cdot\frac{(2X)^2\sqrt{3}L}{2EA}+\frac{\left(\frac{2}{\sqrt{3}}P\right)^2\cdot 2L}{2EA}+\frac{(-\sqrt{3}X)^2\cdot 2L}{2EA}$$

$$+\frac{\left\{-\left(\frac{P}{\sqrt{3}}+\sqrt{3}X\right)\right\}^2L}{2EA}$$

$$=\left(4\sqrt{3}+\frac{9}{2}\right)\frac{L}{EA}X^2+\frac{PL}{EA}X+\frac{3}{2}\frac{P^2L}{EA}$$

$$\frac{\partial U}{\partial X}=(8\sqrt{3}+9)\frac{L}{EA}X+\frac{PL}{EA}$$

$$v_{\mathrm{A}}=\frac{(8\sqrt{3}+10)PL}{EA}$$

9.3　(演習用のため解答省略)

10 章

10.1　(b は演習用のため解答省略)

(a)

$$\delta^{(10)}=\frac{P\cdot(-\sqrt{2})\cdot H}{EA}=\frac{-\sqrt{2}PH}{EA}$$

$$\delta^{(11)}=2\frac{(1)^2\sqrt{2}H}{EA}+\frac{(-\sqrt{2})^2H}{EA}=\frac{2(1+\sqrt{2})H}{EA}$$

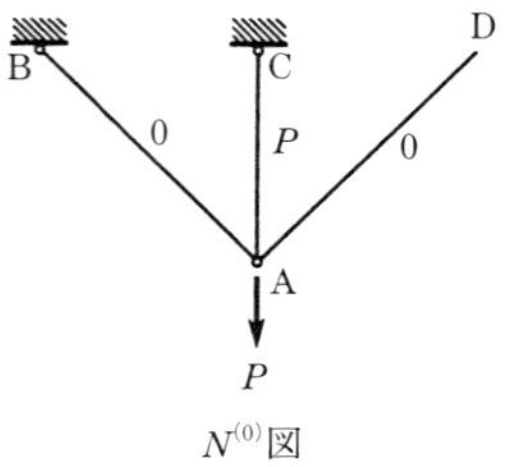

$N^{(0)}$ 図

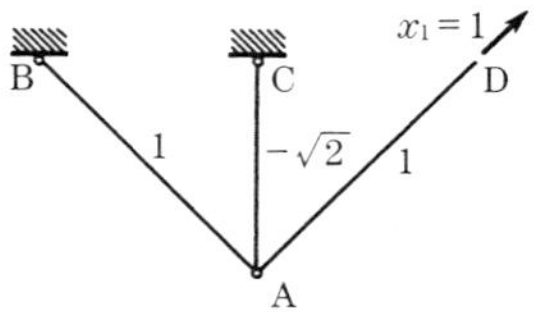

$N^{(1)}$ 図

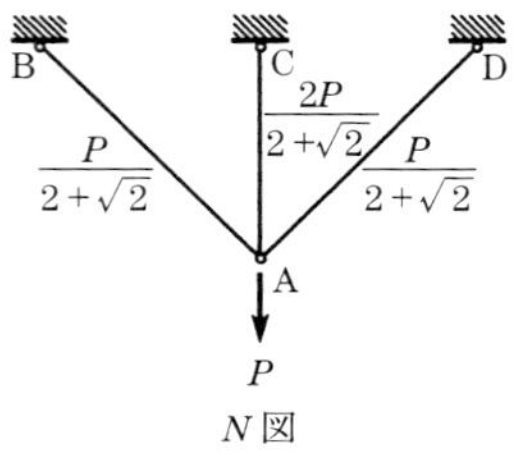

N 図

10.1 解答図

$$X_1=-\frac{\delta^{(10)}}{\delta^{(11)}}=-\frac{\dfrac{-\sqrt{2}PH}{EA}}{\dfrac{2(1+\sqrt{2})H}{EA}}=\frac{P}{2+\sqrt{2}}$$

$$N_{AB}=N_{AB}^{(0)}+N_{AB}^{(1)}\cdot X_1=\frac{P}{2+\sqrt{2}}=N_{AD}$$

$$N_{AC}=P+(-\sqrt{2})\cdot\frac{P}{2+\sqrt{2}}=\frac{2P}{2+\sqrt{2}}$$

10.2 (a は演習用のため解答省略)

(b)

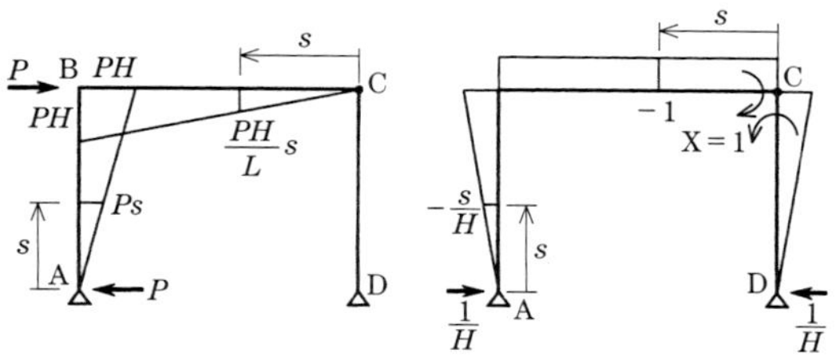

$M^{(0)}$図　　$M^{(1)}$図

10.2 解答図(1)

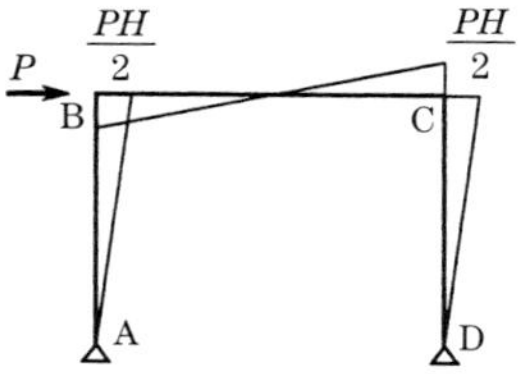

M図

10.2 解答図(2)

$$\delta^{(10)}=\int_s\frac{M^{(0)}M^{(1)}}{EI}ds$$
$$=\frac{1}{EI}\int_0^H(Ps)\left(-\frac{s}{H}\right)ds+\frac{1}{EI}\int_0^L\left(\frac{PH}{L}s\right)(-1)\,ds$$
$$=-\frac{PH}{EI}\left(\frac{H}{3}+\frac{L}{2}\right)$$

$$\delta^{(11)}=\int_s\frac{M^{(1)}M^{(1)}}{EI}ds$$
$$=\frac{2}{EI}\int_0^H\left(-\frac{s}{H}\right)^2ds+\frac{1}{EI}\int_0^L(-1)^2ds$$
$$=-\frac{2}{EI}\left(\frac{H}{3}+\frac{L}{2}\right)$$

$$X_1=-\frac{\delta^{(10)}}{\delta^{(11)}}=\frac{PH}{2}$$

$$M_B=M_B^{(0)}+M_B{}^{(1)}X_1=PH+(-1)\cdot\frac{PH}{2}=\frac{PH}{2}$$

$$M_C=M_C^{(0)}+M_C^{(1)}X_1=0+(-1)\cdot\frac{PH}{2}=-\frac{PH}{2}$$

10.3

$$\delta^{(10)}=\int_0^L\frac{(P\cdot s)\cdot\left(\dfrac{-s}{L}\right)}{EI}ds+\int_0^L\frac{(P\cdot s)\cdot(-1)}{EI}ds$$
$$=-\frac{5PL^2}{6EI}$$

$$\delta^{(11)}=2\int_0^L\frac{\left(-\dfrac{s}{L}\right)^2}{EI}ds+\int_0^L\frac{(-1)^2}{EI}ds=\frac{5L}{3EI}$$

$$\delta^{(12)}=\int_0^L\frac{\left(-\dfrac{s}{L}\right)\cdot\left(-\dfrac{s}{\sqrt{2}}\right)}{EI}ds+\int_0^L\frac{(-1)\cdot\left(-\dfrac{s}{\sqrt{2}}\right)}{EI}ds$$

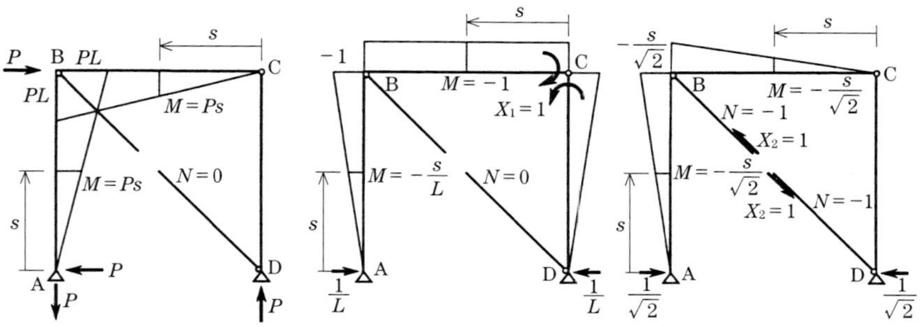

$M^{(0)}$，$N^{(0)}$図　　$M^{(1)}$，$N^{(1)}$図　　$M^{(2)}$，$N^{(2)}$図

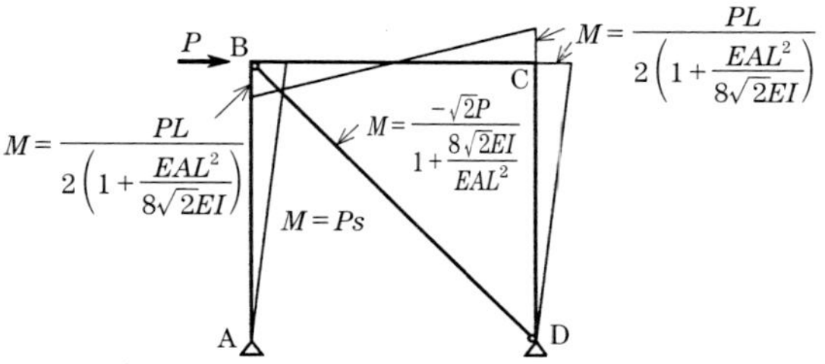

M，N図

10.3 解答図

$$=-\frac{5L^2}{6\sqrt{2}EI}=\delta^{(21)}$$

$$\delta^{(20)}=2\int_0^L\frac{(P\cdot s)\cdot\left(-\frac{s}{\sqrt{2}}\right)}{EI}ds=\frac{-2PL^3}{3\sqrt{2}EI}$$

$$\delta^{(22)}=2\int_0^L\frac{\left(-\frac{s}{\sqrt{2}}\right)^2}{EI}ds+\int_0^{\sqrt{2}L}\frac{(-1)^2}{EA}ds$$

$$=\frac{L^3}{3EI}+\frac{\sqrt{2}L}{EA}$$

$$\frac{5L}{3EI}X_1+\frac{5L^2}{6\sqrt{2}EI}X_2=\frac{5PL^2}{6EI}$$

$$\frac{5L^2}{6\sqrt{2}EI}X_1+\left(\frac{L^3}{3EI}+\frac{\sqrt{2}L}{EA}\right)X_2=\frac{2PL^3}{3\sqrt{2}EI}$$

$$X_1=\frac{PL}{2\left(1+\frac{EAL^2}{8\sqrt{2}EI}\right)}$$

$$X_2=\frac{\sqrt{2}P}{\frac{8\sqrt{2}EI}{EAL^2}}$$

$$M_B=M_B^{(0)}+M_B^{(1)}\cdot X_1+M_B^{(2)}\cdot X_2$$

$$=PL+(-1)\cdot\frac{PL}{2\left(1+\frac{EAL^2}{8\sqrt{2}EI}\right)}+\left(-\frac{L}{\sqrt{2}}\right)$$

$$\times\frac{\sqrt{2}P}{1+\frac{8\sqrt{2}EI}{EAL^2}}=\frac{PL}{2\left(1+\frac{EAL^2}{8\sqrt{2}EI}\right)}$$

$$M_C=\frac{-PL}{2\left(1+\frac{EAL^2}{8\sqrt{2}EI}\right)}$$

$$N_{BD}=N_{BD}^{(2)}\cdot X_2=\frac{-\sqrt{2}P}{1+\frac{8\sqrt{2}EI}{EAL^2}}$$

10.4　(b は演習用のため解答省略)

(a)

$$\begin{Bmatrix}M_{AB}\\M_{BA}\end{Bmatrix}=\frac{2EI}{2a}\begin{bmatrix}2&1\\1&2\end{bmatrix}\begin{Bmatrix}0\\\theta_B\end{Bmatrix}$$

$$\begin{Bmatrix}M_{BC}\\M_{CB}\end{Bmatrix}=\frac{2EI}{2a}\begin{bmatrix}2&1\\1&2\end{bmatrix}\begin{Bmatrix}\theta_B\\\theta_C\end{Bmatrix}+\begin{Bmatrix}C_{BC}\\C_{CB}\end{Bmatrix}$$

$$\begin{Bmatrix}M_{CD}\\0\end{Bmatrix}=\frac{2EI}{a}\begin{bmatrix}2&1\\1&2\end{bmatrix}\begin{Bmatrix}\theta_C\\\theta_D\end{Bmatrix}$$

$$C_{BC}=-\frac{w(2a)^2}{12}=-\frac{wa^2}{3}$$

$$C_{CB}=\frac{wa^2}{3}$$

$$\theta_C+2\theta_D=0$$

$$\theta_D=-\frac{1}{2}\theta_C$$

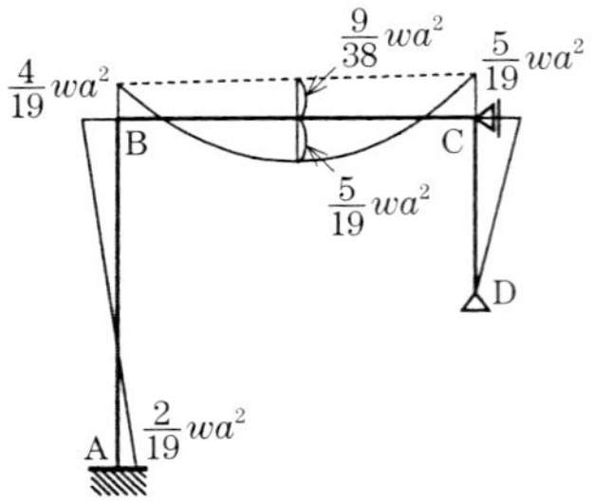

M 図

10.4 解答図(1)

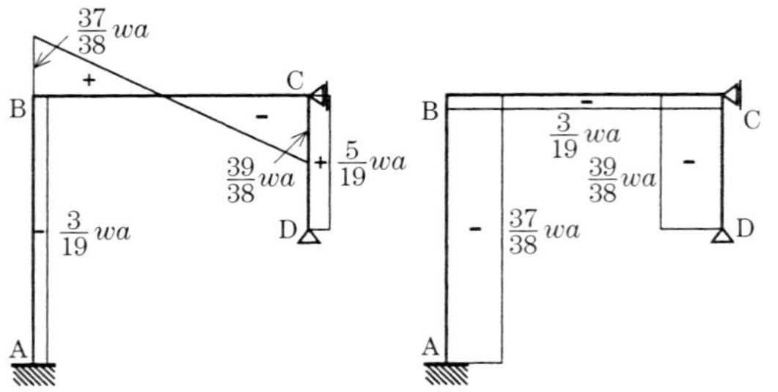

Q 図　　N 図

10.4 解答図(2)

$$M_{BA}+M_{BC}=\frac{EI}{a}(2\theta_B+2\theta_B+\theta_C)-\frac{wa^2}{3}=0$$

$$M_{CB}+M_{CD}=\frac{EI}{a}(\theta_B+2\theta_C+3\theta_C)-\frac{wa^2}{3}=0$$

$$4\theta_B+\theta_C=\frac{wa^3}{3EI}$$

$$\theta_B+5\theta_C=-\frac{wa^3}{3EI}$$

$$\theta_B=\frac{2wa^3}{19EI},\quad \theta_C=-\frac{5wa^3}{57EI}$$

$$M_{AB}=\frac{2wa^2}{19}$$

$$M_{BA}=\frac{4wa^2}{19},\quad M_{BC}=-\frac{4wa^2}{19}$$

$$M_{CB}=\frac{5wa^2}{19},\quad M_{CD}=-\frac{5wa^2}{19}$$

$$M_0=\frac{w(2a)^2}{8}=\frac{wa^2}{2}$$

$$M_E=\frac{wa^2}{2}-\frac{1}{2}\left(\frac{4}{19}+\frac{5}{19}\right)wa^2=\frac{5wa^2}{19}$$

$$Q_{AB}=\frac{-1}{2a}\left(\frac{2wa^2}{19}+\frac{4wa^2}{19}\right)=-\frac{3wa}{19}=Q_{BA}$$

$$Q_{BC}=\frac{-1}{2a}\left(\frac{-4wa^2}{19}+\frac{5wa^2}{19}\right)+wa$$

$$=\frac{-wa}{38}+wa=\frac{37wa}{38}$$

$$Q_{CB}=\frac{-wa}{38}-wa=-\frac{39wa}{38}$$

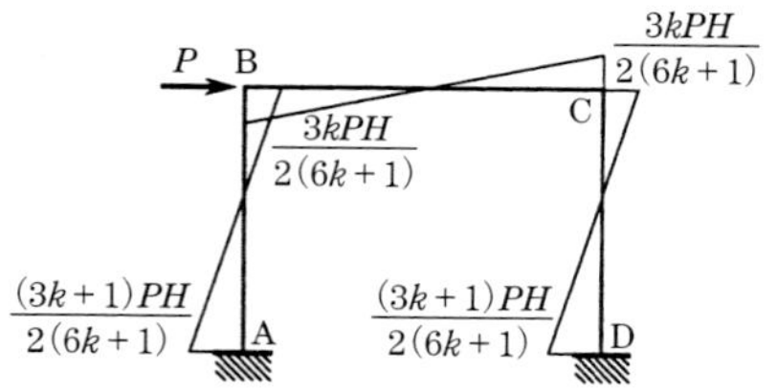

10.5 解答図

$$Q_{CD}=\frac{-1}{a}\left(\frac{-5wa^2}{19}\right)=\frac{5wa}{19}$$

10.5 (b は演習用のため解答省略)

(a)

$$\begin{Bmatrix} M_{AB} \\ M_{BA} \end{Bmatrix}=2EK_0\begin{bmatrix} 2 & 1 \\ 1 & 2 \end{bmatrix}\begin{Bmatrix} 0-R_{AB} \\ \theta_B-R_{AB} \end{Bmatrix}$$

$$\begin{Bmatrix} M_{BC} \\ M_{CB} \end{Bmatrix}=2EK_0k\begin{bmatrix} 2 & 1 \\ 1 & 2 \end{bmatrix}\begin{Bmatrix} \theta_B \\ \theta_B \end{Bmatrix}$$

$$M_{BA}+M_{BC}=2EK_0(2\theta_B-3R_{AB}+3k\theta_B)=0$$

$$P=2Q_{AB}=\frac{-2}{H}(M_{AB}+M_{BA})=\frac{-4EK_0}{H}(3\theta_B-6R_{AB})$$

$$(2+3k)\theta_B-3R_{AB}=0$$

$$-\theta_B+2R_{AB}=\frac{PH}{12EK_0}$$

$$\theta_B=\frac{PH}{4(6k+1)EK_0}$$

$$R_{AB}=\frac{(3k+2)PH}{12(6k+1)EK_0}$$

$$M_{AB}=-\frac{(3k+1)PH}{2(6k+1)},\quad M_{BA}=\frac{3kPH}{2(6k+1)}$$

$$M_{BC}=\frac{3kPH}{2(6k+1)}$$

$$u_B=R_{AB}\cdot H=\frac{(3k+2)PH^3}{12(6k+1)EI}$$

$$K_0=\frac{I}{H}$$

10.6 (b は演習用のため解答省略)

(a)

$$\varphi_{21}=1-\frac{\overline{B'C'}}{BC}=-1$$

$$\varphi_{31}=1-\frac{\overline{C'D'}}{CD}=1$$

$$R_2=-R_1,\quad R_3=R_1$$

$$\begin{Bmatrix} M_{AB} \\ M_{BA} \end{Bmatrix}=2EK\begin{bmatrix} 2 & 1 \\ 1 & 2 \end{bmatrix}\begin{Bmatrix} 0-R_1 \\ \theta_B-R_1 \end{Bmatrix}$$

$$\begin{Bmatrix} M_{BC} \\ M_{CB} \end{Bmatrix}=2EK\begin{bmatrix} 2 & 1 \\ 1 & 2 \end{bmatrix}\begin{Bmatrix} \theta_B+R_1 \\ \theta_C+R_1 \end{Bmatrix}+\begin{Bmatrix} -\dfrac{PL}{8} \\ \dfrac{PL}{8} \end{Bmatrix}$$

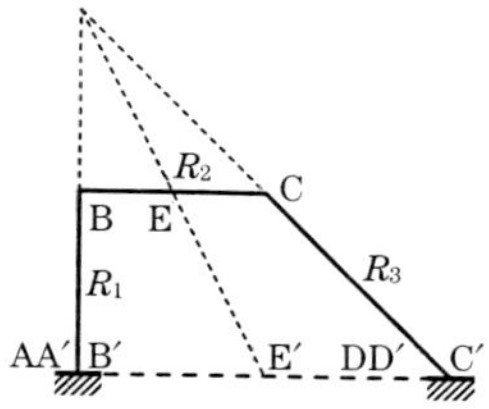

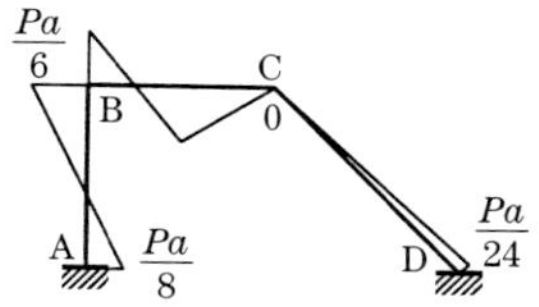

10.6 解答図

$$\begin{Bmatrix} M_{CD} \\ M_{DC} \end{Bmatrix}=2EK\begin{bmatrix} 2 & 1 \\ 1 & 2 \end{bmatrix}\begin{Bmatrix} \theta_C-R_1 \\ 0-R_1 \end{Bmatrix}$$

$$M_{BA}+M_{BC}=0,\quad M_{CB}+M_{CD}=0$$

$$-(+1)(M_{AB}+M_{BA})-(-1)(M_{BC}+M_{CB})$$

$$-(+1)(M_{CD}+M_{DC})=-\frac{Pa}{2}$$

$$4\theta_B+\theta_C=\frac{Pa}{16EK}$$

$$\theta_B+4\theta_C=-\frac{Pa}{16EK}$$

$$R_1=-\frac{Pa}{72EK}$$

$$\theta_B=\frac{Pa}{48EK},\quad \theta_C=\frac{Pa}{48EK},\quad R_1=\frac{Pa}{72EK}$$

$$M_{AB}=\frac{Pa}{8},\quad M_{BA}=\frac{Pa}{6}$$

$$M_{BC}=\frac{Pa}{6},\quad M_{CB}=0$$

$$M_{CD}=0,\quad M_{DC}=\frac{Pa}{24}$$

11 章

11.1 および 11.2 計算表と M 図を示す

$k=1$　$k=1$　$k=1$

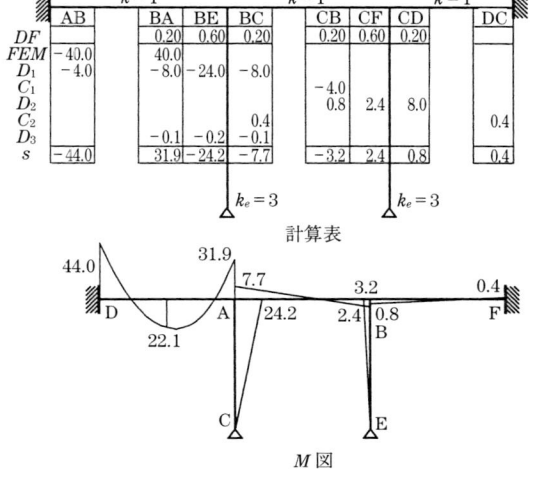

	AB	BA	BE	BC	CB	CF	CD	DC
DF		0.20	0.60	0.20	0.20	0.60	0.20	
FEM	−40.0	40.0						
D_1	−4.0	−8.0	−24.0	−8.0				
C_1					−4.0			
D_2					0.8	2.4	8.0	
C_2				0.4				0.4
D_3		−0.1	−0.2	−0.1				
s	−44.0	31.9	−24.2	−7.7	−3.2	2.4	0.8	0.4

$k_e=3$　$k_e=3$

計算表

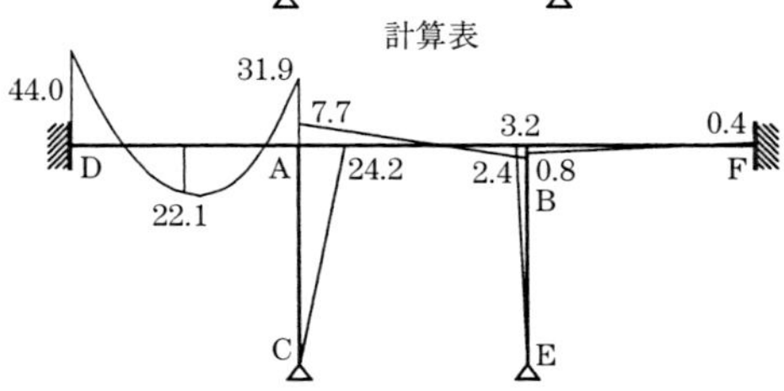

M 図

11.1 解答図

D　$k_e=0.5$　H　($k=1$)

	DC	DH
DF	0.67	0.33
FEM		−60.0
D_1	40.2	19.8
C_1	12.0	
D_2	−8.0	−4.0
C_2	−6.4	
D_3	4.3	2.1
C_3	1.3	
D_4	−0.9	−0.4
Σ	42.0	42.0

C　$k_e=0.5$　G　($k=1$)

	CB	CD	CG
DF	0.40	0.40	0.20
FEM			−60.0
D_1	24.0	24.0	12.0
C_1	12.0	20.1	
D_2	−12.8	−12.8	−6.4
C_2	−2.4	−4.0	
D_3	2.6	2.6	1.3
C_3	1.3	2.2	
D_4	−1.4	−1.4	−0.7
Σ	23.3	30.6	−53.1

B　$k_e=0.5$　F　($k=1$)

	BA	BC	BF
DF	0.40	0.40	0.20
FEM			−60.0
D_1	24.0	24.0	12.0
C_1		12.0	
D_2	−4.8	−4.8	−2.4
C_2		−6.4	
D_3	2.6	2.6	1.3
C_3		1.3	
D_4	−0.5	−0.5	−0.3
Σ	21.3	28.1	−49.4

A

	AB
C_1	12.0
C_2	−2.4
C_3	1.3
Σ	10.9

計算表

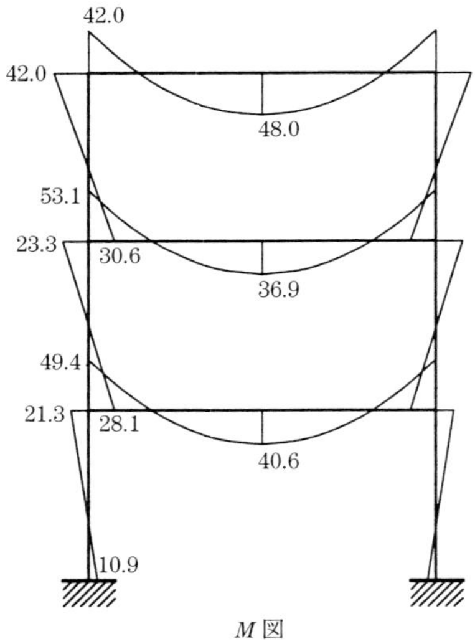

M 図

11.2 解答図

12 章

12.1 および **12.2**

$$\boldsymbol{K}=\begin{bmatrix} k_a+k_b & -k_a-k_b \\ -k_a-k_b & k_a+k_b \end{bmatrix}$$

12.3

$$\boldsymbol{K}=\begin{bmatrix} k_a+k_b & -k_a-k_b & 0 \\ -k_a-k_b & k_a+k_b+k_c & -k_c \\ 0 & -k_c & k_c \end{bmatrix}$$

12.4

$$\boldsymbol{K}=\begin{bmatrix} k_a & -k_a & 0 & 0 \\ -k_a & k_a+k_b & -k_b & 0 \\ 0 & -k_b & k_b+k_c & -k_c \\ 0 & 0 & -k_c & k_c \end{bmatrix}$$

13 章

13.1　全体剛性マトリックスは(1)式となる．

13.2　(1)式より，境界条件 $u_1=v_1=u_3=v_3=0$ に対応する行列要素を除いた方程式は，

$$\begin{Bmatrix} X_2=0 \\ Y_2=-P \\ X_4=P \\ Y_4=0 \end{Bmatrix}=\frac{AE}{l}\begin{bmatrix} 2 & 0 & 0 & 0 \\ 0 & 1 & 0 & -1 \\ 0 & 0 & \dfrac{1}{\sqrt{2}} & 0 \\ 0 & -1 & 0 & 1+\dfrac{1}{\sqrt{2}} \end{bmatrix}\begin{Bmatrix} u_2 \\ v_2 \\ u_4 \\ v_4 \end{Bmatrix}$$

となる．これを解いて，

$$\begin{Bmatrix} u_2 \\ v_2 \\ u_4 \\ v_4 \end{Bmatrix}=\frac{Pl}{AE}\begin{Bmatrix} 0 \\ -(1+\sqrt{2}) \\ 0 \\ -\sqrt{2} \end{Bmatrix}$$

また，支持反力は再び全体剛性マトリックスを参照して次式となる．

$$\begin{Bmatrix} X_1 \\ Y_1 \\ X_3 \\ Y_3 \end{Bmatrix}=\frac{AE}{l}\begin{bmatrix} -1 & 0 & -\dfrac{1}{2\sqrt{2}} & -\dfrac{1}{2\sqrt{2}} \\ 0 & 0 & -\dfrac{1}{2\sqrt{2}} & -\dfrac{1}{2\sqrt{2}} \\ -1 & 0 & -\dfrac{1}{2\sqrt{2}} & \dfrac{1}{2\sqrt{2}} \\ 0 & 0 & \dfrac{1}{2\sqrt{2}} & -\dfrac{1}{2\sqrt{2}} \end{bmatrix}\begin{Bmatrix} u_1 \\ v_1 \\ u_3 \\ v_3 \end{Bmatrix}$$

$$=\begin{Bmatrix} \dfrac{P}{2} \\ \dfrac{P}{2} \\ -\dfrac{P}{2} \\ \dfrac{P}{2} \end{Bmatrix}$$

14 章

14.1　全体の剛性方程式は(14.20)式から(2)式とな

$$\boldsymbol{K}=\frac{AE}{l}\begin{array}{c} \\ X_1\\Y_1\\X_2\\Y_2\\X_3\\Y_3\\X_4\\Y_4\end{array}\begin{array}{c}\begin{array}{cccccccc}u_1&v_1&u_2&v_2&u_3&v_3&u_4&v_4\end{array}\\ \left[\begin{array}{cccccccc}
1+\frac{1}{2\sqrt{2}} & \frac{1}{2\sqrt{2}} & -1 & 0 & 0 & 0 & -\frac{1}{2\sqrt{2}} & -\frac{1}{2\sqrt{2}}\\
\frac{1}{2\sqrt{2}} & \frac{1}{2\sqrt{2}} & 0 & 0 & 0 & 0 & -\frac{1}{2\sqrt{2}} & -\frac{1}{2\sqrt{2}}\\
-1 & 0 & 2 & 0 & -1 & 0 & 0 & 0\\
0 & 0 & 0 & 1 & 0 & 0 & 0 & -1\\
0 & 0 & -1 & 0 & 1+\frac{1}{2\sqrt{2}} & -\frac{1}{2\sqrt{2}} & -\frac{1}{2\sqrt{2}} & \frac{1}{2\sqrt{2}}\\
0 & 0 & 0 & 0 & -\frac{1}{2\sqrt{2}} & \frac{1}{2\sqrt{2}} & \frac{1}{2\sqrt{2}} & -\frac{1}{2\sqrt{2}}\\
-\frac{1}{2\sqrt{2}} & -\frac{1}{2\sqrt{2}} & 0 & 0 & -\frac{1}{2\sqrt{2}} & \frac{1}{2\sqrt{2}} & \frac{1}{2\sqrt{2}} & 0\\
-\frac{1}{2\sqrt{2}} & -\frac{1}{2\sqrt{2}} & 0 & -1 & \frac{1}{2\sqrt{2}} & -\frac{1}{2\sqrt{2}} & 0 & 1+\frac{1}{2\sqrt{2}}
\end{array}\right]\end{array} \qquad (1)$$

(1)式

る．これに境界条件 $v_2=v_3=0$ と外力を考慮した以下の剛性方程式，

$$\begin{Bmatrix} Y_1=-P\\ M_1=0\\ M_2=0\\ M_3=0\end{Bmatrix}=EI\begin{Bmatrix} \frac{12}{l^3} & & & SYM.\\ -\frac{6}{l^2} & \frac{4}{l} & & \\ -\frac{l^2}{6} & \frac{2}{l} & \frac{8}{l} & \\ 0 & 0 & \frac{2}{l} & \frac{4}{l}\end{Bmatrix}\begin{Bmatrix} v_1\\ \theta_1\\ \theta_2\\ \theta_3\end{Bmatrix}$$

より，未知変位は，

$$\begin{Bmatrix} v_1\\ \theta_1\\ \theta_2\\ \theta_3\end{Bmatrix}=\frac{Pl^2}{EI}\begin{Bmatrix} -\frac{2l}{3}\\ -\frac{5}{6}\\ -\frac{1}{3}\\ \frac{1}{6}\end{Bmatrix}$$

となる．また，支持点の反力は，

$$\begin{Bmatrix} Y_2\\ Y_3\end{Bmatrix}=EI\begin{Bmatrix} \frac{12}{l^3} & \frac{6}{l^2} & 0 & -\frac{6}{l^2}\\ 0 & 0 & \frac{6}{l^2} & \frac{6}{l^2}\end{Bmatrix}\begin{Bmatrix} v_1\\ \theta_1\\ \theta_2\\ \theta_3\end{Bmatrix}=\begin{Bmatrix} 2P\\ -P\end{Bmatrix}$$

となる．

14.2 バネの剛性マトリックスを，

$$\boldsymbol{K}_{14}=\begin{array}{c} \\ Y_1\\ Y_4\end{array}\begin{array}{c}\begin{array}{cc} v_1 & v_4\end{array}\\ \begin{Bmatrix} k & -k\\ -k & k\end{Bmatrix}\end{array}$$

のように考えることができるので，上記剛性マトリックスをそれぞれの節点位置に合わせて，前問での全体剛性マトリックスに重ね合わせることで，ここでの剛性方程式は(3)式になる．(3)式に，境界条件($v_2=v_3=v_4=0$）と外力を考慮した以下の剛性方程式，

$$\begin{Bmatrix} Y_1=-P\\ M_1=0\\ M_2=0\\ M_3=0\end{Bmatrix}=EI\begin{Bmatrix} k+\frac{12}{l^3} & & & \\ -\frac{6}{l^2} & \frac{4}{l} & & SYM.\\ -\frac{6}{l^2} & \frac{2}{l} & \frac{8}{l} & \\ 0 & 0 & \frac{2}{l} & \frac{4}{l}\end{Bmatrix}\begin{Bmatrix} v_1\\ \theta_1\\ \theta_2\\ \theta_3\end{Bmatrix}$$

より，未知変位は次式となる．

$$\begin{Bmatrix} v_1\\ \theta_1\\ \theta_2\\ \theta_3\end{Bmatrix}=\begin{Bmatrix} -\frac{2Pl^3}{3EI+2kl^3}\\ -\frac{5Pl^2}{6EI+4kl^3}\\ -\frac{Pl^2}{3EI+2kl^3}\\ -\frac{Pl^3}{6EI+4kl^3}\end{Bmatrix}$$

14.3 全体剛性マトリックスは，15×15 になるが，支持条件($u_1=v_1=\theta_1=u_5=v_5=\theta_5=0$) を差し引くと 9×9 になる．これらの境界条件を取り除いた部材 1-2-3 および部材 3-4-5 の剛性マトリックスは，

$$\begin{Bmatrix} Y_1\\ M_1\\ Y_2\\ M_2\\ Y_3\\ M_3 \end{Bmatrix} = EI\begin{bmatrix} \frac{12}{l^3} & & & & & \\ -\frac{6}{l^2} & \frac{4}{l} & & & SYM. & \\ -12l^3 & \frac{6}{l^2} & \frac{24}{l^3} & & & \\ -\frac{6}{l^2} & \frac{2}{l} & 0 & \frac{8}{l} & & \\ 0 & 0 & -\frac{12}{l^3} & \frac{6}{l^2} & \frac{12}{l^3} & \\ 0 & 0 & -\frac{6}{l^2} & \frac{2}{l} & \frac{6}{l^2} & \frac{4}{l} \end{bmatrix}\begin{Bmatrix} v_1\\ \theta_1\\ v_2\\ \theta_2\\ v_3\\ \theta_3 \end{Bmatrix} \qquad (2)$$

$$\begin{Bmatrix} Y_1\\ M_1\\ Y_2\\ M_2\\ Y_3\\ M_3\\ Y_4 \end{Bmatrix} = EI\begin{bmatrix} \frac{12}{l^3}+k & & & & & & \\ -\frac{6}{l^2} & \frac{4}{l} & & & & SYM. & \\ -12l^3 & \frac{6}{l^2} & \frac{24}{l^3} & & & & \\ -\frac{6}{l^2} & \frac{2}{l} & 0 & \frac{8}{l} & & & \\ 0 & 0 & -\frac{12}{l^3} & \frac{6}{l^2} & \frac{12}{l^3} & & \\ 0 & 0 & -\frac{6}{l^2} & \frac{2}{l} & \frac{6}{l^2} & \frac{4}{l} & \\ -k & 0 & 0 & 0 & 0 & 0 & -k \end{bmatrix}\begin{Bmatrix} v_1\\ \theta_1\\ v_2\\ \theta_2\\ v_3\\ \theta_3\\ v_4 \end{Bmatrix} \qquad (3)$$

(2)式，(3)式 --

$$\boldsymbol{K}_{1-2-3}= \begin{array}{c} \begin{matrix} u_2 & v_2 & \theta_2 & u_3 & v_3 & \theta_3 \end{matrix} \\ E\begin{bmatrix} 12\frac{I}{l^3}+\frac{A}{l} & & & & SYM. & \\ 0 & 12\frac{I}{l^3}+\frac{A}{l} & & & & \\ -6\frac{I}{l^2} & -6\frac{I}{l^2} & 8\frac{I}{l} & & & \\ -\frac{A}{l} & 0 & 0 & \frac{A}{l} & & \\ 0 & -12\frac{I}{l^3} & 6\frac{I}{l^2} & 0 & 12\frac{I}{l^3} & \\ 0 & -6\frac{I}{l^2} & 2\frac{I}{l} & 0 & 6\frac{I}{l^2} & 4\frac{I}{l} \end{bmatrix} \end{array}$$

$$\boldsymbol{K}_{3-4-5}= \begin{array}{c} \begin{matrix} u_3 & v_3 & \theta_3 & u_4 & v_4 & \theta_4 \end{matrix} \\ E\begin{bmatrix} \frac{A}{l} & & & & SYM. & \\ 0 & 12\frac{I}{l^3} & & & & \\ 0 & -6\frac{I}{l^2} & 4\frac{I}{l} & & & \\ -\frac{A}{l} & 0 & 0 & 12\frac{I}{l^3}+\frac{A}{l} & & \\ 0 & -12\frac{I}{l^3} & 6\frac{I}{l^2} & 0 & 12\frac{I}{l^3}+\frac{A}{l} & \\ 0 & -6\frac{I}{l^2} & 2\frac{I}{l} & -6\frac{I}{l^2} & 6\frac{I}{l^2} & 8\frac{I}{l} \end{bmatrix} \end{array}$$

これらの剛性マトリックスを合成したものが，未知変位を求める剛性マトリックスとなるが，さらに対称性より，$u_3=\theta_3=0$，$u_2=-u_4$，$v_2=v_4$，$\theta_2=-\theta_4$ であるから，未知変位は u_2，v_2，θ_2，v_3 の 4 つになる．この 4 つの未知変位を求める剛性方程式は(4)式となる．この方程式を解くと，

$$\begin{Bmatrix} X_2=0 \\ Y_2=0 \\ M_2=0 \\ Y_3=-P \end{Bmatrix}=\begin{bmatrix} \frac{12EI}{l^3}+\frac{AE}{l} & & & SYM. \\ 0 & \frac{12EI}{l^3}+\frac{AE}{l} & & \\ -\frac{6EI}{l^2} & -\frac{6}{l^2} & \frac{8EI}{l} & \\ 0 & -\frac{24EI}{l^3} & \frac{12EI}{l^2} & \frac{24EI}{l^3} \end{bmatrix}\begin{Bmatrix} u_2 \\ v_2 \\ \theta_2 \\ v_3 \end{Bmatrix} \quad (4)$$

$$\begin{Bmatrix} u_1 \\ v_1 \\ \theta_1 \end{Bmatrix}=\frac{Pl^2+E}{12A_{12}I+3\sqrt{2}A_{13}I+\sqrt{2}A_{12}A_{13}l^2}\begin{Bmatrix} \sqrt{2}A_{13}l \\ (4A_{12}+\sqrt{2}A_{13})\,l \\ \frac{3(4A_{12}+\sqrt{2}A_{13})}{2} \end{Bmatrix}$$

$$=\frac{Pl^2}{3(1+\alpha)EI}\begin{Bmatrix} \frac{\sqrt{2}A_{13}l}{4A_{12}+\sqrt{2}A_{13}} \\ l \\ \frac{3}{2} \end{Bmatrix} \quad (5)$$

(4)式，(5)式 --

$$\begin{Bmatrix} u_2 \\ v_2 \\ \theta_2 \\ v_3 \end{Bmatrix}=P\begin{Bmatrix} \frac{3l^3}{48EI+10AEl^2} \\ -\frac{l}{2AE} \\ \frac{l^2(12I+Al^2)}{96EI^2+20AEIl^2} \\ -\frac{36I^2l+15AIl^3+A^2l^5}{72AEI^2+15A^2EIl^2} \end{Bmatrix}$$

となる．梁の伸びを無視するために，$A\to\infty$ とすると，一般的なたわみ角法での結果に等しくなる．また，このときは，部材 1-2 の部材角をゼロにできるので，$u_2=0$ となり，さらに未知数を減らすことができる．この場合には，

$$\begin{Bmatrix} Y_2=0 \\ M_2=0 \\ Y_3=-P \end{Bmatrix}=\begin{bmatrix} \frac{12EI}{l^3}+\frac{AE}{l} & & \mathrm{SYM.} \\ -\frac{6EI}{l^2} & \frac{8EI}{l} & \\ -\frac{24EI}{l^3} & \frac{12EI}{l^2} & \frac{24EI}{l^3} \end{bmatrix}\begin{Bmatrix} v_2 \\ \theta_2 \\ v_3 \end{Bmatrix}$$

となる．この方程式を解くと，

$$\begin{Bmatrix} v_2 \\ \theta_2 \\ v_3 \end{Bmatrix}=\begin{Bmatrix} -\frac{l}{2AE} \\ \frac{l^2}{20EI} \\ -\frac{l}{2AE}-\frac{l^3}{15EI} \end{Bmatrix}$$

となる．再び，$A\to\infty$ とすると，一般的なたわみ角法での結果に等しくなる．

14.4　梁要素の剛性マトリックス $\boldsymbol{K}_{12}$ と棒要素の剛性マトリックス $\boldsymbol{K}_{13}$ を合成し，境界条件 $u_2=w_2=\theta_2=u_3=v_3=0$ に対応する行と列を取り除いた剛性方程式は，

$$\begin{Bmatrix} X_1=0 \\ Y_1=-P \\ M_1=0 \end{Bmatrix}=\begin{bmatrix} \frac{A_{12}}{l}+\frac{A_{13}}{2\sqrt{2}l} & \frac{A_{13}}{2\sqrt{2}l} & 0 \\ \frac{A_{13}}{2\sqrt{2}l} & \frac{12I}{l^3}+\frac{A_{13}}{2\sqrt{2}l} & -\frac{6I}{l^2} \\ 0 & -\frac{6I}{l^2} & \frac{4I}{l} \end{bmatrix}\begin{Bmatrix} u_1 \\ v_1 \\ \theta_1 \end{Bmatrix}$$

となる．この方程式を解いて(5)式を得る．ここで

$$\alpha=\frac{A_{12}A_{13}l^2}{3\sqrt{2}I(2A_{12}+A_{13}/\sqrt{2})}$$

である．

索　　引

ア　行

カ　行

サ　行

タ　行

ナ　行

ハ　行

マ　行

ヤ　行

ラ　行

著者略歴

前田潤滋　（まえだ　じゅんじ）
1950 年　福岡県に生まれる
1979 年　九州大学大学院工学研究科博士後期課程単位取得満期退学
現　在　九州大学大学院人間環境学研究院 教授
　　　　工学博士

山口謙太郎　（やまぐち　けんたろう）
1969 年　福岡県に生まれる
1994 年　九州大学大学院工学研究科修士課程修了
現　在　九州大学大学院人間環境学研究院 准教授
　　　　博士（工学）

中原浩之　（なかはら　ひろゆき）
1971 年　愛知県に生まれる
1999 年　九州大学大学院人間環境学研究科博士後期課程修了
現　在　九州大学大学院人間環境学研究院 准教授
　　　　博士（工学）

建築の構造力学　　定価はカバーに表示

2010 年 10 月 30 日　初版第 1 刷
2014 年 7 月 25 日　　第 2 刷

著　者　前　田　潤　滋
　　　　山　口　謙太郎
　　　　中　原　浩　之
発行者　朝　倉　邦　造
発行所　株式会社　朝　倉　書　店
東京都新宿区新小川町 6-29
郵便番号　162-8707
電　話　03（3260）0141
FAX　03（3260）0180
http://www.asakura.co.jp

〈検印省略〉

新日本印刷・渡辺製本

ISBN 978-4-254-26636-8　C 3052　　Printed in Japan